中国移民史

葛剑雄 主编

第七卷 下 清末至20世纪末

安介生
张根福
陈鹏飞 著

复旦大学出版社

中华人民共和国建立
（1949年）以后

下编

第五章

中华人民共和国建立初期的移民运动（1949—1959年）

1949年，国民党主导的中华民国政府被推翻，其余部及军队败退台湾，中国共产党领导的中华人民共和国的建立，无疑是20世纪中国政治体制革命与社会发展变迁最具标志性意义的历史转折点之一，不可避免地影响到中国移民历史的演变轨迹。虽然我们无法贸然说，新中国发展的历史就是一部移民的历史，但是，离开了移民史的回顾与叙述，我们恐怕就失去了一条认识新中国历史的线索。

新中国建立以来，中国移民运动历程的变化及分期的复杂性已经得到了公认，"两阶段"分期说与"多阶段"分期的观点得到了不少学者的赞同。尽管出于角度与侧重点的差异，分期的年代出现了一些分歧，但"两阶段"分期说与"多阶段"分期说在很大程度上是兼容的，并不是完全对立的。

首先是"两阶段"或"两时期说"，即以20世纪70年代末期改革开放政策的实施作为分界点，将新中国成立以来的移民历史分为前、后两个时期。如阎蓓著《新时期中国人口迁移》便是典型之一。该著作将中华人民共和国建立以来30年（1949—1979年）的人口迁徙历程作为一个整体进行分析与总结,其间并没有引出人口学或移民史意义上的分期结论,只是根据重大历史事件来进行解释与说明当时的人口迁徙特征,如恢复时期(1949—1952年)、"一五"时期(1953—1957年)、"大跃进"时期(1958—1960年)以及"文革"时期(1966—1976年)等[1];而将改革开放以后(1979—1999年)作为"新时期"进行研究,其间又分为三个阶段:人口迁徙的补偿高峰期(1979—1981年);人口迁移的平稳调整期(1982—1984年);人口迁移流动的活跃期(1985—1999年)[2]。可以说,"两阶段说"客观上同样蕴含着"多阶段说"。

其次是"多阶段说"。如田方、张东亮所编《中国人口迁移新探》将1954年至1984年31年间的移民历史分为四个阶段:第一阶段(1954—1960年)是人口迁移数量最高的,也是人口迁移持续时间最长的阶段;第二阶段(1961—1965年)是人口迁移数量大幅度下降阶段;第三阶段(1966—1976年)是人口迁移的低谷阶段;第四阶段(1977—1984年)是人口迁移的平稳发展阶段[3]。这种分期论的根据是人口迁移的数量与规模,而不是仅仅依据移民的类型或政治事件。只是因为此书出版较早,作者并没有过多地对于改革开放以后人口迁移的情况进行分析、评论与总结。

王桂新等著《迁移与发展:中国改革开放以来的实证》一书则将1949年至2000年划分为四个阶段:第一阶段(1949—1957年),其时户籍制度尚未建立,人口可自由迁徙,迁徙主体为农村人口;第二阶段(1958—1965年),因"大跃进运动"而造成人口迁徙频繁且复杂,依然以农村人口的变迁为主线;第三阶段(1966—1977年),即所谓"文化大革命"时期,其间发生了"红卫兵串联""知识青年上山下乡"、干部下放劳动等影响巨大的、涨落迅速的人口变动事件;第四阶段(1978—2000年),即改革开放时期,其中既发生了前所未有的"民工潮""出国潮"的人口迁移趋势,又有"回迁""返城"等"拨乱反正"式的人口调整

---

[1] 阎蓓:《新时期中国人口迁移》,第83—95页。
[2] 同上书,第140—144页。
[3] 田方、张东亮编:《中国人口迁移新探》,第2—4页。

现象[1]。

此外,也有学者根据某一人群的迁徙状况来进行当代移民史的分期。如段平忠著《中国省际人口迁移与地区经济增长差距》一书就提出了中国农村劳动力转移的发展历程分为如下六个阶段:(1)稳步转移阶段(1949—1957年);(2)逆转回流阶段(1958—1963年);(3)缓慢增长阶段(1964—1978年);(4)逐步增长阶段(1978—1988年);(5)回流停滞阶段(1989—1991年);(6)快速递增阶段(1992—2000年)[2]。这种分期以农村劳动力的变化为核心,自然是抓到了中国现当代移民运动的主干之一,同样依据迁移数量的曲线变化而进行划分,自然与中国社会变迁也有密切的关联。但是,现当代中国移民的类型较复杂,除农业移民外,尚有规模较大的工业移民以及边疆移民,单凭农村劳动力的转移变化,尚无法得出其变化与发展的全貌。

关于中华人民共和国建立以来移民历史的地位以及分期问题,笔者以为:首先,中华人民共和国建立以来,可谓百业凋敝,百废待兴,而面临的主要困难就是如何从一个落后的农业大国迅速转变为一个自立自强的世界性强国,新中国的决策者与建设者们为此付出了巨大的努力。而新中国建立以来的移民历史,充分证明了人口作为一种最基本的政治力量,在国家建设中,其作用与影响是难以低估的。新中国发展的历史往往与移民运动密切相关,值得认真总结与研究。

其次,人口迁移的历程固然受到政治形势、政策的直接影响,然而移民运动的发生与演变还有着自身特有的规律与具体过程,无法完全从属于政策与政治形势的演变。新中国建立以来,一些完全适应政治需要的移民行动,往往难以达到理想的效果,成批返迁或迁移失败的现象客观存在。况且各种政策与制度还存在较大调整与改变的可能性,因此,每一次重大政治运动引发的移民后果往往也是多变而复杂的。因此,对于重大政治运动与移民的关系的分析与研究需要长时段的眼光,应注重前期计划与后续效应之间的差异,防止以偏概全。

---

1 王桂新等:《迁移与发展:中国改革开放以来的实证》,科学出版社2005年版,第3页。
2 段平忠:《中国省际人口迁移与地区经济增长差距》,经济科学出版社2013年版,第82—86页。

其三,改革开放以来,中国社会发展出现了新的转型,直接影响到移民进程。此时,全面性的经济建设是以往任何时代所无法看到的,规模宏大的城镇化移民也是前所未有的,因此,重新认识与研究改革开放以来的移民发展具有重要的意义与价值,也将是今后相当长的时间里学术界的攻关方向之一。当然,在2000年前后,中国社会同样面临着新的变化与新的问题,因此,20世纪移民史的总结与成就,既不能僵化与保守,也不可任意扩大化。

总之,单线索或单线条的移民历史的叙述与总结,或以某一移民群体为核心的移民史的复原及再建,显然都是不全面的,无法展现中国现当代多条主线发展、多块面构成、多群体参与的人口迁移的时空历程。鉴于中国地域广大,以及同时期移民运动的复杂性,在20世纪后50年移民史的叙述中,笔者大致采取政治运动与移民类型相结合的方式,试图复原与重建中华人民共和国宏大而艰辛的移民发展历程,以一次又一次的重大移民动态与移民运动为主线,尝试再现新中国建立以来规模宏大的新中国移民历史图卷,从移民史这一视角来回顾与认识半个世纪以来的沧桑巨变。

就移民类型而言,除向海外的移民问题外,现当代的中国移民史中主要有两大移民类型。正如政治与经济无法截然分开一样,这两种移民类型同样存在兼容性:一种为政治性移民,即为完成某种政治目标或任务而实施的移民,如新中国建立初期最典型的政治性移民潮之一就是移民台湾。而中华人民共和国建立初期,为了充实南方地区的各级政权建设,也出现了"南下干部"的特殊迁徙类型。此外,在新中国建立初期,边远乃至边疆地区地广人稀的状况并没有得到根本性的改观,因此,移民边疆及边远地区,同样成为区域开发的最重要的动力,边疆移民应该是政治移民与经济移民的混合体。另一种就是经济建设型移民,即为完成个人或群体经济发展目标而实施的移民。新建立的人民政府面临着经济建设最为困难的局面,其中最大的挑战是经济落后以及经济发展的不平衡,而城镇往往是现代经济建设的重心,因此,20世纪的后50年中,城乡间的差距在一段时间内呈现扩大化趋势,与此同时,工业化与城镇化的发展同样需要大批劳动力的转移。因此,中华人民共和国建立以来,城镇化移民运动此起彼伏,未曾停歇,而在 70 年代末改革开放以后,城乡间的移民大潮更是势不可挡,其主要的缘由及动力就是改善经济状况与生活水平。

第一节

移 民 台 湾

1949 年,国民党政府及军队的全面崩溃,引发了一场较大的政治移民潮,国民党方面逃避的方向便是台湾地区,因此,移民台湾便成为 20 世纪 40—50 年代中国移民史上重要的内容之一。"整部的台湾史,也就是台湾的移民史。"[1] 因此,"我们都是外省人"这句话可以说是台湾地区长达四百余年的移民历史的一句总结与评价[2]。

台湾地区特殊的地理位置与自然环境在很大程度上造就了宝岛神奇而曲折的发展历史。而成千上万的大陆移民成为宝岛台湾开发与发展的最重要的动力与源泉。现代人口史研究者指出:"台湾居民,大部分为汉族,小部分为土著。汉族以来自福建者为最多,广东者次之,大都为一八九五年割台以前的移民之子孙。"[3] "所以,现在台湾的同胞,只有先来、后来之分,并无'阿山'、'阿水'之别。这是在历史上台湾与祖国的不可分性。从人文方面看,因为地理上的关系,台湾人民百分之七十六是属于福建系统,百分之十四是属于广东系统,所以,不但在语言上操闽南语及客家语,一切风俗习惯也和内地相同,尤其可以说台湾社会文化的基础,大体上属于福建和广东两系统。"[4] 因此,回顾悠长且宏大的移民历史,对于了解台湾社会变迁是极其关键的。

---

[1] 陈汉光:《台湾移民史略》,转引自林桶法:《1949 大撤退》,联经出版事业股份有限公司 2009 年版,第 403 页。
[2] 参见苏嘉宏:《我们都是外省人——大陆移民渡海来台四百年》,台北光华书局 2008 年版。
[3] 张正藩:《台湾人口》,台北幼狮书局 1970 年版,第 29 页。
[4] 参见方扬:《展望五十年后的台湾》,引自张正藩:《台湾人口》,第 37 页。

一　台湾早期移民历史回溯

有了人类活动,也就会出现人口迁移,台湾地区的移民历史也是如此。关于台湾地区早期人类的来源,古代文献中有着不同的说法,如"土著说"、"南岛说"、秦始皇时期徐福与童男童女迁来说等。不过,其中最有影响的说法之一,还是著名学者凌纯声先生提出的所谓"中国(百越)说",即台湾地区的原始民族极有可能是由上古时期中国大陆南方百越民族的后裔迁徙而来。凌先生在《古代闽越人与台湾土著族》一文中指出:

> 台湾土著并非如(日本学者)鸟居氏所说新入的马来系,而是在古代与原来广义的苗族为同一民族,居于中国大陆长江之南,属于同系的越濮(或越獠)民族,今称之印度西安(亚)或马来族。越濮民族在大陆东南沿海者,古称百越;散处西南山地者,称百濮。台湾土著系属百越,很早即离大陆,迁入台湾孤岛,后来与外隔绝,故能保存其固有的语言文化;其留在大陆之越濮,则与南下汉藏系文化的汉、泰、苗、徭、藏、缅诸族混合,有的完全汉化,有的虽习有其语言,然仍保有许多东南亚古文化的特质,如上述土著族的纹身、缺齿、拔毛、口琴、贯头衣、腰机纺织、父子连名、猎首、灵魂崇拜、室内葬、崖葬等等,在西南诸族多能找到……我们根据上面所述东南亚古文化特质的研究,至少可说多数的台湾土著族在远古来自中国大陆,或整个的原马来族,是由亚洲大陆南迁到南海群岛。[1]

凌纯声先生的分析不仅基于自身对于中国南方古代民族史的深入研究,而且充分结合了南洋及南海地区历史地理发展的状况,因此,其得出的结论很富有说服力。其他学者虽然有不同的说法与解释,不过"外来迁入说"应该是占有主导性的意见。"这几十年来,语言学、人类学、考古学的研究成果显示:台湾土著民族的组成分(份)子相当复

---

[1] 凌纯声:《古代闽越人与台湾土著族》,《学术季刊》第1卷第2期,1952年,第36—52页。

杂与歧异,他们可能是分批迁移过来的,而且可能从起源地的不同区域迁移过来的。""各种证据都指向了中南半岛与中国南疆这一区域,多数权威学者也做这种主张。"[1]

由于地缘毗近,大陆地区向台湾地区的汉族移民首先迁住于澎湖列岛,也可以说澎湖列岛为大陆先民最早开发及迁居的区域。关于台湾地区汉族移民来源问题,现代研究者指出:"以中国记载之早,关涉之多,闽、粤相接之近,筚路蓝缕,当及早有人。依载籍所见,自三国至元,澎湖诸岛,吴、隋两朝之人已至其地,惟'澎湖'一名,则始于赵汝适的《诸蕃志》。元时隶于中国版图,完全为中国移民所聚居,以渔牧为生业。"[2] 根据较为可靠的记载,明清之前,台湾及附属岛屿最早被认知的区域被称为"彭(后作"澎"——笔者注)湖"及"毗舍耶"。

"番"或"蕃"本是古代人对于边疆地区及海外民族的一种泛称。如宋朝学者赵汝适撰写的《诸蕃志》主要叙述了南海周边岛屿以及中南半岛地区的古代民族生活与物产状况。其中"毗舍耶"一节就提到:"泉有海岛,曰澎湖,隶晋江县(治今福建省泉州市),与其国密迩,烟火相望。时至寇掠,其来不测,多罹生噉之害,居民苦之。"[3] 也就是说,今天的台湾地区最早归入大陆中原王朝统一行政区划的区域,就是澎湖列岛,归属于当时的晋江县。而晋江县是宋代福建路泉州之附郭县,显然,澎湖列岛归属于泉州管辖。自唐宋以来,泉州成为东南沿海一大军政重镇,地位尊崇,被赞为"闽粤领袖",更是东南沿海对外贸易的著名港口。"州南有海浩无涯,每岁造舟通异域。"[4] 宋代舆地名著《方舆胜览》"泉州"下有"环岛三十六",便包括今天的澎湖列岛:"泉之晋江,东出海间。舟行三日,抵彭湖屿,在巨浸中,云云(即'环岛三十六')。"[5] 据此可知,当时澎湖列岛已归属于晋江县(即泉州治所,今泉州市),殆无疑义。既然归属于同一政区之下,澎湖地区与泉州乃至福

---

1 参见李壬癸:《台湾南岛民族的族群与迁徙》,台北前卫出版社2011年增订新版,第23—51页。
2 张正藩:《台湾人口》,第30—31页。
3 赵汝适著,杨博文校释:《诸蕃志校释》卷上《志国》,中华书局2000年版,第149页;又见《诸蕃志》,《台湾历史文献丛刊》之一,台湾省文献委员会1996年版,第38页。
4 祝穆撰:《方舆胜览》(上),中华书局2003年版,第214页引《泉南歌》。
5 同上。

建沿海各地人民之间的往来迁徙自然是相当频繁的。

元代正式在澎湖地区设置管理机构,进一步说明澎湖及附近地区进入中央王朝的行政管辖之下。如元人汪大渊在《岛夷志略》一书中分别记载了"彭湖"与"毗舍耶":

> 岛分三十有六,巨细相间,坡陇相望。乃有七澳居其间,各得其名。自泉州顺风二昼夜可至。有草无木,土瘠,不宜禾稻。泉人结茅为屋,居之。气候常暖,风俗朴野,人多眉寿。男女穿长布衫,系以土布。煮海为盐,酿秫为酒,采鱼、虾、螺、蛤以佐食,蒸牛粪以爨,鱼膏为油,地产胡麻、绿豆。山羊之孳生,数万为群,家以烙毛、刻角为记,昼夜不收,各遂其生育。土商兴贩,以乐其利,地隶泉州晋江县,至元年间,立巡检司,以周岁额办盐课中统钱钞一十锭二十五两,别无科差。[1]

宋代泉州,至元朝改为泉州路,而澎湖巡检司的设置,再一次重申与确定了中央王朝对于这一地区的主权与行政权。在此,特别值得关注的是,由于其时澎湖列岛已隶属于泉州晋江县,因此,《岛夷志略》特别将"彭湖"列岛之居民称为"泉人",或也可解释为当地居民主要为泉州府的居民迁移而来,如云"其民多泉人侨处,苦茅以居,朴野多寿"。

澎湖列岛被称为台湾岛之"门户",是台湾与大陆沿海周边地区之间交通往来的"咽喉"要地。当时中国东南沿海较为险恶的航海环境,成为航行以及地理认知的最大障碍。如《元史·外夷瑠求传》载:"瑠求(琉球古称),在南海之东,漳、泉、兴、福四州界内彭湖诸岛,与瑠求相对,亦素不通。天气清明时,望之隐约,若烟若雾,其远不知几千里也。西南北岸皆水,至彭湖渐低,近瑠求则谓之落漈。漈者,水趋下而不回也。凡西岸渔舟到彭湖已下,遇飓风发作,漂流落漈,回者百一。瑠求,在外夷最小而险者也。"[2] 又如"台湾之门户,曰澎湖,俗呼'铁门限',以其有吸铁石焉,船至则胶;前此之所以不通也"[3]。也就是说,

---

[1] 《岛夷志略》,附于《诸蕃志》之后,《台湾历史文献丛刊》之一,第75页。
[2] 《元史》卷110《外夷瑠求传》,第4667页。
[3] 鲁之裕:《台湾始末偶纪》,贺长龄辑:《皇朝经世文编》卷84,《台湾舆地汇钞》,台湾省文献委员会1996年版,第9页。

澎湖地区险恶的航运状况,在相当长的时间里影响了台湾与沿海其他地区之间的往来交通。此处提到的阻碍航运的所谓"吸铁石",就是后来人们所熟知的"黑水沟":

> 黑水沟,为澎(湖)、厦(门)分界处,广约六七十里,险冠诸海。其深无底,水黑如墨,湍激悍怒,势如稍窪。舟利乘风疾行,乱流而渡,迟则波涛冲击,易致针路差失(原按:黑水沟无二:其在澎湖之西者,广可八十余里,为澎、厦分界处,水黑如墨,名曰大洋;其在澎湖之东者,广亦八十余里,则为台、澎分界处,名曰小洋。小洋水比大洋更黑,其深无底。大洋风静时,尚可寄椗,小洋则不可寄椗,其险过于大洋。此前辈诸书纪载所未及辨也)。[1]

这种情形在明代有了明显的改观。"郑和下西洋"是中国航海史上的里程碑式事件之一,也拉开了中国沿海地区大规模向外移民历史的新篇章。明代对于台湾历史可谓一个重大转折点。明清时期,中国东南沿海地区出现了向海外移民的高潮,而台湾地区也迎来了大陆移民的迁徙高峰[2]。明人马欢,是郑和的通译,曾随郑和下西洋航海,其所著《瀛涯胜览》成为中外交通史之名著。其中记载了东南亚各国中华人的情况:"旧港,即古名三佛齐国是也。"三佛齐国,又名室利佛逝国,为位于今天印度尼西亚苏门答腊岛的古国。"国人多是广东漳、泉州人逃居其地。"后来,广东人陈祖义成为当时影响巨大的海盗首领,被郑和率军擒获。随后,广东人施进卿取代陈祖义,成为当地大头目,与明朝保持着友好关系[3]。

关于台湾土著民族较为翔实的记载,也始于明朝。台湾土著民族在当时古文献中被称为"东番",所居之地又被称为"北港"。明人张燮在《东番考》中指出:

> 鸡笼山、淡水洋,在彭湖屿之东北,故名北港,又名东番云。

---

[1] 李元春辑:《台湾志略》卷1《地志》,见《台湾历史文献丛刊》,台湾省文献委员会1993年版,第16页。
[2] 参见安介生:《明清时期中国东南沿海移民潮与海疆规模》,涂山、聂影主编:《浮生——2013年清华大学"水上环境"论坛话语实录》,中国水利水电出版社2014年版。
[3] 引自《中国南洋交通史》,第128—129页。

深山大泽,聚落星散,凡十五社(原注:《名山记》云:社或千人,或五六百),无君长、徭赋,以子女多者为雄,听其号令,性好勇,暇时习走,足蹋皮厚数分,履棘刺如平地,不让奔马,终日不息……[1]

从此段记载可以看出,古代对于台湾的认知,首先始于鸡笼山、淡水洋等山水地理标志物,说明了台湾在中西海上交通中的重要地位与价值。"中多大溪,流入海,水澹,故其外名淡水洋……"[2] 其次,台湾土著民族很早便以"社"为基本组织单位,这是其民族地方社会构成的一大特征。

明朝末年,西方殖民者也来到了东南亚地区。如《台湾志略》载云:"万历末年,荷兰据台湾,筑城于一鲲身之上,曰台湾城。台湾之名于是始。天启二年,荷兰据澎湖,又城焉。"[3] 据研究者分析,荷兰殖民者占据台湾的时间起于1624年迄于1662年,共计38年[4]。

实际上,当时,荷兰殖民者所占区域只是台湾地区的一小部分,而台湾其他地区聚集了很多中国沿海移民。"弹丸外区,为逋逃渊薮。"这实际上也形成了台湾早期移民史的一大特点。《台湾志略》又载:"天启五年,海寇颜思齐入台湾,郑芝龙附之。而荷兰之据台湾自若。思齐引倭奴剽掠海上,与荷兰共有台湾之地以为巢穴。又所部属多中土人,中土人之入台湾,自思齐始。"[5] 这里需要说明的是,颜思齐海寇集团入据台湾,只能说是大陆居民较大规模迁居台湾本岛的开始[6]。就籍贯而言,海盗集团首领及将士均为泉州府与漳州府之人。如郑芝龙与郑成功父子为南安石井人,颜思齐与陈衷纪为海澄人[7]。

又以澎湖列岛为例。"旧属(泉州府)同安县(治今同安县)。明季,因地居海中,人民散处,催科所不能及,乃议弃之。后内地苦徭役,

---

1 《东西洋考》卷5,《景印文渊阁四库全书》本。
2 《明史》卷323《外国传四》,第8376页。
3 李元春辑:《台湾志略》卷1,台湾省文献委员会1993年版,第2页。
4 张正藩:《台湾人口》,第9页。
5 李元春辑:《台湾志略》卷1,台湾省文献委员会1993年版,第2页。
6 见林谦光:《台湾纪略》,台湾省文献委员会1993年版,第61页。
7 《台湾志略》卷1,第52页。

往往逃于其中。而同安、漳州(府)之民为最多。及红毛(即西方殖民者)入台湾,并其地有之。而郑成功父子复相继据险,恃此为台湾门户。"[1] 据此可知,至明末清初,明朝在澎湖地区的撤治以及海禁政策产生了十分突出的连锁效应,如就台湾海峡的人文地理形态而言,澎湖列岛由泉州府之属地而变为台湾之门户,与台湾本岛连成一体,正因如此,澎湖地区的移民史构成了台湾移民史重要的一部分。

通过文献记载,我们可以了解到荷兰人占据台湾时期台湾的人口数量。"当时,在荷领殖民地之中国住户,不下二万五千户至三万户,中国人在荷兰领殖民地购买土地垦耕,不出数年,耕作大进,至输出巨量砂糖及稻米焉。村落置包管人一名……由此,在台湾之中国人,向荷兰人每月缴纳人头税六'片尼'二分之一,凡年至七岁,即须负担此赋课之义务。"[2] 到郑成功经营台湾时期,台湾汉族人口已上升到10万。郑芝龙之子郑成功率军收复台湾,又开启了台湾开发史与移民史的一个特殊发展时期。从清顺治十八年(1661年)郑成功率军克复澎湖与台湾,到康熙二十二年(1683年)施琅率领清军收复台湾,时间近23年。在清朝"禁海"政策以及郑氏政权招徕移民等因素的共同作用下,引发了较大规模的移民潮[3]。研究者指出:"当时东渡者,主要系闽省漳、泉两府同胞,而以泉州人为最多,其分布中心,偏于今之台南、高雄二州境内。"[4] 又如台湾各地多建吴真人庙,而其出现,正是与这些移民的到来相关。"按(吴)真人庙宇,漳、泉间所在多有。荷兰踞台,与漳、泉人贸易时,已建庙广储东里矣。嗣是,郑氏及诸将士皆漳、泉人,故庙祀真人甚盛,或称保生大帝庙,或称大道公庙,或称真君庙,或称开山宫,《通志》作慈济宫,皆是也。"[5] 不少研究者对于郑氏政权时期的汉人移民问题进行了深入的研究与探讨,然而,由于当时没有进行全面而准确的户籍统计,各家最后关于汉族移民的估计值有

---

[1] 林谦光:《台湾纪略》,第64页。
[2] 温吉编译:《番政志》第一册,台湾省文献委员会1999年版,第9页。
[3] 参见宋增璋编著:《台湾抚垦志》(上册),台湾省文献委员会1980年版,第42页。
[4] 宋家泰:《台湾地理》,台北:正中书局1946年版,第136页。
[5] 李元春辑:《台湾志略》卷1《地志》,第46页。

着较大差别,或云 10 万人、12 万人左右,或云可至 20 万人[1]。

康熙二十二年(1683 年),清朝军队收复台湾之后,开始了全面的建设,设置台湾府,属于福建省,领县二:台湾县、凤山县。雍正元年(1723 年),又分置诸罗县与彰化县。至光绪十一年(1885 年),台湾独立建省。当然,台湾地区的经济建设和开发与移民运动的进程是息息相关的。

关于清朝初年台湾地区的人口及发展状况,康熙二十二年,施琅在《请留台湾疏》中进行了回顾与分析,该疏对于我们了解当时台湾地区的社会经济状况非常宝贵。施琅指出:

……窃照台湾地方北连吴会,南接越峤,延袤数千里。山川峻峭,港道纡回,乃江、浙、闽、粤四省之左护,隔离澎湖一大洋,水道三更余遥。查明季设水澎标于金门所,出汛至澎湖而止,水道亦有七更余遥。台湾一地,原属化外,土番杂处,未入版图也。然其时中国之民,潜至生聚于其间者,已不下万人。郑芝龙遁窜居此,以为巢穴。及崇祯元年(1628 年),郑芝龙就抚,将此地税,与红毛为互市之所。红毛遂联络土番,招纳内地人民,成一海外之国,渐作边患。至顺治十八年(1661 年),为海逆郑成功所攻破,盘踞其地,纠集亡命,挟诱土番,荼毒海疆,窥伺南北,侵犯江浙。传及其孙克塽,六十余年,无时不仰廑宸衷。臣奉旨征讨,亲历其地,备见野沃土膏,物产利溥,耕桑并耦,渔盐滋生。满山皆属茂树,遍处俱植修竹,硫磺、水藤、糖蔗、鹿皮,以及一切日用之需,无所不有。向之所少者,布帛耳,兹则木棉盛出,经织不乏,且舟帆四达,丝缕踵至。饬禁虽严,终难杜绝,实肥饶之区,险阻之域。逆孽乃一旦凛天威,怀圣德,纳土归命,此诚天以未辟之方舆资皇上,东南之保障,永绝边海之祸患,岂人力所能致? 夫地方既入版图,土番、人民均属赤子,善后之计尤宜周详……[2]

---

[1] 参见陈亦荣:《清代汉人在台湾地区迁徙之研究》,台北大进印刷有限公司 1991 年版,第 13 页;张正藩:《台湾人口》,第 38 页等。
[2] 引自《福建通志》卷 69《奏疏》,《景印文渊阁四库全书》本。

这篇奏疏在很大程度上代表了当时人们对台湾地区较为全面的认知。在清朝收复台湾之前，众多来自大陆地区的移民已经成为台湾早期开发的重要力量。而台湾物产丰富，适宜农耕，具有极大的开发潜力，因此，在收复台湾之后，为开发台湾以及稳固东南海疆，大陆移民潮也从此拉开序幕。

关于清朝前期的台湾移民政策，不少学者进行了讨论[1]。通常认为，从康熙五十七年（1718年）到乾隆五十一年（1786年）近70年间，虽然有短时期的放松，但基本上是属于"禁渡"时期。到了乾隆五十三年（1788年），清朝官府正式奏准移民家眷渡海团聚，到乾隆五十五年（1790年）正式设置官渡，台湾移民由此转入"弛禁"时期。因此在以后的30年时间里，台湾人口增长了近百万人[2]。又如光绪元年（1875年），清朝官府完全解除了平民渡台的各种禁令，台湾地方设置招募局，招徕来自内地的客民，大大激发起内地民众移民台湾的热情[3]。而大量移民的到来对台湾社会风俗的形成产生了决定性的影响。李元春《台湾志略·风俗篇》云："居台湾者，皆内地人，故风俗与内地无异。"[4]又卞宝第《闽峤鞧轩录》指出："全台之民，不外粤（潮）（州）、嘉[惠州?]，闽之漳（州）、泉（州）。粤与漳、泉，又名'三籍'，各分气类。"[5]

总而言之，有清一代，台湾地区的人口实现了相当快速的增长，充分显示出移民运动对于台湾社会发展与经济开发的巨大贡献。据估计，直到郑氏政权时期，台湾地区的各族居民仅有10余万人，而至光绪二十一年（1895年）《马关条约》签订，台湾割让给日本之时，台湾地区的总人口数已达到279万余人了。因此，现代人口史研究者指出：今天台湾的人口主要就是这些人口自然增长的结果了。台湾学者张正藩在《台湾人口》一书中指出："台湾居民，大部分是汉族，小部分是

---

1 参见李祖基：《论清代移民台湾之政策——兼评〈中国移民史〉之"台湾的移民垦殖"》，《历史研究》2001年第3期。
2 参见陈孔立：《清代台湾移民社会研究》，九州出版社2006年版，第101页。
3 参见陈亦荣：《清代汉人在台湾地区迁徙之研究》，东吴大学"中国学术著作奖励委员会丛书"之一〇八，台北：大进印刷有限公司1991年版，第42页。
4 《台湾志略》卷1，第35页。
5 《台湾舆地汇钞》，台湾省文献委员会1996年版，第87—88页。

土著。汉族以来自福建者为最多,广东者次之,大都是1895年割台以前的移民之子孙。"[1]据统计,台湾地区人口总数在1962年为1 000万左右,而土著民族只有不到20万人,还不到2%。又"因为地理上的关系,台湾人民百分之七十六是属于福建系统,百分之十四是属于广东系统。"因此,有学者将台湾称为"第二个闽南"[2]。"……所以现在台湾的同胞,只有先来、后来之分,并无'阿山'、'阿水'之别。这是历史上台湾与祖国的不可分性。"[3]由无数大陆移民形成的台湾地区的人口构成特征,毫无疑问地证明了台湾与祖国大陆不可分割的血脉渊源。而广大移民为开发宝岛、建设宝岛所付出的巨大努力与牺牲,值得后世人们永远尊重与纪念。

二 20世纪中期台湾移民潮概况

发生于20世纪中期大陆与台湾地区之间的移民浪潮,也是中国20世纪移民史的一个极其重要的片段,其意义与影响深远,甚至决定了今天大陆地区与台湾地区的政治现状、人口与民族的构成特征。这场移民浪潮源自两场政治剧变:一是日本投降,被迫向中国归还台湾宝岛的主权;一是在解放战争中国民党军队全面败退,最终退守台湾。

日本战败投降后,原来的不平等条约废除,台湾宝岛重新回到祖国的怀抱。国民政府在台湾地区重新建立政区体制,同时,也迎来了人口迁徙的一次高潮。当时,移民潮流的主要态势为"一出一进":一则是日本移民的外迁与退出,一则是大陆居民的大量涌入。但是,当时较为混乱且频繁的迁徙状况,在很大程度上影响了当时人口与移民的统计工作。[4] 据台湾省行政长官公署统计室统计,民国三十五年(1946年)台湾全省户数为1 000 597,人口数为6 041 506[5]。

至20世纪40年代晚期,在经历著名的三大战役(即淮海战役、平

---

1 张正藩:《台湾人口》,第29页。
2 林再复:《闽南人》,台北三民书局1996年版,第613页。
3 张正藩:《台湾人口》,第37页。
4 同上书,第56页。
5 参见《台湾统计地图》,台湾省行政长官公署统计室编印,1946年版,第401-A页。

津战役、辽沈战役)之后,国民党军队遭到毁灭性的打击,在中国共产党所领导的军队的步步进逼之下,国民党军队节节退败,正所谓"树倒猢狲散",于是,一批国民党政府官员及家眷,以及与中国共产党持不同政见者纷纷向南逃避,一部分迁入香港,更多地进入台湾,形成了一股影响全国的政治移民潮。

在当时的报纸等新闻媒体上,有不少对于当时移民潮情形的客观分析与评价。当时天津《大公报》刊文称:

> 逃难的洪流,由华北而华中,而华南,最后有些人高飞远走,遁往异邦。其时,这股流向只能代表上层社会,人数不多。譬如说,两周间国内到香港的人逾万,到台湾或其他华南各地的人数虽无统计,拥挤杂沓,则在想像中。我们对这种消息,并不否认其足以加甚人心的恐慌,但冷静予以分析,无论如何,他们总是比较少数。比较有办法的人物,这只能算是一种逃难。或是政治的,或是财产的,或是商业的,原因不一,处境各异。[1]

上述叙述有一定的真实性与客观性,"这段叙述相当符合当时的情形,因此是一种逃难。一九四五——一九五〇年代初期来台者大都有共同的历史记忆"[2]。

这场政治性移民运动的主体之一,便是国民党政府及下属机构,还有"中研院"等单位人员。关于这些大陆移民的来源,有研究者还指出:"当时来台者几乎涵盖大陆各省,来自各种职业及各种阶层。当时来台的重要的出海口有:上海、广州、青岛、重庆、沿海岛屿(海南、舟山、金门)等。其中以上海、广州到台湾者最多,一九四九年上半年集中于上海,下半年集中于广州。"[3]

关于1949年大陆地区移民台湾的数量,学术界历来有很多种说法,从最少的50余万人到最多的250万人不等[4]。由于当时较为混乱的局面以及来台移民的频繁性及多样性,真实的数量恐怕难以搞

---

[1] 林桶法:《1949大撤退》,九州出版社2010年版,第401—402页。
[2] 同上书,第402页。
[3] 同上书,第262页。
[4] 参见同上书第十二章"外省人迁台数量"。

清楚,有研究者很早便指出:"按各方面对于大陆来台人数的估计,如巴克莱氏依已登记的数目,认为约有六十万人。龙冠群著《中国人口》,认为至少总在一百万以下。巴氏估计,自属过低,龙氏所说,或尚为接近。"[1] 当然,更具说服力的还是当时的统计数字。表 5-1 为 1948 年到 1958 年台湾移民统计数量。

表 5-1 移民台湾数量统计简表

迁台年份	迁入人数	人口增加量(即减去迁出人数)
1948	80 942	69 955
1949	374 535	337 783
1950	179 389	105 963
1951	46 075	36 917
1952	28 549	21 778
1953	19 064	16 550
1954	12 164	10 748
1955	26 872	25 192
1956	11 737	9 486
1957	7 638	5 314
1958	13 732	11 369
合计	800 697	651 055

资料来源:张正藩:《台湾人口》,第 64—65 页。

由于移民统计的路径及数据取舍条件的不同,即使对于同一次移民行动,通常也会得到不一样的结果。对于持续多年的台湾移民而言,同样也是如此。根据上述统计数字,仅 1949 年至 1950 年两年(即迁台最高峰期)迁入台湾的人口总数已超过了 50 余万人。这恐怕也就是学者们所称的最低迁台数量了。而 1948 年至 1958 年的十余年间,迁台人口数达到 80 余万,如果再加上那些没有列入统计的移民,估计有 100 万人。而其他研究者也依据不同的移民统计资料,认为 20 世纪中期移民台湾的人口达 100 万的数量是较为可信的[2]。

---

[1] 张正藩:《台湾人口》,第 63 页。
[2] 参见《中国人口(台湾分册)》,中国财政经济出版社 1990 年版,第 164 页。

就移民来源而言,研究者指出:"在 1945—1956 年期间大陆迁台的人口之中,以来自大陆东部及南部沿海各省、市为最集中,其次是长江中下游及华北各省。根据前引《报告书》提供的资料,浙江省占光复后大陆各省市迁台人口的首位,达 85 181 人,占大陆迁台人口总数的 13.31%,以下依次为福建、江苏、山东、广东、湖南、安徽、湖北、河北。"[1] 当然,各种统计资料的数据有所出入。据调查,从浙江省流入台湾的人口达 17 万人,是当时各省中迁入台湾人口最多的省份之一[2]。

第二节

"干部南下":新中国政治性移民运动

1949 年无疑是中国现代政治历史的一个巨大转折点。以中国共产党为执政党的新政权——中华人民共和国中央人民政府的建立,是新中国建立的最重要的标志。而中国共产党及中央人民政府在全国范围内的各级政权机构的建立过程,则是一个移民人口的空间延展及覆盖的过程,或者说这一过程伴随着一场政治性的移民运动。因为新政权与新体制在全中国范围(主要是大陆地区)的建立,特别是在原来国民党及国民政府的重点控制区域,绝不可能是一个纯粹自发产生的过程,需要大批外来干部的配备与支撑。这也就不可避免地形成干部从"旧解放区"向"新解放地区"的转移,这也就构成了 20 世纪中叶的一种极为重要的政治性移民类型——中共干部的集体迁移。由于当时干部迁移的方向主要是由北而南,因此,当时的这种政治性移民群体又在习惯上被称为"南下干部"。

当然,所谓"干部南下",并非单指由北而南的一种方向。其实,解

---

[1] 参见《中国人口(台湾分册)》,第 169 页。
[2] 《中国人口(浙江分册)》,中国财政经济出版社 1988 年版,第 149 页。

放战争后期，随着战争局势的变化，中共干部及其家眷的调动与迁徙十分频繁和复杂，其中，从"旧解放区"到"新解放区"，从内地到边疆，从中原至东北，从中原至西南，从长江以南到南岭以南，政治性移民迁徙的方向是多种多样的。只是在总的大趋势之下，中国共产党政权与中国人民解放军是从北而南，逐步攻占原国民党的统治地区，"南下"的方向最为典型、人数也最多而已。在当时"干部南下"的随行人口中，既有干部的家眷，也有相关的武装保卫或行政随行人员。其数量不可低估，不能简单地以干部的纯粹数量来衡量与统计。

"南下干部"作为一种特殊移民群体，其迁徙活动的重要作用与意义是不言而喻的，可以说，新中国各地（特别是南方地区）各级行政机构的建立，大都与这些干部的迁徙与居留活动分不开。在实际生活中，这些"南下干部"中的大多数人日后留居于当地，成为当地社会各项建设的组织者与领导者，也成为当地永久性的居民。这些政治性移民对于现当代中国南方各地的政治、经济及社会文化建设做出了不可磨灭的贡献。

一 "干部南下"政策的制定与实施

（一）"南下干部"之调遣

从根本上说，"干部南下"运动是配合解放战争的进行而启动的。至1948年下半年，中国的政治形势发生了巨大的变化。中国共产党领导的中国人民解放军开始全面扭转局势，转守为攻，节节胜利，从而拉开了在全国范围内推翻国民党及国民政府统治的序幕。首先，经过顽强苦战，中国人民解放军攻占并解放了长江以北的大部分地区，取得了绝对控制权。其中，标志性的事件有：1948年9月，中国人民解放军华东野战军攻克山东省省府济南；10月，中国人民解放军东北野战军发起辽沈战役，历时52天，解放东北全境；11月，中国人民解放军华东与中原两大野战军发起淮海战役，历时66天，取得了胜利，控制了长江以北的大片地区；东北野战军与华北人民解放军发起平津战役，历时64天，基本解放华北全境。

以毛泽东主席为核心的中共中央领导层不接受以长江为界、"划江而治"的政治方案，不愿意中国再度出现所谓"南北朝"的局面，因此，他在1949年新年献词中提出了号召："把伟大的人民解放战争进行到底!"同时，为了解放南方各地区并建立新型政权的需要，中共中央全面着手整编军队及配备随军干部，以接收新解放地区[1]。

根据文献记载，早在1948年下半年，中共中央已开始着手讨论与处理派遣干部南下的问题。当年9月中共中央政治局会议上就全面讨论并决定了南下干部的数量与配备等问题，史称"九月会议"[2]。南下干部数量的分配计划在《中央关于准备夺取全国政权所需要的全部干部的决议》中有了十分具体而明确的安排，该决议于1948年10月28日通过，故又称为"十月决议"。

"十月决议"首先评估了当时全国政治形势的变化状况："估计在战争的第三、第四两年内(1948年7月至1950年6月)，人民解放军可能夺取的国民党统治区域，大约将包含有一万万六千万左右的人口，500个左右的县及许多中等的和大的城市，并在这些新的区域建立政权……就是说到战争第四年末尾，即1950年6月时间，我们可能从现有的一万万六千八百万人口和586个县市，发展到三万万三千万左右的人口和1000个左右的县市。我们应从这个可能的发展前途来准备我们的干部。"可以说，中共中央当时已有决胜全国的充分信心，也预料到新政权建立的种种困难与挑战，而优秀干部的选派与配置则是新建政权的核心措施之一。

对于新设南方政权的干部选派规模与建制，中共中央进行了相当缜密的规划与预判。"十月决议"又称：

> 根据过去发展新区的经验，每一个新开辟县，至少需要县级及区级干部75人左右(原注：在老解放区，平均每县脱离生产的干部，包括村级干部在内，约有200至300人，最大的县有多至

---

1 参见丁龙嘉主编：《南下》之《序章：中共中央运筹渡江南下》，中共党史出版社2010年版，第1—2页。
2 参见魏健民口述，兴业整理：《脚踏着祖国大地——南下纪实》，保定市地方志编纂委员会办公室编：《保定南下干部纪实》，中国文史出版社2015年版，第180页。

400人者)。500个县则需干部3.75万人左右。平均每五个县设一地委,每一地委至少需干部60人左右。500个县有100个地委,共需干部6 000人左右。平均每30个县设一区党委,每一区党委至少需干部80人,500个县有17个区党委,共需干部1 360人左右。500个县左右的地区需成立4个中央局,每一中央局至少需干部300人左右,共需干部1 200人左右。此外,还需准备7 000左右的干部在大城市工作。以上所需中央局、区党委、地委、县委、区委等5级及大城市的各项干部,共约5.3万人左右。

当然,"十月决议"关于南下干部数量的预估显然是理想化、标准化的,并没有考虑到各个地区的不同情况,也没有提到这些干部随行人员的比例及数量问题。关于南下干部的来源,该决议也进行了大致的安排:"此5.3万个左右的干部,分配华北1.7万人,华东1.5万人,东北1.5万人,西北3 000人,中原3 000人。"[1] 根据"十月决议"提供的分配方案,当时"干部南下"的来源地涉及的区域,既包括华北地区,也包括东北与西北地区,同时还有长江以北的江淮地区。

应该特别说明的是,这里的所谓"华东",主要应指"山东解放区",包括山东省内津浦铁路以西地区和河北省南部的局部地区、江苏省北部的局部地区。原来华东地区需要支援1.5万名南下干部名额,但是,据相关资料记载,"山东解放区的各级党组织经过努力工作,实际组织了南下干部22 968人,超额7 968人完成了任务。山东解放区南下干部的数量,占南下干部总数的43.36"。"以今天山东省辖区粗略计算,全省的南下干部数量占5.3万名南下干部总量的50%左右。"[2] 需要注意的是,以"干部南下"为名的政治迁徙活动所涉及移民,还应该包括武装保卫、行政随行以及干部家眷。不过,总而言之,山东省无疑是当时"干部南下"迁徙活动中最主要的来源省区。

当然,随着中国人民解放军南下军事形势的进展以及各地客观

---

[1] 参见《中共中央关于准备夺取全国政权所需要的全部干部的决议》(1948年10月28日),引自中共山西省委党史办公室编:《1949:山西干部南下实录》,山西人民出版社2012年版,第28—31页。
[2] 参见丁龙嘉主编:《南下》之《序章:中共中央运筹渡江南下》,第12页。

情况的变化,中共中央关于南下干部的配置过程、数量安排也不得不随时有所变化及调整。因此,"南下干部"迁移有着阶段性的、方向性的差异。

首先,1949年初,人民解放军首先集中力量向国民党统治的核心地带——江南地区挺进,大批南下干部被安排集中随军渡江,进入江南地区。如中共中央曾经为此做出专门指示:"华东、华中调动集中及训练1.5万干部的工作,应立即动手去做,并于2月底在徐州集中待命。""华北局所担任的1.7万干部,亦应于2月底集中8 000人于石家庄,加以训练等命,交华东局率领,随华野、中野向江南前进。"该指示又被称为"二月指示"。[1]

1949年4月24日,中国人民解放军渡过长江,占领南京国民政府总统府,由此也宣告了国民党及其政府在中国统治的覆灭。在突破长江天险、解放江南地区之后,大批南下干部很快进入新解放区开展工作。如来自华北地区的"华北南下干部纵队"的迁徙目的地是皖南。当时的南下干部回忆称:

> (当时)南下纵队领命从合肥出发,途经六安、舒城、安庆,直抵长江北岸。……我们于5月1日从江南的贵池出发,8日与坚持皖南斗争的沿江工委孙宗溶等会师。根据纵队和支队首长的命令,第一大队赴宣城,第二大队去繁昌,第三大队到芜湖,第四大队奔南陵,分别与各县党组织负责人会师,迅速建立人民政权、地方武装和各群众团体,领导人民加紧恢复生产和经济工作。[2]

其次,至1949年6月,中共中央已预计到中国人民解放军占领广东、广西、云南、四川、贵州以及宁夏、青海等7省之后所面临的形势,因此,有必要对于这些地区需要配备的干部数量进行统筹安排,因此发出了《中共中央关于准备抽调3.8万名干部给中央局、分局的指示》(1949年6月11日通过)。这项指示其实意味着第二次南下干部的

---

[1] 参见《中共中央关于调度随军渡江南进干部的指示》,引自中共山西省委党史办公室编:《1949:山西干部南下实录》,第43页。
[2] 参见魏健民口述,兴业整理:《脚踏着祖国大地——南下纪实》,《保定南下干部纪实》,第184页。

调遣,即通常所说的"挺进大西南"。

该《指示》中关于干部调配的内容主要有:

(1)西北地区(包括宁夏、青海两省及甘肃部分地区)需要准备干部5 000名。而按以往计划,西北地区只准备了3 000名干部指标并派往西南地区,因此,中共中央指示:只抽出1 000人前往四川,而留下2 000名留西北本身调用,另从华北局抽调3 000名经过初步训练的大中学生给西北。

(2)四川、贵州两省大约需要干部1.6万人,主要由华东局解决。

(3)广东、广西、云南三省需要干部1.75万人,人员主要来自华中局及武汉、香港、东北局、华北局以及四野部队。

据上述资料,以上南方各地需要的干部已将近4万名。该《指示》在最后还特别强调:"上次五万三千干部的抽调,各地都尽了最大的努力,在老区一般县区干部均已削弱,目前不可能亦不应再次大量抽调。因此,二野、四野应准备从本身抽出大批较强的干部来担负新区党务、财经、公安、宣传、民运等各方面的工作。并注意在占领大城市及交通要道区域后,立即采取有效办法,大量召集训练培养并团结本地干部,以便逐渐推广占领区。"[1]显然,这属于所谓"第二次""南下干部"的大规模调遣。据此数据,两次"南下干部"的调遣数量已突破了9万人。

来自河北保定的南下干部白惠琴亲历了当时"南下干部"迁移的整个过程,她在回忆文章中追忆了当时南下转迁的真实情形:

> 毛主席在1949年新年献词中发出"将革命进行到底"的号召,一批干部北上,一批干部随解放军的脚步南下,解放全中国。我和爱人选择了南下……二月出发,目标是南京,到哪个县不知道,但干部是备好的,组织架构有地委、县委、区党委……走了一天,到了(安徽)宣城,我们就留了下来,成立了专署,就按原来的组织架构开展了工作,我分到公安局任秘书……
> 1949年8月,我们接到解放大西南,抽调干部西进的通知,

---

[1] 参见中央档案馆编:《中共中央文件选集》第14册,中共中央党校出版社1987年版,第659—661页;《保定南下干部纪实》,第19—20页。

我毫不犹豫报名到大西南,在南京集合……在南京集合了四面八方的干部,以老区的6000名干部为骨干,还在南京、上海、苏南、皖南、北京等地招集了11000名大学、中学青年职工为主体的干部队伍,成立了西南服务团17000人,隶属于第二野战军建制。……经过集训,我们一路行军到新解放区接管军队、政府、文教卫生等部门,任务艰巨而光荣。西南服务团分重庆西进支队、云南支队,还有贵州支队。我属于云南支队。[1]

我们从上述回忆文字中,可约略梳理出当时"南下干部"迁徙的一个核心线索。应该说,对于"南下干部"迁移运动而言,南京之转迁是十分重要的。而白惠琴所在的第二野战军是当时挺进大西南的主力,大批南下干部正是随着第二野战军进入西南地区的。

(二)"南下干部"之随行配备

后来的事实证明,"十月决议"显然低估了南下干部配备的数量。如"十月决议"提到:"500个县有17个区党委,共需干部1360人左右。"而根据中共华北局《关于外调干部配备的通知》,外调一个区党委的干部职别及数量如下:

一、每个区党委的架子应包括5个军分区,每个军分区为6个县,共计30个县。每县7个区,共210个区。

二、每区6人(区书1、区组或区宣1、区长1、武装1、助理员2)。

三、每县19人(县书1、县组1、县宣1、县委秘书1、县长1、政府秘书1、武装3、公安2、财经6、群众工作者2)。

四、每一军分区级58人(地书1、地组1、地宣1、组干1、宣干1、秘书长1、专员1、武装5、财经40、公安5)。

全军分区,连县、区两级干部在内共计424人(军分区58,6个县共计366)

五、每个区党委65人(除同地委级各职别干部外,增加下列

---

[1] 参见白惠琴:《南下自述》,《保定南下干部纪实》,第175—176页。

7人,即宣干2、民政2、教育2、司法1)。

一个区党委全部干部共2 185人(区党委65、5个军分区共计2 120)[1]。

从一个区党委原来预估的1 360名干部,到实际配备的2 185人,仅一个区党委就增加了825名干部,那么南方地区17个区党委就需增加14 025人。而这种数量只是理论上的规定,实际工作中的增长也是不可避免的,"南下干部"数量最终应该突破了10万人。

当然,必须注意,在"南下干部"迁移人口的统计上,随行及勤杂人员的统计是十分必要的。也就是说,上述9万余人是单纯的干部数量,就总的迁移人口而言,应该是这个数量的数倍。如至1949年2月,中共中央华北局组织部、秘书处就下发了《关于南下干部生活待遇装备暂行办法》,其中有不少关于随行人员的配备额度的规定:

(1) 地委委员以上干部,每人带牲口1头,马夫1人,或车子一辆。

(2) 地委委员以上干部,各带警卫员1人。

(3) 每行署级单位,带公用通讯员3人。

(4) 每一分区级单位,带公用通讯员2人。

(5) 每一县级单位,带公用通讯员3人。

(6) 每一区级单位,带公用通讯员1人。

(7) 每15人至20人,带炊事员1人。

(8) 每区党委应带医生4人,卫生员若干人。[2]

应该说,以上的规定,应该是当时随时人员的最低标准。在实际执行过程中,随行人员的数量应该有很大的增加,特别是在解放战争持续阶段,双方战事正在进行,"南下干部"的处境是极其危险的,有必要增加保卫人员的数量。

在"南下干部"移民运动研究中,有一个特别棘手的问题,就是随行家眷的数量统计问题。应该说,当时的中共中央及各级党委对于

---

1 《保定南下干部纪实》,第25页。
2 同上书,第27页。

"南下干部"的家属随行问题是十分关心的。如早在干部大规模南下之际,北岳区党委组织部就发出通知,针对干部家属问题提出要求。1948年11月21日,《北岳区党委组织部通知》中指出:"接华北局组织部通知,南下干部之爱人具备以下条件者,即可组织南下。(1)区以上脱离生产的女干部;(2)身体健壮无疾病者;(3)无小孩之累且无怀孕者(原注:指最近南下干部之爱人);(4)能独立工作之女干部,规定有保姆照管孩子,对工作影响不大者,且无怀孕者(原注:经地委严格审查,慎重批准),亦可分批调去。"

该《通知》还特别强调:"以上条件必须严格遵守,不得有任何迁就,因南边环境与物质条件的限制,还不能允许所有南下干部的爱人马上南下。那里既少医院,又无华北区保健保育之规定,有的是游击环境,背行李跑路,勉强前去,百害无益。大批妇女干部南下,需等待看环境决定。"[1] 考虑到当时残酷的战争环境,这些关于南下干部家属的限制规定应该是合乎情理的。另外,"南下干部"大多出身于军队,单身或离婚的因素也不可忽视。因此,鉴于种种条件限制,在"南下干部"移民运动中,随行家眷的数量似乎不应过高估计。

中华人民共和国建立初期的干部南下运动持续时间是相当短暂的,完全是一种特定时代背景下的政治类型的移民运动。由于"干部南下"与解放战争相辅相成、不可分割,因此其人口数量统计就变得异常困难。从核心的"9万余人"的干部数量到数十万的随军迁徙人口数量,南下干部的规模也是不可低估的。

二 "南下干部"的来源及分布情况

(一) 北方地区干部的迁徙及安置

1. 东北地区

东北地区属于旧解放区或较早的解放区之一,为了在南方新解放地区巩固解放成果,建设新政权,中共中央从东北地区抽调大批干

---

[1] 《北岳区党委组织部通知》,《保定南下干部纪实》,第30页。

部南下,因此,东北地区也成为"南下干部"派遣最多的地区之一。

吉林省是"南下干部"的主要来源地之一。据记载,早在1949年中华人民共和国建立之前,为了加强与支援关内新解放区的工作,中央就已着手从东北老解放区抽调干部进入关内。如从吉林一省就调走18 000多名干部进入关内。仅从1949年当时吉林省会吉林市来看,当时迁入关内的人数就有8 468人[1]。

2. 西北地区

新中国建立以后,宁夏地区的行政建置问题较为复杂,从宁夏省建立到重新归并于甘肃省,再到宁夏回族自治区的正式成立,宁夏地区为适应特殊的民族环境做出了可贵的努力,而大批迁入宁夏的干部在此过程中发挥了重要作用。研究者指出:干部调动是宁夏迁入人口的经常性来源之一。新中国成立以后,规模最大的干部迁入活动有两次。第一次就是在宁夏解放初期,接收国民党旧政权,建立宁夏省会及各地人民政府。当时由中国人民解放军十九兵团及老解放区抽调干部1 149人来到宁夏,为新政权的建立及稳固做出重要贡献。第二次是在1958年宁夏回族自治区成立之时,从中央机关及全国26个省、市、自治区抽调干部参与建设,共有2 427名干部来到宁夏[2]。

3. 华北地区

华北地区原来就是革命根据地较为集中的区域,因此,在"南下干部"迁移运动中,华北地区被寄予了厚望。如根据上级安排,中共华北局太行、太岳两区南下干部组成了"中国人民解放军长江支队",下设6个地委、30个县委和199个区的成套班子,包括警卫连、勤杂人员等,共约4 500人[3]。

(二) 南方各地区的干部迁徙及分布

(1) 安徽省。安徽省是解放初期调入南下干部较多的一个省份。20世纪40年代后期,解放战争"三大战役"结束后,安徽省大部分地

---

[1] 参见曹明国主编:《中国人口(吉林分册)》,中国财政经济出版社1988年版,第132页。
[2] 《中国人口(宁夏分册)》,中国财政经济出版社1988年版,第141—142页。
[3] 中共山西省委党史办公室编:《1949:山西干部南下实录》,第74页。

区获得解放,大批老解放区干部进入安徽各地,进行政治机构建设,这些干部最后大多在当地留居下来,估计总人数超过了万人,如果再加上家属,迁入人口就更多了。这些南迁干部的原籍有山东、山西、河北、陕西、东北等地[1]。

(2) 湖南省。湖南省也是解放初期南下干部较为集中的省份之一。据研究者分析指出:湖南省甚至可以被认为是南下干部转迁的一个中转区域。"南下干部是指1949年8月湖南解放时,老解放区的北方籍干部随军南下,参加政权建设的一种迁移类型。多由河北、山西、山东等省的解放区所在单位集体迁出,再对口调进湖南各地区、市、县。据1953年统计,(湖南)全省有南下干部9 792人。"[2]

(3) 江西省。该省是南下干部迁入相当集中的一个省份。为了组建江西省各级人民政府的需要,来自东北各地的6 038名干部进入江西省,其中老干部占25.2%,新干部占64.8%。这些干部大多数后来定居于江西,为江西政治及各项建设做出了重要贡献[3]。

(4) 福建省。该省也是干部南迁最集中的省份之一。早在1949年,党中央就从北方解放区抽调大批干部随军南下,进入福建新解放地区,共计3 119人,主要来自山西、山东两地。同时,上级又调来南下服务团人员进入福建地区,共计2 116人,主要来自上海、江苏、浙江、安徽等地。这些人员以后大多留居下来,成为福建省新政权建设的中坚力量,为当地政治稳定与社会发展贡献了毕生的心血[4]。当然,也有1 031名后来返回原籍,其返迁比例达19.7%[5]。

(5) 贵州省。据记载,1949年秋天,中国人民解放军进入贵州省,贵州省全境解放。为了接管当地的行政管理及社会服务机构,当时有8 215名干部奉命调入贵州,其中包括南下干部3 015名。在后来的向西进军中,又有解放军干部2 400余人转业到地方工作。这些干部

---

1 参见《中国人口(安徽分册)》,中国财政经济出版社1987年版,第168页。
2 引自毛况生主编:《中国人口(湖南分册)》,中国财政经济出版社1987年版,第165页。
3 引自《中国人口(江西分册)》,中国财政经济出版社1989年版,第148页。
4 参见《中国人口(福建分册)》,中国财政经济出版社1990年版,第133页。
5 同上书,第133—134页。

大多数留居在贵州担负各级政府及相关部门的管理工作[1]。

（6）云南省。研究者指出：中华人民共和国建立初期是云南地区人口数量增长的一个高峰期。其主要原因就是进入云南的解放军及"南下干部"的激增。据中共云南省委组织部在1956年的一份统计资料，解放初期进入云南的"南下干部"有以下几种来源及类型：一类是来自山东、河北、山西等老解放区的干部，共有421人；一类是来自第二野战军军政大学的学员，主要是从安徽西进来到云南，共有680人；另一类是所谓"财经大队"，从湖北、山东分两批共130人进入云南；最后，数量最为可观的是所谓"西南服务团"，共有3 000人。进入云南的各类"南下干部"数量合计可达7 000余人，成为云南省各级政府部门的骨干力量。当然，从移民角度来看，如果再加上随行人员及家眷，当时进入云南的"南下干部"移民群体数量应有上万或数万人之多。

就真实的政治及社会影响而言，这些进入云南的南下干部被称为"云南省际迁入人口中影响最为巨大的一批迁移人口"，应该是恰如其分的评价[2]。

（7）广西自治区。在新中国建立以来的人口迁移过程的分期中，解放初期（1950—1957年）同样被研究者视为一个重要阶段，主要特征是人口迁入大于迁出。而迁入的人口中，参加解放广西战斗的中国人民解放军及"南下干部"是"相当关键"的组成部分[3]。研究者指出："广西全境解放后留驻的一部分人民解放军指战员，随军南下干部和广西的地下工作者，是建立全自治区乡以上政权的主要成员。区公所以上的人民政府，区县以下的党委会，以及企、事业单位、专署、地委以上各部门的主要领导干部，绝大多数都是由解放军指战员和随军南下干部担任的。"[4]这里涉及两个关键性的概念，即"解放军指战员"与"南下干部"，从移民角度来看，两者并没有根本性的区别。这种情况

---

1 参见潘治富主编：《中国人口（贵州分册）》，中国财政经济出版社1988年版，第171页。
2 参见《中国人口（云南分册）》，中国财政经济出版社1989年版，第107页
3 参见《中国人口（广西分册）》，中国财政经济出版社1988年版，第140页。
4 同上书，第144页。

并不仅限于广西,而也正由于这个原因,"南下干部"真实的迁移数量难以统计。

(8) 广东省。据统计,1949—1952 年数年间,从部队转业到广东各地方工作的干部达 8 732 人,随军"南下干部"有 1 739 人,后来,又从北方调来 1 万余人。这些干部日后成为广东省各级政府及机构的主要骨干力量。人数虽然仅有 2 万人,却对新中国成立初期广东省的政治及体制建设做出了重要贡献[1]。当然,外来干部进入,必然有一定数量的随迁家属。"如果按照每户平均 2.5 个人计算,干部和职工家属的随迁数字,就相当于干部、职工调动数的 1—1.5 倍。这是一批数量相当可观的人口省际迁移。"[2]

总体而言,在解放战争后期,乃至中华人民共和国创建初期,"南下干部"迁移运动在 20 世纪移民史上占据着十分特殊而重要的地位。从中共中央决定实施"干部南下"之后,到大部分"南下干部"进入迁徙地居留下来,其时间跨度是相当大的,数量也不是十分庞大与惊人。然而,新中国建立初期,"干部南下"所发挥的作用及产生的影响却是不容低估的,在政治建设上的贡献更是远非普通移民可比,其在中国现当代移民史上的特殊地位与贡献值得高度关注。

---

[1] 朱云成主编:《中国人口(广东分册)》,中国财政经济出版社 1988 年版,第 158—159 页。
[2] 同上书,第 162 页。

第六章

20世纪后半期边疆建设及跨区域开发与移民

中国人口众多,幅员辽阔,出于历史发展的实际与客观的人文及地理环境条件,各个区域之间的差异相当突出,由此导致各地区之间人口分布的不均衡与经济、文化、社会发展水平上的差距。更为严重的是,如果不加以干预与调整,差距与不平衡会随着时间而持续存在并累积。因此,研究中国社会,必须重视区域差异性。

就宏观而言,中国区域间的差异,首先表现在边疆与内地之间的差异上。边疆虽属政治性概念,却在中国社会经济发展史上有着特殊的地位。边疆地区与内地的差异由来已久,原因也十分复杂。首先,历史时期边疆地区的建设首重边界与边防,边界附近常常设置大片的军事或边防隔离地带,成为普通民众迁徙的"禁区"。由此导致的不利后果便是,边疆地区人口稀少,投资建设较少,经济发展滞后,社会文化基础十分薄弱。直到清朝前期,中国边疆地区地广人稀的状况已经对国土安全造成重大影响,因此,在全国范围内"移民实边"长期成为舆论界关注的焦点之一。其次,在自然地理环境与交通方面,边疆地区与内地相比,同样存在较明显的缺陷。特别是在传统农耕条件下,经济发展更多地依赖于自然条件与交通因素。其三,边疆地区往往是众多民族聚居区域,民族矛盾复杂,也会对人口迁徙活动形成阻碍。可以说,历史时期边疆与内地之间的种种差异与阻隔,在很大程度上决定了人口迁徙与区域开发的进程。

边疆与内地的差异,又通常表现为东部与西部的差异。西部开发与移民运动是20世纪中国国家建设与社会发展的一个重要内容。新中国建立以来,东部、中部与西部的区划与差异,在中央决策层与学术界逐渐形成了共识。当然,东部、西部的划分标准会随着时代的不同而出现差异。如根据1985年在甘肃省会兰州召开的"中国西部地区发展讨论会纪要"中,当时所谓的西部地区就是指内蒙古自治区、陕西省、宁夏回族自治区、甘肃省、青海省、新疆维吾尔自治区、四川省、云南省、贵州省、广西壮族自治区与西藏自治区等11个省区[1]。

东部、中部、西部的划分是当代中国区域认知的一大进步。这与笼统地称为东部、西部,或单称西北地区的说法有着明显的不同。明确划分东、中、西三大地带,是在制定国民经济第七个"五年计划"(1986—1990年)期间,划分的依据主要是地理位置、国土资源开发利用程度、经济技术发展水平以及在今后所承担的发展任务等。东部地带包括12个省、区、市,即辽宁省、河北省、北京市、天津市、山东省、江苏省、浙江省、上海市、福建省、广东省、广西壮族自治区和海南省,大致与所谓"东部沿海地区"相吻合。中部地带包括9个省区,主要为中部内陆地区,即黑龙江省、吉林省、内蒙古自治区、山西省、河南省、湖北省、江西省、安徽省和湖南省。西部地带包括10个省、区、市,大致与传统所称"西部边远地区"相吻合,即陕西省、甘肃省、青海省、宁夏回族自治区、新疆维吾尔自治区、四川省、重庆市、云南省、贵州省和西藏自治区[2]。

中华人民共和国成立之后,东、西之间以及东部、中部、西部三大地带之间的人口迁徙活动十分频繁与复杂。就迁徙形式而言,新中国成立以来以中央及各级政府直接参与和组织的集体性移民活动最

---

[1] 引自田方、张东亮编:《中国人口迁移新探》,第112页。
[2] 阎蓓:《新时期中国人口迁移》,第152页。

多、规模也最大。这一特征也决定了新中国成立以来到改革开放初期成为中国移民史上一个较为特殊的时期[1]。就移民类型而言,可以大致分为垦荒性移民与工矿业移民两大类,前者促进了边疆地区农牧业的发展,而后者则是中部、西部现代化工矿业建设的重要推动力量。就区域而言,边疆与内地之间的界限就较为模糊,况且新中国成立以来,边疆与内地之间的人口迁徙方向和涉及区域较多,差异性也较大,很难确定哪个区域为纯迁入区、哪个区域为纯迁出区。时代条件不同,迁移的方向、规模及特征都会有所不同。

新中国成立以来,西部及边疆地区的人口增长在很大程度上依赖于人口的迁入,则是不争的事实。如以西北地区的汉族人口增长为例。甘肃省1953年第一次人口普查时的汉族人口只有1 038.649 2万人,到47年后的2000年第五次人口普查时,汉族人口已达2 293.695 8万人,增长了约1.2倍。宁夏回族自治区在第一次人口普查时,汉族人口仅有100.07万人,而到2000年时,汉族人口已达到359.06万人,增长了约2.6倍。青海省在1953年时汉族人口只有82.239 5万人,到2000年,汉族人口已有282.330 5万人,增长了约2.4倍。新疆维吾尔自治区的汉族人口增长最为迅猛。1953年第一次人口普查时,汉族人口只有33.21万人,到2000年,当时汉族人口已有787.99万人,增长了约23倍[2]。当然,在这50年间,边疆人口迁移活动也有阶段性的差异以及返迁的问题,但总趋势是确定无疑的。以各省区总人口数量计,从1953年至1979年,黑龙江人口增长1.7倍,内蒙古人口增长1.6倍,新疆人口增长1.5倍,都远远超过全国人口增长0.7倍的平均速度。这当然要归功于人口的机械增长,即外省市区人口的迁入[3]。

回顾历史,我们可以将新中国成立以来(即20世纪后半期)的移民运动看作是明清以来边疆移民的延续。而这一时期的边疆移民运

---

1 田方、张东方编:《中国人口迁移新探》,第28—29页。
2 参见徐黎丽:《走西口——汉族移民西北边疆及文化变迁研究》,民族出版社2010年版,第20页。
3 参见田方、张东方编:《中国人口迁移新探》,第40页。笔者按:由于移民统计口径与方法的不同,不同研究者关于中华人民共和国成立以来各地移民增长的数量记述也不尽相同,笔者将在文中更细致地进行分析与说明。

动,与历史时期的移民运动相比,无论在迁徙组织方式、迁徙规模、迁徙安置形态还是迁徙效果来看,都有着极大的差别。从长远来看,通过合理化的人口迁徙、资源配置等方式,达到中国各区域之间均衡发展、协同进步,仍应该是未来中国社会走向全面繁荣与稳定的必然选择。因此,新中国成立以来,无论是垦荒性移民还是工矿业移民,历次边疆移民与建设的成功经验与失败教训都有很高的参考价值,值得认真总结[1]。

第一节

新中国成立以来边疆建设与垦荒性移民运动

中国幅员辽阔,以西北、东北以及西南为代表的广大边疆地区地广人稀,经济与社会发展相对滞后。这种不合理的人口分布状况,不仅严重阻碍了边疆地区的经济开发与文化发展,同时对国家安定与边境安全造成了极大的隐患。因此,从清朝中后期、民国时期开始,边疆开发与边疆移民便成为中国社会发展与进步的重要内容。新中国成立之后,政治建设与边疆安全局势异常严峻,同时边疆地区荒地广袤,农业生产落后,必须推进边疆地区的农垦事业,改变地广人稀、贫穷落后的状况,因此,中华人民共和国建立初期,在中央政府的统筹协调之下,大力开展边疆移民活动,得到了全国各地人民的支持,使得边疆人口实现了较快增长。这些人口为当地政治、经济、社会文化发展做出了重要贡献,成为建设边疆、保卫边疆的坚实力量。边疆移民也由此成为新中国成立以来中国社会前进与发展的重要内容之一。

改革开放以后,边疆地区人口迁移的状况有了很大的转变,

---

[1] 参见赵入坤:《二十世纪五六十年代的中国边疆移民》,《中共党史研究》2012年第2期。

甚至出现了严重的返迁的情况,"孔雀东南飞"或"一江春水向东流"等诸多问题引发的严重后果,不可轻视,甚至还出现了全面否定新中国成立以来西部及边疆移民政策的言论与倾向,特别值得关注。笔者以为,西部及边疆移民运动是中央及各级地方政府、亿万中国人民为改变西部落后面貌及保障边疆安全所做出的艰苦努力,取得了重大成就。虽然其间从中央到地方所犯的错误造成了不少的损失,但以此而完全否定新中国建立以来西部及边疆开发的历史功绩,则是不尊重历史、不尊重现实以及不珍惜前人成就的错误表现。对于中国这样一个边疆广袤的国家而言,边疆不稳,内地则必然动荡。这是一个基本的常识,惨痛的教训值得反思。

当然,就人口迁移的过程而言,造成改革开放以后西部等边疆地区移民人口返迁严重,乃至部分地区移民运动惨遭失败的原因是多方面的,很难一概斥之为一种历史性的"倒退"或"逆流"。我们看到,首先,新中国成立以来,经过各级政府统筹的多年的、有组织的人口迁移使不少边疆地区在很大程度上已经摆脱了地广人稀的状况,甚至超过了所谓"适度人口"的界限,农业生产已经达到了一个较高的水准。在西部相对脆弱的自然环境之下,再进行大规模移民已经失去了其必要性。其次,在一段时间里,在反思"文革"错误的同时,从中央到地方各级政府,对于西部以及边疆移民问题也产生了模糊乃至十分错误的认识,甚至在一段时间内出现了鼓励边疆地区干部与职工返迁内地的不明智的政策导向。第三,东部及中部地区在生产及生活条件上更为优越的现实也是有目共睹的。生产与生活环境的反差更使不少边疆移民的后代产生重返故土以及向东部移民的愿望。正是在这种情况下,返迁内地成为一股浪潮。再者,改革开放以来,东部及中部地区经济发展迅速,人民生活水准提高很快,使东西之间原有的社会发展差距进一步拉大。加上改革开放之后,东部地区也为人才流动与发展创造了更大的吸引力与更大的空间。这些因素都影响到了边疆移民的返迁意愿及实施。

一 向西部地区的垦荒性移民

(一) 新疆地区

新疆地区地域广大,边界线漫长,邻国众多,具有极为重要的战略地位与价值,边疆保障任务极为复杂艰巨。但是,地广人稀的情况非常不利于新疆地区的建设与发展。因此,新中国成立以来,中央政府极为重视新疆的政治与经济建设以及社会稳定,积极支持与鼓励向新疆地区移民。然而,限于种种主客观条件,新疆移民之路并不平坦,其间既有高峰,也有低谷。总体而言,新疆是新中国人口迁移数量最多的省区之一,则是毋庸置疑的。在新中国成立后的50多年里,新疆总人口从1955年的523.5万人增长到2010年的2181万人,净增加了1600万人。人口迁移是导致新疆人口急速增加的最为重要的因素[1]。有研究者将新中国建立以来新疆地区的人口迁移运动分为以下五个阶段[2]:

第一阶段是从1949年至1961年。这段时间是新疆地区人口迁入的第一个高潮期,净迁入人口达到187.72万人。迁移人群分为解放军的转业安置、支边青壮年的迁入、自流迁移人口以及其他一些有组织的来疆人员等几种类型。根据《新疆通志·民政志》的记载,其间,最重要的人口迁移活动是1959年支边青壮年的迁入与安置。当时,共接待支边青壮年140 327人,随迁家属13 802人。其中来自湖北省的青壮年有48 258人,家属6 879人;来自江苏的青壮年有61 106人,家属3 309人;来自安徽的青壮年30 963人,家属3 614人[3]。

又据统计,从1949年至1952年间,由内地各省份向新疆地区迁入人口数量高达63.9万,其中有25.56万农民、12.78万军人与7.1

---

[1] 参见周崇经主编:《中国人口(新疆分册)》,中国财政经济出版社1990年版,第130页;陈文祥:《新中国新疆移民探析》,《青海师范大学学报(哲学社会科学版)》2014年第2期。
[2] 参见《新疆通志》第十三卷《人口志》,新疆人民出版社2008年版,第113—117页。
[3] 参见《新疆通志》第二十四卷《民政志》,第115页。

万干部。农民所占比例最高[1]。

第二阶段是从 1962 年至 1963 年。这段时间是新疆人口迁移的一个低谷期,特别是 1962 年,迁出人口大于迁入人口。这种局面的形成主要源自当时"大跃进"与"三年经济困难时期"的影响。人口迁出的一个重要类型,就是国营企事业单位干部、职工的精简下放。据统计,当时被精简下放的职工人数达到 38.3 万,主要通过遣返的方式回到内地。

第三阶段是从 1964 年到 1980 年。这是新疆人口迁移的另一个高潮时期。这一时期,新疆净增加人口更是高达 539.06 万人,其中,由外省区迁入人口达到 149.90 万人。这段时间迁移人口的类型主要有城市支边青年、补偿性的家属迁入与特殊移民(包括改造的罪犯及释放人员)等。

第四阶段是从 1981 年至 1989 年。改革开放初期,新疆人口迁移陷入一个低谷时期,迁出的人口数量大于迁入的人口数量。改革开放以来,东部地区的发展产生了巨大的吸引力,政府鼓励自由迁徙,原籍在东部的移民回迁意愿强烈。

第五阶段是从 1990 年到 2005 年。进入 20 世纪 90 年代以后,随着新疆各方面建设的进展,东部地区的吸引力已大大降低,外来人口的净迁入量稳步回升。

以新疆生产建设兵团为例,1954 年,在中央政府的统一部署下,新疆生产建设兵团正式组建,这是中国边疆建设的一大战略举措,是新疆地区(北疆)发展与建设里程碑式的事件。根据研究者分析,1954—2004 年的 50 年间,人口迁移对于新疆生产建设兵团的发展与建设影响至关重大,大致可分为前、后两个阶段[2]:

(1) 以组织迁移为主的人口迁移阶段

这一阶段是从 1954 年开始,直至 1980 年。这一阶段的人口迁移,大多都是在国家统一安排之下的计划性迁移,得到了地方各级政

---

[1] 参见王桂新等:《迁移与发展:中国改革开放以来的实证》,第 10 页。
[2] 参见刘月兰:《新疆生产建设兵团人口迁移研究》,《西北人口》2007 年第 2 期。

府的大力支持。

解放战争期间以及新中国建立之初,新疆地区最重要的一种移民类型便是中国人民解放军转业屯垦部队的迁入。据记载,1949年9月,新疆的国民党部队8万多人响应解放军起义,新疆顺利解放。当年10月,中国人民解放军第一野战军第一兵团第二军和第六军进入乌鲁木齐市,与当地的新疆民族军会师。到1950年1月,解放军已进驻全疆各地,1951年,国民党起义部队改编为解放军第二十二兵团。至1952年,根据党中央的部署,原来的第二军、第六军以及新疆民族军与第二十二兵团集体转业,落户当地,成为农业建设与工程建设部队。这也就是新疆建设兵团的由来。截至1952年底,集体转业部队及其家属、垦区居民合计总人口达到273 279人。转业部队集体转业的垦区分布,大体与部队驻防地的分布相吻合,而原国民党起义部队(即第二十二兵团)则移防于塔城地区,构成了今天石河子和奎屯等重要垦区[1]。又据统计,从1949年至1952年间,由内地各省份向新疆地区迁入人口数量高达63.9万人,其中有25.56万农民、12.78万军人与7.1万干部。农民所占比例最高[2]。

新中国建立初期,相对于新疆地区广袤的国土面积而言,该地区人口过于稀少,无法满足当地经济发展与保卫边疆的需要,急需全国各地的支援与帮助。为此,中共中央做出了"支边移民"的重大决策,决定从内地人口较为密集的省份,如江苏省、安徽省、湖北省及上海市等,向新疆地区移民200万人。于是,由中央及各级政府组织实施的、向新疆地区的大规模移民活动由此开始[3]。

1955—1956年,各级政府招收河北省、河南省、四川省、江苏省及上海市的初高中毕业生与知识青年5.4万人以及其他人口近10万人进入新疆[4]。

1957—1960年,中央政府执行了江苏省、安徽省和湖北省三省向

---

[1] 《中国人口(新疆分册)》,第139—140页。
[2] 参见王桂新等:《迁移与发展:中国改革开放以来的实证》,第10页。
[3] 《中国人口(新疆分册)》,第140—141页。
[4] 刘月兰:《新疆生产建设兵团人口迁移研究》,《西北人口》2007年第2期,第111页。

新疆的移民计划,三省迁入人口推算已有80多万人。其中,江苏省迁出人口有59.6万人,移民主要来自江苏的农村及小城镇[1]。

1959—1961年,时逢"大跃进"及三年自然灾害与经济困难时期,是新疆地区人口迁徙的一个特殊高峰时期,先后出现了三批大规模的移民活动。第一批是在1959年至1960年初,兵团按国家计划接收安置了江苏、安徽等省支边青壮年及家属近10万人。第二批是接收、安置自愿支边人员21万人。第三批是接收甘肃河西一带移入的职工与家属,共1万多人[2]。

1962—1966年,从上海市动员知识青年15万人进入生产建设兵团参加屯垦建设[3]。上海市于1963年至1966年上半年动员9万余名社会青年与应届中学毕业生前往新疆地区,进入建设兵团,开发边疆[4]。

1963—1966年,为加强兵团值班部队,中央将从国防部队转业的10万官兵安置于兵团,同时还安置了从上海、北京、武汉、浙江、江苏、天津等六省市前来的知识青年12.7万余人[5]。

应该特别关注的是,1975年,根据中共中央的决定,新疆生产建设兵团的建制被撤销,由此,新疆地区与外省区之间的人口迁徙陷入一个停滞时期。

(2)以自由流动为主的人口迁移阶段

这一时段是从1980年到2000年。1981年,新疆生产建设兵团的建制得到恢复。而从此时开始,以兵团为重心的新疆地区的人口变迁发生了重大改变。改革开放之后,东部发展迅猛,东西部之间在大力发展市场经济的情况下优劣势对比更为突出。其间,各级政府的政策导向也出现模糊与偏差,广大兵团移民的支边热情与意愿受到极大的冲击,由此出现持续性的人口内迁。迁出人数远远高于迁入人数,兵团甚至出现了严重的人才与劳动力短缺现象。

历史终将证明,广大移民对于新疆地区建设所做出的巨大贡献

---

1 《中国人口(新疆分册)》,第140—141页。
2 刘月兰:《新疆生产建设兵团人口迁移研究》,《西北人口》2007年第2期,第111—112页。
3 《中国人口(新疆分册)》,第141页。
4 参见胡焕庸主编:《中国人口(上海分册)》,中国财政经济出版社1987年版,第143页。
5 刘月兰:《新疆生产建设兵团人口迁移研究》,《西北人口》2007年第2期,第111—112页。

与牺牲,应该永远被后人所记取与感恩。新中国成立以来,新疆农牧业方面的发展成就尤为突出。以新疆建设兵团为例,截至1994年,"新疆生产建设兵团有二百二十万人,其中有一百万职工,有十个农业师,三个相当于农业师的农场管理局,一个建工师,一百七十二个机械化现代农牧团场,五十八个边境团场,分布在天山南北各个地方"[1]。又截至2013年底,"兵团下辖十四个师,一百七十六个团,辖区面积七点零六万平方公里,耕地一千二百四十四点七七千公顷,总人口二百七十点一四万,占新疆总人口的百分之十一点五"[2]。以人口数量而言,新中国建立以后,新疆人口从1949年的433.34万人增长到2005年的2010.35万人,总人口增长了1577.01万人,增长了363.9%,平均每年递增2.73%[3]。其中,外来支边移民的重要贡献是不可忽略的。

(二) 青海地区

同其他西北省份相类似,地处青藏高原的青海省的自然环境与内地省份有较大的差异,长期以来,该地经济与社会发展水平相当落后,人口较为稀少。新中国建立之后,青海地区的建设问题得到中央及各级政府的高度重视,通过人口及劳动力的输入改变青海地区地旷人稀、农业生产落后的局面,成为当时青海工作的重点。中华人民共和国建立以后,在各级人民政府的积极配合下,青海省统计局最后核定1949年全省总人口为1 483 282人。而到1985年底,青海全省总人口数达到4 073 768人,增长174.6%。青海省某些时段的人口增长,主要是因为外来人口的迁入所形成的。如1949年到1959年是青海省人口增长的第一个高峰期,即为典型的外来人口迁入期[4]。

然而,受到全国形势的影响,新中国成立以来,青海地区人口迁徙

---

[1] 参见王恩茂:《在新疆生产建设兵团成立四十周年庆祝大会上的讲话》,引自《新疆生产建设兵团工作文献选编(1949—2014)》,中央文献出版社2014年版,第191页。
[2] 引自国务院新闻办公室:《新疆生产建设兵团的历史与发展》,《新疆生产建设兵团工作文献选编(1949—2014)》附录。
[3] 《新疆通志》第十三卷《人口志》,第108页。
[4] 参见《青海省志·人口志》,西安出版社2000年版,第15—18页。

的过程也经历了不同的阶段。如在1954年到1959年的第一个国民经济"五年计划"期间,青海大力兴建工业,为弥补劳动力的不足,积极支持外来移民,人口增加远远高于全国的平均水平。但到1960年到1963年,同样受到"大跃进"及"三年自然灾害"的影响,青海地区的人口出现了"大迁出"的现象,全省人口出现负增长的局面。从1963年到1980年,青海省人口又出现了较快增长。全省人口从2 050 098人增长到3 769 005人,净增人口数量达到了1 718 907人[1]。

在青海地区人口发展中,垦荒性移民活动独具特色,影响巨大,成为促进青海地区农业与经济发展的重要力量。从20世纪50年代开始,在中央及青海地方政府的统筹安排之下,青海地区开展了多次大规模的移民垦荒活动,为推动青海地区的经济与社会建设发挥了一定的作用和影响。但是,由于种种主客观因素,青海地区多次垦荒移民活动没有取得理想的效果[2]。

第一次移民垦荒活动开始于1955年冬季,到1956年结束。时值新中国成立后国民经济三年恢复期之后,青海地区各方面建设都有了明显起色。为了解决当地农业劳动力严重不足的问题,青海省专门成立了移民垦荒工作的管理机构,先后从山东、河南、河北、安徽、北京、天津等地移民14 416户,合计69 728人。再加上一些零星的移民,当时青海农业区共安置省外移民74 592人。这些移民分别被安置于西宁、湟中、湟源、大通、互助、民和、乐都、化隆、贵德、门源、海南、海西等市区。然而,事实证明,由于忽视了对于移民工作特殊性的充分了解,对于移民的困难程度过于乐观以及缺乏充分的前期准备,青海地区第一次移民垦荒活动遭遇到很大的挫折,到1958年,大多数移民离开了安置地,重返故乡。不过,如果说当时的移民活动完全失败,也有失公允。据记载,山东省在1956年全国农业合作化热潮的形势下又开展了大规模移民活动,其中,将2 135户回民共计1万余人迁

---

[1] 参见翟松天主编:《中国人口(青海分册)》,中国财政经济出版社1989年版,第180—181页;《青海省志·人口志》,第47—49页。
[2] 参见《中国人口(青海分册)》,第185—190页。又见田方、张东亮编:《中国人口迁移新探》,第225—232页。

往青海省。这些移民似乎并没有回迁的记录[1]。

第二次农垦移民活动发生于 1958 年,到 1960 年结束。青海省有关部门充分重视第一次移民活动失败的教训,改变原有的安置方式,采取在牧业区的荒地举办国营农场的方式进行安置。从 1958 年开始,青海省与河南省进行协商,动员广大青年支援边疆建设。1958 年,从河南省动员了 7 027 人,分别安置在海南、海西、海北、黄南等 4 个自治州。1959 年,又从河南省动员了青年 45 003 人,分别安置在海西、海南、海北、黄南、玉树、果洛等 6 个自治州开垦荒地,组建了 26 个青年农场。1960 年,河南省又组织了 31 000 名青年与丹江口水库移民 29 520 人,迁入青海,也安置于上述青年农场之中。在第二次移民垦荒活动中,迁移人口合计达到 120 925 人。但是,遗憾的是,这次垦荒移民的效果也很不理想,到 1960 年底,将近一半的移民回迁故地,只剩下 53 044 人留在农场之中。到了 1961 年,由于农场效益不佳,粮食无法实现自给,在全国经济困难的情况下,青海地区的青年农场被迫撤销。

第三次移民垦荒活动始于 1965 年,这次移民活动在吸取前两次移民的经验教训之后,决定采取新疆建设兵团的办法,实行军垦。1965 年,兰州军区在原格尔木农场的基础上组建农建师第 4 师(后又改为第 12 师),在山东八个城市招收了支边青年 7 204 人。然而,由于经营管理不善,农建师的生产无法自给自足,还需要中央及各级政府的补贴与支援。1976 年之后,很多支边青年自行返回山东,后来到 20 世纪 80 年代初期,农建师的移民青年被调回山东工作。这次军垦性质的移民活动也以失败告终。

如果说新疆垦荒活动是成功的代表,而青海省的数次垦荒移民活动则属于失败的典型,同样具有很强的代表性,其付出的代价与教训也是相当深刻的,在中国当代移民史上同样具有重要的参考价值。关于其失败的原因,研究者们进行了多方面的分析。除了时代因素及政策上的失误之外,青海地区特殊的自然环境对于农业移民的严重

---

1 参见吴玉林主编:《中国人口(山东分册)》,中国财政经济出版社 1989 年版,第 193 页。

阻碍是关键的因素之一。与新疆地区不同,"青海虽然地区辽阔,但真正能够发展种植业生产的土地则很少"[1]。因此,片面强调发展农业、追求耕地面积的扩大,必然脱离实际,尝尽失败的苦果。

(三)甘肃地区

甘肃地区同样属于中国西北部农业较为落后的区域,且大部分地区并没有发展农业生产的优越条件。在20世纪"西部开发"的大潮中,甘肃地区的发展问题受到空前的重视,该地区的人口迁徙活动由此变得相当频繁。然而,与新疆、青海等地区存在较大差异,由于邻近陕西等地,汉民进入甘肃从事农业开发的时间较早,人口也较为集中,近代以来,甘肃地区并不属于人口绝对稀少的区域。因此,在自然环境及各种主客观条件上,甘肃已缺乏良好的移民安置条件,也没有引进大规模外来移民的必要性与现实需求。

然而,新中国成立以来,在服从"全国一盘棋"的政策指引下,甘肃地区也成为实行垦荒移民的重点区域之一。可以说,新中国成立以来,甘肃省的农垦移民活动受到特殊时代政治环境、政策引导的影响非常突出,因此,其垦荒效果不理想,甚至陷于失败,教训相当深刻。改革开放以后,甘肃省各界人士已意识到,利用人口迁徙来改变甘肃特别贫困地区的生存状况,是一种明智的选择。从穷困地区外移人口,成为甘肃乃至整个西北地区的一种趋势。据此,新中国成立以来,到20世纪末,甘肃地区的人口迁移的发展大致可以分为前、后两个阶段:

第一阶段是从1949年到20世纪70年代末期。这一时期,甘肃农垦移民安置活动主要受到中央政策及政治运动的影响。迁移次数较为频繁,但稳定性不佳,很多次移民活动最后都无果而终。

一类移民是典型的政治性移民安置,其中包括下放干部、"右派"改造等。如1958年,由兰州军区与农垦局协商筹建"八一农庄",在河西走廊的荒滩上建立了9个农场,集中安置甘肃省各地市的下放干部6 560人,其中,先锋农场安置1 000多人,下四分农场安置800多人,

---

[1] 田方、张东亮编:《中国人口迁移新探》,第231—232页。

余定农场安置 207 人，山羊堡农场安置 59 人，边湾农场（包括长城农场）安置 2 271 人等。不过，这些下放干部在一年或两年之后陆续调回原单位或另行分配工作。与此同时，随着 1957 年党内"反右派斗争"扩大化，大批干部被错划为"右派"，有 769 人也被安置于河西 7 个农场劳动锻炼。不过，在 1960 年之后，大部分"右派"被摘帽，重新回到原籍。

一类是外来移民的迁入与安置。改革开放之前，甘肃地区外来垦荒移民较大规模的迁入主要有两次，一次是 1958 年上海移民的安置。这一年，中央决定从上海向甘肃移民 3.2 万人，阖家搬迁，统一由地方政府安置。这次移民活动的最终结果是有近万上海人来到甘肃，安置于省内各个国营农场之中。但是，由于当时国营农场生活与居住条件较为恶劣，这些上海移民有抵触情绪，不安心于生产，最终大部分返迁原籍。另一次是河南青年支边到甘肃。当时，青海省与河南省发出"河南青年支援甘肃社会主义建设"的呼吁，自 1959 年到 1960 年，大批河南青年（包括随迁干部和家属）响应号召来到甘肃参加建设，大部分被安置于国营农牧场中从事农牧业生产活动。据甘肃省农垦局的统计资料，自 1958 年到 1960 年，全省共安置河南支建青年 10.346 8 万人。其中，国营农牧场安置人数最多，达到 7.441 6 万人，占安置总数的 71.92%。不过，由于安置地区经济条件拮据，生活及工作环境简陋，这些支边青年很快感到水土不服，抵触情绪强烈。到 1963 年底，绝大多数河南支边青年已陆续返迁原籍。最终，外来垦荒移民效果惨淡，与当初良好的支边建设的愿望相去甚远[1]。

第二阶段是 20 世纪 80 年代与 90 年代。这一时期，甘肃开始进入移民调整时期，即通过人口外迁来达到摆脱穷困、实现人口与地理环境的合理布局的目的。改革开放以来，从实际出发寻求甘肃发展之路，已成为中央及甘肃各级政府部门的共识。甘肃地区不少地方自然环境较为恶劣、农牧业生产效率低下，并不适合大量人口的定居。但是，新中国成立以来，当地人口增长较快，不少群众的生活水平长期陷

---

[1] 引自《甘肃省志》第十九卷《农垦志》，甘肃人民出版社 1993 年版，第 57—64 页。

于极端穷困的状况,已成为甘肃省经济发展、脱离贫困过程中的重大障碍。只有因地制宜外迁人口、调整人口的布局,才是明智之举。如甘肃中部地区有 18 个干旱县,人口众多,生态环境严重恶化,素有"陇中苦,甲天下"的说法。甘肃省委和省政府根据实际情况,确定移民安置的长远规划,即从 1983 年到 2000 年,从中部的定西、陇西、通渭、会宁、靖远、景泰、永登、榆中、古浪、庄浪、静宁、永靖、东乡等最贫困的地方移出 60 万人。这项移民政策得到了社会各界特别是移民区百姓的积极响应。到"七五"期间(1985—1990 年),移民人口数量已达到 24.66 万人,其中,在河西地区安置 6.1 万人,中部就地安置 18.56 万人。移民工作的成效还是相当显著的[1]。

(四) 宁夏地区

近代以来,宁夏地区的行政建置变化较为复杂。民国时期,宁夏地区从甘肃分离出来,独立建省。到 1949 年,中国人民解放军进入宁夏地区,宁夏宣布和平解放。1949 年 10 月,宁夏省人民政府成立。然而,至 1954 年,宁夏省一度撤销建制,重新归并于甘肃省。至 1957 年,根据宁夏地区回族人口众多的实际情况,中央政府决定成立宁夏回族自治区,1958 年 10 月,宁夏回族自治区正式宣告成立[2]。

虽然地处边远,境内民族构成复杂,然而,新中国成立以来,宁夏地区的人口还是得到了较快增长。1949 年,宁夏全区人口为 1 197 501 人,到 2000 年,全区总人口数达到 5 543 214 人,增长了 3.6 倍,年平均增长率达到 3‰(30‰)[3]。这其中,外来人口迁入的贡献是极为显著的。如从 1950 年到 1985 年,宁夏地区迁入人口 62 万人,平均每年净迁入 1.73 万人[4]。又据统计资料表明,从新中国建立到 20 世纪末,由外省迁入宁夏的人口为 282.57 万人,迁出省外的人口为 194.33 万人,净迁入人口为 88.24 万人[5]。

---

1 田方、张东亮编:《中国人口迁移新探》,第 139—150 页。
2 参见吴忠礼、鲁人勇、吴晓红:《宁夏历史地理变迁》,宁夏人民出版社 2008 年版。
3 《宁夏通志·社会卷》,方志出版社 2010 年版,第 21—29 页。
4 《中国人口(宁夏分册)》,第 134 页。
5 《宁夏通志·社会卷》,第 51 页。

中华人民共和国成立以来，宁夏地区人口迁移的发展同样具有鲜明的阶段性特征。第一阶段为1950年至1957年。这段时间正值从宁夏解放到1958年宁夏回族自治区正式成立之前。面对宁夏地区"一穷二白"的落后面貌，中央及各级地方政府同样重视通过移民来开发农业、发展经济、促进宁夏的进步。据统计，在这八年的时间里，迁入625 092人，迁出334 920人，净迁入人口达到290 172人，被称为宁夏人口增长最快的时期，主因就是外来人口的迁入。第二阶段是1958年至1965年。受到宁夏乃至全国政治、经济形势的直接影响，地处边远的宁夏地区同样出现了人口"大出大进"的势头，即迁出与迁进人口都有很大幅度的提升，但是净迁入人口并不多，仅有86 477人。第三阶段是1966年至1976年，也就是十年"文革"时期，宁夏人口增长较为缓慢，主要处于调整时期。第四阶段是1977年至1985年，即改革开放初期，宁夏人口处于迁出大于迁入的时期[1]。

俗语云："黄河百害，唯富一套。"与西北其他省区相比，宁夏地区发展农业有着得天独厚的优势，因此，在宁夏地区人口迁移活动中，垦荒性移民活动十分重要。据研究者总结，新中国建立以来，宁夏地区从事于农业开发的垦荒性移民活动次数最多，移民数量也最多，农垦事业取得了令人瞩目的成就。如1952年农建一师创建前进农场，一批新农场陆续建立，到1958年，农场人口数量达到9 575人。1959年到1960年，外地支边人口激增，宁夏地区农垦系统的人口也迅速增加到42 861人。"三年困难时期"之后，受到精简职工及移民返迁的影响，农垦人口回落。而到1966年，农垦系统总人口又得到了恢复，并得到较快增长。到1988年，全区共有全民所有制农林牧渔场433个，职工总数60 425人，总人口数133 988人，耕地面积67.4万亩，占全区耕地面积的5.65%[2]。

中华人民共和国建立以来，宁夏地区农垦移民活动也有一些曲折和失败的经历，较大规模的垦荒性移民活动有以下几次：

第一次是在1951—1957年期间。主要是为了解决新中国成立初

---

[1] 参见《中国人口（宁夏分册）》，第134—137页。
[2] 引自《宁夏农垦志》，宁夏人民出版社1995年版，第72—89页。

期北京、上海城市内无业或特殊职业人员的就业问题,中央政府组织从两市向宁夏地区移民,进行再安置,人数共计有 32 804 人,主要安置于当时农业生产条件较好的贺兰、永宁、中宁、中卫等县。

第二次是在 1956 年三门峡水库兴建期间,可以归之为"水库移民"类型。当时,中央政府决定将水库淹没区的部分农民迁到宁夏地区垦荒,为此,宁夏各地先后接受陕西移民 29 931 人,安置于银川、陶乐、贺兰等地,为此特别建立了 74 个生产基地(参见表 6-1)。

表 6-1 宁夏回族自治区 1956—1958 年外来移民安置情况简表

单位:人

安置地区	迁移年份	移民来源地	移民数量
银川市	1956	陕西	1 870
永宁县	1956	陕西	282
	1958	河南商丘县	2 072
贺兰县	1956	陕西	7 004
	1958	河南淮阳、上蔡县	4 166
石嘴山市	1956	陕西	1 636
平罗县	1956	陕西	1 825
	1958	河南禹城、夏邑县	3 081
陶乐县	1956	陕西	8 674
	1958	河南上蔡县	2 082
吴忠县	1956	陕西	187
青铜峡市	1958	陕西	1 750
中宁县	1956	陕西	3 017
中卫县	1956	陕西	1 922
平吉堡农场	1956	陕西	1 764
宁朔县	1958	河南鹿邑县	1 505
惠农县	1958	河南睢县	1 090
金积县	1958	河南民权县	1 000
灵武县	1958	河南宁陵县	1 000
同心县	1958	河南太康县	1 000
合计			46 927

资料来源:笔者根据《中国人口(宁夏分册)》第 138 页与 139 页表格内容整理。

第三次是在 1958 年,主要接受的是来自河南省的农民。为了帮助当地农民学习技术,这些河南移民被分别安置于不同的县里(参见表 6-1)。

第四次是在 1959—1960 年,中央政府组织从人口稠密的浙江省动员青年到宁夏参加农垦建设。两年之中,共接收支边青年及其家眷 86 739 人,绝大部分安置于人民公社与国营农场。

有组织的、集中性的垦荒移民迁徙的实际成效如何,成为研究者关注的问题。与青海地区、甘肃地区相比,宁夏垦荒性移民虽然在部分地区也存在成功率低、返迁率高的问题,但总体上稳定性较强,特别是国营农场及企事业单位的移民还是多数留下来,因此农垦移民的效果远好于青海、甘肃等地[1]。

宁夏地区移民活动开展较为顺利与稳定的原因也是多方面的。如宁夏地区不少地方自然条件优越,因而存在发展农林牧渔业的潜力以及安置外来移民的空间。据 2000 年人口普查的数据,进入宁夏的移民来自全国各地,来自东部的 2.88 万人,占到外来移民总数的 14.96%;来自中部地区的 4.42 万人,占到总数的 23.02%;来自西部地区的移民有 11.90 万人,占到总数的 62.02%。移民主要来源地有甘肃省、陕西省、河南省、四川省与安徽省[2]。

(五) 内蒙古地区

内蒙古地区处于中国的农牧交界地带,长城以北地区在历史时期大多为游牧民族的生活区域。然而,内蒙古地域广大,环境条件存在区域性差异,在大面积适宜于牧业发展的草原之外,也有不少适宜于农耕业与林业发展的区域,而广大牧民也需要粮食的供给,这也就成为长城以南地区农民北迁进入内蒙古地区发展粮食生产的契机与条件。明清以来,内蒙古地区的农耕业及粮食生产在广大移民的帮助下得到长足的发展。这些移民大多由长城以南的山西、陕西两省迁

---

[1] 参见《中国人口(宁夏分册)》,第 137—140 页。
[2] 《宁夏通志·社会卷》,第 55 页。

入,史称"走西口"[1]。

尽管经过了长时期的移民迁入,但是到新中国成立之初,地处边疆的内蒙古地区与内地省份相比,人口还是较为稀少,直接影响到当地的经济发展与社会文化建设。如在1947年自治区成立之初,内蒙古自治区仅有人口561.7万人。而经过数十年的发展,内蒙古地区的人口也出现了较快增长。至1982年,全区总人口已达到1 936.9万人,在33年之间人口增加了1 328.8万人,增长了2.19倍,平均每年递增3.57%。而同时期,全国人口总数仅增长了0.87倍,平均每年递增1.91%。内蒙古自治区的人口增长速度明显高于全国的平均水平[2]。其中,外来迁移人口对于内蒙古地区人口增长的贡献不小,占到了增长总数的21.53%。又据统计,从1949年至1982年,内蒙古地区在这33年中净增迁移人口达到286.09万人[3]。

垦荒性移民是中华人民共和国建立以来内蒙古地区人口迁移的重要内容。新中国成立以来,作为第一个非汉民族自治区,内蒙古的农牧业生产同样受到中央及各级地方政府的重视,而发展农耕业,单靠内蒙古地区自身的劳动力资源,显然无法满足需要。为此,在中央的部署及支持之下,内蒙古地区农耕性移民运动得到较大的发展,为内蒙古经济与社会发展起到了积极的推动作用。总体而言,新中国成立以后至改革开放之前,内蒙古垦荒性移民主要有三种类型:一类是由国家组织的集体性移民,一类是自愿来到内蒙古地区从事农耕生产的自发性移民,一类是国家管理下的军事屯垦性移民。

首先是政府组织的集体性移民。早在国民经济第一个"五年计划"期间,中央组织从内地向边远地区集体移民,发展农牧业生产,其中主要迁入地就包括内蒙古地区。内蒙古较重要的集体移民活动主要集中在1955年至1957年等数年之间[4]:

1955年,从山东泰安、菏泽、临沂、德州等4个专区组织迁移农民

---

1 参见同天灵:《汉族移民与近代内蒙古社会变迁研究》;徐黎丽:《走西口——汉族移民西北边疆及文化变迁研究》。
2 参见宋乃工主编:《中国人口(内蒙古分册)》,中国财政经济出版社1987年版,第63页。
3 同上书,第164页。
4 同上书,第173—174页。

508户,合计2 351人,到达内蒙古后,被安置于呼伦贝尔盟额尔古纳旗的两个区内的6个自然屯。

1956年,国家又组织边疆集体移民,内蒙古同样作为主要移垦地区,先后接纳安置了集体移民19 679人,分别来自河北、山西、陕西等地,被安置于哲里木盟、巴彦淖尔盟、乌兰察布盟及包头市固阳县等。

由政府组织的集体性移民,往往会出现返迁率较高的问题,内蒙古地区也不例外。至1957年底,不少移民因为不适应当地生活而返回原籍。除去返迁移民外,数年之间,内蒙古各地居留下来的集体性垦荒移民人数为15 882人[1]。其中,来自邻近的河北省的移民人数最多(参见表6-2)。

表6-2 1956—1957年集体性垦荒移民简表

迁入地区	移民来源地	移民存留数量(人)
呼伦贝尔盟	河北省	765
哲里木盟	河北省	1 261
锡林郭勒盟	河北省	488
巴彦淖尔盟	河北省	6 673
	山西省	1 104
	河北省、陕西省	4 570
包头市固阳县	河北省	964
乌兰察布盟	山西省	56
合计		15 882

资料来源:表格内容由笔者根据《中国人口(内蒙古分册)》第175页表格所改制。具体移民数字在原书中已有出入,不知何故。

其次是自发性移民。也许是由于历史时期"走西口"的影响,以及内蒙古农耕区较为优越的条件,中华人民共和国成立之后,自发进入内蒙古地区从事农耕生产的外来移民并不在少数。而较大规模的迁入发生在1957年以后。一方面是内地发生严重自然灾害,粮食供给发生严重短缺,引起大规模人口外流求食活动。另一方面,内蒙古各级政府也改变了对于自发性移民的态度,不再采取围堵的方式,而是

---

[1] 笔者按:原书称总数为16 842人,与表格统计结果不相符合,不知何故。笔者依据表格统计数字。

采取劝返与积极安置相结合的方式妥善处理。

事实证明,这种移民政策与应对方式取得了相当良好的效果。据统计,自1957年到1960年的三年间,全国各地进入内蒙古地区的自发性移民达到1 010 779人,经过劝返而离开的有138 135人,只占总数的13.67%;而最终留下的达到872 644人,占到总数的86.33%。可以说,尽管有政府的劝迁工作,但是,绝大多数自发性移民最终还是留居下来,由此可知,自发性移民无论在迁移规模还是在居留稳定性方面都远远超过政府组织的集体性移民。这也是这一时期内蒙古地区人口迁移运动的一个重要特征[1]。

按迁移年代来分析,内蒙古的自发性移民数量从1957年开始迅速增加,到1958年已有了飞跃性的发展,最后在1960年上半年达到了峰值(参见表6-3)。很显然,这一系列数量的变化与"大跃进"发生以及"国民经济困难时期"的出现有着密切的对应关系。

表6-3 内蒙古自发性移民安置简表

迁移年份	迁出地区	移民安置人数(人)[2]
1957年	河北	10 421
	山东	5 412
	山西	10 243
	安徽	2 264
	陕西	3 471
	黑龙江	2 411
	辽宁	3 112
	甘肃	1 720
	其他省区	128
	当年合计	39 182
1958年	河北	25 456
	山东	14 980
	山西	11 871

---

[1] 参见《中国人口(内蒙古分册)》,第174—175页。
[2] 笔者按:安置人数即是全部流入人口数,减去劝返人口数所得。

续 表

迁移年份	迁出地区	移民安置人数（人）
1958年	河南	990
	安徽	1 422
	陕西	1 242
	黑龙江	11 016
	吉林	3 267
	辽宁	21 284
	江苏	1 504
	宁夏	149
	浙江	60
	甘肃	118
	其他省区	1 416
	当年合计	94 784
1959年	河北	44 948
	山东	31 103
	山西	8 340
	河南	4 196
	安徽	902
	陕西	1 618
	黑龙江	10 601
	吉林	7 904
	辽宁	12 099
	江苏	3 909
	宁夏	453
	浙江	51
	甘肃	456
	其他省区	8 117
	当年合计	134 697
1960年上半年	河北	267 754
	山东	63 114
	山西	84 318

续表

迁移年份	迁出地区	移民安置人数（人）
1960年上半年	河南	46 201
	安徽	3 671
	陕西	4 925
	黑龙江	7 986
	吉林	14 079
	辽宁	53 256
	江苏	9 794
	宁夏	8 224
	浙江	392
	甘肃	10 194
	其他省区	30 078
	当年合计	603 981
总计		872 644

资料来源：表格内容为笔者根据《中国人口（内蒙古分册）》第176页表格所改制。

内蒙古自发性移民来源地较为广泛，不仅涉及相邻省区，如陕西、山西、河北、甘肃、宁夏、黑龙江、辽宁、吉林等，还包括较远的内陆及沿海省份，包括山东、河南、江苏、安徽、浙江等。从移民迁入地区及规模来看，河北地区所占比例最高，占到移民总数的近40%。而黑龙江、辽宁与吉林三省合计的数量也占到了移民总人数的16.84%。这从一个侧面反映了新中国成立之后内蒙古移民运动的又一个特征，与历史时期"走西口"中以山西、陕西人占大多数的状况相比有了很大的改变。当然，山西迁入内蒙古地区的自发性移民数量依然很高，这自然得益于地缘的便利。而山东省移民数量也占到了总人数的13.13%，与山西移民数量非常接近，也是引人关注的一个现象（见表6-4）。

表6-4 内蒙古自发性移民来源地及数量简表

移民来源地	移民数量（人）	所占比例	数量排序
河北	348 579	39.95%	1
山西	114 772	13.15%	2

续表

移民来源地	移民数量(人)	所占比例	数量排序
山东	114 618	13.13%	3
辽宁	89 751	10.28%	4
河南	51 387	5.89%	5
黑龙江	32 014	3.67%	6
吉林	25 250	2.89%	7
甘肃	12 488	1.43%	8
陕西	11 256	1.29%	9
其他省份	57 322	6.57%	

资料来源:根据《中国人口(内蒙古分册)》第175页内容改制。

最后是军事屯垦性移民。中华人民共和国成立以来,内蒙古地区的重要军事及战略地位也受到中央及各级政府的高度重视。到20世纪60年代末,在中国周边环境急剧恶化的情况下,中央决定筹建北京军区生产建设兵团,而配合兵团的组建,必须从各地调入干部与职工。1969年5月,原华北生产建设兵团一批人员由河北、山西等地调入内蒙古,支援内蒙古的生产建设。干部、职工人数共有3 052人,加上随行家属639人,合计3 691人。此外,从1968年开始,在中央"知识青年到边疆去、到农村去、到祖国最需要的地方去"的号召下,大批知识青年来到内蒙古参加建设,内蒙古生产建设兵团先后接收知识青年78 793人。这些知识青年主要来自北京市、天津市、上海市、浙江省、河北省、山东省等地区[1]。

综上所述,与其他西北省区相比,新中国成立以来,内蒙古垦荒性移民运动是较为成功的,其原因是多方面的。据研究者分析,除了自然条件较为适宜,以及"走西口"移民传统的影响之外,人口相对稀少依然是导致移民稳定增长的重要因素之一。1982年,内蒙古的人口密度仅为每平方公里16人,与全国平均人口密度每平方公里105人相差很大。而与此同时,其他内地相邻省份的人口密度(以每平方公

---

1 参见《中国人口(内蒙古分册)》,第178页。

里计)则相对较高,如山西为 162 人,河北为 282 人,山东为 486 人,辽宁为 245 人,陕西为 141 人,吉林为 120 人,超过了全国平均水平。这些省份也正是内蒙古移民的主要来源地[1]。

二 向东北地区("北大荒")的垦荒性移民

在中国当代垦荒移民史上,"北大荒"赫赫有名。由开发"北大荒"而引发的移民运动,也由此成为中国现代垦荒移民史上的重要内容之一,其对于当代东北地区的农业及社会发展产生的深远影响不可低估。

尽管自清朝后期以后,向东北(即今天的黑龙江、吉林、辽宁三省及东部内蒙古等)地区的移民活动一直在持续,民国前期向东北地区的移民运动甚至引起了全世界的关注,到 20 世纪 30 年代,移民规模依然庞大,被视为世界历史上少见的大移民潮。然而,到 1949 年中华人民共和国建立之初,与其他内地省份相比较,黑龙江、吉林、辽宁等东三省地区依然存在地广人稀、人口分布不平衡的现象,农业生产落后,荒地面积广袤,故而长期有"北大荒"之称。另一方面,东三省地区自然条件适宜于农业发展,土地肥沃,物产丰富,存在大量荒田,农业发展潜力巨大。为此,中华人民共和国建立以后,中央及各级政府高度重视东北地区在全国经济与社会发展中的重要地位。而有规模地向东北地区进行移民开发,以促进东三省地区的发展,也成为当时中央及各级地方政府的共识。在中央政府的统筹之下,在东北地区及关内各级政府、广大民众的配合下,新中国成立以来,东北地区垦荒性移民运动规模宏大、影响深远,为"北大荒"向"北大仓"的转变做出了巨大的贡献。

俗称"北大荒"的地域范围相当广袤,是新中国建立初期东北地区荒地面积最集中的区域,东抵乌苏里江,北至黑龙江,西与内蒙古自治区接壤,南毗吉林省,涉及今天的松嫩平原、牡丹江平原以及三江平

---

[1] 参见《中国人口(内蒙古分册)》,第 182 页。

原。时至今日,"北大荒"之地,基本等同于黑龙江垦区的范围[1]。

中华人民共和国建立以后,山东省依然是向东北地区移民的最重要的来源地。据记载,在1953年至1957年的"一五"计划后半期与1958年至1962年的"二五"计划前半期,新中国中央政府组织了规模巨大的移民垦荒活动,山东省为重点迁出区域。仅从1955年至1960年的6年时间里,山东省向外移民人数就高达100多万[2]。

就迁入地区而言,东北地区为迁入及安置山东移民最多的地方。自1955年,山东省组织向省外移民,移民人数共有1.3万户,合计5.88余万人。其中,迁往黑龙江的移民人数占总人数的80.7%,迁往吉林省的移民人数占总人数的15.2%。此外还有4.1%的移民迁往内蒙古地区[3]。

(一) 黑龙江地区移民的发展概况

作为边疆省份之一,黑龙江省是全国人口迁移与流动量最大的省份,无疑是中国当代移民史上值得关注的重要现象。据统计分析,黑龙江省自1949年至1982年的33年间,净迁入人口总数就达733.7万人,年平均净迁入人口22.23万人。其人数之多、规模之大,远远超过了以往任何一个时期。这必然对于黑龙江省的发展以及中国东北边疆建设产生巨大影响[4]。

据研究者总结,中华人民共和国建立以来,黑龙江省际人口迁移过程可以分为四个阶段[5]:

第一阶段,1949年至1961年的12年间是人口迁徙的高峰时期。其间,正值新中国建立以来的恢复时期,以及国民经济第一个、第二个"五年计划"时期。据统计,在这12年间,黑龙江净迁入人口达到

---

1 参见黑龙江省史志办等编撰:《开发建设北大荒》,中共党史出版社1998年版,第1页。
2 参见《中国人口(山东分册)》,第192页。
3 同上书,第192—193页。
4 参见熊映梧主编:《中国人口(黑龙江分册)》,中国财政经济出版社1989年版,第158页。又据黑龙江省地方志编纂委员会编《黑龙江省志·人口志》(黑龙江人民出版社1999年版)第134页记载,黑龙江省1949—1985年间净迁入人口总数为747.6万人,年平均迁入人口20.77万人。
5 参见《中国人口(黑龙江分册)》,第150—158页;《黑龙江省志·人口志》,第134—141页。

510.1万人。新中国建立以后,百废待兴,黑龙江被列为重点建设的边疆省份之一,国家投资巨大,劳动力需求旺盛,对于外省人口产生了较大吸引力。据统计,到1959年底,黑龙江全省共接收安置外省移民22.2万户,合计62万人[1]。

第二阶段,1962年至1968年的7年间是人口迁入的低谷时期,即迁入与迁出大致相等,而7年间净迁入人口仅有0.2万人。人口的大量外迁主要受到三年自然灾害时期的影响,大批企业职工及家属被精简,不少人返回原籍。

第三阶段,1969年至1980年的11年间是人口迁入的低峰时期,净迁入人口达到256.9万人。这段时间正值"文化大革命"时期,大批知识青年来到东北地区从事边疆开发建设。另有不少自发性移民进入东北地区。

第四阶段,1980年至1985年的6年间是黑龙江人口的净迁出时段。具体原因较为复杂。改革开放之后,关内地区经济发展迅速,生活水平提高较快,就业渠道多,吸引了不少黑龙江移民与当地原居民进入关内地区发展。当然,这也与黑龙江以往人口内迁中移民的构成特点密切相关。

新中国成立以来,垦荒性移民在黑龙江省外来移民中占了相当大的比重。黑龙江垦区以所谓"北大荒"著称,荒地面积较广,发展农业生产的潜力较大,因此,移民安置往往也以从事垦荒工作为主要导向,建立新的移民垦区与村庄就是最主要的安置方式。迁入的时间主要集中于新中国成立之后的10余年间,就其移民类型而言,主要分为集体性的组织迁移与自发性移民两大类:

(1)集体性的组织迁移及安置。不难理解,在新中国成立之后的计划经济时代,这类移民人数最多,影响也最大。研究者指出:"中华人民共和国建立后的灾民,从移出动员到接收安置,均采取有组织、有领导的办法进行。"[2] 这种判断只说对了一半,即移民安置方面基本上

---

[1] 参见黑龙江省地方志编纂委员会编:《黑龙江省志·民政志》,黑龙江人民出版社1993年版,第442页。
[2] 同上书,第445页。

可以做到有组织及在统一领导下进行,但是,在移民迁出方面却很难做到整齐划一,很难做到完全"有组织、有领导",自发进入黑龙江省的移民数量相当大,不可忽视。

据记载,1949年11月,东北人民政府就决定从河北、平原、热河等省份向黑龙江地区组织集体移民,当时的黑龙江省与松江省还成立了移民委员会,专门负责移民安置工作。1952年2月,颁发了《安置移民暂行办法》。其中,松江省规定:因移民均为灾民,移民的主要生产、生活资料(车、马、吃粮等)由政府贷粮解决,其他困难要"以民救民"的精神,依靠广大迁入地群众帮助解决。

其间,重要的集体性垦荒移民活动的记录有[1]:

1949年冬至1950年秋,黑龙江省共接收移民1万余户,58 622人。其中,来自河北、平原两省的移民有9 660人,来自热河、辽西两省的移民有48 962人。这些移民大部分被安置于一些荒地较多的县份,如铁力、庆安2县共安置移民1 258人。同时,松江省接收河北、平原、热河等省移民约14 000人,主要安置于富锦、宝清、依兰、萝北、穆棱、鸡西、东宁、汤原等县,共有6 915人。不过,这次有组织的移民返迁率较高。

1952年,松江省又接收了外来劳动力2 255名,主要来自热河省与辽东,主要安置于桦川、依兰、汤原、桦南等县。

1952年至1953年,黑龙江省接收来自热河省5个县和辽宁省3个县的移民3 715户,共计13 946人。

又据统计,从1949年到1954年,松江省与黑龙江省分别接收安置外来移民13 205人、49 567人,安置在28个县的农村之中[2]。

1954年,国家农业部决定在黑龙江省开垦荒地300万顷,因而将大量外省移民迁入黑龙江,到1955年,黑龙江省移民委员会共接收山东移民1万户,合计约4.5万人,在克山、密山、萝北、集贤等18县内

---

1 参见《黑龙江省志·人口志》,第135—136页。笔者按:新中国成立以来,黑龙江省移民数量大,移民次数频繁,移民类型复杂,故而准确的移民数量统计十分困难。关于移民数量,笔者主要依据《黑龙江省志·人口志》,其他参考数量来源则予以注明。
2 《黑龙江省志·民政志》,第449页。

建立起 42 个移民新村。

1956 年,黑龙江省又安置移民 261 640 人,建立起 452 个移民新村进行安置。其中,来自山东省的移民最多,有 17 648 户,合计 180 165 人;其次为来自河南的移民,有 3 112 户,15 903 人。

1957 年,黑龙江又迁入山东集体移民 10 715 户,40 187 人。

据统计,从 1952 年到 1958 年,迁入黑龙江省的外省垦荒移民共有 63 690 户,合计为 379 755 人。其中,来自山东省的移民仍占大多数,集体移民共有 338 944 人,占垦荒移民总数的 89%。

(2) 自发性移民与分散安置。在计划经济时代,这类移民受到很大的限制,然而,在黑龙江地区则数量较多,影响也较大。

据记载,1949 年至 1950 年,黑龙江省接收自发迁入的移民 1 043 户,合计 3 929 人。又 1952—1960 年,由于自然灾害及其他因素影响,大批外省移民自发迁入黑龙江省,如 1952 年就有灾民 5 378 户合计 23 662 人进入黑龙江,其中,4 978 户灾民留居下来,合计 21 979 人,分别安置于望奎、克山、肇州等 22 个县、旗之内。

1953 年,又有来自内蒙古自治区、热河省、辽西省、吉林省等地的灾民进入黑龙江避灾,约有 4 020 户,18 350 人,最后大多留居在黑龙江省各县之内。

又据黑龙江省民政厅统计,1955 年到 1957 年,又有大批自发性移民迁入黑龙江省,合计约有 248 869 人,多数是从山东省自发迁入的。

20 世纪 70 年代,黑龙江省又迎来了自发性移民的高峰。据统计,从 1970 年到 1978 年间,共有 178 万自发性移民进入黑龙江省,其中,山东移民约占到总数的一半,其次是来自辽宁、吉林、河北、江苏、安徽、河南、内蒙古等省区的移民。

改革开放之初,黑龙江省人口迁徙的总趋势已由大规模迁入转变为逐步外迁,然而,自发性迁入仍然保持了一定的规模,如 1980 年到 1982 年三年之间,外来自发性移民又成批涌入黑龙江,合计约 30 万人。

(二)"北大荒"移民

"北大荒"地区无疑是新中国建立以来东北地区农垦建设中的重

中之重，同样是垦荒性移民规模最大、最集中的地区。根据研究者总结，从新中国建立到20世纪末，黑龙江垦区的开发与建设过程同样曲折而复杂，大体上也经历了四个不同的阶段[1]。

(1) 创业阶段(1947—1955年)。黑龙江垦区始建于解放战争后期，主要是为了解决当时迫切的军队粮食供给问题。1945年12月，毛泽东主席及中共中央发出了《建立巩固的东北根据地》的号召，其中就包括大力发展东北地区农垦生产的指示。为了响应中央的号召，从1947年到1949年的三年之间，在中国人民解放军转业干部及广大地方干部的带领下，大批外来移民进入"北大荒"地区，先后创办了100个国营农场，所产粮食为支援全国的解放战争做出了巨大贡献。1948年末，东北全境解放，国营农场建设又迎来新的发展时机。1949年到1950年，又先后组织荣军战士以及原国民党军队俘虏创办了伊拉哈农场与伏尔基农场以及8个解放团农场。

1954年8月，中国人民解放军农建二师移垦黑龙江，8 300多名官兵集体转业，以团为单位建场，分别创建二九一农场、二九〇农场、"十一"农场(今称铁力农场)等，划归黑龙江国营农场管理局。

1954年12月，在当时苏联专家的指导帮助下，中共中央与国务院决定在黑龙江省集贤县三道岗建设"国营友谊农场"。"国营友谊农场"于1955年5月在大荒原上开垦生产，在广大干部及职工的艰苦努力下，当年即获得极好收成。借鉴国营友谊农场的成功经验，黑龙江省政府又于1955年着手筹建克山农场，调入400名转业军人，同样成绩显著，年年盈利。

"北大荒"的建设过程就是一个移民过程。在第一阶段建设中，首先是部队转业军人，其数量最多，来自全国各地的10 000多名干部与战士，包括30多个民族，政治素质很高，坚决服从组织安排，具有可贵的献身精神。其次是广大有志于边疆建设的青年志愿者。如在1955年，有大约来自19个省的2 000多名志愿青年来到萝北、密山等地，

---

1 参见《开发建设北大荒》之"综述"。

成立了北京庄、天津庄、哈尔滨庄、河北庄等集体农庄，具有很显著的移民来源地特征。正是在这一大批高素质的移民的共同努力下，北大荒的面貌在较短时间内发生了巨大的变化，生产出了大量粮食支援全国各地，为东北垦荒建设做出了重要贡献。

(2) 发展阶段(1956—1966年)。从1954年开始，中国人民解放军铁道兵司令王震等人即在东北地区考察建设农场问题。1954年下半年到1955年初，铁道兵转业军人800名、公安管教干部280人以及劳改犯队4794人进入黑龙江虎林西岗，创建了八五〇农场，开荒生产，实现了盈利。

正是在八五〇农场成功建设的鼓舞之下，王震向中共中央提出了《关于开发北大荒问题》的报告，提出了将铁道兵转业到黑龙江，建设半机械化农牧业企业的方案。这个报告得到了中共中央最高决策层的赞赏与支持，于是，"北大荒"前所未有的建设高潮由此到来。在中央的部署及安排下，铁道兵各部队的复员转业官兵1.7万余人陆续来到北大荒，先后筹建了八五二农场、八五三农场、八五四农场、八五九农场以及八五八农场等一批新型农垦农场。1956年6月，铁道兵农垦局成立，后改为牡丹江农垦局，共辖有12个农场。1958年，又成立了合江农垦局。这两个农垦局成为当时北大荒农垦系统的主要管理机构，而其下属的农场又形成了当时"北大荒"颇具规模的两大农垦建设集群。

为了配合中央的要求以及黑龙江地区荒地开发的现状，黑龙江省政府也于1955年末提出了宏大的《垦荒移民规划》与《1956年开荒移民方案》。其中，《垦荒移民规划》提出：在今后的12年期间，开荒668万公顷，安置移民80万户。而《1956年开荒移民方案》提出，单单在1956年，黑龙江省就计划接收安置移民15万户[1]。

1958年，中共中央与中央军委又发出了大力建设军垦农场的意见，农垦移民活动也达到了最高峰。当时，迁入军垦农场的核心力量是大批退役军官、士兵与青年学生。"国务院决定从本年度退役军官

---

[1] 参见《开放建设北大荒》，第152页。

中转到国营农场排连干部6万人,班以下工农骨干和青年学生两万人,七个预备师、两个兽医院、一个汽车修配厂、直属第一速成中学参加生产建设,这是发展国营农场的一支生力军。"[1]于是,大批中国人民解放军复员转业军人从全国各地聚集到北大荒,仅从1958年3月至5月,新来移民数量就达8.18万人,其中6万人分配进入密山农垦局,1.7万人进入合江农垦局,4500人分配到黑龙江省农垦厅。加上随迁家属,当时农垦移民总数达到了10万人。

军垦农场之外,一批劳改农场在黑龙江的农垦事业中也发挥了重要作用。第一个劳改农场创建于1950年8月,地点在黑龙江省汤原县梧桐河。后来,国家有意发展这一形式,将黑龙江作为全国各地劳改犯人重要的安置区域之一,大批劳改犯人被移送"北大荒"。黑龙江当地政府也积极配合,先后组建了密山农场、青山农场、兴凯湖农场、音河农场等38个劳改农场。这些劳改犯人也大都在农场中参加农垦生产,自食其力。

到1962年,为了整合力量开发三江平原,中共中央与国务院决定成立东北农垦总局,原合江农垦局与牡丹江农垦局合并,局址设在黑龙江佳木斯市,总局下设饶河、密山两个分局。

(3)曲折前进阶段(1967—1978年)。"文革"开始之后,远在边陲的"北大荒"地区的农垦事业也受到了严重干扰。在北大荒农垦事业巨大成功的鼓励下,中共中央东北局于1965年提出了成立黑龙江生产建设兵团的建议,得到中央的批准。这又成为东北地区垦荒事业发展的一个重大契机。遵照中共中央及中央军委的部署,1966年3月,中国人民解放军沈阳军区10769名转业官兵进入黑龙江,分别进入东北农垦总局、黑龙江农垦厅及水利局所属的29个边境农、牧、渔场,组建起农建第一师与第二师。但是,由于"文革"的爆发,兵团建设一度陷入停顿。

到1968年6月,遵照中共中央"重建兵团"的指示精神,中国人民解放军沈阳军区黑龙江生产建设兵团正式成立,接收了当时国营农

---

[1] 引自《开发建设北大荒》,第9—10页。

场、牧场与渔场93个,农场职工合计25.5万人,耕地面积1 843万亩。不过,兵团体制在黑龙江的农垦建设中也出现了严重的问题及偏差,因此,到1976年,经过国务院及中央军委的批准,取消了兵团建制,于佳木斯市成立了黑龙江省国营农场总局,下设宝泉岭、红兴隆、牡丹江、建三江、北安、九三、嫩江、绥化、哈尔滨、大兴安岭、呼伦贝尔盟等11个国家农场管理局,共辖有58个农牧场的3 522个生产队,总计拥有土地总面积14 959万亩,耕地2 891万亩,总人口189万人,由此,黑龙江垦区也成为中国规模最大的边疆农垦基地。

这一阶段移民的另一大特点是大批知识青年的加入。从1968年冬天开始,为了响应毛泽东主席发出的"知识青年到农村去接受贫下中农再教育"的号召,大批来自北京市、天津市、浙江杭州市以及黑龙江哈尔滨市的知识青年云集北大荒,为这片黑土地带来了无限的生机。据统计,时至1971年末,黑龙江省国营农场共接收安置了来自各地的知识青年45万人,其中,进入黑龙江生产建设兵团的知识青年有31万人,进入其他省属农场的知识青年达到14万人。不过,改革开始以后,大批知识青年先后返城,到1995年末,继续在黑龙江各垦区工作的城市知识青年移民人数已不到3万人。大批知识青年的往返迁徙,是当代中国农垦移民史中相当重要的内容。

(4) 改革开放阶段(1979年迄今)。改革开放之后,黑龙江省垦区被国家定位为全国商品粮基地、农牧土特产品出口基地与城市副食品供应基地,责任与地位没有削弱,反而变得更为重要,这自然是过去数十年广大边疆农垦移民努力的成就。当然,在改革开放之后的新时期,黑龙江农垦事业的发展与壮大,已不再依赖外来移民的支援与帮助,而更多地依靠先进的农机设备与优良的种植技术。

纵观新中国成立以来"北大荒"的发展及建设成就,我们不得不感慨于大批移民建设者们所付出的巨大努力与贡献。就具体移民数量而言,1949年,黑龙江省农垦系统职工总数只有2 399人,连同家属合计4 836人,而至1956年,整个系统职工人数达到59 405人,总人口为154 664人。短短数年间,人数增长了20余倍。到1968年,黑龙江农垦系统的总人数更是突破了100万人。这当然是大批外来移民加入的结果。到 1978 年改革开放之初,黑龙江农垦系统的总人口数达到了一个峰值,为 1 663 485 人。而更为可喜的是,虽然改革开放之后黑龙江农垦系统的总人口有所下降,但是并没有出现大幅度的回落,足以证明当地移民非常强的稳定性[1]。

与历史时期东北地区的垦荒相比,"北大荒"移民垦荒建设具有极其鲜明的特点。

首先,"北大荒"的建设是在中共中央直接部署及领导下实施的,移民过程自始至终都在各级政府的直接指导与帮助下完成,其组织性与集体性的特征非常突出。边疆移民实质上成为一种国家性的发展策略。这与清代及民国时期官府主要依靠发布一系列"垦荒章程"及放垦政策,而具体移民工作则任凭各地的地方官府自行接洽与实施的方式有很大的不同。

其次,"北大荒"的垦荒过程中并没有实行西方私有化、公司制的垦荒模式,而主要是通过建立国有农场的方式进行开拓。行政管理方面则是通过建置官方的管理机构进行统一管理。

最后,也是最为重要的,"北大荒"的开发与建设在根本上依赖中国人民解放军转业复员的官兵群体。在其他地区的边疆移民过程中也不乏复员转业官兵群体的身影与烙印,不过,像黑龙江垦区这样,复员转业军人成为垦荒移民的核心骨干的情形也并不多见。这反映出这一地区边疆移民的特殊性。

第二节

新中国成立以来工业移民与西部边疆建设

20 世纪可以说是世界经济发展与腾飞的时代,经济实力与经济

---

1 参见《开发建设北大荒》附录表 1 "农垦组织情况及职工人数统计表(1949—1996 年)"。

发展水平已成为主导世界政治发展的主要力量。然而,对于绝大部分发展中国家而言,20世纪仍然是工业化起步及初步发展的时期。至20世纪后半期,即中华人民共和国建立之后,偌大的中国仍是一个"一穷二白"的落后的农业国,工业基础极端薄弱,与西方工业发达国家差距巨大。因此,新中国建立之后,如何在全国实现全面的工业化与现代化,使中国尽快从一个落后的农业国转变成为一个现代化的工业化国家,成为摆在新政府面前最为急迫的任务。

如果不能在较短时间内实现工业化与现代化,实现科技水平与国防实力的提升,新中国很可能陷入"亡党亡国"的危险境地。因此,想方设法在最短时间内完成中国的工业化与现代化,便成为新中国中央及各级地方政府的中心工作,新中国成立以后,经过三年的恢复之后,为了大力发展工业,调整与改变原有不合理的工业格局,中央政府积极制定了国民经济发展第一个、第二个"五年计划",工作中心正是在于工业化及城镇化的发展。

工业的发展离不开大量劳动力的支持,任何一个地方也不可能仅仅依靠本地人口来满足工业化与经济发展所激发的劳动力需求。再加之中国地域广大,长久以来人口与经济发展不平衡,区域差距悬殊,也是客观事实,很难在一朝一夕内发生彻底改变,只有通过较大规模的人口迁移来达到人口与劳动力资源的重新分配,来推动工业化及经济发展的顺利进行。于是,全国各地大规模工矿业的建设本身必然伴随着较大规模的人口移动与集聚。从1949年新中国建立到改革开放之前,追随着中国各地工业及经济发展的脚步,工业化或工矿业移民运动也成为中国人口迁徙的重要组成部分之一。

从20世纪40年代中后期抗日战争胜利之后,到1953年第一个国民经济"五年计划"开始之前,由中国共产党所领导的很多区域已经开始进入一个恢复重建时期。而就在这一时期,在某些重点建设省份(如黑龙江省等)内,大规模工矿业建设已经开始。从1953年至1958年为第一个国民经济"五年计划"时期。其间,总共有156项重点工程在全国各地上马,而建设项目所在地的人力及技术资源根本无法满足这些重点工程建设的需要,因此,为了响应国家号召,大批干部与技术工人被从全国各地抽调到重点工程所在地，进而形成了一波又一波的工业移民运动[1]。

工业化与现代化水平代表着一个国家的科技水平与经济、国防实力。面对国内工业化水平极端落后的惨淡现实，以及国际上帝国主义与超级大国势力的压制与围困，在新中国内部，上至最高领导层，下至广大干部群众，都不可避免地出现了难以自抑的焦虑情绪。1958年提出的所谓"超英赶美"的"大跃进"口号，不过是这种焦虑情绪的极端体现而已。但是，不合实际的冒进和突变，只能招致得不偿失的惨痛结局。

从1964年开始，在"大跃进"以及"三年自然灾害"之后，在国民经济第三个"五年计划"开始之际，国内外的情况又有了新的变化。为应对当时的国际局势，中共中央提出了以"国防建设为核心"的"三线建设"目标。"三线建设"是一项在特殊条件下实施的、着眼于国防与战争准备的国家战略建设工程，其主旨在于"备战、备荒、为人民"。其间，为了调整不合理的经济布局，一大批沿海企业被搬迁到内地及内陆地区，随之迁徙的职工及家眷人数相当多，形成了一波又一波很有影响的特殊的移民运动。

尽管目前对于"三线建设"功过的评价存在很大的分歧，但是，实事求是地讲，"三线建设"对于改善中国经济、人口分布不合理的地理布局，以及对于中部、西部开发建设的巨大贡献却是不容否认的。可以毫不夸张地说，20世纪80年代初期，西部与中部大多数省区改革开放的客观基础，在很大程度上正是在"三线建设"时期打下的，今天西部多数省区的工业化与现代化建设成就，要归功于"三线建设"所开创及奠定的基础。没有"三线建设"期间筚路蓝缕式的开创之功，没有大批东部工业移民的到来与艰苦努力，今天中国西部与中部地区的工业化水平以及其在全国、全世界工业发展中的地位、作用，就无从谈起，那么，今天东部与西部的差距之悬殊更是难以想象的。

---

[1] 参见《中国人口（上海分册）》，第140页。

一 "一五"与"二五"期间的工业移民运动

前文已经说到，20世纪前半期中国革命进程实施的是"农村包围城市，最后夺取城市"的基本模式，中国共产党夺取最终胜利的力量与基础，来自广大农村与成千上万农民的支持。然而，不可否认的是，城市地区以及工业经济始终是现代国家经济发展体系的核心与龙头，其作用是农耕经济、农业村落及市镇所无法取代的。而在1949年新中国建立之初，经过清末至民国前期长达半个多世纪的混乱、战争之后，中国城市经济与工业发展受到了极大打击与破坏，中国经济已濒临全面崩溃的边缘。因此，迅速发展工业、稳定城镇经济、奠定中国立国的物质基础、提高人民生活水平，成为新中国需要急切解决的重大问题。

从新中国建立初期开始，到20世纪80年代初期，鉴于当时复杂而危险的国内与国际环境，中共中央决策层对于全国经济建设与工业化布局有着谨慎而全面的思虑与安排，为了避免国际反华势力以及国民党残存势力的破坏，沿海特别是东南海疆地区一般不安排建设较为重要的工业企业，原来工业基础较好的东部沿海地区也就不再成为国家投资的重点区域，而东北及西北、西南等工业较为落后的地区却成为投资建设的重点。这可以说是在一个特殊历史时期无奈的发展选择。

上海等东部沿海地区成为主要的工业移民的外迁地区。当时，上海是中国近代化工业企业最为集中的地区，地濒东南海疆，其安全受到了国际反华势力及国民党残余力量的严重威胁，不可能成为新中国重点扶持与建设的地区，而实行工业移民的内迁，一方面可以有力地支援内地的工业化建设，另一方面也可免受外部势力的破坏与冲击。当时有资料显示："解放前夕，上海集中了全国一半以上的工业，全市共有大、小工厂12 700余家，商店行号9万以上。有占全国46.5%的纱锭、82%的毛纺机、60%的织布机、50%的工业母机、38.5%的面粉产量、70%的卷烟产量等。航运吨位差不多集中了全国的84%,还有全国65%至70%的进出口贸易及70%的国内金融贸易。"[1]这种极度不合理的工业布局在不得已的困难条件下,只能通过机械性的迁徙来进行调整。据统计,1950年到1957年,上海市为了支援各地的工业建设,共迁出人口43.52万人。其中,"一五"期间就迁出36.65万人。当时上海工业建设型移民的主要目的地是辽宁、吉林、黑龙江三省[2]。

新中国成立初期,工业移民的主要方向是东北地区、西北地区以及西南地区。

(一) 东北地区

1. 黑龙江省(含松江省)

与国家经济建设与投资格局相呼应,新中国建立以来,中国大陆地区工业移民的趋势就是从乡村地区向城镇地区聚集,从东部向中部及西部地区移动,其中,东北地区的工业与经济发展有一定的特殊背景及条件。

国民经济发展"一五"与"二五"计划期间,黑龙江地区已被列入国家重点建设区域之一,中央政府也向黑龙江进行了数额巨大的基础建设资金投入。在第一个"五年计划"期间,仅黑龙江一省之内就投资建设了115个大型企业,其中,全国重点项目就有22项之多。又据估计,当时,中央政府在黑龙江省所投资的基本建设总量已相当于全国总量的十分之一。规模之大实属罕见[3]。为了完成这些重大工程建设,中央政府组织抽调大量干部与工程技术人员迁往黑龙江,这些外来干部、技术人员及其家属成为典型的工矿业移民。当时,黑龙江省重要的企业及工业移民活动有:

(1) 朝鲜战争期间大批企业的进入。1950年,因朝鲜战争爆发,原属于辽宁省的电机、机床、机车、轴承、仪表、工业、橡胶、电线等行业

---

1 参见《反封锁一年来的上海工商业》,《新华日报》1950年9月;熊月之、周武主编:《上海:一座现代化都市的编年史》,上海书店出版社2009年版,第493页。
2 《中国人口(上海分册)》,第140页。
3 参见熊映梧主编:《中国人口(黑龙江分册)》,第153页;《黑龙江省志·人口志》,第135页。

20多个较大的现代化企业奉命迁到黑龙江地区。其中,从辽南迁来一批机床、电缆、工具、轴承等工厂,在黑龙江建了齐齐哈尔第一机床厂、齐齐哈尔第二机床厂、哈尔滨电缆厂、哈尔滨第一工具厂、哈尔滨轴承厂、牡丹江造纸厂以及佳木斯纺织厂等,还有十来个军工企业在哈尔滨、齐齐哈尔等地安家落户。当时这些企业的干部职工也随迁而来[1]。

(2) 大庆油田建设期间的移民。自1960年2月开始,国家派遣3万名转业官兵进入大庆地区,参加油田的开发建设工作。之后,为解决技术干部之不足,又从全国37个石油相关厂矿以及高等院校抽调干部及技术人员共4万多人组成13路会战大军,进驻大庆。为了完善大庆油田的社会服务工作,当时又陆续兴建了医院及商店等公共服务设施,而这些服务人员也大多是随迁家属。大庆也在较短时间内成为一个具有一定规模的工业移民城市。

(3) 黑龙江四大煤矿的相关移民。黑龙江省煤炭资源丰富,为了开发黑龙江省的煤炭资源,以满足边疆建设之需要,从新中国第一、第二个"五年计划"开始,国家即开始投资进行大规模的新矿井建设。黑龙江的鸡西矿务局、鹤岗矿务局、双鸭山矿务局、七台河矿务局的诸多新矿井都是在这一时期建成的。矿业及相应的服务设施的建设需要大批劳动力,由此,大批外省移民进入这些矿区,形成了多个以外来移民为主体的新兴工业城市。如双鸭山市在1954年至1961年间因人口迁移而增长了36万人,鸡西市同期增长了27万人[2]。

2. 吉林省与辽宁省

研究者指出,与黑龙江省相类似,这两个省份历史时期人口迁徙的趋势是以迁入为主。解放战争后期以至新中国建立之后,吉林省依然延续了这一势头。据统计,从1950年到1982年的33年间,吉林省由于人口迁徙而增加的人口达到100万人。其中,工业化移民又占了其中的很大一部分。新中国建立初期,吉林省成为东北重工业建设基地的重要组成部分,一些国家重点建设项目落户吉林,其中包括第一

---

[1] 《黑龙江省志·人口志》,第137页。
[2] 参见《中国人口(黑龙江分册)》,第154—155页。

汽车制造厂、三大化工联合企业等。为了配合这些重点项目及重要企业生产的需要，大批外省移民进入吉林，参与建设。如长春第一汽车制造厂在1953年至1954年就招聘了大约10 000名工人及各种工作人员，尚不包括随迁的家眷[1]。

与黑龙江省与吉林省相比，历史时期的"闯关东"式的人口迁徙对于辽宁地区的影响最大，因此，至新中国建立初期，辽宁省已成为全国范围内人口较为稠密的省份。如至1949年，辽宁省总人口已达1 830.5万人，位居全国各省区的第12位[2]。可以说，对于辽宁地区而言，已经不太存在大规模人口迁入的可能性与必要性，因此，新中国建立之后，外来人口迁入对于辽宁省的影响要远小于黑龙江与吉林两省。新中国成立以来，辽宁省的人口增长更多地归功于人口自然增长的结果。

当然，辽宁省人口变动的趋势也同样受到全国政治发展与经济建设总趋势的影响。有研究者指出：新中国成立以后，辽宁省人口迁移的历史具有很明确的阶段性特征。如1950年至1982年的33年间，辽宁省的跨区域人口迁移过程可分为三个时期[3]：

第一个时期是1949年至1960年，这个时期是辽宁省人口迁徙的净迁入时期。

第二个时期是1961年至1976年，这个时期是辽宁省人口变迁的净迁出时期。

第三个时期是1977年至1982年，这个时期又可称为"再净迁入时期"。

可以看出，新中国成立以来，辽宁省人口迁徙的发展受到工业经济建设影响较大，因此可以说，工业化移民在辽宁省数十年来的人口变化中占有重要比重，而农垦性的移民则比重较小。这也是辽宁省在东北三省现代移民史上的独特之处。从20世纪50年代开始，辽宁省也被国家列入重点建设地区，要求在较短的时间内把辽宁建设成全

---

1 参见《中国人口（吉林分册）》，第133页。
2 参见宋则行、刘长新主编：《中国人口（辽宁分册）》，中国财政经济出版社1987年版，第52页。
3 同上书，第114页。

国工业基地。而大规模的投资建设需要更多的人才资源,辽宁省因此迎来了大规模移民高潮,移民主体就是当地重点建设所需要的人才。据统计,从1949年到1960年的12年间,从省外迁入辽宁的人口达到175.4万人,平均每年净迁入人口应为14.6万人[1]。然而,到20世纪60年代,在"大跃进"以及严重自然灾害的影响下,人口外迁成为缓解当时困难局面的重要途径之一。另一方面,作为老工业基地,辽宁地区技术人才聚集。在国内及国际形势发生重大改变的情况下,在国家的部署安排下,辽宁省的大量技术干部与工人迁入内地省市,成为当时"三线建设"的重要力量。

(二) 西北地区

中华人民共和国成立之初,西北地区经济落后,工业基础十分薄弱,完全可以用"一穷二白"来形容。因此,完全依赖西北地区自身的条件与基础来进行发展,可以说是举步维艰,需要得到中央及兄弟省区的支援与帮助。新中国建立伊始,西北地区的工业建设成为国家重点扶持的项目之一。

1. 青海省

青海省地处边远,工业资源丰富,然而,因为技术人才缺乏,资源勘测与利用长期处于空白状态。准确的勘测是资源综合开发与利用的必要前提。中华人民共和国建立之后,国家极其重视西部地区的资源勘测与开发工作。1953年,青海省成立地质局,集中协调与领导青海及周边地区的资源勘测工作。之后,国家水利部、燃料工业部、地质部以及青海省重工业厅多次组织、派遣考察队、地质钻探队、钻井队等进入青海,参与资源勘测工作。据统计,从20世纪50年代到60年代初,各种进入青海工作的地质工作队伍人数相当可观,多达10余万人次。不少勘测工作者后来留居在青海生活与工作,成为技术型移民[2]。

中华人民共和国成立以后的十余年间,工矿业移民也对青海省的工业及经济发展发挥了重要作用,当时兴建的一批重要工矿业企

---

[1] 参见宋则行、刘长新主编:《中国人口(辽宁分册)》,第62页。
[2] 青海省地方志编纂委员会编:《青海省志·人口志》,第49—50页。

业中,其主要技术骨干与职工大多是从外省区迁入的。可以说,每一个重点项目以及重要企业的建设与完成,都会引发一次规模相当可观的移民。

当时重要的工业化移民活动及移民区建设的记载有[1]:

(1) 冷湖石油城的移民。冷湖石油城坐落于富有石油资源的柴达木盆地,国家于1959年着手创建冷湖石油工业基地,之后,又陆续兴建了采油、炼油等工业企业。该地成为有相当规模的系统产业基地,被建设成一个边疆石油工业城。创建之时,陆续从外省区调配干部及职工1.8万余人。

(2) 察尔汗钾肥厂的移民。察尔汗盐湖位于青海省西部,在今天格尔木市境内,钾、盐储量十分丰富,是柴达木盆地中最大的内陆盐湖。察尔汗钾肥厂始建于1957年,当时全厂仅有职工787人,其中,青海省籍职工为85名,占到总数的10.8%,外省籍职工占到近九成。之后,数千名外地青年来到察尔汗,参加开发钾盐的大会战,到1958年初步建成投产,结束了中国没有钾肥生产的历史。到1985年,察尔汗钾肥厂(后更名为青海钾肥厂)有职工2 200名以及家眷3 000多人,大部分都是外省区迁来的移民。青海钾肥厂现已发展成为中国最大的钾肥生产基地,为中国现代工业发展做出了重大贡献。

2. 甘肃省

甘肃省属于地处西北内陆的偏远省份,解放以前,地方工业基础十分落后。因此,解放初期十余年的发展对于甘肃现代工业的建设而言意义特别重大。新中国建立以后,甘肃省的工业及经济建设受到中央及国家层面的高度重视,甘肃省也由此迎来了发展的机遇与地方工业建设的高潮。早在国民经济发展的第一个"五年计划"期间,甘肃省有多项重点工程项目,如兰州炼油厂、兰州化学工业公司、白银有色金属公司、兰州石油化工机械厂等。这些重点工业项目的兴建,不能仅仅依靠本地人才与劳动力资源。因此,根据国家的安排,大批外地技术人员与职工迁入甘肃,支援当地的经济建设。据推算,20世纪50

---

1 《中国人口(青海分册)》,第184—185页;青海省地方志编纂委员会编:《青海省志·人口志》,第50—51页。

年代,甘肃省共迁入人口127.55万人,平均每年迁入人口12.7万人。研究者指出:"大量人口特别是工人与科技人员的迁入,极大地促进了甘肃经济文化事业的迅速发展。……有色冶金业、石油化工业、机械工业和轻纺工业都是在这个时期从无到有地建设起来,并打下了良好的基础。全省全民所有制职工人数从1949年的4.35万人增至1959年的96.78万人,增加了92.43万人,其中,外省迁入职工占有较大比重。"[1]

正是在外来人才与职工的大力支援下,甘肃地区工业发展迅速,一些重要工业城市的兴起,更是甘肃现代经济发展的突出特征。而在这些城市的总人口中,外来人口所占比例很高,可以称为典型的移民城市。如今天省会兰州市的白银区,在20世纪50年代之初还是仅有几户农民的郝家川村。后来,丰富的有色金属矿藏发现之后,国家在此投资兴建起有色金属有限公司,外来人口迅速增加。1957年,白银地区人口已有219 269人。1958年与1959年,白银地区又迎来人口增长的高峰,到50年代末,白银地区人口已达255 460人,也由此一度成为省辖的白银市———一座典型的工矿业移民城市[2]。

3. 宁夏地区

宁夏地区煤炭资源丰富,为了开发煤炭资源,中华人民共和国成立以后,国家有计划地从辽宁、江苏、陕西、山西、甘肃等煤矿企业抽调大量干部、技术人员和工人前来宁夏,支援当地的煤炭工业。据统计,从20世纪50年代中期到60年代中期,仅煤炭行业迁入的人员就达5万余人(参见下表)[3]。可以看到,大部分煤炭行业的外来移民进入了石嘴山市内的相关单位,石嘴山市也因此成为西北地区具有代表性的工业型移民城市之一。

研究者指出:"1949年解放时,(石嘴山市)仅1 486人,1955年,市区有5 383人,比1949年增长了262%。1960年建市后,市区人口年底已达70 355人。1966年,市区人口突破10万,1978年突破20

---

1 参见苏润余主编:《中国人口(甘肃分册)》,中国财政经济出版社1988年版,第158页。
2 同上书,第158—159页。
3 引自《中国人口(宁夏分册)》,第140—141页。

万……在宁夏 5 个建制市中,石嘴山市市区人口仅次于银川市,居第二位。"[1] 据统计,到 20 世纪 80 年代末期,石嘴山市的外来移民人数占到全市总人口的 70% 以上[2]。

表6-5 宁夏煤炭系统外来移民简表[3]

迁移时间	迁入单位	迁出地区及单位	移民人数(人)
1956年	石嘴山煤146煤田勘探队	陕西铜川、西安煤管局、山东、河南	490
1957年	石嘴山矿务局	山西省大同煤矿、陕西煤管局、陕西省铜川矿务局	5 000
1958年	同上	黑龙江省哈尔滨煤管局、东北第二基建局、甘肃阿甘镇煤矿、徐州基本建设局	4 330
1958年	石嘴山石炭井矿务局	河北省保定、沧州等专区、惠农、平罗县	5 600
1959年	同上	自愿来宁人员	30 000
1965年	同上	甘肃省山丹矿务局	5 000
合计			50 420

4. 陕西省

陕西省在西北各省中人口基数较高,至 1949 年,陕西全省人口达到了 13 173 142 人。不过,陕西省地处内陆,工业经济基础落后,中华人民共和国建立初期,仍属于农业大省,农村人口占到了全省总人口的 90.52%[4]。新中国建立之后,陕西省的战略地位被中央政府充分重视,有幸被列为重点发展省份,也由此迎来了大批工业型移民的迁入。这些工业型移民的迁入,往往伴随着大中型工矿业企业的兴起,对于陕西省工业经济的发展发挥了至关重要的作用。

早在第一个国民经济"五年计划"期间,在全国 156 项重点建设项目中,有 20 多项落户陕西。而建设这些项目,单靠本省的科技人才与

---

[1] 参见刘有安:《新中国成立至改革开放前宁夏的人口迁入及其特点》,《西北民族大学学报(哲学社会科学版)》2011 年第 5 期。
[2] 引自《中国人口(宁夏分册)》,第 140—141 页。
[3] 参见《中国人口(宁夏分册)》,第 140—141 页;刘有安:《新中国成立至改革开放前宁夏的人口迁入及其特点》,《西北民族大学学报(哲学社会科学版)》2011 年第 5 期。
[4] 参见朱楚珠主编:《中国人口(陕西分册)》,中国财政经济出版社 1988 年版,第 80 页。

劳动力资源是远远不够的,为此,在国家及地方政府的组织安排下,形成了一次又一次的工业移民。"大量的机械制造工业和国防工业的技术工人、干部、科技人员以及家属,从东北、天津、北京、上海等地随厂迁来陕西;大量纺织技术工人、干部及家属,从上海、江苏、青岛等地,集体迁来陕西;还有许多建筑行业的技术工人、干部和家属从江苏等地迁来陕西。此外,随着陕西铁路运输的不断发展,还有许多铁路员工及家属,从河南郑州等地迁来陕西。"[1] 又据统计,从 1950 年至 1957 年的数年间是陕西省人口增长最快的一个时期,全省人口数增长了近 500 万,显然,工业型移民在其中占到了相当大的比例[2]。

5. 内蒙古地区

内蒙古地区地处边疆,地域广大,而人口数量较少,且民族结构较为复杂。新中国建立之前,内蒙古经济发展相对落后。然而,内蒙古地区战略地位重要,资源丰富,中华人民共和国建立之后,作为第一个少数民族自治区,内蒙古的经济建设及社会发展受到中央的高度重视及各兄弟省份的大力支持,由此,内蒙古自治区的各项建设进展很快,同时,也实现了人口的高度增长。其中,外来移民的贡献极为重要。

在新中国三年经济恢复及第一个"五年计划"期间,一大批大中型企业、国营农牧场兴起的同时,国家也调配了大批科技人员及职工支援建设。因此,在 1953—1957 年的数年间,内蒙古全区净迁入人口达到了 109.94 万人,年平均迁入人口数量达到 21.99 万[3]。

特别值得一提的是,在"大跃进"时代,内蒙古的人口迁移进入了一个高峰时期。内蒙古开展大规模的经济建设,除国家计划调配的外省区技术人员与职工外,也吸引了大批外省人口的自愿迁入。据统计,从 1958—1960 年的 3 年间,全区净迁移人口增加了 192.66 万人,年平均增长 64.22 万人[4]。

---

1 参见《中国人口(陕西分册)》,第 163 页。
2 同上书,第 81 页。
3 参见宋乃工主编:《中国人口(内蒙古分册)》,第 164 页。
4 《中国人口(内蒙古分册)》,第 165 页。

研究者指出,新中国建立以来,由国家确定的、内蒙古重点发展的两个重点经济基地就是大兴安岭森林工业基地与包头钢铁与机械制造重工业基地。为了配合这两大工业基地的建设,大批外省区的科技人员与职工及家属进入上述这两个地区,即东部的呼伦贝尔盟与西部的包头市。至20世纪70年代末,大兴安岭的牙克石林区形成了16个国营林业局、4个木材联合加工企业,林区的人口也增加至50余万人[1]。

　　包头工业基地所在的包头市是新中国兴建的又一个典型的工业移民城市。1952年,包头市仅有非农业人口118 999人,1953年包头市被国家列为重点建设的钢铁工业与机械制造工业基地之后,数以万计的外省区建设移民进入包头地区,到1954年,包头钢铁基地已有11 967人,移民多数来自北京、天津、辽宁鞍山与本溪、河北、山西的一些大型工矿企业,以及一批大中专毕业生。由此,包头市人口也实现了剧增。至1960年,全市非农业人口增加到936 160人,比1952年增加817 161人,增长了6.87倍[2]。"塞上钢城"也由此驰誉全国,为内蒙古经济发展发挥了重要作用。

(三) 西南地区

1. 贵州省

　　贵州地处西南边陲地区,民族构成复杂,工业基础薄弱,经济发展相对滞后。新中国成立以来,贵州地区的工业及经济发展受到国家宏观经济发展政策影响很大。从1949年到1957年,贵州地区并不是国家重点投资地区,因此,该地区的省际迁徙规模并不大,工业移民数量也相对有限,主要是一些重要企业搬迁而引发的人员迁移。新中国建立之初,国家调整西南地区的工业布局,贵州615纱厂迁往四川省成都市。另外,贵州地区山地多、平原少,交通极为不便,成为工商业发展的严重阻碍,因此,大力开展交通建设便是促进贵州发展的首要任务。从1957年开始,在国家交通部的部署及协调下,从周边省份及交通部直属单位向贵州调入3 500名干部与工人,支援贵州的交通建

---

[1] 《中国人口(内蒙古分册)》,第170页。
[2] 同上书,第183—185页。

设。1956年,又从广东省广州市向贵州省迁入建筑工人30 000多人,极为有力地促进了贵州省的交通发展及社会进步[1]。

从1958年开始,贵州地区的建设受到国家的高度重视,被列为重点投资发展地区,由此,贵州地区的经济建设进入了一个新的阶段,而由此带来的工业型移民数量相当可观。东部省市如上海市的一些工业企业奉调迁入贵州,不少技术骨干及职工也随之迁入。其中,来自上海的企业及技术移民数量最多(参见表6-6)。

表6-6 1958—1960年上海及外省企业内迁贵州情况简表[2]

原企业名称	新企业名称	迁徙职工数量(单位:人)
上海凯福糖果厂	贵阳糖果食品厂	207
上海解放皮件厂	贵阳海光皮件厂	226
上海新鑫造灯厂	贵阳黔光铝制品厂	200
上海光荣宰牲厂	贵州肉类联合加工厂	298
上海庆升手帕厂	贵阳针织厂	150
上海华成橡胶厂	贵州胶鞋厂	157
上海民生锁厂	贵阳锁厂	70
上海永美五金厂	贵阳标准件一厂	70
上海浦江化工厂三车间	遵义化工二厂	30
河南郑州建筑公司	中南建筑公司	1 500

2. 四川省与云南省

四川省属于内陆省份中人口基数较庞大的省份。至1954年,四川全省人口数已达6 599.8万人[3]。研究者指出:新中国建立以来,四川省的人口迁移曾经出现过两个迁入的高峰期,第一个高峰期是1954年至1960年,净迁入人口达到131.2万人;第二个是1965年至1971年,净迁入人口53万人。这都与国家在四川省开展大规模经济建设有关[4]。

---

1 参见潘治富主编:《中国人口(贵州分册)》,第172页。
2 笔者根据《中国人口(贵州分册)》第172—173页内容及表格改制而成。
3 参见《中国人口(四川分册)》第154页表格数字。
4 同上书,第155页。

受到全国政治、经济发展形势的直接影响,新中国建立以来,云南省的人口发展也出现了明显的阶段性变化。其中有两个重要的人口净迁入时期:第一个净迁入时期(1950—1958年)就在新中国建立初期、国家建设"一五"期间以及"大跃进"开始时期,云南省人口出现明显的增长态势,而外来人口的主要组成部分之一就是大批来自内地、参与云南各项建设工程的干部以及工程技术人员。第二个净迁入时期是"文革"动乱的前、中期。当时迁入云南的是大批城市知识青年,主要分配到云南各地的农垦农场或农村插队落户,来源地主要有四川、北京、上海等市区[1]。

二 "三线建设"期间的工业移民运动

(一)"三线建设"与移民问题

从1964年持续到1980年的"三线建设"运动,是新中国经济发展史上一件具有特殊意义的重大事件,对于中国工业发展与经济格局(特别是对于西部、中部地区)具有积极作用。所谓"三线",就是将整个中国的工业布局划出三条线,从而分出"沿海"与"边疆"、中间地带以及内地省区等几个部分。"一线"就是指沿海与边疆地区,"三线"是指四川(含重庆市)、云南、贵州、陕西、甘肃、宁夏、青海及湖南、湖北、河南等内地省区,"二线"就是介于一线与三线之间的中间地区。当时又有"大三线"与"小三线"的通行说法。处于西部的四川(含重庆市)、云南、贵州以及北部内蒙古地区是"大三线",而处于中部的河南、江西、安徽等省份被称为"小三线"[2]。就具体地理位置而言,"大三线地区是从战略角度在地理位置上的划分,是相对于当时一线(沿海)、二线(中部)而言的。它是指山西雁门关以南、广东韶关以北、京广铁路以西、甘肃乌鞘岭以东的广大腹地,包括13个省(自治区)的全部或部分地区。建设的重点是八省一市,即云南、四川、重庆、贵州、陕西、甘

---

[1] 参见《中国人口(云南分册)》,第129页。
[2] 参见陈东林:《三线建设始末》,《中国共产党与三线建设》,中共党史出版社2014年版,第3页。本节引述文献,非特别指出者,均出于此书。

肃全境及河南、湖北、湖南的西部地区。国家在三线布置重大项目,使国家的工业布局逐步平衡,并且有利于备战"[1]。

众所周知,"三线建设"的起因,主要是当时恶劣的国际环境及两个超级大国的战争威胁[2]。而"三线建设"的另一个极为关键的客观背景,是中国工业与经济发展的地理不均衡性。中国疆域辽阔,然而,人口分布与经济发展并不均衡。进入20世纪后半期,这种局面与矛盾并没有得到根本性的改观。根据1964年4月25日中国人民解放军总参作战部的报告,当时中国经济布局就有一些重大的不平衡问题,直接影响到国家安全:

(一)工业过于集中。仅14个100万人口以上的大城市,就集中了约60%的主要民用机械工业、50%的化学工业和52%的国防工业(包括飞机制造工业的72.7%,舰艇制造工业的77.8%,无线电工业的59%,兵器制造工业的44%)。

(二)大城市人口多。据1962年底的统计,全国约有14个100万人口以上的城市,有20个50万至100万人口的城市。这些城市大部分都在沿海地区,易遭空袭。

(三)主要铁路枢纽、桥梁和港口码头,一般多在大、中城市及其附近,易在敌人轰炸城市时一起遭受破坏。

(四)所有水库,紧急泄水的能力都很小,我国现有容量达1亿至350亿立方米的大型水库232个,其中52个位于主要交通线附近,有17个位于15个重要城市附近。[3]

"三线建设"影响大,波及面广。据当初"三线建设"的参与者及领导者回忆:

> 三线地区修了25万公里的公路,修了成昆铁路、贵昆铁路等一共十条(铁路),八千多公里,建了20多个中型城市,有攀枝花、宝鸡、十堰、襄樊市等,建了50多个大的科学院所,当时国防工业

---

[1] 参见王春才:《我与三线建设》,《中国共产党与三线建设》,第540页。
[2] 参见宋毅军:《中共第一代领导集体与三线建设战略决策的回顾与思考》,《中国共产党与三线建设》,第389页。
[3] 《中国共产党与三线建设》,第55—56页。

科技人员20多万人,全国支援三线建设的,包括建筑队伍、民工有上千万人。上海市就去了150万人,还不包括家属……[1]

"三线建设"所引发的移民问题较为复杂,主要是因为移民人数统计不完备,建设时期劳动力较多,而真正留居下来的人数较难确定等。然而,"三线建设"对于移民产生了重大影响则是确定无疑的。"三线建设"移民主要与重要的企事业单位搬迁有关。以毛泽东主席为首的中共中央决策层明确意识到搬迁工作的重要性:"现在沿海搞这么大,不搬家不行,你搞到二线也好嘛!二线包括湘西、鄂西、豫西、山西、陕西、江西、吉林、内蒙,四川、云南、贵州是三线,都可以搬去嘛!……沿海各省要搬家,不仅工业交通部门,而且整个的学校、科学院、设计院,都要搬家。迟搬不如早搬。一线要搬家,二线、三线要加强。"[2]可见,"一线"地区成为主要迁出区,而"二线""三线"地区成为主要迁入区。

根据毛泽东主席的意见,较大规模的搬迁工作于1964年即告开始。1964年10月10日,李富春、薄一波、罗瑞卿《关于1964年搬场问题的请示报告》得到中共中央批准,确定了29个项目在1964年内动手搬迁。这29个项目包括20个民用、9个军工企业,共涉及9 724人。"其中,冶金部4项,550人;一机部2项,510人;农机部3项,1 020人;化工部8项,2 680人;石油部2项,110人;邮电部1项,820人;国防工业部9项,4 034人。"这些项目大都是迁到中小城镇或大城市的远郊区,当时迁入的地区主要有:四川省4项,贵州省6项,江西省2项,云南、陕西、宁夏、青海、内蒙古、湖南和河北省张家口各1项[3]。

西北地区是"三线建设"的重点区域之一,接纳搬迁的工业企业单位也相当多。如1964年11月17日,中共中央西北局批转了《1965年第一批搬迁西北地区的工业企业建设项目名单》。这份名单涉及的企业数量及职工人数远远超过1964年,意味着更大规模的迁徙活动。

---

[1] 参见王春才:《我与三线建设》,《中国共产党与三线建设》,第542页。
[2] 参见《中国共产党与三线建设》,第73页。
[3] 同上书,第94—95页。

1965年搬迁到西北地区的工业企业总共54个项目,迁徙人员达38 546人至39 646人(参见表6-7、表6-8)[1]。

表6-7　1965年西北地区搬迁企业人员数量简表(1)

涉及行业	项目数量(项)	人数(人)
冶金	8	12 500
一机	23	7 570—7 670
农机	3	500
化工	5	1 720
水电	4	1 058
建工	1	297
铁道	2	2 500
国防工业系统	8	12 400—13 400
合计	54	38 546—39 646

表6-8　1965年西北地区企业迁移情况简表(2)[2]

迁入省区名称	项目数(个)	迁　出　地	人数(人)
陕西	17	大连、北京、上海、沈阳、无锡、石家庄、天津、保定、武汉、南京	6 047
甘肃	15	哈尔滨、上海、辽宁、吉林、苏州、常州、天津、沈阳、北京、北京良乡	6 677
青海	4	辽宁本溪、北京石景山、上海、黑龙江齐齐哈尔、天津	5 060
宁夏	10		5 922—6 022

1965年1月18日,国家计委与经委又提出《关于科研、勘察设计、文教系统新搬迁的报告》,报请中共中央审批。其中提出:"1965年拟从一线迁到三线的这几部分项目,共53个,39 316人。其中,自然科学研究机构32个、13 940人,勘察设计单位8个、3 692人,高等学校10个、21 400人,文教系统的工厂3个、284人;迁到四川的27个,贵州3个,云南4个,甘肃6个,陕西7个,青海2个,湖北3个,湖

---

[1] 引自《中国共产党与三线建设》,第109—117页。
[2] 迁出地名单是笔者根据报告内容整理而成的,不包括尚未确定省区的项目。

南1个,西北地区1个。"[1]当年3月4日,国家计委、国家经委、国务院文教办发出了《关于下达1965年搬迁项目的通知》,表示上报的搬迁项目已经由中央批准,请即部署实施。其中,提到了甘肃省1965年的搬迁项目:(1)在甘肃天水建立北京航空学院分院,规模为2 500人;(2)在甘肃兰州建设东北重型机械学院,规模是1 800人[2]。

搬迁工作是极为繁杂的工作,实施起来的难度不小。为了积极部署及协调搬迁工作,1965年9月2日,全国搬迁工作会议召开。中央及地方负责搬迁工作的人员共计146人参加了这次会议。会议总结了搬迁工作所取得的成果,并对未来的搬迁工作提出了目标。"中央确定第一批从一线搬往三线的214个项目(原注:原定226个,后经各部审查调整,撤销了18个,追加了6个),上半年已经搬完了51个,预计到今年底,共可搬完127个,迁出职工约48 000人,设备约6 700台。"[3]此次会议上宣布了中共中央所部署的第三个"五年计划"期间的搬迁任务:"初步安排369个项目,加上1965年底可搬完的127个项目,1964年至1970年,共搬迁近500个项目(原注:1967至1970年军工企业和科研机构项目尚未提出)。从一线迁出的职工约198 000人,设备先驱2万台。其中,1966年,初步安排搬迁159个项目(原注:包括1965年结项的87项),共需投资7.5亿元左右。"[4]

不过,众所周知,1966年"文化大革命"的爆发,严重干扰及打乱了"三线建设"的步伐及进展。至1971年3月8日,国家计委与国家建委向国务院提交了《关于内迁工作中几个问题的报告》,汇报了搬迁工作的进展情况:"从1964年以来,有关省、市、部门和内迁单位的广大革命职工,从革命的全局利益出发,积极行动,共同努力,在企业的迁建工作方面做出了很大的成绩。到目前为止,全国约有380个项目,145 000名职工,38 000多台设备从沿海迁往内地。"[5]

鉴于当时复杂的主客观条件,准确估算"三线建设"所引发的移民

---

[1] 《中国共产党与三线建设》,第131—133页。
[2] 同上书,第151页。
[3] 参见《全国搬迁工作会议纪要(草稿)》,《中国共产党与三线建设》,第181页。
[4] 同上书,第190页。
[5] 《中国共产党与三线建设》,第274页。

数量是相当困难的。首先,"三线建设"相关记载中准确人口数量记载是缺失的。"三线建设"着眼于国家的国防与备战需求,关于迁徙的数据,出于保密的原因,并没有全面而准确地记录下来,这自然造成如今研究的困难。其次,现有记载中,"三线建设"搬迁的记录更多地注重于企业本身。记载中的所谓"搬迁",大都是以企业为主体的搬迁,与人口的迁徙无法完全对应起来。其三,研究的困难更与"三线建设"移民本身的特殊性有关,迁徙人口采取挑选制,即移民以技术人才及熟练工人为主,并非成批次的整体迁徙,虽然数量有限,但是其作用是无法低估的。其四则是移民稳定性的问题,"三线建设"移民返迁率及二次迁徙的比例都比较高。同时,迁入区与迁出区密切交织,没有明确的分界。相关文件记载的迁徙数量往往语焉不详。这无疑大大增加了日后研究的难度。

据当年参与"三线建设"的领导同志回忆:"按照计划,华东地区要搬迁 250 多个工厂,10 万多人。在实施过程中,因为'文化大革命'的爆发,实际搬迁了一百二三十个工厂,5 000 多台设备,去了将近 4 万人。"[1] 这个数量显然是过低的,仅涉及迁移运动中的部分人员而已。为了积极支持与配合"三线建设",当时中共中央及各级地方政府提出了"好人好马上三线"的号召,积极挑选最好的人才与力量支援"三线建设"[2]。有研究者指出:"'三线建设'的间接影响之一,则是造成了全国人口城镇之间的由东向西的大迁移,据初步统计,涉及迁移的人口达到 151.27 万之众,人口迁出省、区涉及除新疆、宁夏、青海和西藏以外的 24 个省、区。"[3]

就区域性人口外迁而言,上海等东部地区成为当时最主要的迁出地。据研究者估计,为了响应"三线"建设的号召,上海市于 1966 年至 1979 年又有大批职工外迁,合计总数达 26.24 万[4]。

就移民迁入区而言,青海是一个重点建设与移民区。研究者指

---

1 参见钱敏:《西南三线建设回忆》,《中国共产党与三线建设》,第 530 页。
2 参见李荣珍:《甘肃三线建设研究概况》,《档案》2015 年第 5 期。
3 参见阎蓓:《新时期中国人口迁移》,第 91 页。
4 参见《中国人口(上海分册)》,第 146 页。

出:"青海是转移的重点地区之一。转移的主要对象是机械工业和重工业。在第三个'五年计划'期间,青海先后从内地陆续迁入职工近5万人,包括家属在内约12万人,为青海国民经济发展起了重大作用。"[1] 仅青海一省内,涉及"三线建设"的移民数量就有12万人之多,那么,全国范围的移民数量肯定更为庞大。

(二)西北地区的"三线建设"移民

1. 青海省

自新中国建立伊始,青海地区长期是国家重点建设的西部省份之一。其中,工业性移民为青海的建设做出了重要贡献。如从1966年开始的"三线建设"期间,为了改变原有不合理的工业布局、改变西部工业发展的空白局面,满足西部人民生产与生活的需要,中央政府开始有计划、有步骤地将沿海及内地的一些大中型企业向西部迁徙,青海便是西北地区最重要的迁入省份之一。而伴随着大批工业企业的迁徙,一大批内地干部及工人也进入了青海地区,形成了一波工业化移民潮。

首先是机械工业与重工业企业(参见表6-9)。当时,向青海省迁入了一大批机械工业与重工业企业。在"三五"与"四五"期间,青海省先后迁入职工近5万名,与家属合计约为12万人。这些企业成为青海省工业格局的中坚力量,这些工业移民为了西部建设所做出的牺牲、为青海省经济发展所付出的努力值得后人永久纪念[2]。除下表所列之外,最重要的一次工业移民是在第三个"五年计划"期间,从东北、北京等地迁来大批工业管理人才与技术工人,先后建立了西宁钢厂、黎明化工厂、光明化工厂、民和镁厂和化工建设公司等多家大型企业。截至20世纪80年代,上述五家企业共有职工21 514人,连同家属共计53 785人,其中90%以上的职工和家属(约计48 497人)是外省迁来的。其次是轻工业与手工业。据记载,从1956年开始,青海省已有计划、有组织地从上海、北京、天津、沈阳、济南等大中城市成建制地搬

---

[1] 参见田方、张东亮编:《中国人口迁移新探》,第218页。
[2] 参见《中国人口(青海分册)》,第181—184页。

迁来一些手工业企业，建立了20多个集体企业，共有职工1 400多人，另有家属3 000多人。这些企业成为青海经济建设中的重要力量[1]。

表6-9 青海省迁入重点工业企业情况简表

迁入企业名称（现名）	迁 入 年 份	迁出企业名称	迁入职工数量
青海第一机床厂	1965年	黑龙江齐齐哈尔第二机床厂	600人
青海第二机床厂	1965年	山东济南第一机床厂	900人
青海重型机床厂	1967年	黑龙江齐齐哈尔第一机床厂	838人
山川机床制造厂	1967年	黑龙江齐齐哈尔第一机床厂、齐齐哈尔第二机床厂、山东济南第一机床厂	592人
青海量具刃具厂	1966年	黑龙江哈尔滨量具刃具厂	142人
青海工程机械厂	1966年	辽宁鞍山红旗拖拉机厂、第一拖拉机厂	930人
青海齿轮厂	1965年至1966年	上海第二汽车齿轮厂、天津拖拉机厂、哈尔滨拖拉机厂配件厂	368人
青海柴油机厂	1966年至1970年	天津动力机厂	850人
青海工具厂	1966年	洛阳拖拉机厂	317人
青海锻造厂	1966年至1973年	洛阳拖拉机厂	1 000人
青海铸造厂	1966年至1970年	洛阳拖拉机厂	1 200人
青海矿山机械厂	1956年至1971年	旅大市城建局机修厂、上海力生机器厂、上海采矿机械厂	426人
青海微电机厂	1966年	北京微电机厂、天津微电机厂	287人
青海电动工具厂	1966年	辽宁沈阳电动工具厂	259人
青海海山轴承厂	1966年至1970年	河南洛阳轴承厂	900人
青海汽车改装厂	1966年	河南洛阳拖拉机厂、天津拖拉机厂、河南开封拖拉机厂	185人
青沪机床厂	1965年	上海劳动机床厂	674人

---

1 参见《中国人口（青海分册）》，第183—184页。

续 表

迁入企业名称（现名）	迁入年份	迁出企业名称	迁入职工数量
西宁标准件厂	1968年	江苏无锡标准件厂	62人
青海机床锻造厂	1966年	济南第一机床厂、齐齐哈尔第一、第二机床厂	270人
青海铝制品厂	1970年	上海华昌钢精厂	950人
合计			11 750人

资料来源：本表是笔者根据《中国人口（青海分册）》第六章《人口迁移与流动》总结而成。

2. 宁夏回族自治区

在"三线建设"之中，宁夏地区被归为"三线"内陆地区，因此也成为东部沿海企业迁入的区域。在国家的统一部署之下，从20世纪60年代后期，从华北、华东、东北等地通过迁移及技术人员援助等方式，向宁夏地区迁建了291个大中型厂矿企业，随迁职工人数达到19 715人。这些企业涉及的行业有机械工业、冶金工业、轻纺工业、化学工业、建筑行业、农机工业、煤炭系统以及国防工业系统等，其中，煤炭行业迁入职工数量最多。迁出地区有黑龙江、辽宁、河北、北京、天津、内蒙古、上海、吉林、山东、山西、浙江、江苏、安徽、青海等省、区（参见表6-10）[1]。这些迁建企业有吴忠配件厂、青山试验厂、长城机床厂、银河仪表厂、吴忠仪表厂以及清河机械厂等[2]。

表6-10　1965—1971年迁入宁夏重点企业数量及职工数量简表

迁移企业行业及数量	迁　出　地	迁移职工人数（人）
机械工业11个	辽宁、北京、天津、上海	4 172
冶金工业3个	北京、天津、辽宁、内蒙古	2 576
轻纺工业1个	上海	81
化学工业3个	上海、辽宁、山东、山西、浙江、黑龙江	1 500
建筑企业3个	河北	3 612
农机工业1个	河北	194

1　参见《中国人口（宁夏分册）》，第141页。
2　参见刘有安：《新中国成立至改革开放前宁夏的人口迁入及其特点》，《西北民族大学学报（哲学社会科学版）》2011年第5期。

续表

迁移企业行业及数量	迁 出 地	迁移职工人数（人）
国防工业系统3个	吉林、辽宁、山东、内蒙古	521
煤炭系统4个	黑龙江、河北、江苏、安徽、青海	7 059
合计		19 715

资料来源：该表格由笔者根据《中国人口（宁夏分册）》第141页表格内容修改而成。

3. 甘肃地区

甘肃省的工业及经济建设在经历新中国成立初期十余年的高速发展之后，到20世纪60年代初期也遭遇了严重挫折。甘肃省农业生产相对落后，粮食生产无法自给自足。在严重自然灾害的打击下，粮食生产受挫严重，粮食产量大幅下降，直接影响到城市及工矿企业的粮食供给。由于粮食供应不足，大批工矿企业被迫停建。当地政府为了缓解当时的困难，支持企业的干部、职工迁往外省"以工就食"，大量职工由此外迁各省或回到原籍。据统计，1960—1963年，甘肃省净迁出人数高达94.18万人。而迁出比例较高的地区正是新中国建立以来新兴的移民城市，如白银市、酒泉市等[1]。

"三线建设"对于甘肃省发展而言，又是一次重大转机。根据中央的部署，甘肃省也是当时"三线建设"的重要建设省份，甘肃地区的工业化水平与经济发展由此得到长足的进步。甘肃省地方政府积极响应中共中央关于"三线建设"的指示精神，在国务院的合理部署与地方政府的积极配合下，甘肃省"三线建设"较为顺利地开展。从1964年筹备，到1980年基本结束，甘肃省大规模的"三线建设"共历时17年，取得了巨大的成就，形成了所谓"九点一线"的工业经济新格局。"九点"就是指9个重要新兴工业城市：酒泉、张掖、永登、红古、靖远、临夏、定西、天水、平凉。"一线"是指白银宝积山铁路线。重要的工业企业有酒泉钢铁公司、西北铁合金厂、兰州碳素厂、西北铜加工厂、西北铝加工厂、兰州铝厂、连城铝厂、甘肃铝厂、金川有色金属工业公司等，新建铁路支线183公里，新建公路5 752公里。又据统计，从1964年

---

[1] 参见《中国人口（甘肃分册）》，第163—164页。

到1980年,出于"三线建设"需要而迁入甘肃地区的外来建设者达到5万余人[1]。

正是在"三线建设"的大力推动之下,1964年至1982年的18年间,甘肃省人口进入了一个迁入高潮时期。据统计,甘肃省在这18年间平均每年迁入人口为3.95万人。迁入人口最多的年份是1965年,当年净迁入人口为11.87万人。而这一年正是"三线建设"的高潮时期。大批东部地区的职工及其家属根据国家的部署迁入甘肃,支援甘肃省的"三线建设"工作。仅仅白银有色金属公司就调入来自江西南昌、辽宁鞍山、河北宣化以及北京市等地的数千名职工[2]。1971年又是甘肃内迁厂矿较多的一年,当年净迁入人口为7.92万人。当时迁入甘肃的东部企业有:从河南洛阳迁入白银市的铜加工厂、从吉林内迁永登的铁合金厂、从黑龙江哈尔滨迁入陇西的冶金机械厂、从吉林长春迁入天水的天光机械厂、从北京内迁的长城机械厂以及从上海、天津内迁的电机、机械工厂等[3]。

(三) 西南地区的"三线建设"移民

西南地区是"大三线"建设的重点区域,因此,向西南地区的人口迁徙影响巨大。

1. 四川省(包括重庆市)

四川省在地理位置上被称为中国的"大后方",是西部建设与"三线"建设的重点省份之一,因之也引发了较大规模的人口迁移。就移民来源而言,东部沿海地区占了多数。

"三线建设"对于四川省的工业化及现代化建设影响巨大,四川地区的社会发展与经济建设也从中获益。不少"三线建设"亲历者与研究者业已指出,"三线建设"不仅是一场声势浩大的工业化运动,同时也是一场移民运动,其规模与重要性堪与历史上各个时期的大移民运动相提并论:

---

1 参见李荣珍:《甘肃三线建设研究概况》,《档案》2015年第5期。
2 参见《中国人口(甘肃分册)》,第165页。
3 同上书,第166页。

三线建设,四川得益最大。四川从明清以来有四次大的外来移民运动,四次都是战争因素。湖广填四川是一次,抗日战争是一次,解放战争是一次,三线建设(原注:准备打仗)是一次。四川的现代工业基础,是在第四次大移民中形成的,如果那时不建成昆铁路,就很难想象什么时候能建;那时候不建攀枝花,很难想象攀枝花什么时候开发!¹

四川在"三线建设"时期的重要地位,首先得益于毛泽东、刘少奇、周恩来等第一代领导核心的高度重视。如渡口市钢铁工业基地是"三线"建设的重点工程。据研究者统计,为了支援渡口市的工程建设,在中央部署及调动之下,从1964年开始,先后从云南、贵州、河北、广东、青海、北京、辽宁、安徽等地调来大量工程技术人员及其家属,总数接近3万人²。又如四川省攀枝花市最重要的企业——攀枝花钢铁公司又是"三线"建设中的一项重点工程。在大批外省工人迁入之后,夫妻两地分居的问题变得十分严重。如至1979年,攀枝花钢铁公司职工中两地分居的就有22 894人³。而在四川的不少地市,人口性别比问题也相当突出,这引起了各方面的关注⁴。而为解决这一问题,进行一定数量的家眷类人口迁移,也是十分必要的。

重庆市的工业发展同样在"三线建设"期间得到很大的促进。当时重庆地区被列为重点建设地区,"三线建设"都是如会战般大规模展开的,这种建设奠定了重庆今天各方面的建设基础,功绩不可抹杀⁵。如有研究者总结道:"'三线建设'期间,重庆迁建、新建了200多项大中型骨干企业和科研单位,使当地工业固定资产原值一跃而居全国第五位,而这200多项大中型骨干企业和科研单位,又带来了约50万的政策性人口迁移的移民。"⁶其中,进入重庆地区的军工企业所占比

---

1 参见林凌:《我所经历的三线建设》,《中国共产党与三线建设》,第562页。
2 参见《中国人口(四川分册)》,第156页。
3 同上。
4 同上书,第164—165页。
5 参见马述林口述、田姝整理:《重庆地区的三线建设》,《岷嵘岁月》2007年第2期。
6 参见何瑛、邓晓:《重庆三峡库区"三线建设"时期的移民及文化研究》,《三峡大学学报(人文社会科学版)》2012年第3期。

例相当高,作用及影响也非同凡响[1]。

2. 贵州省

贵州省也是在"三线建设"中获益巨大的西南省份。"三线建设"对于贵州现代工业化与现代化建设是至关重要的。1964—1978年,"贵州工业进入了伟大的三线建设时期,国家为贵州工业基本建设投资69.26亿元,先后安排大中型工业建设项目200多个,地方配套建设小型项目1 000多个。三线建设改变了原有的工业结构,贵州建成了航天、航空、电子三大国防科技工业基础,形成了煤炭、水电、火电等能源工业基地和有色金属、冶金、化工、建材为主的原材料工业基地"[2]。这些评价应该是毫不夸张的。对于贵州这样相对落后的边远省份,仅靠自身的力量实现工业化与现代化将是十分困难与遥远的事。因此,"三线建设"期间,贵州省被列为重点建设的"三线"地区,无疑迎来了发展的良机。

亲历者们为我们描述了当时热烈的建设场面:"中央一声令下,全国20多个省、市的100多家一、二线的企业陆续迁入,包建公司、对口支援的老厂和几十万科技人员及职工,纷纷奔赴贵州。"外来人才的迁入是贵州工业化取得大发展的关键。"在三线建设中,一大批科研单位和工业企业内迁,带来了数万科研人员、工程技术人员和一批先进设备,迅速扩大了贵州的科技队伍,增强了科技和生产实力。"[3] 又"1964—1965年,开始了大规模三线建设,大批工业企业从华东、华北、东北等老工业区迁入贵州,随迁职工和家属8.26万人,是解放以来贵州省最大一次的经济建设类型的省际人口迁移(见表6-11)"[4]。

近代以来,中国经济发展的一个重大缺陷就是区域间的不平衡。其中,特别以东、西之间的差距最为突出。而要想缩小这一差距,离开移民运动的帮助是很困难的。西部与内地的开发与建设,可谓20世

---

[1] 参见王毅:《三线建设中的重庆军工企业发展与布局》,《军事历史研究》2014年第4期。
[2] 参见余朝林:《三线建设与贵州工业强省战略的实施》,《中国共产党与三线建设》,第441页。
[3] 同上书,第437—440页。
[4] 参见《中国人口(贵州分册)》,第173页。

表 6-11 "三线建设"期间贵州重要工业移民简表

行业名称	迁入地区与单位	迁出地区与单位	迁入人数
冶金工业	水城钢铁厂	辽宁鞍山	1 406 人
	贵阳钢铁厂	辽宁大连	311 人
	务川汞矿	江西大吉山	200 人
民用机械工业	贵州计量光学仪器厂	上海光学仪器厂	1 200 人
	贵阳轴承厂	哈尔滨轴承厂	100 人
	安顺微型轴承厂	上海微型轴承厂、哈尔滨轴承厂	420 人
	贵州（惠水）重型机床锻压厂	无锡机床厂	300 人
	都匀变压器厂	上海电机厂	600 人
	贵州（惠水）电机厂	上海跃进电机厂	400 人
	西南（贵阳）电表厂	上海电表厂、上海华球电表厂等	550 人
	贵阳铸造厂	上海机床公司铸造厂	300 人
	贵州柴油机厂	上海柴油机厂	450 人
	贵州农机厂	天津拖拉机厂	900 人
国防工业部门	在贵阳、遵义、安顺、都匀、凯里等地建立工业基地	东北、华北、华东	1.06 万户、3.6 万人
煤炭工业部门	六盘水煤炭基地（六枝矿务局 5 000 余人、盘江矿务局 6 500 人等）	辽宁 722 工程处 1 300 人、辽宁基建二处 1 000 人、抚顺矿务局安装工程处 1 000 人、舒兰矿务二建工区 700 人、双鸭山矿务局二四工程处 1 100 人、河南鹤壁工程处 550 人、华东煤炭公司第二工程处 1 200 人、华东煤炭公司第十二工程处 1 200 人、山东孔集建井工程处 2 000 人、北京建筑安装工程公司 8 000 人、山东各煤矿 4 000 人、基建工程兵 6 500 人等	28 850 人

资料来源：由笔者根据《中国人口（贵州分册）》第 173—174 页相关内容整理而成。

纪中国经济与文化建设的"重中之重",由此而引起的人口迁徙也持续不断。因此,从20世纪60年代开始的向西部地区的移民,直到与"三线建设"相关的移民运动,在总体上都可视为20世纪向西部地区建设性移民运动的继续。

在新中国建立初期以及后来相当长的时间里,上海市一直成为工业性移民最主要的迁出地。与全国其他省市相比较,上海市是当时中国工业基础最为雄厚、技术工人最为集中的地区,因而,千百万上海市的技术骨干为新中国的工业化发展做出了举足轻重的卓越贡献,是新中国经济发展史上值得大书特书的。据统计,从1950年至1957年的八年时间里,上海支援外地建设的外迁人口就达43.52万人。其中,"一五"时期外迁人口达33.65万人,主要迁入地区是辽宁、吉林与黑龙江三省。

"三线建设"堪称在特殊条件下施行的工业移民"奇迹"。国际形势的变幻、外国侵略威胁的加剧,使得原来空寂荒落的大西部成为关乎民族存亡的"宝地"与"大后方"。在相当短的时间里,将东部地区数以万计的干部及科研人员、工程技术人员及职工迁入西部,从事建设,西部地区的工业化及现代化水平顿时上升到了国内先进水平。这种发展对于改变西部的面貌是极其关键的,同时也为中国的发展开辟了新的领域与方向。

"三线建设"移民运动对于中国西部发展的贡献是不可低估的,而这种贡献的代价是广大移民离乡背井的艰苦付出。这些移民离开生活原本舒适与安定的东部地区,响应国家的号召来到西部,披荆斩棘,艰苦奋斗,奉献了全部心血。他们为实现西部工业化与现代化做出的功绩将永载史册!

第七章

新中国成立以来的水库移民

"水利是农业的命脉",治国必先治水。水库建设不仅可以治理水旱灾害,而且为农田灌溉、人民生活、工业生产提供可靠的水源及电力供应。因此,20世纪以来,水库建设在相当长的时间里受到世界各国的高度重视。中国江河众多,水资源短缺且时空分布不均,水旱灾害频繁,防治水害、兴修水利在中国悠久的历史中占有特别重要的地位。同样,中华人民共和国成立以后,为解决水利问题,各级政府也相继开展了大规模的水利工程建设,兴建了数量繁多的水库。

水库的兴建需要大片蓄水区,而这些蓄水区的划定,势必与原有人口聚集区发生矛盾与冲突,由此不可避免地引起一定规模的移民,即水库移民。本章所称水库移民是指"为调蓄江河径流,筑坝建库征用土地而引起的非自愿性移民"[1]。

据统计,至1999年,全国共建成水库85 120座,其中大型水库

---

[1] 中华人民共和国水利部编:《水库移民工作手册》,新华出版社1992年版,第129页。

400座,中型水库2 681座,小型水库82 039座[1]。由于水利水电建设而淹没耕地150多万公顷,搬迁安置水库移民1 200多万人(自然繁衍到1 700多万人)[2]。

水库移民作为水利水电工程建设的一个重要环节和组成部分,与其他类型移民相比,具有如下特性:(1)强制性。水库移民是为满足国家或地方开发水资源的要求而必须从水库淹没区迁移出去的。他们不同于一般居民为谋求自己的发展前途,按照自己的意愿而从原居住地迁移到他乡的,水库移民属于典型的非自愿性工程移民。(2)规模性。大中型水库淹没范围广,移民数量大且集中,少则几千人,多则数万、数十万人。(3)系统性。库区土地大量被淹没,由此带来重大经济损失的同时,涉及良田沃土、城镇、工矿企业、交通设施、社会文化、人际关系等方面的破坏、解体。同时,水库移民往往涉及整村、整乡、整县乃至跨县市的人口迁移,迁入异地后,安置难度大,面临着艰难的适应和经济社会系统的重建。(4)政策性。水库移民涉及面广,需要与之相配套的政策和法律法规,同时更要有强有力的专门组织机构加以实施。(5)周期长。正常情况下,一座水库的建设工期常在5年以上,将其移民安置好,并具备长治久安的生产生活条件,往往需要经历10年以上的时间;考虑到社会系统的重建,至少需要两到三代人[3]。

---

[1] 中华人民共和国水利部编:《中国水利统计年鉴(2009)》,中国水利水电出版社2009年版,第34页。

[2] 唐传利:《中国水库移民政策与实践》,载唐传利、施国庆主编:《移民与社会发展国际研讨会论文集》,河海大学出版社2002年版,第3页。

[3] 中华人民共和国水利部编:《水库移民工作手册》,第129页;王应政:《中国水利水电工程移民问题研究》,中国水利水电出版社2010年版,第45—49页。

第一节

新中国成立以来全国水库移民与安置概况

一 华北地区

1. 北京市

自 1954 年新中国第一座大型水库官厅水库竣工后,北京市在 20 世纪五六十年代相继建成十三陵水库、怀柔水库、密云水库等。70 年代,又建设了一批中、小型水库。据 1995 年统计,北京市共建成水库 85 座,其中大型水库 4 座、中型水库 16 座[1]。

由修建水库引起的移民活动主要有:

(1) 官厅水库移民

官厅水库建库时北京延庆和河北怀来两县共移民约 5.3 万人,于 1952 年至 1953 年、1954 年至 1955 年分两期进行,第一期移民 1.9 万人,第二期 3.4 万人[2]。

延庆县水库移民共 5 502 户 23 055 人。其中,1 236 户 5 300 人集体迁移到县内其他地区建村,2 783 户 11 706 人就近后靠建村,390 户 1 802 人集体迁移到张北县,208 户 905 人集体迁移到涿鹿县和宣化县(今宣化区),885 户 3 342 人自行投亲靠友迁移[3]。

怀来县水库移民共 7 387 户 29 943 人。其中,1 353 户 5 948 人集体迁移到张北县、涿鹿县、宣化县(今宣化区)、尚义县、怀安县和赤城

---

[1] 北京市地方志编纂委员会编著:《北京志·地质矿产水利气象卷·水利志》,北京出版社 2000 年版,第 191—192 页。
[2] 同上书,第 199—200 页。
[3] 北京市延庆县水利志编辑委员会:《延庆县水利志》,1993 年,第 264 页。

县;1 542户6 256人自行投亲靠友迁移;1 232户4 812人县内安置;3 260户12 927人就近后靠建村[1]。

(2) 密云水库移民

密云水库建库时密云县(今密云区)共移民1.15万户5.69万人,分两批迁移。第一批9 753户47 252人于1958年至1959年完成迁移;第二批1 804户9 600人于1965年完成迁移[2]。密云水库移民绝大部分在县内安置,原则上实行原队、原公社集体迁移,仅有85户自愿迁往县外、469户自行投亲靠友迁移[3]。

密云水库建成初期,由于原划定淹没区的大片土地未被淹没,随之出现移民返迁现象。据统计,1961年、1962年,共有2 200多户1.1万多人重返库区定居[4]。但随着水库功能的转变和水位的升高,库区移民不得不再次迁移。1963年、1974年,分别有5 625人、3 101人在水库周边就地后靠[5]。直至1995年,密云水库周边地区尚有1.5万余人分批迁移到顺义、通县。其中,顺义安置8 000人左右,通县安置7 000人左右[6]。

(3) 其他水库移民

怀柔水库位于怀柔县(今怀柔区),建于1958年。水库移民共567户2 600人[7]。

海子水库位于平谷县(今平谷区),建于1959年。水库移民共577户2 678人。其中,外迁354户1 574人,其余就近后靠安置[8]。

十三陵水库位于昌平县(今昌平区),建于1958年。水库移民共397户1 671人,全部就近后靠安置[9]。

白河堡水库位于今延庆县(今延庆区),建于1970年。水库移民

---

1 怀来县地方志编纂委员会编:《怀来县志》,中国对外翻译出版公司2001年版,第240、244页。
2 北京市地方志编纂委员会编著:《北京志·地质矿产水利气象卷·水利志》,第232页。
3 密云县志编纂委员会编:《密云县志》,北京出版社1998年版,第164页。
4 北京市地方志编纂委员会编著:《北京志·地质矿产水利气象卷·水利志》,第232页。
5 密云县志编纂委员会编:《密云县志》,第164页。
6 北京市地方志编纂委员会编著:《北京志·地质矿产水利气象卷·水利志》,第233页。
7 同上书,第243页。
8 同上书,第251页。
9 同上书,第262页。

共 566 户 2 273 人[1]。

以上水库移民绝大部分就近后靠建村和县内安置,县外安置较少。

2. 天津市

天津的形成、发展与海河有着不解之缘,可谓"缘水而生,因水而扰"。新中国成立后,尤其是 1963 年天津特大洪水以后,在毛泽东"一定要根治海河"的号召下,天津进行了较大规模的水利建设。据统计,至 1990 年底,天津市建成大、中型水库 12 座,小型水库 78 座[2]。由修建水库引起的移民活动规模较大的有于桥水库移民。

于桥水库初建于 1960 年,但直至 1970 年才开始蓄水。水库移民也随着水库功能的调整和水位的升高,从 1960 年开始迁移,一直持续至 1982 年,先后分三批完成。第一批水库移民共计 7 732 户 37 466 人,分别在蓟县(今蓟州区)县内安置 7 320 户 35 422 人,在唐山市郊安置 270 户 1 375 人,在河北省三河县(今三河市)安置 130 户 687 人;第二批水库移民共计 829 户 4 551 人,其中绝大部分后靠就地安置,部分迁移至县内其他乡镇安置;第三批移民共计 6 992 户 30 585 人[3]。

天津市水库移民一般就近集体安置,远迁外地的较少,仅有两千余人。

3. 河北省

20 世纪 50 年代中期以来,河北省先后建成岳城、潘家口、岗南等大型水库 17 座,中型水库 35 座[4]。因修建水库而引起的移民总量高达 37 万余人。其中大型水库移民人数最多,共约 32 万人,占移民总数的 87.5%;中型水库移民 4.6 万人,占 12.4%。水库移民安置以就近后靠为主,约 28 万人,占移民总数的 75.4%;其次是迁移至水库受益地区,共约 8.6 万人,占 23.2%;其三是远迁及散迁至外省,共 5 087 人,占 1.4%[5]。

---

1 北京市地方志编纂委员会编著:《北京志·地质矿产水利气象卷·水利志》,第 269 页。
2 天津市水利局水利志编纂委员会编:《天津水利志》,天津科学技术出版社 2003 年版,第 332 页。
3 同上书,第 343—344 页。
4 河北省地方志编纂委员会编:《河北省志·水利志》,河北人民出版社 1995 年版,第 85、106 页。
5 王明远主编:《中国人口(河北分册)》,中国财政经济出版社 1987 年版,第 192 页。

河北省大型水库移民详情见表 7-1。

表 7-1 河北省大型水库移民情况

水库名称	建设年份	移 民 地 区	移民人数（人）	安 置 地 区
东武仕	1958—1959	磁县	12 803	
岳城	1959—1962	磁县	28 161	河南省新乡、安阳、郑州、洛阳等地 700 余人，散迁至全国 20 个省市区 1 291 人
临城	1958—1960	临城	3 600	
朱庄	1971	沙河、邢台	5 658	
口头	1958—1964	行唐	2 410	
横山岭	1958—1960	灵寿	3 674	
黄壁庄	1958—1963	获鹿、平山	46 617	
岗南	1958—1962	平山	35 979	山西省太原和榆次市郊 177 人
安格庄	1958—1960	易县	4 448	
龙门	1958—1960	满城	5 390	
西大洋	1959—1960	唐县	32 199	
王快	1958—1960	阜平、曲阳	14 051	山西太原和大同 1 420 人，散迁至山西 200 人
陡河	1955—1956	唐山市（双桥）	8 583	
邱庄	1959—1960	丰润、遵化	12 670	
洋河	1959—1961	抚宁	14 456	
潘家口	1974	迁西	30 929	辽宁大洼县 609 人
大黑汀	1973	迁西	11 188	辽宁大洼县 448 人，散迁至北京 242 人
云州	1969—1970	赤城	1 215	
友谊	1958—1964	尚义	707	
庙宫	1959—1962	围场	1 993	
官厅	1953	怀来	39 216	
总计		（不含官厅水库）	326 056	远迁 5 087 人

资料来源：王明远主编：《中国人口（河北分册）》，中国财政经济出版社 1987 年版，第 193 页。
河北省地方志编纂委员会编：《河北省志·人口志》，河北人民出版社 1991 年版，第 78 页。

河北省水库移民跨省区迁移的虽然仅有 5 000 余人,但由于移民安置地条件较差,导致移民返迁率较高。如岳城水库移民 700 人迁移至河南省,后陆续返回 200 余人。王快水库移民 1 420 人至山西省,后返回 900 人,返迁率约 63％。岗南水库移民 177 人迁移至山西省,返回 125 人,返迁率高达 70％[1]。

4. 山西省

至 1995 年,山西省共建成各类水库 772 座,其中大型水库 6 座,中型水库 56 座。其中涉及移民任务的有 700 座[2]。

山西省较早涉及水库移民问题的是大同、山阴和应县,50 年代初期安置北京市官厅水库移民 3 000 人。但最终由于生活习惯等问题,约有 30％的移民返回原籍[3]。

山西省有计划、有组织的较大规模水库移民始于 20 世纪 50 年代末的三门峡水库移民,其后重要的水库移民有汾河水库移民、小浪底水库移民等。

山西省三门峡水库移民涉及平陆、芮城、永济三县,共移民 9 438 户 47 623 人。按照"不出县境,就地安置"的原则集体安置,绝大多数移民就近后靠,仅有 8 915 人自行投亲靠友分散安置[4]。

汾河水库是山西省最大的水库,1958—1960 年共移民一万余人,主要安置方式是就近后靠。但由于移民工作过于仓促,很多问题考虑欠妥,如移民土地不足、新建房屋质量差、忽视发展生产等问题,导致部分移民二次搬迁,部分移民长期需要国家救济扶持。据统计,从 20 世纪 60 年代至 80 年代初,国家共救济移民粮食达 3 000 多万斤。直至 1993 年,随着汾河水库移民区经济开发规划的制定,汾河水库移民遗留问题才逐步得以解决[5]。

山西省黄河小浪底水库移民涉及垣曲县、夏县、平陆县,共移民

---

[1] 王明远主编:《中国人口(河北分册)》,第 182、183 页。
[2] 山西省史志研究院编:《山西通志·水利志》,中华书局 1999 年版,第 197 页。
[3] 同上书,第 197 页。
[4] 黄河三门峡水利枢纽志编纂委员会编:《黄河三门峡水利枢纽志》,中国大百科全书出版社 1993 年版,第 173 页。
[5] 山西省史志研究院编:《山西通志·水利志》,第 200、201 页。

42 058 人,以县内安置为主[1]。

此外,20 世纪五六十年代,山西省修建了大量的水库,其中涉及移民的大中型水库主要有 40 余座,小型水库近 300 座。据统计,山西省 1993 年前建成的小型水库移民 2.23 万余人[2]。小型水库移民大部分规模不大,以就近后靠安置为主。表 7-2 为 20 世纪五六十年代山西省 40 座水库移民情况。

表 7-2 山西省 40 座水库移民情况

水库名称	水库所在地	移民人数(人)	移民时间
中留水库	夏县	4 439	1959—1962
禹王水库	夏县	669	1961—1964
上马水库	运城市	2 640	1959—1962
苦池水库	运城市	1 607	1962—1964
浍河水库	侯马市	1 818	1960—1963
吕庄水库	闻喜县	1 898	1959—1962
小河口水库	翼城县	1 848	1962—1965
曲亭水库	洪洞县	—	1962
七一水库	襄汾县	972	—
巨河水库	临汾市	1 076	1962
张家庄水库	孝义市	749	1964
郭庄水库	昔阳县	998	1958—1962
石匣水库	左权县	628	1962
大石门水库	平定县	313	1962
蔡庄水库	寿阳县	746	1962—1965
云竹水库	榆社县	2 073	1965
郭堡水库	太谷县	265	1962—1965
文峪河水库	文水县	3 548	1962—1963
漳泽水库	长治市	11 613	1962—1963

---

1 李久标:《黄河小浪底山西库区安置移民四万多人》,《山西日报》2003 年 11 月 26 日。
2 山西省史志研究院编:《山西通志·水利志》,第 201 页。

续 表

水 库 名 称	水库所在地	移民人数（人）	移 民 时 间
陶清河水库	长治县	2 812	1962—1963
后湾水库	襄垣县	3 682	1962—1964
屯绛水库	屯留县	1 573	1962—1963
任庄水库	晋城市	1 727	1962—1963
上郊水库	陵川县	197	1963
关河水库	武乡县	2 644	1962—1965
董封水库	阳城县	128	1961
西堡水库	壶关县	739	1962—1963
孤峰山水库	天镇县	247	1962
恒山水库	浑源县	262	1958—1963
直峪水库	广灵县	79	1963
册田水库	大同县	360	1959—1962
镇子梁水库	应县	365	1958—1960
岚城水库	岚县	258	1960
观上水库	原平市	151	1961—1962
上明水库	岚县	258	1960
老营水库	偏关县	60	1960
阳坡水库	临县	180	1962
石家庄水库	大同市	2 036	1959—1963
赵家窑水库	大同市	117	1961—1964
下米庄水库	大同市	148	1961—1963

资料来源：山西省史志研究院编：《山西通志·水利志》，中华书局 1999 年版，第 201 页。

二 东北地区

1. 辽宁省

据 1990 年统计，辽宁省共建成水库 908 座，大多建于 20 世纪 50

年代中期至 70 年代。其中,大型水库 25 座、中型水库 58 座[1]。辽宁省大中型水库淹没耕地 57 万亩,移民约 22 万人[2]。

辽宁省较重要的水库移民是大伙房水库移民。大伙房水库作为辽宁省第一座大型水库,其移民安置工作中遇到的问题也直接影响着省内其他水库移民的安置方式。大伙房水库移民原计划分三批迁往黑龙江省,但由于黑龙江省的移民新村未准备好,第二批移民实际迁移仅 375 户,而且陆续自行迁回。对于从黑龙江省迁回者,采取就地后靠安置的办法,部分采取投靠亲友异地安置的办法。正是基于大伙房水库移民的教训,此后辽宁省的水库移民安置形式以就近安置、投靠亲友为主[3]。

2. 吉林省

据 1985 年统计,吉林省共建成大型水库 14 座、中型水库 86 座[4]。由修建水库引起的移民活动主要有:

(1) 太平池水库移民

太平池水库位于农安县,初建于 1940 年,1958 年复建时迁移 4 143 人[5]。

(2) 二龙山水库移民

二龙山水库位于梨树县,初建于 1943 年,1960 年扩建时移民 4 480 人[6]。

(3) 新立城水库移民

新立城水库位于长春市,初建于 1958 年,1966 年改建。自 1958 年冬至 1965 年春,分两期移民 2 822 户[7]。

(4) 海龙水库移民

海龙水库位于梅河口市,初建于 1958 年。水库移民涉及海龙县(今梅河口市)和辽宁省清原县 1 057 户 6 156 人。其中,海龙县 748

---

1 辽宁省地方志编纂委员会主编:《辽宁省志·水利志》,辽宁民族出版社 2001 年版,第 79、98 页。
2 同上书,第 93 页。
3 同上书,第 92、93 页。
4 吉林省地方志编纂委员会编纂:《吉林省志·水利志》,吉林人民出版社 1996 年版,第 237 页。
5 同上书,第 248—251 页。
6 同上书,第 252—256 页。
7 同上书,第 264—267 页。

户3 536人。移民工作从1958年10月底开始,到1965年春结束[1]。

(5) 云峰水库移民

云峰水库系中朝共建。云峰水库中国一侧移民涉及吉林省集安县(今集安市)、浑江市(今白山市浑江区)居民2 418户11 305人。水库移民工作于1962—1965年完成,均在各自县内安置[2]。

(6) 亮甲山水库

亮甲山水库位于舒兰县(今舒兰市)。亮甲山水库移民涉及舒兰县836户4 310人[3]。

(7) 星星哨水库

星星哨水库于1958年开工,直至1974年建成,水库移民也从1958年一直持续至20世纪80年代。1958年初建时移民4 801人。1971年续建时移民3 400人。1971年6月至1972年又移民702户。1983年,因水库除险加固,又移民423户1 894人[4]。

三 华东地区

1. 上海市

上海市涉及水库移民比较重要的事件是接收安置三峡库区移民。1999年至2004年,上海市共接收安置移民1 835户7 519人。按照"相对集中、分散安置"和"融通、融合、融化"的原则,三峡移民分三批安置在7个郊区县,分布在60个乡镇的388个村。首批重庆市云阳县南溪镇、龙洞乡150户639名移民于2000年8月安置在崇明,第二批移民安置在崇明、奉贤、金山和南汇,第三批安置在崇明、嘉定、松江和青浦[5]。

为使三峡移民尽快安定下来,上海市提供了各种优惠政策和帮

---

[1] 吉林省地方志编纂委员会编纂:《吉林省志·水利志》,第270—273页。
[2] 同上书,第276—278页。
[3] 同上书,第279—283页。
[4] 同上书,第289—293页。
[5] 吴雪:《130万三峡移民写下光辉一页》,《新民周刊》2019年第31期,第42—43页。上海市崇明县县志编纂委员会编纂:《崇明县志(1985—2004)》,方志出版社2013年版,第636—637页。

扶措施,但移民实际生活中仍存在各种问题。2002年,据一项针对崇明三峡移民的调查显示,不论在经济方面还是在心理层面和社会文化层面,三峡移民都面临着一个比较艰难的适应过程,相对于当地居民仍处于一种弱势的地位[1]。由此可见,如何使移民逐步适应并融入当地生活是需要社会多方参与的系统性工作。

2. 浙江省

中华人民共和国成立以来,浙江省进行了大规模的水利建设,先后兴建了黄坛口、新安江、富春江、紧水滩等大型水电站,由此也引起了大规模的移民。据统计,至1989年,浙江省水利水电工程移民共计69.73万人[2]。浙江省大中型水电站水库移民详情见表7-3。

表7-3 浙江省大中型水电站水库移民情况

水库名称	所在地	移民人数（人）	移民时间	安置情况
黄坛口水电站	衢县	1 990	1951	
新安江水电站	建德县	291 500	1955—1981	浙江、安徽、江西、青海、宁夏等
富春江水电站	桐庐县	43 500	1958—1968	桐庐、兰溪、建德、吴兴、长兴和江西武宁、永修
湖南镇水电站	衢县	23 658	1974—1980	衢县移民11 177人,遂昌移民12 481人。外迁17 396人,后靠6 262人
紧水滩水电站	云和县	21 700	1981—1988	龙泉移民11 756人,云和移民9 883人
石塘水电站	云和县	5 000	1985—1990	
南山水库	嵊县	1 906	1959—1963	县内安置
对河口水库	德清	2 020	1958—1981	就近后靠
老石坎水库	安吉	4 422	1958—1984	县内安置
横锦水库	东阳	8 441	1958—1969、1984	县内安置
长潭水库	黄岩	25 913	1959—1990	24 233人在县内安置,少部分安置在临海、椒江和温岭

---

1 许小玲:《上海崇明县三峡移民调查》,《社会》2004年第2期,第22—24页。
2 浙江省水利志编纂委员会编:《浙江省水利志》,中华书局1998年版,第917页。

续表

水库名称	所在地	移民人数（人）	移民时间	安置情况
四明湖水库	余姚	6 197	1958—1959、1982—1985	县内安置
铜山源水库	衢县	1 427	1970—1971	县内安置
皎口水库	鄞县	5 614	1970—1973	5 538人县内安置，76人外迁投亲靠友
长诏水库	新昌	8 724	1974—1978	1 230户县内安置，313户迁往嵊县，152户外迁投亲靠友
赋石水库	安吉	8 200	1973—1979	1 627户县内安置，15户外迁投亲靠友
里石门水库	天台	4 483	1974—1977	大部分县内安置，38户外迁投亲靠友
陈蔡水库	诸暨	9 401	1977—1989	大部分县内安置，少数外迁投亲靠友
亭下水库	奉化	5 207	1978—1980	县内安置
牛头山水库	临海	19 734	1979—1989	临海、椒江
石壁水库	诸暨	3 806	1960—1966、1977—1987	县内安置
横山水库	奉化	2 961	1959—1967、1982—1985	县内安置

说　明：新安江水电站水库迁移人口和淹没土地系指浙江库区而言，不包括安徽歙县。
资料来源：浙江省电站水库移民志编辑委员会编：《浙江省水库电站移民志》，华艺出版社1998年版，第5页。浙江省水利志编纂委员会编：《浙江省水利志》，第919—928页。

20世纪50年代末到60年代是浙江省水库移民的高潮阶段。这一时期最重要的水库移民当属新安江水电站移民。新安江水电站是新中国成立后的第一座大型水电站，浙江省移民人数高达29万余人。除此之外，嵊县南山、临安青山、东阳横锦等大中型水库移民5.4万余人，中小型水库移民2.5万余人。20世纪70年代至80年代末，浙江省又兴建了湖南镇、紧水滩等水电站和铜山源、牛头山等大型水库。其中，湖南镇、紧水滩水电站和牛头山水库移民均在2万人以上[1]。

---

[1] 浙江省水利志编纂委员会编：《浙江省水利志》，第918页。

这一时期水库移民安置政策相对比较合理,与 20 世纪五六十年代相比有很大的进步。

3. 安徽省

安徽地处淮河中游、长江下游,跨淮河、长江、新安江三个流域,历史上水旱灾害频发。新中国成立初期,淮河流域即发生大洪水,在国家"一定要把淮河修好"的号召下,安徽开始进行规模空前的水利建设。1952 年起,先后修建了佛子岭、梅山、响洪甸、磨子潭、龙河口等大型水库 10 余座、中型水库近百座,由此也引发了大规模的水库移民。

安徽省主要大型水库移民情况见表 7-4。

表 7-4 安徽省主要大型水库移民情况

水库名称	所在地	移民人数(人)	移民时间	安置情况
佛子岭水库	霍山县	9 148	1953—1958	就近安置
磨子潭水库	霍山县	5 416	1956	就近安置、集体迁移、分散插社
梅山水库	金寨县	28 264	1954—1956	就近后靠安置
董铺水库	合肥	4 419	1956	大部分近迁安置
龙河口水库	舒城县	49 103	1958—1960、1967—1972	大部分就近安置
黄栗树水库	滁州、全椒	4 180	1962—1965	
沙河集水库	滁州	5 000	1958—1967	
花凉亭水库	太湖县	30 115	1959—1962	大部分就近安置,部分自行投亲靠友,返迁较多
陈村水库	黄山	41 126	1958—1962、1969—1972	
新安江水库	歙县	36 092		大部分县内就近安置,1 000 余人外迁旌德、黟县

资料来源:安徽省地方志编纂委员会编:《安徽省志·水利志》,方志出版社 1999 年版,第 221—295 页。歙县地方志编纂委会员编纂:《歙县志》,黄山书社 2010 年版,第 379 页。

4. 福建省

中华人民共和国成立以来,直至 20 世纪 80 年代,福建省共建设大型水库 7 座、中型水库 55 座。大型水库共移民 11.46 万人。其中,

4万余人在县内安置,6.7万人安置在福建建阳地区以及同安县、龙溪县等地[1]。

福建省大型水库移民情况见表7-5。

表7-5 福建省大型水库移民概况

水库名称	修建时间	移民人数（万人）	移民安置地区
安砂	1970—1978	0.94	附近地区
池潭	1976—1980	0.86	附近地区
古田	1951—1956	4.32	建阳地区
东圳	1958—1960	1.48	低迁高
东张	1957—1958	1.21	本县范围
山美	1971—1972	2.38	同安、龙溪、长泰
乌潭	1958—1960	0.27	低处迁高处

资料来源：傅祖德、陈佳源主编：《中国人口（福建分册）》，中国财政经济出版社1990年版，第143页。

5. 江西省

新中国成立以来,江西省进行了大规模的水利建设,尤其是1958年至1979年期间兴建了大量水库。据江西省水利厅1990年统计,全省共建成水库9400余座,其中大型水库18座、中型水库193座[2]。仅为了修建大中型水库（含水电站）,全省便移民50余万人[3]。其中,柘林、上犹江、洪门、江口、长冈、七一等6座水库移民规模均在万人以上。从移民的地域分布来看,大型水库移民主要在九江地区,中型水库移民大部分在上饶和宜春两地区[4]。

1950—1957年,江西省水利建设以小型工程为主,移民数量较少,大多在县内就近安置。由于当时淹没的实物比较少,农村荒地又较多,故移民生产生活更容易安定,移民安置工作遗留问题较少。1958—1979年,柘林、洪门、江口等18座大型水库和百余座中型水库涉及移民40余万人。安置方式大部分采取县内就近集体建村的办

---

1 傅祖德、陈佳源主编：《中国人口（福建分册）》，中国财政经济出版社1990年版，第143页。
2 江西省水利厅编：《江西省水利志》，江西科学技术出版社1995年版，第314页。
3 同上书，第567页。
4 马巨贤、石渊主编：《中国人口（江西分册）》，中国财政经济出版社1988年版，第150页。

法，少数投亲靠友，零星插队落户。由于这一时期执行单纯的救济补偿政策，加之补偿标准低、耕地少，遗留问题较多，移民生产生活长期难以恢复和提高，移民返迁现象较严重[1]。20世纪80年代后，较重要的水库移民有万安水库移民、南车水库移民和大坳水库移民，分别移民4.85万人、4718人和6765人。这一时期的水库移民政策渐趋合理，除补偿标准提高外，开始走开发性移民的道路[2]。

江西省水库移民，除省内水库移民外，同时也接收安置了大量的省外水库移民。其中，规模最大的为浙江省新安江、富春江水电站库区移民。1969年2月至1974年1月，江西省共接收安置浙江省淳安、建德、开化和桐庐4县的新安江、富春江库区移民14.2万人。移民途径主要有以下三种：(1) 经浙赣两省协商并经国务院批准有计划、有组织地迁入。1969—1971年，共有10.18万余人通过此种途径分别安置在抚州、上饶、九江、吉安4个地区，其中成建制搬迁、单独建队7.84万人，分散插队2.33万人。(2) 经迁移县和安置县双方认可，移民自行选择安置地。此种移民共2.4万人，自发迁入江西15个县安家落户。(3) 移民自行迁入。从1966年开始，大批移民携儿带女乘火车涌入江西，在农村自找安置地点，仅景德镇市便接收移民万余人[3]。此外，省外水库移民除浙江移民外，峡江县于1968年还接收安置了湖南韶山灌区移民3605人[4]。

6. 山东省

中华人民共和国成立以来，山东省共建成各类水库5572座，其中大型水库32座、中型水库135座[5]。除水库建设外，山东省还开展了东平湖滞洪区及黄河展宽工程、淮河流域河道治理工程和海河流域河道治理工程等河湖治理工程。如此大规模的水利建设必然引起大量的人口迁移，据不完全统计，山东省水库移民高达150余万人[6]。

---

[1] 江西省水利厅编：《江西省水利志》，第568、569页。
[2] 江西省水利厅编：《江西省水利志(1991—2000年)》，中国水利水电出版社2005年版，第198页。
[3] 《江西省民政志》编纂委员会编：《江西省民政志》，黄山书社1999年版，第373、374页。
[4] 马巨贤、石渊主编：《中国人口(江西分册)》，第150页。
[5] 山东省水利厅编：《山东水利年鉴》，山东省地图出版社2000年版，第343页。
[6] 山东省地方史志编纂委员会：《山东省志·水利志》，山东人民出版社1993年版，第639页。

其中,大中型水库移民人数最多,省内167座大中型水库淹没村庄1 900多个,移民120余万人[1]。此外,东平湖滞洪区及黄河展宽工程移民27.8万人,淮河流域河道治理工程移民2.2万人,海河流域河道治理工程移民1.3万人[2]。

山东省绝大部分大中型水库修建于1958—1962年,与之相应的是这一时期的水库移民问题也最多。据统计,这一时期开工兴建的大中型水库涉及移民近90余万人。为此,山东省水利厅于1959年制定了《关于水利基本建设工程及黄河岁修工程迁占补偿标准(草案)》,以统一全省水利工程的补偿标准。但因补偿标准偏低且未明确移民安置费,最终移民只拿到了少量补助费。除此之外,移民安置还存在其他一系列问题。如采取后靠安置的移民房屋多建在山腰或水库周边,耕地较少且土地贫瘠,加之交通不便,由此导致移民生产困难;通过插队安置和投亲靠友安置的则易与迁入地民众发生矛盾;结合支边迁移至新疆、黑龙江和吉林等省的32万移民也由于没有得到妥善安置,返迁移民较多[3]。

1963—1985年,山东省因修建大中型水库移民7.2万余人[4]。这一时期除了要安置新的水库移民外,另外一项重要内容就是解决1958—1962年水库移民遗留问题。为此,于1963年成立了山东省人民委员会移民安置办公室,有移民任务的各市、县也随之建立移民安置机构,移民工作得到重视和加强,遗留问题逐步得以解决。1986年以后,随着《关于抓紧处理水库移民问题的报告》和《大中型水利水电工程建设征地补偿和移民安置条例》的发布,水库移民安置逐步向开发性移民转变,移民的生产生活条件有了较大改善。

四 华中地区

1. 河南省

新中国成立以来至20世纪80年代末,河南省修建了石漫滩、白

---

1 孙贻让主编:《山东水利》,山东科学技术出版社1997年版,第305页。
2 山东省地方史志编纂委员会:《山东省志·水利志》,第644—645页。
3 孙贻让主编:《山东水利》,第306页。
4 同上书,第308页。

沙、板桥、薄山、南湾等大型水库 15 座、中型水库 92 座[1]。

河南省主要水库移民有：

(1) 三门峡水库移民

1956 年至 1964 年底，河南三门峡水库库区共移民 70 859 人，其中灵宝县 46 603 人，陕县 12 902 人，三门峡市 11 354 人[2]。

(2) 丹江口水库移民

丹江口水库区淹没区主要在湖北省的郧县（今十堰市郧阳区）和河南省的淅川县。1959 年至 1978 年，丹江口水库淅川库区共移民 204 969 人，其中迁移外省外县 10.6 万人，县内安置 9.6 万人，总动迁人口占全县 1957 年总人口的 46.6%[3]。外迁移民主要安置地在湖北省的荆门县（今荆门市）、钟祥县（今钟祥市）和河南省的邓县（今邓州市），总计移民 79 546 人，其中迁往湖北省 68 867 人、河南省邓县（今邓州市）10 679 人[4]。此外，1959 年 3 月至 1960 年 5 月，还有 22 342 人迁入青海[5]。

河南省丹江口水库移民湖北情况详见表 7-6。

表 7-6　河南省丹江口水库淹没区人口迁移情况

迁移时间	迁出		迁入	
	地区	人数（万人）	地区	人数（万人）
1966 年 3 月	淅川县李官桥公社	1.57	湖北省荆门县湖北省钟祥县	1.1 0.47
1967 年 4 月	淅川县李官桥公社	2.56	荆门县钟祥县	1.5 1.06
1968 年 3 月	淅川县李官桥公社	3.21	钟祥县	3.21
1971 年 3 月	淅川县李官桥公社	1.06	河南省邓县	1.06

资料来源：貊琦主编：《中国人口（河南分册）》，中国财政经济出版社 1989 年版，第 146 页。

1　河南省地方史志编纂委员会编纂：《河南省志·水利志》，第 63 页。
2　三门峡市地方史志编纂委员会编纂：《三门峡市志》第一卷，中州古籍出版社 1991 年版，第 162 页。
3　《淅川县移民志》编纂委员会编纂：《淅川县移民志》，湖北人民出版社 2001 年版，第 58 页。
4　同上书，第 62 页。
5　同上书，第 60 页。

（3）其他水库移民

据河南省水利厅统计，新中国成立以来为兴建南湾、薄山、白沙、泼河、五岳、板桥、石漫滩、宿鸭湖等大型水库，共移民 42.88 万人[1]。

河南省大中型水库移民详情见表 7-7。

表 7-7　河南省大中型水库人口迁移情况

项目 时间	水库名称	水库所在地	建库时间	迁移人数（人）	回流人口
1957 年前	南湾	信阳	1952	23 667	
	薄山	确山	1952	3 282	
	板桥	泌阳	1951	14 247	
	白沙	禹县	1951	8 985	
	石漫滩	舞阳	1951	2 923	
	小计			53 104	
1958—1965 年	白龟山	平顶山市	1958	36 760	3 100
	昭平台	鲁山	1958	27 710	2 100
	鸭河口	南召	1958	46 140	1 100
	彰武[2]	安阳县	1958	4 917	
	彰武	安阳市	1958	4 866	
	南湾	安阳县	1958	4 079	
	孤石滩	叶县	1958	5 772	
	杨庄			69 750	
	小计			200 000	6 300
1966—1976 年	宿鸭湖	汝南	1958—1976	61 149	270
	石山口	罗山	1958—1966	15 800	100
	泼河	光山	1966	7 627	287
	五岳	光山	1966	6 207	263
	鲇鱼山	商城	1970	40 820	3 000
	陆浑	嵩县	1959—1976	36 461	6 873
	窄口	灵宝	1968	1 110	
	宋家场	泌阳	1968	3 545	34
	小计			428 823	10 827
合计				428 823	17 127

资料来源：貉琦主编：《中国人口（河南分册）》，中国财政经济出版社 1989 年版，第 148 页。

---

1 貉琦主编：《中国人口（河南分册）》，中国财政经济出版社 1989 年版，第 147 页。
2 原文此处重出，疑有误。

此外,1953年修建东平湖水库时,山东省东平县和梁山县3 000余人迁移至河南省安阳县[1]。

2. 湖北省

湖北省水利资源十分丰富,素有"千湖之省"之称,长江横贯省域,汉水与长江在湖北省中部交汇。但是,湖北省历史上水灾频发,对当地民众的生产与生活造成极大破坏。此种情形的出现,与湖北省特殊的地理位置以及水资源特点有着密不可分的联系。因此,为防治水患和开发利用水资源,国家高度重视湖北省的水利治理问题。中华人民共和国成立以来,湖北省大力兴修水利,尤其是大中型水库建设在全国范围内占据极其重要的地位,因此而发生的移民运动也颇为引人注目。据统计,至20世纪90年代中期,湖北省共建成各种水库5 817座,其中大型水库53座、中型水库232座。湖北省由修建水库而引发的移民达104.23万人,其中大型水库移民73.44万人、中型水库移民18.96万人、小型水库移民11.83万人[2]。

1958年至20世纪70年代是湖北省水利建设的高潮时期,全省90%以上的大中型水库都建于这20余年间,因此该时期水库移民也最多。该时期的重大水库移民有:丹江口水库移民23万余人,漳河水库移民1.4万余人,陆水水利工程移民2.2万余人,葛洲坝水利枢纽工程移民2.8万余人。其中,丹江口水库移民规模最大,人口外迁分布地域最广,遍布荆州、襄阳、孝感、咸宁、武汉等地。这一时期由于"重工程,轻移民""重搬迁,轻安置",水库移民工作遗留问题较多。如建于1958年的浠水水库涉及移民1万余人,但无专门负责移民工作的专门机构,用行政命令落实移民工作,最终导致大部分移民返迁。同年兴建的金沙河水库由于对水库移民问题缺少规划,导致1.8万余人先后迁移达10次之多[3]。至1987年,针对新中国成立以来的水库移民工作遗留问题,湖北省开始逐步制定一系列库区移民扶贫开发的政策和措施。20世纪80年代以后,湖北省最重要的水库移民当属

---

[1] 貊琦主编:《中国人口(河南分册)》,第147页。
[2] 湖北省水利志编纂委员会编:《湖北水利志》,中国水利水电出版社2000年版,第981页。
[3] 同上书,第984页。

长江三峡工程移民。

移民安置方面,湖北省中型水库及移民不多的部分大型水库以就近后靠安置为主,少数移民投亲靠友,分散安插。大型水利水电工程由于迁移人数多,后靠安置有困难,移民多外迁安置。如湖北省丹江口水库移民20余万人,就采取"大分散、小集中"的办法,分别在孝感、荆州、武汉等地安置[1]。

3. 湖南省

据统计,从20世纪50年代初至80年代中期,湖南省共建成大型水库14座、中型水库238座,因修建水库引发的移民共计102.11万人。其中,大型水库移民36.83万人,中型水库移民29.54万人,小型水库移民35.74万人[2]。湖南省大型水库移民详情见表7-8。

表7-8 湖南省大型水库移民概况表

水库名称	修建时间	移民地区(县)	移民人数(人)	安置情况
水府庙	1958—1960	双峰、湘乡、娄底市	37 600	江西井冈山地区4 000人
黄材	1958—1965	宁乡	5 100	
柘溪	1958—1962	新化、安化	108 000	邵阳地区:绥宁、城步、洞口、新宁、隆回共1.5万人,沅江县四季红公社1.2万人,湘阴县杨林寨公社1.5万人,汉寿西湖农场3万人
官庄	1958—1959	醴陵、酃县、浏阳	6 100	酃县0.04万人,浏阳县0.13万人
黄石	1958—1970	桃源、慈利	11 700	华容农场3 400人,钱粮湖农场1.014万人
王家厂	1958—1959	澧县	19 900	钱粮湖农场6 918人
酒埠江	1958—1960	攸县	6 180	

---

1 傅秀堂主编:《湖北水电移民》,长江出版社2013年版,第14页。
2 湖南省地方志编纂委员会编:《湖南省志·农林水利志·水利》,中国文史出版社1990年版,第420页。

续　表

水库名称	修建时间	移民地区（县）	移民人数（人）	安 置 情 况
白鱼潭	1958—1960	衡阳市郊、耒阳	24 820	外迁 0.05 万人
双牌	1958—1963	双牌、零陵、宁远、道县	37 100	
青山龙	1966—1971	永兴	1 600	
涔天河	1966—1970	江华	1 970	
欧阳海	1966—1970	桂阳	21 800	迁衡南、耒阳、常宁、郴县
东江	1980	资兴、汝城	44 600	
铁山	1978	岳阳	30 910	迁君山和中洲垸
凤滩		保靖、沅陵、古丈、永顺	11 110	

资料来源：毛况生主编：《中国人口（湖南分册）》，中国财政经济出版社 1987 年版，第 181 页。

湖南省在 20 世纪 50 年代后期即成立了省移民领导小组，有移民任务的各级政府也设有专门的移民办事机构。从 1964 年开始，大型工程的移民安置主要由省里负责，中、小型工程的移民工作则由有关地（州）、县管理。移民安置方面，主要采取后靠、外迁和投亲靠友三种形式，各地根据移民的实际情况采用不同的安置方式。如 60 年代建成的柘溪水电站移民约 14 万人，初期主要采取后靠安置，但因库区周边人多地少，移民的生产生活遇到较多困难，后来只得将 6.8 万人迁移至其他县安置。70 年代初建成的欧阳海水库移民约 2.18 万人，其中约 54%的移民在县内后靠建村或插队安置，约 23%的移民自行投亲靠友，还有约 23%的移民外迁至衡阳、衡南、常宁和郴县[1]。

五　华南地区

1. 广东省

据广东省水利厅 1997 年统计，广东省自新中国成立以来共建成

---

[1] 湖南省地方志编纂委员会编：《湖南省志·农林水利志·水利》，第 422—423 页。

大型水库29座、中型水库272座[1]。据1992年广东省水电厅调查,广东省大中型水库移民达82万人,移民延续时间长、分布广,跨省、市、县安置的情况较多,约60%是外迁异地安置[2]。从移民的地域分布来看,惠阳、茂名、湛江、江门等地移民人数较多[3]。

从新中国成立至1957年,广东省兴建的多为中小型水库,移民人数不多,移民的生产生活能够得以较快地恢复和提高,故遗留问题不多。1958—1960年,广东省掀起了兴修水利的高潮,与之伴随的便是水库移民的高峰。据统计,这一时期兴建大型水库27座、中型水库172座和小型水库近千座,水库移民达46.3万。其中又以1958年最为集中,仅松涛、小江、鹤地、高州、新丰江5座大型水库移民即达22万余人。由于水利工程建设要求过高过急、轻视移民安置等原因,造成移民财产受到严重损失,生产难以及时恢复,生活水平下降,移民返迁现象极为普遍。此后30余年间,解决这一时期的水库移民遗留问题成为各级政府的一项重要工作[4]。直至20世纪90年代,广东省人大将解决水库移民遗留问题列入议案,这在全国水库移民史上是第一次。该议案从法律的角度提出了解决水库移民问题的工作目标,采取分级负责制,在资金筹集、优惠政策和行业扶持政策方面加大力度[5]。自此,广东省水库移民安置工作得以有效改进,移民生活水平也开始逐渐提高。

广东省大型水库和水电站移民详情见表7-9。

表7-9 广东省大型水库和水电站移民人数　　　　　单位:人

水库名称	移民人数	水电站名称	移民人数
鹤地水库	41 200	新丰江水电站	118 846
高州水库	29 113	枫树坝水电站	18 717

---

1 广东省地方史志编纂委员会编:《广东省志·水利续志》,广东人民出版社2003年版,第3页。
2 《广东省志》编纂委员会编:《广东省志(1979—2000)·水利卷、城乡建设卷、人民生活卷》,方志出版社2014年版,第256、257页。
3 广东省地方史志编纂委员会编:《广东省志·水利志》,广东人民出版社1995年版,第576页。
4 同上,第579页。
5 曾建生、黄美英、曹建新主编:《广东水库移民理论与实践》,华南理工大学出版社2006年版,第95页。

续 表

水库名称	移民人数	水电站名称	移民人数
白盆珠水库	21 338	南水水电站	10 056
大沙河水库	11 380	流溪河水电站	2 566
合水水库	11 202	长湖水电站	2 124

资料来源：广东省地方史志编纂委员会编：《广东省志·人口志》，广东人民出版社1995年版，第70页。

除本省水库移民外，2000年8月至2004年8月，广东省还接收安置了三峡水库移民9 007名[1]。广东省采取集中安置到镇（区）、分散安置到村的方式，将三峡水库移民分别安置在江门、佛山、肇庆、惠州、广州等地经济发展较好的13个市县区、100余个移民点。虽然广东省按照"居住最好环境，耕作最有保障，交通最为便利"的移民安置标准来安置三峡移民，但仍有一部分移民由于种种原因面临就业难、就医难、子女读书难等问题，发展生产和务工经商也遇到不少困难[2]，由此也引发部分移民回流三峡库区。

2. 广西壮族自治区

广西河流众多，水资源丰富，但由于降雨的时空分布极不均匀和特殊的地形条件，导致水旱灾害较多。新中国成立以来，广西进行了大规模的水利建设。至1990年，广西共建成大型水库20座、中型水库168座和小型水库4 345座，大多数建于20世纪五六十年代，建库时移民376 470人。其中，大型水库移民158 973人，中型水库移民127 212人，小型水库移民90 285人[3]。大型水库移民人数最多，约占水库移民总数的42.2%。

广西水库移民工作大致经历了三个时期：（1）1950—1956年，这一时期兴建的水库大多规模较小，淹没范围不大，多在一个乡或村范围内，补偿较合理，移民的生产生活统一由县、乡、社、队安排解决，因

---

1 《关于进一步做好三峡移民安置稳定工作的通知》，《广东省人民政府公报》2005年第4期。
2 《广东省人民政府办公厅关于进一步加强我省三峡移民管理工作的意见》，《广东省人民政府公报》2007年第17期。
3 广西壮族自治区地方志编纂委员会编：《广西通志·水利志》，广西人民出版社1998年版，第491—492页。

而遗留问题较少。(2) 1957—1978 年,全自治区共有 19 座大型水库和近半数中型水库建于 1957 年冬至 1960 年期间。这一时期修建的水库多、规模大,淹没土地面积和人数都大大增加。当时兴建的达开、六陈、洪潮江、凤亭河、青狮潭、合浦等水库淹没范围涉及两个县或两个市。该时期移民迁移安置的补助标准等一系列政策问题没有及时予以解决,移民安置中存在问题较多。(3) 1979—1990 年,由于水库移民遗留问题日趋凸显,各级移民工作管理机构逐渐恢复,做了大量库区移民规划、安置协调工作来处理移民遗留问题[1]。

广西水库移民安置以集体单独建队和分散插队落户为主。其中就地后靠安置移民最多,约占 70%;县内各地插队或迁至外县落户的约占 25%;自行投亲靠友、外出工作或安置在农场的约占 5%[2]。

3. 海南省

新中国成立以来至 1985 年,海南岛共建成大中型水库 70 座、小型水库 248 座,移民 31 305 人[3]。1958 年以前兴建的水库规模较小,移民人数不多,安置补偿相对比较合理,故遗留问题较少。1958 年至 20 世纪 60 年代初期是海南水利建设的高峰时期,松涛、万宁、长茅、石碌等一批大中型水库移民人数较多,但因移民安置工作缺乏经验,加之移民政策不完善,只重视工程建设,而忽视移民安置,对移民生产生活的合理需要缺乏应有的安排,使移民财产受到损失后得不到应有的补偿,导致移民生产得不到恢复,生活水平下降[4]。由于移民遗留问题未能及时解决,有些地区的移民发生请愿、闹事等事件,要求迁回原地或重新选点建房。如松涛水库,1958—1959 年,第一批移民 3 140 人。后来,南丰公社马排岭、志文等生产队的苗族同胞迁回 37 户 187 人[5]。针对这些问题,国务院、地方政府先后出台了一系列有关水库移民安置的方针、政策与法规,使水库移民安

---

1 广西壮族自治区地方志编纂委员会编:《广西通志·水利志》,第 492—493 页。
2 同上书,第 494 页。
3 海南省地方志办公室编:《海南省志·水利志》,南海出版公司 2005 年版,第 494 页。
4 同上书,第 491 页。
5 同上书,第 492 页。

置工作能较好地完成。如 20 世纪 70—80 年代建设的牛路岭、赤田、大广坝、小南平等水利水电工程都较好地解决了征地赔偿与移民安置问题[1]。

六 西南地区

1. 四川省（含重庆市）

四川境内河流众多，水利资源极其丰富，在全国占有举足轻重的地位。同时，四川水旱灾害也十分严重。兴修水利，防治水患，历来是治蜀安邦的大事。新中国成立以来，也开展了大规模的水利水电建设，至 1999 年，四川省共兴建水电站 1 000 余座、水库 9 137 座，其中大、中型水库（水电站）130 余座。与此同时，这些水利水电工程也引发了大量水库移民，总计约 200 万人，是全国水库移民人数最多的省份之一[2]。

1950—1957 年，四川省主要兴建了长寿狮子滩水电站、龙溪河梯级水电站和一批小型水库，水库移民约 5 万余人。从 1958 年开始，与全国大多数地区一样，四川省也修建了大量的水电站和水库，先后修建了大洪河水电站、龚嘴水电站、映秀湾水电站、三台县鲁班水库、资中县龙江水库、仁寿县黑龙滩水库等一批大中型水利水电工程。据统计，1958—1978 年，四川省大中型水利水电移民约 15 万人[3]。20 世纪 80 年代以来，四川省境内最重要的水利工程当属长江三峡工程，移民达 110 余万人[4]。除长江三峡工程移民外，四川还相继兴建了铜街子水电站、宝珠寺水电站、二滩水电站、朝阳水库、升钟水库等水利工程，移民约 14 万余人。

四川省主要大中型水电站和水库移民情况见表 7-10。

---

1 海南省地方志办公室编：《海南省志·水利志》，第 496 页。
2 宋子然主编：《四川水库移民史》，巴蜀书社 2002 年版，第 1 页。
3 同上书，第 2—3 页。
4 1997 年 3 月，全国人大批准设立重庆直辖市，长江三峡工程库区移民划归重庆市。

表 7-10 四川省主要大型水电站和水库移民情况

水库名称	移民地区	移民人数（人）	移民时间	安置情况
狮子滩水电站	长寿县、垫江县	56 231	1954—1957	长寿县47 480人、垫江县8 751人，移民安置以跨县远迁为主，县内就地后靠安置为辅。外迁移民分三期主要安置在梁平、合川、邻水、江北、丰都、大竹、南川、涪陵等县。从60年代起，外迁移民陆续自发返迁，返迁人数高达1.2万余人
龚嘴水电站	峨边县、乐山市、峨眉山市	3 900	1956	峨边县2 165人、乐山市沙湾区969人、峨眉山市766人。全部就近后靠安置
铜街子水电站	乐山市沙湾区、沐川县、峨边县	6 281	1978—1992	沙湾区4 653人、沐川县265人、峨边县1 363人。主要在县内安置，少量自谋职业或自行投亲靠友
宝珠寺水电站	青川县、广元市市中区	54 256	1988—1997	青川县34 650人、广元市市中区19 606人。以集中后靠和县内异地安置为主。青川县外迁移民9 632人，其中省内移民5 560人、省外移民4 072人
二滩水电站	攀枝花市盐边、米易和凉山州德昌、盐源、西昌	45 812	1994—2000	盐边县城搬迁12 454人，农村移民28 482人，以后靠安置和集中外迁为主
大洪河水电站	邻水县、长寿县	23 402	1958—1960	就近后靠安置
升钟水库	剑阁县、盐亭县、南部县、阆中县	14 025	1977—1998	剑阁县2 654人、盐亭县5 480人、南部县4 610人、阆中县1 212人。以就近后靠安置为主。1996—1998年，南部县向新疆建设兵团移民1 911人
黑龙滩水库	仁寿县	9 776	1970—1978	大部分县内就近安置，部分自行投亲靠友
三岔水库	简阳县、仁寿县	23 433	1975—1977	以县内安置为主
鲁班水库	三台县、射洪县	12 561	1977—1980	以就近后靠和县内异地安置为主，少量自行投亲靠友或外迁他县

资料来源：宋子然主编：《四川水库移民史》，巴蜀书社2002年版。

2. 贵州省

贵州耕地零散、地势高低悬殊、区域差异性大等山区地貌特点,决定了贵州水利工程基本上按小流域布局规划,极少有跨流域工程,因而工程规模不大,形成了以小型为主、中小结合的格局[1]。从中华人民共和国成立至20世纪80年代中期,贵州省共建成大型水库3座、中型水库25座、小型水库1 800余座。贵州省水库移民约9.5万余人,其中大中型水库移民约5.1万余人[2]。

贵州省主要大中型水库移民详情见表7-11。

表7-11 贵州省主要大中型水库移民情况

水 库 名 称	移民人数（人）	水 库 名 称	移民人数（人）
乌江渡	10 630	官舟	4 017
红枫	15 812	锅底河	1 026
百花	7 975	阿哈	3 524
红旗	1 024		

资料来源: 贵州省地方志编纂委员会编:《贵州省志·水利志》,第179—180页。

七 西北地区

1. 陕西省

1953年,陕西省始建南郑白兔岭水库,为全省第一座水库。至1995年,全省共建成水库1 070座。其中,大型水库有石泉、冯家山、王瑶、石头河、羊毛湾和石门等6座,中型水库54座[3]。陕西省水库移民始于20世纪50年代,至1995年,全省共有水库移民40.46万人,以大型水库移民为主,中小型水库移民较少。其中,三门峡水库陕西库区移民28.5万人,安康水电站库区移民5.65万人,两座水库移

---

[1] 贵州省地方志编纂委员会编:《贵州省志·水利志》,方志出版社1997年版,第14页。
[2] 同上书,第179—180页。
[3] 陕西省地方志编纂委员会编:《陕西省志·水利志》,陕西人民出版社1999年版,第144—145页。

民占全省移民总数的 84.4%；其他水库移民 5.4 万人[1]。

陕西省大型水库移民情况见表 7-12。

表 7-12 陕西省大型水库移民情况

水库名称	移民时间	移民地区（县）	移民人数（人）	安 置 情 况
三门峡水库	1958—1982	潼关、朝邑、平陆、永济、灵宝、陕县	287 292	157 468 人以插队形式在省内各县安置；89 856 人在本县境内后靠安置；潼关、华阴、朝邑、大荔等县 31 529 名移民远迁宁夏，1962 年全部返回陕西，重新安置在渭北各县；6 486 人以投靠亲友的形式到河南、山西、山东、河北、江苏、湖北、甘肃等省及省内有关县安家落户
安康水电站	1974—1993	安康、紫阳、岚皋、汉阴、石泉	56 419	农村移民 34 268 人，城镇移民 22 151 人。县内后靠和分插安置为主，迁移至县外的移民有 5 635 人，湖北省襄阳、枣阳、黄冈、长阳、鄂州和随州安置 2 268 人，陕西省其他县安置 2 526 人，此外尚有 200 余人自行投亲靠友分散安置在其他 9 省
石泉水电站	1973—1979	石泉、西乡、洋县	6 621	以县内后靠和分插安置为主，远迁省外投亲靠友安置的仅有 79 人。由于库区周边后靠安置移民过多，后二次安置移民 731 人，在县内外分插安置
宝珠寺水电站	1988—1995	宁强县	2 244	库区周边后靠和分散插组安置为主
冯家山水库	1970—1979	千阳、宝鸡、凤翔、岐山、扶风	8 858	库区周边后靠和分散插组安置为主
羊毛湾水库	1958—1973	乾县、永寿县	2 706	乾县以县内分散插组安置为主，永寿县以水库周边后靠安置为主
石门水库	1969—1971	汉中、留坝	556	移民安置采取移民自提落户地点，组织进行联系，安置区同意迁入的办法，打破了指定地点安置的常规，大部分安置在生产生活条件较好的汉中、勉县等地，移民整体较稳定

---

[1] 陕西省地方志编纂委员会编：《陕西省志·水利志》，第 457 页。

续 表

水库名称	移民时间	移民地区（县）	移民人数（人）	安置情况
王瑶水库	1971—1972	安塞县	4 565	移民安置主要采取就地后靠和分散插队两种形式。就地后靠安置2 375人，2 149人分散插队安置到延安、志丹和安塞
石头河水库	1973—1980	眉县、太白、岐山	293	县内就地后靠和分散插队安置为主

资料来源：陕西省地方志编纂委员会编：《陕西省志·水利志》，第457—478页。

2. 甘肃省

截至1990年底，甘肃省共建成刘家峡、盐锅峡、八盘峡、碧口等水库292座，其中大型水库3座、中型水库25座[1]。由于水库或水电站建设而造成的人口迁移，以县内就近安置为主。如刘家峡水电站库区，1967年、1969年分别迁出11 100人、2 400人，主要安置在本州所属的临夏与永靖县之间的北塬地区。八盘峡与盐锅峡水电站库区移民也就近安置在兰州市的红古区[2]。甘肃大型水电站水库建设移民情况见表7-13。

表7-13 甘肃大型水电站水库建设及移民情况统计表

水电站、水库名称	所在地	修建时间	移民人数
双塔堡水库	安西县双塔堡	1958年7月—1960年3月	490人
刘家峡水电站	永靖县	1958年9月—1975年5月	32 639人
盐锅峡水电站	永靖县	1958年9月—1961年11月	5 925人
巴家咀水库	庆阳县	1958年9月—1962年7月	876人
碧口水电站	文县碧口镇	1959年5月	3 882人
总计			43 812人

资料来源：苏润余主编：《中国人口（甘肃分册）》，第178页。

3. 青海省

至1985年，青海省共建成水库132座，以小型水库为主，中型水

---

[1] 甘肃省地方史志编纂委员会、甘肃省水利志编纂委员会编纂：《甘肃省志·水利志》，甘肃文化出版社1998年版，第7—8页。
[2] 苏润余主编：《中国人口（甘肃分册）》，第176页。

库仅有4座[1]。由于多为小型水库,故青海省水库移民也较少,境内最重要的水库移民当属龙羊峡水电站移民。龙羊峡水电站于1976年动工,淹没区涉及共和、贵南两县及青海省劳改局所属的两个农场。龙羊峡水库移民工作在青海高原经济较为落后的少数民族地区进行,且青海省当时尚未有大规模移民的先例,故工作难度较大。1976—1987年,共迁移人口2.97万人,其中农牧民2 479户2.12万人,机关单位644人,劳改农场7 900人[2],多数在县内就地安置,仅有约10%的人从海南州迁往海西州[3]。

龙羊峡水库移民中,农牧民共2.12万人,约占移民总数的71.4%。对农牧民的安置采取以下四种方式:(1)库区周围新开辟安置点进行开发性安置,这是移民安置的主要方式。从1976年开始,先后在共和、贵南两县开辟了14个移民安置点,共安置移民2 557户15 384人。(2)撤销国营农场安置移民。1980年,青海省撤销海西州格尔木农场大格勒分场,安置共和县曲沟乡移民382户1 582人;1981年,撤销青海省劳改局所属的吴堡湾农场安置贵南县拉乙亥乡移民687户4 063人。(3)以农转牧方式进行安置。从1984年起,对淹没耕地少、牲畜较多而草场又较为宽裕的贵南县沙沟乡、共和县铁盖乡425户2 511人由以农业为主转为以牧业为主,国家按牧业人口标准供应口粮。(4)自行投靠亲友分散插村安置。此类移民共有139户908人[4]。

龙羊峡水库移民中,劳改农场移民共7 900人,数量仅次于农牧民,其安置主要采取以下两种方式:(1)以不同规模的成建制迁入其他农场。此类安置共有3 417人,如汪什科大队162户480人迁入青海湖农场。(2)本场自身消化安置。由青海省劳动局统一规划,西宁地区青沪机床厂8个所属企业增建生产厂房和住宅,安置离退休干部1 210人,并在其西宁的所属企业中安置500人[5]。

---

1 青海省地方志编纂委员会编:《青海省志·水利志》,黄河水利出版社2001年版,第11页。
2 《龙羊峡水电厂志》编纂委员会编:《龙羊峡水电厂志》,青海人民出版社2009年版,第26页。
3 翟松天主编:《中国人口(青海分册)》,第193页。
4 《龙羊峡水电厂志》编纂委员会编:《龙羊峡水电厂志》,第29页。
5 同上书,第30页。

此外,龙羊峡水电站作为中华人民共和国"六五""七五"计划的重点工程项目,自20世纪70年代开始建设时,政府陆续从甘肃刘家峡水电站迁来职工8 000—9 000人。至1985年,龙羊峡水电站拥有职工28 000多人,连同家属共有约5万人,其中,80%的职工及家属系从省外迁入[1]。

1996年,黑泉水库开工兴建,大通县移民228户1 194人。其中,738人迁移至格尔木市,456人在水库周边后靠安置[2]。

4. 宁夏回族自治区

新中国成立以来,宁夏较重要的水库移民是20世纪五六十年代修建青铜峡水利枢纽工程引起的移民。1963年,青铜峡县(今青铜峡市)共移民1 441户9 606人,均在县内安置[3]。由于移民安置地条件极差,移民生活一直难以保障。直至20世纪90年代初,移民的生产、生活才得到明显改善。

此外,宁夏重要的水库移民事件还有20世纪50年代接收陕西省三门峡水库移民。1956年,宁夏先后接收陕西省移民29 931人,集中安置在银川、陶乐、贺兰等市、县的74个生产基地。详细安置情况见表7-14。

表7-14　1956年陕西省三门峡水库移民安置情况　　　　单位:人

安置地	青壮年	家属	小孩	合计
银川市	930	658	282	1 870
永宁县	58	188	36	282
贺兰县	2 144	3 176	1 684	7 004
石嘴山市	904	369	363	1 636
平罗县	411	967	447	1 825
陶乐县	2 515	3 469	2 690	8 674
吴忠县	143	11	33	187

1　翟松天主编:《中国人口(青海分册)》,第184页。
2　青海省地方志编纂委员会编:《青海省志·水利志(1986—2005)》,长江出版社2016年版,第72页。
3　青铜峡市志编纂委员会办公室编:《青铜峡市志》,方志出版社2004年版,第767页。

续 表

安置地	青壮年	家属	小孩	合计
青铜峡市	725	570	455	1 750
中宁县	1 476	1 089	452	3 017
中卫县	1 055	507	360	1 922
平吉堡农场	694	583	487	1 764
合计	11 055	11 587	7 289	29 931

资料来源：常乃光主编：《中国人口（宁夏分册）》，第138页。

第二节

新中国成立以来重大水库移民活动

新中国成立以来，重大水库移民事件主要有黄河三门峡水库移民、新安江水库移民、丹江口水库移民、山东东平湖水库移民、黄河小浪底水库移民、广东新丰江水库移民、长江三峡水库移民等。可以说，每一个重要水库的兴建都涉及一定规模的人口迁移与重新安置，而这些水库移民活动在迁出地与迁入地都产生了重要影响。

一 黄河三门峡水库移民

三门峡水利枢纽位于黄河中游下段，连接豫、晋两省，是中华人民共和国成立后在黄河干流上所建的第一座大型水利工程，被誉为"万里黄河第一坝"。该工程于1957年4月正式开工，1961年4月主体工程竣工。

三门峡水库淹没区涉及陕西省的潼关、华阴（今华阴市）、华县（今渭南市华州区）、朝邑（今属大荔县）和大荔县，山西省的平陆、芮城和永济县，河南省的灵宝（今灵宝市）和陕县（今三门峡市陕州区）。以陕西省的淹没面积最大,约占全库区总淹没面积的80%。库区淹没耕地90万亩,居民点356个。潼关、朝邑、平陆、永济、灵宝和陕县6座县城全部或部分搬迁,搬迁后在库区共建新城5座:河南省三门峡市(在原陕县境内)、灵宝县城、陕西省潼关县、山西省平陆县、永济县[1]。

三门峡水库移民安置工作从1954年开始规划,1957年开始全面登记并进行典型调查,1960年全面搬迁安置,至1965年基本搬迁安置完毕[2]。截至1982年,三门峡库区共移民403 786人,其中陕西省285 304人、河南省70 859人、山西省47 623人(不含从陕西省迁去的2 013人)[3]。

三门峡水库移民的安置分为远迁和近移两种方式。远迁至甘肃省敦煌和宁夏银川两地,以集体安置开垦大片荒地为主;近移的尽可能后靠分散安置在本县或邻近县插队落户[4]。

1. 三门峡水库陕西库区移民安置[5]

三门峡水库陕西库区移民安置采取省外安置、省内安置、投亲靠友、后靠安置4种形式,并按先省外后省内的步骤分期实施。1956年至1982年,陕西库区共安置移民287 292人。

(1)省外安置

1956年至1958年,陕西省潼关、华阴、朝邑、大荔等县31 529名移民远迁宁夏,分别安置在宁夏贺兰、宁朔、永宁、陶乐、惠农、平罗、中宁、中卫等8个县。由于安置地生活条件太差,1962年所迁移民全部返回陕西,重新安置在渭北10个县。

(2)省内安置

1959年至1960年,华县、大荔等县157 468人以插队形式在省内各县安置。其中,蒲城县64 067人、渭南县37 985人、大荔县53 883人、西安国营草滩农场1 533人。

---

[1] 黄河三门峡水利枢纽志编纂委员会编:《黄河三门峡水利枢纽志》,中国大百科全书出版社1993年版,第170页。
[2] 徐乘等主编:《三门峡水库移民社会经济发展战略》,黄河水利出版社2000年版,第8页。
[3] 黄河三门峡水利枢纽志编纂委员会编:《黄河三门峡水利枢纽志》,第174页。
[4] 同上书,第172页。
[5] 陕西省地方志编纂委员会编:《陕西省志·水利志》,第460—461页。

(3) 投亲靠友

三门峡水库陕西库区有 6 486 人以投靠亲友的形式到河南、山西、山东、河北、江苏、湖北、甘肃等省及省内有关县安家落户。其中，大荔 3 812 人，潼关 2 265 人，华阴 409 人。

(4) 后靠安置

1960 年三门峡水库蓄水后，黄、渭、洛河出现塌岸。1965 年起，三河沿岸 89 856 人在本县境内后靠安置。其中，大荔县 35 441 人、合阳县 2 877 人、韩城县 9 231 人、潼关县 1 724 人、华阴县 4 151 人、华县 26 754 人、渭南县 5 567 人、临潼县 345 人、蒲城县 3 446 人、高陵县 320 人。

2. 三门峡水库河南库区移民安置

1956 年至 1964 年底，三门峡水库河南库区搬迁灵宝县等 3 座县城（即灵宝县城、原阌乡县城、陕县县城）及阌底和盘头两个镇，共移民 70 859 人，其中灵宝县 46 603 人、陕县 12 902 人、三门峡市 11 354 人[1]。大部分移民以集体后靠重建新村、集体插入邻村、自行投靠亲友的方式安置在灵宝、陕县和三门峡市，后因生产不便、生活困难和塌岸威胁等原因导致二次、三次搬迁的有 30 573 人[2]。远迁甘肃敦煌的 7 879 人中，仅有 316 人在敦煌定居，7 536 人返回库区重新安置[3]。

3. 三门峡水库山西库区移民安置

山西省三门峡水库移民涉及平陆、芮城、永济三县，共移民 9 438 户 47 623 人。按照"不出县境，就地安置"的原则集体安置，7 524 户 38 708 人就近后靠，占山西省移民总数的 81.25%；仅有 8 915 人自行投亲靠友分散安置，占 18.75%[4]。20 世纪 70 年代后期，有部分移民因不适应新环境，长期难以摆脱贫困而返回库区重新组建村庄。据 1986 年底调查，平陆县、芮城县分别有返迁移民 2 362 人、3 536 人[5]。

---

1 三门峡市地方史志编纂委员会编：《三门峡市志》第一卷，中州古籍出版社 1991 年版，第 162 页。
2 同上书，第 131 页。
3 同上书，第 162 页。
4 黄河三门峡水利枢纽志编纂委员会编：《黄河三门峡水利枢纽志》，中国大百科全书出版社 1993 年版，第 173 页。
5 山西省三门峡库区管理局编：《山西省三门峡库区志》，黄河水利出版社 2007 年版，第 230 页。

二 新安江水库移民

新安江水电站位于新安江下游的浙江省建德县,是中华人民共和国第一座自行设计建造的大型水电站,于1957年4月动工,1965年12月竣工。

新安江水库区域范围广阔,横跨浙、皖两省,库区面积580平方千米,淹没范围涉及浙江省淳安县(含原遂安县)、建德县和安徽省歙县,淹没乡(镇)约60个、自然村1 510余个,共移民29万余人[1]。

新安江水库移民从1954年开始进行移民安置的调查并编制方案,1955年开始实施移民安置试点工作,1958年至1960年进入移民高潮阶段,20世纪六七十年代为调整转迁阶段,20世纪80年代初期基本完成移民安置工作。

1956年11月至1970年,浙江省淳安县共计移民289 951人。其中,淳安县本县就地安置或库区后靠安置82 544人,移民外县207 407人。省外安置移民(含自行转迁)共约7万余人,普遍单独建队,主要分布在江西省景德镇、宜黄、崇仁、南丰、弋阳、安福、武宁、万安、永修、吉安、金溪、新干、资溪、永丰、横峰、峡江、贵溪、德安、铅山、波阳、乐平、黎川、德兴、婺源等地,安徽省屯溪、绩溪、旌德、歙县、休宁、祁门、黟县、泾县、太平等地。青海、新疆、宁夏、山西、黑龙江、北京、江苏、上海、四川、福建等省市也有部分移民。省内安置移民13万余人,大多单独建队,间有少量分散插队者,主要分布在浙江省桐庐、建德、富阳、临安、德清、金华、兰溪、开化、常山、衢州、龙游、武义、遂昌、庆元、云和、松阳、龙泉等地。其中,1958年至1960年是移民高潮阶段,三年共移民184 342人,县外安置106 553人[2]。

1956年9月至1958年1月,浙江省建德县共计移民869户3 968人,分三批迁出安置。其中,2 783人在本县安置,1 185人外迁至桐庐

---

1 《新安江水电站志》编辑委员会编:《新安江水电站志》,浙江人民出版社1993年版,第67、68、74页。
2 淳安县志编纂委员会编:《淳安县志》,汉语大词典出版社1990年版,第108页。

县安置。此外,建德县接收安置新安江水库内淳安县移民 6 392 户 28 146 人[1]。

1958 年至 1985 年底,安徽省歙县共计移民 7 971 户 36 092 人。其中,外迁旌德 245 户 1 076 人,外迁黟县 147 户 656 人,县内安置 2 533 户 10 551 人,后靠安置 4 932 户 23 421 人,投亲靠友 41 户 100 人,返回原籍 73 户 288 人[2]。后靠安置是歙县移民安置的主要方式,约占本县移民总数的 64.9%。

新安江水电站库区移民是中华人民共和国成立后在大型水利水电枢纽工程建设中首次涉及 20 多万民众迁移的大规模移民安置工作[3]。移民动迁安置持续时间长达 30 余年,其间,因超过环境容量而不得不再次转迁江西等地重新安置的移民近 10 万人。库区部分移民亦因过量后靠,生活艰难,长期处于"外迁难,后靠亦难"的困境中[4]。

三 丹江口水库移民

丹江口水利枢纽位于湖北省丹江口市,是治理开发汉江的关键性控制工程,亦是南水北调中线方案的主要水源工程。该工程于 1958 年 9 月开工。[5]

丹江口水库域跨丹江、汉江两条河流,水库总面积为 745.6 平方公里,其中丹江库区 365.6 平方公里,占 49%;汉江库区 380 平方公里,占 51%[6]。据 1956—1957 年长江流域规划办公室所属水库经济调查队对水库淹没区的大规模普查,淹没区主要集中于湖北郧阳地区(今十堰市)和河南南阳地区(今南阳市)的 4 个县 146 个乡 3 215 个自然村。其中,湖北省均县(今属丹江口市)、郧县(今十堰市郧阳区)

---

1 建德县志编纂办公室编:《建德县志》,浙江人民出版社 1986 年版,第 606 页。
2 歙县地方志编纂委员会编纂:《歙县志》,黄山书社 2010 年版,第 379 页。
3 《新安江水电站志》编纂委员会编:《新安江水电站志(1989—2005)》,浙江人民出版社 2010 年版,第 30 页。
4 浙江省电站水库移民志编辑委员会编:《浙江省水库电站移民志》,第 3 页。
5 十堰市地方志编纂委员会编:《十堰市志(1866—2008)》,中国文史出版社 2014 年版,第 547 页。
6 《淅川县移民志》编纂委员会编:《淅川县移民志》,湖北人民出版社 2001 年版,第 46 页。

和河南省淅川县为重点淹没区,淹没区人口占全淹没区人口的99.28%。3县淹没区人口分别占各自总人口的比例为:均县42.16%,郧县17.45%,淅川县44.21%。淹没区总人口中,以农业人口为主,移民总数为353 078人[1]。

丹江口水库移民从1958年开始迁移,至1978年基本结束,历时20年。河南省淅川县共动迁移民204 969人(不含疏散安置的765人)[2],湖北省均县(今属丹江口市)、郧县(今十堰市郧阳区)、郧西县、十堰市共移民231 794人[3],两省共计移民436 763人。

1. 丹江口水库淅川库区移民安置

1959年至1978年,丹江口水库淅川库区共移民204 969万人,其中迁移外省外县10.6万人,县内安置9.6万人,总动迁人口占全县1957年总人口的46.6%。淅川库区的移民安置大体可分为青海支边、老移民(124米高程以下移民)、外迁、县内安置4个阶段[4]。

(1) 青海支边

1959年3月至1960年5月,先后移民22 342人,分别迁往青海省循化撒拉族自治县、贵德县、贵南县、都兰县。支边人员分期分批由许昌乘火车前往青海。第一批支边青年3 100人于1959年4月到达青海省循化撒拉族自治县,与汝南县2 000人合编为文都建设兵团。第二批2 000多名青年于1959年5月到达青海省贵德县,同年9月又调往贵南县过马营军马场。第三批2 000多人于1959年5月到达青海省都兰县农场。1960年3月,淅川县又组织支边青年家属4 709户14 334人迁往青海安家落户[5]。

由于生产生活条件及环境的改变,加上高原气候反应,移民到达后难以适应,1959年底已有少数支边青年返回。1960年后,因受政治运动影响,加之粮食歉收,不正常死亡者增多,造成大批移民返迁。移

---

1 十堰市地方志编纂委员会编:《十堰市志(1866—2008)》,第574页。
2 《淅川县移民志》编纂委员会编:《淅川县移民志》,第58页。
3 湖北地方志编纂委员会编:《湖北省志·民政》,湖北人民出版社1994年版,第372页。
4 《淅川县移民志》编纂委员会编:《淅川县移民志》,第58页。
5 同上书,第60页。

民返迁多属私自返迁,口粮、路费无保证,沿途靠变卖衣物乞讨归籍,个别移民甚至在途中病饿至死。自1960年底至1962年7月,从青海共返迁移民15 709人,其中支边青年4 876人、家属10 914人。1966年以后,部分返迁移民随一、二、三批移民迁往湖北省,部分随四、五、六批移民在县内后靠安置[1]。

(2) 老移民

1961年,为适应丹江大坝围堰壅水需要,国家决定库区124米高程以下居民动迁(该批移民后来习惯称老移民)。该批移民共计26 725人,其中4 310人迁往邓县(今邓州市),大部分以队为单位插入安置,其余均投亲靠友,自由选点。此次动迁时间仓促,在移民未找妥安置地时,丹江口水库水位开始上涨,造成"以水赶人"现象,部分居民房屋被淹没。该批移民迁出后,大多建不起房屋,生产、生活困难,加之丹江口水利枢纽工程停工,大部分移民又返回原籍。据邓县1982年统计,仅剩127户621人。返籍后,因住房被拆或被淹,多住于临时搭成的庵棚或借居于亲友家。后因水库水位不断上涨,造成移民多次迁移。1966年后,返迁移民部分随外迁移民迁往湖北省钟祥、荆门两地,其余则投亲靠友[2]。

(3) 外迁移民

外迁移民主要安置地在湖北省的荆门县(今荆门市)、钟祥县(今钟祥市)和河南省的邓县(今邓州市),总计迁出79 546人,其中远迁湖北省68 867人,河南省邓县(今邓州市)10 679人[3]。

① 远迁

1964年至1965年,经河南、湖北两省协商,淅川县移民由湖北省负责安置,同时商定了"河南包迁,湖北包安,标准一致,财务公开"的十六字移民方针。据此,1966年至1968年,河南省淅川县移民68 867人分三批迁往湖北省荆门县(今荆门市)、钟祥县(今钟祥市),其中荆门县(今荆门市)安置移民25 631人,钟祥县(今钟祥市)安置

---

1 《淅川县移民志》编纂委员会编纂:《淅川县移民志》,第103页。
2 同上书,第62页。
3 同上。

43 236 人。

安置形式方面,荆门县是以一个大队或数个生产队为建制迁入当地大队;钟祥县大柴胡区是整体搬迁,以原建制集体安置,为照顾传统习惯,保留原籍区、社、队名称。根据两省商定,荆门县给予移民人均 1 亩耕地、1 亩荒地,钟祥县保证移民人均可分得 2 亩耕地[1]。

由于淅川县农业生产以旱作为主,荆门、钟祥两县则以种水稻为主,故移民无法适应当地生产生活习惯,加上移民安置时划拨耕地及荒山较少,移民常为吃菜、烧柴与当地民众发生矛盾,直至发生有组织的武斗。武斗发生后,荆门县采取复迁政策,将移民分户插队,引起移民恐慌,加之插迁后当地欺生,致使大批移民返迁。据 1982 年统计,从湖北省返迁移民 1 240 户 7 305 人,其中荆门县返迁 1 052 户 6 342 人,钟祥县返迁 159 户 808 人[2]。

② 近迁

1969 年、1970 年,河南、湖北两省连续两次在武昌举行水库移民联席会议,总结前几批移民安置工作的经验教训,确定了"移民远迁不如近迁,近迁不如后靠自安"的移民安置原则。自此,移民安置由外迁转入内安[3]。1970 年开始,淅川县水库移民转为近迁、县内安置。

1971 年,淅川县移民 10 679 人迁往邓县安置。安置形式是以一个生产队或数个生产队迁入当地一个大队集体建队,部分人数较少的生产队则插迁当地生产队安置[4]。

1971 年迁往邓县的移民由于执行的是"先迁后建"的方针,即移民到达后暂住当地腾出的公房,加之安置地环境条件差和部分地方有欺生现象,造成移民返迁。该批返迁移民绝大多数通过各种关系入队落户,部分至 1983 年后由所在地承认了户口,少数返回较晚的移民

---

1 《淅川县移民志》编纂委员会编纂:《淅川县移民志》,第 66、67 页。
2 同上书,第 104 页。
3 十堰市地方志编纂委员会编:《十堰市志:1866—2008》,中国文史出版社 2014 年版,第 576 页。
4 《淅川县移民志》编纂委员会编纂:《淅川县移民志》,第 69 页。

因户籍无着落而成为游民[1]。

(4) 县内安置

1970年至1978年,县内分三批安置移民71 379人,加上老移民在县内投亲靠友的22 415人,以及应迁湖北省而在县内办理投亲靠友手续和不愿去湖北的4 977人和返迁移民8 294人,县内共计安置移民107 065人。县内安置移民的形式有三种:跨社安置、后靠安置、投亲靠友和零星插迁安置[2]。

随着移民人口的自然增长,至1989年全县县内安置的移民达到16.84万人。由于当时对环境容量估计不足,使移民盲目地在本社沿库后安置,造成移民严重缺地,温饱问题尚难以解决,吃粮靠统销,花钱靠救济,移民上访时有发生。为此,淅川县提出了疏散安置以解决移民缺地问题的办法。1992年12月至1995年5月,此次疏散安置共计建移民安置点两处,建房480间,征用土地1 303.08亩,迁移199户765人[3]。

据1983年统计,县内安置移民返迁172户919人。县内返迁以跨社安置移民为主,其主要原因一是当地欺生,二是内部不团结。如原从老城公社刘营大队迁到厚坡公社的两个生产队,因两队之间经常发生矛盾,1977年至1979年陆续返迁60多人[4]。

2. 丹江口水库湖北库区移民安置

1958年至1975年,丹江口水库湖北库区共移民231 794人,其中均县139 187人、郧县85 632人、郧西县5 704人、十堰市1 271人。从安置形式来看,就地后靠安置135 836人,占湖北省总移民人数的58.6%,郧西县和十堰市的移民全部采用此种方式安置。以围湖垦荒、集体建队、分散插队、投亲靠友等形式外迁他县安置的移民共91 958人,主要为均县和郧县移民[5]。湖北省丹江口水库移民外迁分布情况详见表7-15。

---

1 《淅川县移民志》编纂委员会编纂:《淅川县移民志》,第107页。
2 同上书,第88,89页。
3 同上书,第94页。
4 同上书,第107页。
5 湖北地方志编纂委员会编:《湖北省志·民政》,湖北人民出版社1994年版,第373页。

表 7-15　湖北省丹江口水库移民外迁分布情况

迁出地	迁入地	人数（人）
均县	宜城	30 909
	襄阳	18 309
	枣阳	5 826
	南漳	1 530
	随县	6 703
	汉川	1 264
	沔阳	8 115
	武昌	305
郧县	京山	2 838
	汉阳	3 785
	武昌	3 266
	嘉鱼	5 417
	十堰	2 793
	投亲靠友	898

资料来源：湖北水利志编纂委员会编：《湖北水利志》，中国水利水电出版社 2000 年版，第 992 页。

　　20 世纪 60 年代，湖北省丹江口水库移民主要以外迁安置为主，均县、郧县两县移民先后迁入省内宜城、襄阳、枣阳、随县、武昌、汉阳和十堰等地。但随着时间的推移，由于安置不当陆续出现移民返迁现象，个别地方还出现了移民与当地居民大规模械斗的事件。库区民众不愿远迁的呼声不断，有鉴于此，1969—1970 年，湖北、河南两省政府经协商，确立了分省负责、"后靠自安、以建促安"的移民安置方针。自 1970 年下半年起，湖北省丹江口水库移民大规模的集中就地后靠、县内安置拉开序幕。至 1975 年底，通过此种方式共安置移民 139 836 人[1]。

---

[1] 傅秀堂主编：《湖北水电移民》，第 247—248 页。

四 山东东平湖水库移民

东平湖水库位于山东省黄河与汶河交汇处,地跨山东省泰安、济宁两市的东平、梁山、汶上三县(汶上县只淹没耕地,未迁移村庄)。1950年7月,黄河防汛总指挥部《关于防汛工作的决定》中确定东平湖为黄河自然滞洪区。1958年,扩建为能人为控制综合利用的平原水库。1963年,改建为"以防洪运用为主,有洪蓄洪、无洪生产"的二级运用水库。

东平湖地区移民外迁由来已久。20世纪30年代,由于黄河水泛滥成灾,当地民众即被迫外出逃荒。新中国成立初期,国家以救灾和支边相结合的多次组织移民外迁。1958年东平湖由滞洪区改建为水库,国家再次组织库区民众外迁。1963年水库改变运用方式,大部分移民又陆续返回并进行了安置。纵观20世纪50年代以来东平湖水库移民的历程,大致可分为三个阶段[1]:

第一阶段,1950—1960年,该阶段以救灾和支边为主,由国家多次有组织地进行移民外迁,共移民8万余人。

1949年秋,因黄河水倒灌入湖导致东平湖地区大面积的土地被淹,民众生活困难。1950年初,梁山县成立移民委员会组织移民救灾,共迁出灾民4 169户14 674人。其中1 491户6 367人迁往黑龙江垦荒,1 063人迁往黑龙江林场做工,247户1 048人迁往河南省沁阳县从事农业生产,1 368户6 196人迁往山东省菏泽、曹县、定陶三地落户。1950年8月,东平县2 756户12 223人分两批由5名干部带领到沾化、利津垦荒。

1954年,黄河、汶水大水,东平、梁山两县再次被淹,山东省再次组织东平湖滞洪区和黄河滩区民众移民救灾。至1955年底,梁山县迁出6 257户28 879人到黑龙江、吉林两省,东平县动员移民701户

---

[1] 山东省黄河位山工程局东平湖志编纂委员会编:《东平湖志》,山东大学出版社1993年版,第152—167页;东平县东平湖移民志编委会编:《东平县东平湖移民志》,中国文化出版社2013年版,第139—170页。

3 341 人组成垦荒团赴黑龙江省林口、绥棱、富锦、呼玛四个县落户。1955 年秋,根据中共山东省委指示,把社会救灾移民改为动员青壮年支边移民。当年梁山县动员青壮年 99 户 410 人到黑龙江省逊克县垦荒,东平县选拔青壮年 208 人,由共青团干部带领赴黑龙江省北安县定居。1956 年,梁山县支边青壮年 1 370 人赴黑龙江省萝北、通河、木兰等县安家落户。1957 年、1958 年梁山县又分别迁送垦荒队员家属 93 户 319 人和 35 户赴黑龙江省。

1958 年以后,除水库工程占用区有计划地组织移民外,东平湖区域其他各地仍有支边移民任务。1959 年 9 月,东平县移民 1 953 户 9 675 人迁往黑龙江省亚尔赛农场、克山县、泰康自治县、讷河县、齐齐哈尔等地;1960 年 6 月,又迁移支边青壮年 260 人。1960 年,梁山县 1 613 户 8 887 人迁往黑龙江省。

1950—1960 年,东平、梁山两县由国家组织的救灾和支边移民共 17 577 户 80 246 人。其中,1955 年移民人数最多,共计 32 838 人,占该阶段移民总人数的 40.9%。1959—1960 年梁山县、东平县救灾和支边移民情况见表 7-16。

表 7-16 1959—1960 年梁山县、东平县救灾和支边移民情况

移民时间	迁出地	迁入地	人数	备注
1950 年	梁山县	黑龙江	7 430 人	救灾移民
		河南省沁阳县	1 048 人	救灾移民
		山东省菏泽、曹县、定陶等地	6 196 人	救灾移民
	东平县	山东省沾化、利津等地	12 223 人	救灾移民
1955 年	梁山县	黑龙江省、吉林省	29 289 人	青壮年 410 人到黑龙江省逊克县支边垦荒
	东平县	黑龙江省临口、绥棱、富锦、呼玛、北安等地	3 549 人	青壮年 208 人到黑龙江省北安县支边垦荒
1956 年	梁山县	黑龙江萝北、通河、木兰等县	1 370 人	支边移民
1957 年	梁山县	黑龙江省	319 人	垦荒队员家属

续表

移民时间	迁出地	迁 入 地	人 数	备 注
1958年	梁山县	黑龙江省	35户	垦荒队员家属
1959年	东平县	黑龙江省亚尔赛农场、克山县、泰康自治县、讷河县、齐齐哈尔等地	9 675人	支边移民
1960年	梁山县	黑龙江省	8 887人	支边移民
	东平县	黑龙江省	260人	支边移民

资料来源：山东省黄河位山工程局东平湖志编纂委员会编：《东平湖志》，山东大学出版社1993年版，第152—167页。 东平县东平湖移民志编委会编：《东平县东平湖移民志》，中国文化出版社2013年版，第139—170页。 梁山县志编纂委员会编：《梁山县志》，新华出版社1997年版，第364页。

1958年以前外迁的救灾和支边移民，大都由政府安置生产，原籍单位发放路费和补助，有些还派员护送帮助移民安家，故这一时期的移民大多都得到了妥善安置。

第二阶段，1958年确定将东平湖自然滞洪区扩建为东平湖水库后，因水库范围内群众全部在设计淹没水位以下，必须全部迁出。自1959年开始组织进行大规模移民，至1960年7月蓄水以前，共迁出村庄527个，居民57 405户278 332人。其中梁山县373个村191 400人，东平县及平阴县154个村86 969人。移民安置的去向是：(1)外迁东北支援边疆建设的有109 516人，其中黑龙江97 516人，辽宁省约10 000人，吉林省约2 000人。(2)自行投亲靠友迁往外省市共13 000人，其中河南省2 300人，新疆维吾尔自治区2 200人，河北、天津、北京等省市共8 500人。(3)省内安置155 816人，其中80 000多人沿湖就近后靠安置，其余迁移到省内垦利、广饶、菏泽、曹县、巨野、鄄城、郓城、嘉祥等县，以及梁山、东平、平阴、汶上四县水库以外的公社。

因该阶段水库移民数量众多，时间集中，山东省为此于1959年8月专门成立水库移民委员会和移民安置领导小组领导移民工作，各县和公社也相应成立移民安置委员会等机构具体负责移民的安置和生产建设工作。1962年，外迁移民基本安置完毕。但因当时移民时间过于紧迫,甚至"以蓄水促移民",导致库区民众忍痛廉价变卖财产家具,各类农具、家具充斥集市无人问津,由此可见当时移民工作之仓促。而移民安置地区也准备不足,面对大量移民涌入,自然矛盾频发[1]。尤其是迁往东北地区的移民对气候、生活环境均不习惯,加之思念故土,自1961年起部分移民开始返迁。至1962年秋,据统计先后返回9 655户44 733人。

第三阶段,1963年东平湖水库功能调整为"以防洪运用为主,有洪蓄洪,无洪生产",迁出移民纷纷争相返湖,来势之猛难以控制,甚至出现了为争抢耕地打架的现象。为此,自1963年起,各有关地、县相继成立专门的移民管理机构,有计划、有步骤地安置移民返库生产。至1968年,除原迁出库外安置在本县和本地区的移民绝大部分返库进行安置外,原安置在外省和本省其他县的移民也陆续返迁,数量之大让人始料未及。至1973年,共安置返库移民130 466人,另有在山坡定居的54 556人,共计185 022人。此外,库内还有未得到安置的移民5万余人,至1974年后再次调查,库内自流返回安置的移民增至67 000多人,其中从东北返回35 600人,从垦利县返回5 000人,从湖滨地区安置好又返回20 000人,建库前迁出的历史移民6 400人。据1985年底统计,库区总人口增加到31.87万(含自然增加人口)。直至1989年,移民返迁流动才趋于稳定。至2004年底,据统计,库区总人口达到56.67万人[2]。

五 广东新丰江水库移民

新丰江水库位于广东省河源市,始建于1958年,为华南地区第一大水库。新丰江水库建库时移民涉及河源县(今东源县)、新丰县、连平县,共移民24 787户106 437人。其中河源县移民人数最多,共22 091户94 311人,约占总移民人数的88.6%。新丰县次之,共移民

---

[1] 张学信:《东平湖水库移民遗留问题及开发性移民政策》,《水利史志专刊》1991年第2期,第29页。
[2] 刘拴明、赵世来等著:《东平湖水库移民与区域发展》,黄河水利出版社2004年版,第28—29页。

1 891 户 8 433 人,连平县移民 805 户 3 693 人[1]。

新丰江水库移民工作始于 1958 年 11 月,一直持续到 1983 年才基本安置结束。新丰江水库移民安置以县内安置为主,外迁安置为辅,少部分移民选择投亲靠友、自由选点安置。河源县内安置移民 15 680 户、67 930 人,占新丰江水库移民总数的 64%;新丰县水库移民 8 433 人、连平县水库移民 3 693 人全部在县内安置。河源县水库移民遍及全县 24 个乡镇的 164 个村庄,连平县水库移民分布于全县 8 个镇的 10 个村庄[2]。河源县迁移到县外安置的移民共 6 411 户 26 381 人,占新丰江水库移民总数的 24.8%。河源县外迁水库移民具体去向为:博罗县 2 592 户 10 860 人,韶关市 2 612 户 10 395 人,惠阳县 1 207 户 5 126 人[3]。

新丰江水库移民迁到各安置区后,移民住房紧缺,生产、生活条件差,交通、医疗、子女就学困难,加之移民经费不足等诸多因素,大部分移民倒流回库区,也有部分移民自行迁移到其他市县落户。据统计,1959 年至 1983 年,倒流回新丰江库区的水库移民达 4 万人次[4]。新丰江水库移民倒流情况十分复杂,有的几进几出库区,在库区内居住了一段时间,感到生产、生活十分艰难,又倒流回原安置点;有的倒流回安置点住了一段时间,又自行寻找安置点谋生;有的库区内移民按倒流移民的标准给予安置后,又迁到新的地方,要求当地的移民安置机构给予重新安置工作;个别移民在安置区内有家,在库区内也有家,来回奔波。新丰江水库倒流移民的安置大致可以分为以下三个阶段:(1) 1959 年 4 月至 1960 年 12 月,倒流回库移民 14 000 余人。其中,河源县迁往惠阳安置的 5 000 余人倒流回库区后在县内重新安置。(2) 1961 年至 1970 年,倒流回库移民 18 000 余人。从 1961 年开始,迁移到韶关市、惠阳县、惠东县、博罗县以及县内安置的部分水库移民大量倒流返回库区,到 1970 年才重新稳定下来。(3) 1971 年至 1980

---

1 河源市省属水库移民志编辑委员会:《河源市省属水库移民志(1958—2008)》,2010 年版,第 23 页。
2 同上书,第 42 页。
3 同上书,第 23 页。
4 同上书,第 85 页。

年,倒流回库移民8 400余人。这一时期倒流移民安置的主要对象是1969年从库区动员到河源县内11个公社以知识青年"上山下乡"插队形式落户的移民以及1970年以后安置在县外和县内各公社的倒流回库移民,共计8 700余人[1]。

六 黄河小浪底水库移民

黄河小浪底水利枢纽位于河南省孟津县和济源市交界处,是黄河干流在三门峡以下唯一能够取得较大库容的控制性工程,也是治理黄河中下游水患的关键性工程。该工程于1994年9月开工,2001年底主体工程竣工。

小浪底水库淹没区涉及河南省济源市、孟津县、新安县、渑池县、陕县(今三门峡市陕州区)、山西省垣曲县、平陆县、夏县等共两省8县(市)29个乡镇173个行政村,水库淹没区动迁人口18.96万人,其中河南14.73万人、山西4.23万人。小浪底移民安置坚持以农为主、以土为本的指导思想。按生产安置划分,大农业占83%,非农业安置占17%。按安置去向划分,就地就近后靠1.9万人,约占11%;县内近迁安置1.08万人,约占6%;县内远迁安置9.47万人,约占54%;出县远迁安置5.08万人,约占29%[2]。

河南省新安县是小浪底库区淹没面积最大、移民最多的县份,涉及仓头、西沃、石井、峪里、北冶、石寺6个乡(镇)的8.3万余人。全县移民人数占全库区移民人数的47.1%,占全省移民人数的56.8%,占全市移民人数的70%以上[3]。1997年7月至2003年6月底,新安县共安置移民23 146户83 286人,其中出县安置17 172户、57 284人,涉及5个县(市)40个安置点,主要分布在河南省孟州市、义马市、温县、原阳县、中牟县;县内安置5 974户26 002人,除8 328人在本村后

---

[1] 河源市省属水库移民志编辑委员会:《河源市省属水库移民志(1958—2008)》,第88、91—95页。
[2] 《中国水利年鉴》编纂委员会编:《中国水利年鉴(2002)》,中国水利水电出版社2002年版,第241页。
[3] 《新安县志》编纂委员会:《新安县志(1986—2000)》,中州古籍出版社2008年版,第331页。

靠或招工、农转非、投亲靠友安置外,其余17 674人集中安置在14个移民新村和5个新乡址[1]。

河南省济源市小浪底水利工程移民安置自1991年开始,至2002年9月结束,移民人口总计40 989人。济源市移民主要在本市安置,共新建居民点76个。其中,在本市内异地新建安置点62个,在原村址后靠建安置点14个[2]。

河南省孟津县移民涉及3个乡镇9个行政村和五一煤矿共20 076人,移民安置以县内后靠安置为主。1992年至1999年,小浪底镇、王良乡移民在本乡镇内后靠安置,黄鹿山乡移民整体迁移外乡镇落户。朝阳、平乐、送庄、常袋、横水5个乡镇接纳了小浪底工程移民[3]。

河南省渑池县水库淹没涉及4个乡14个行政村,移民3 555户13 444人。1997年至2000年,大部分移民在县内安置,3 000余人安置在开封县(今开封市祥符区)[4]。

河南省陕县(今三门峡市陕州区)库区淹没涉及柴洼、王家后两乡5个村11个自然村,共239户1 073人。1997年实施动迁,2000年搬迁安置任务基本结束。大部分移民在县内跨乡镇安置,移民点共有15个[5]。

黄河小浪底水库枢纽工程山西库区移民安置涉及垣曲县、夏县、平陆县等地区,移民工作始于1998年,2003年基本结束,共安置移民42 058人,建移民安置点36个[6]。其中,垣曲县水库移民人数在三个县中最多。移民安置全部都是县内安置,分为就地后靠、县内近迁和

---

1 《新安县志》编纂委员会编:《新安县志(1986—2000)》,第333、336、337页。
2 济源市地方史志编纂委员会编:《济源市志(1990—2000)》,中州古籍出版社2011年版,第275页。
3 孟津县地方史志编纂委员会编:《孟津县志(1986—2000)》,方志出版社2006年版,第102、114页。
4 渑池县地方史志编纂委员会编:《渑池县志(1986—2000)》,第176、177页。
5 《陕县志》编纂委员会编:《陕县志》,中州古籍出版社2005年版,第236页。
6 李久标:《黄河小浪底山西库区安置移民四万多人》,《山西日报》2003年11月26日。

县内远迁三种[1]。同时,移民安置一般按原建制集体搬迁,最低保持原村民小组等方式进行[2]。

七　长江三峡水库移民

长江三峡工程地处四川盆地与长江中下游结合部,库区西起重庆江津,东至湖北宜昌,北屏大巴山,南依川鄂高原,沿长江狭长分布。三峡工程不但是国家治理和开发长江的关键性工程,也是当今世界上最大的水利枢纽工程,规模空前。库区淹没范围广,涉及湖北省、重庆市20个县(区)的277个乡(镇),移民人数达百万之巨。同时,移民安置时间跨度长达17年[3]。正是由于长江三峡工程及其移民搬迁安置的特殊性,中华人民共和国国务院于1993年8月专门颁布了《长江三峡工程建设移民条例》,这是1949年以来国务院首次单独为一个工程制定的条例[4]。在国际上,这也是"首次对单一工程移民管理以立法形式来规范移民活动"[5]。

三峡工程移民搬迁安置从1993年正式开始,分四期实施。第一期主要为90米高程以下的移民,于1997年9月完成;第二期主要为90—135米高程之间的移民,于2003年4月完成;第三期主要为135—156米高程之间的移民,于2006年8月完成;第四期主要为156—175米高程之间的移民,于2008年8月通过阶段性验收。根据《长江三峡四期移民工程阶段性验收终验报告》,截至2008年6月底,三峡库区175米高程以下移民搬迁任务已全部完成,累计搬迁移民118.11万人,淹没涉及城市12座、集镇114座[6]。

三峡工程移民有农村移民安置、城(集)镇迁建和工矿企业迁(改)

1　谈采田、许佳君等:《县内安置水库移民社会整合研究:以山西省垣曲县小浪底水库移民为实证》,《河海大学学报(哲学社会科学版)》2002年第2期,第54页。
2　垣曲县地方志编纂委员会编:《垣曲县志:1991—2000》,中华书局2001年版,第403页。
3　蒋建东主编:《三峡工程移民安置规划总结性研究》,长江出版社2012年版,第2页。
4　雷亨顺主编:《中国三峡移民》,重庆大学出版社2002年版,第161页。
5　施国庆:《世界性难题之解》,《瞭望》2010年第38期。
6　中国工程院三峡工程阶段性评估项目组编著:《三峡工程阶段性评估报告(综合卷)》,中国水利水电出版社2010年版,第460页。

建等安置形式。截至2018年6月,农村移民安置51.83万人。其中县内后靠安置农村移民32.21万人,出县外迁农村移民安置19.62万人。三峡农村移民出县外迁安置主要涉及四川、江苏、浙江、山东、广东、上海、福建、安徽、江西、湖南、重庆、湖北等12个省(市)。外迁农村移民坚持"以农为本、以农为主"的模式,采取"集中安置到乡、分散安置到村组"的方式进行安置[1]。

城(集)镇迁建和工矿企业迁(改)建方面,城(集)镇迁建118个,迁(改)建工矿企业1629户,累计搬迁人口66.28万人。其中,城市和县城12个,共53.91万人;集镇106座,共12.37万人[2]。

结语

回顾中国水库建设历程和水库移民政策的演变,总体上可将水库移民的历史分为以下三个阶段。

第一阶段:1949—1957年

中华人民共和国成立初期,水利基础设施薄弱,水旱灾害频仍,水资源开发利用水平较低,全国仅有大中型水库10余座。当时,国家水利工作的方针是"防止水患,兴修水利"。这个阶段重点建设了北京官厅水库、辽宁抚顺大伙房水库、河南白沙水库、安徽省佛子岭水库、重庆狮子滩水库、浙江黄坛口水库、江西上犹江水库、福建古田水库等20余座大中型水库,移民总数30余万人。

对50年代初期水库移民中存在的问题,1953年12月,时任水利部副部长李葆华在全国水利会议报告《四年水利工作总结与今后方针任务》中指出:"移民问题对个体农民来说是一个严重的问题,需要有适当的土地调剂,需要艰苦的政治工作,同时还需要等价赔偿、妥善照顾等具体办法。……过去我们对这些问题的困难估计不足,已经移民的地区遗留的问题还很多,准备移民的地区群众顾虑很大,甚至有

---

[1] 中国工程院三峡工程阶段性评估项目组编著:《三峡工程阶段性评估报告(综合卷)》,第461页。
[2] 同上书,第462页。

对立情绪。此外,许多蓄洪、滞洪区尚无明确的赔偿办法向群众交代。"[1]针对这些问题,水利部提出了水库移民政策中需要注意以下几个方面:兴修水库或开辟蓄洪区,尽可能在少迁移人口的原则下举办;迁移人口的多寡,应经一定的机关批准;对于少数民族的移民,尤应尊重其风俗习惯,妥善安置;必须保证被迁移人口的生活不低于迁移前的水平,保证他们找到土地和职业;在迁移时尽可能由政府发给足够的迁移赔偿费,建议通过群众自己的亲友关系找到住处与土地;如必须在较远地方迁移时,亦要组织群众集体迁移,并且尽可能地做到不损害接受移民地区的群众利益;进行艰苦的政治工作,做到对新来户不排挤、不欺生[2]。

这一时期水库移民的特点如下:

(1) 水库淹没实物指标比较简单,移民安置形式简单,主要是补偿个人和集体房屋土地,人均补偿不高。

(2) 有足够的土地补偿,移民能在较短时间内恢复生活和生产。时值土地改革和农业合作化初期,各地均掌握部分公有耕地和荒山、坡地,农民人均占有耕地数量相对较多,更容易通过划拨或调剂土地安置移民[3]。

(3) 该时期以治理水患为主,更容易获得普通民众的认同和支持。

第二阶段:1958—1977年

1958年,中华人民共和国第二个"五年计划"开始实施,水利水电事业也开始实现跨越式发展,先后完成了三门峡、新安江、密云、新丰江、丹江口等280多座大型水库工程,这是20世纪修建水利水电工程最多、移民数量最多的时期。

这一时期水库移民的特点如下:

(1) 重工程、轻移民思想盛行,工程前期普遍缺少移民安置规划,

---

1 《当代中国的水利事业》编辑部编印:《历次全国水利会议报告文件(1949—1957)》,1987年,第134—135页。
2 同上书,第142—143页。
3 王茂福:《水库移民返迁:水库移民稳定问题研究》,第7页。

移民安置实施过程中主要依靠政治动员、行政命令,具有典型的计划经济体制特征[1]。

(2) 水库移民农业安置比例最大,多采取由低向高就近、就地、后靠安置,安置地点生活条件较差且补偿标准普遍偏低,较搬迁前移民生活水平下降[2]。

(3) 没有专门的移民法规,移民安置和经济补偿以地方政府"红头文件"为依据,移民政策带有很大的地域性和随意性[3]。

(4) 水库移民返迁严重。20 世纪 50 年代末即出现移民返迁现象,60 年代及 70 年代上半期是返迁高潮[4]。

第三阶段:1978—2000 年

随着国家总体形势的转变,水利水电建设也随之发生变化,有很多大中型项目开工或恢复建设,这一时期修建了葛洲坝、龙羊峡、乌江渡、隔河岩等 70 多个大中型水利水电工程,重点建设了黄河小浪底、长江三峡、湖南江垭、广东飞来峡等工程。同时,随着家庭联产承包责任制在农村的广泛实施,水库移民遗留问题日益凸显。以 1982 年国务院颁布的《国家建设征用土地条例》为标志,国家开始开展对水库移民专项法规的研究和制定工作,提出了一系列移民安置的方针、政策和措施。1986 年国务院要求在全国范围内全面处理水库移民的遗留问题,该文件指出:"水库移民工作必须从单纯安置补偿的传统做法中解脱出来,改消极补偿为积极创业,变救济生活为扶助生产,要使移民安置与库区建设结合起来,合理使用移民经费,提高投资效益,走开发性移民的路子。"开发性移民方针的提出是 1949 年以来水库移民安置思路上的巨大转变,为此后的水利水电工程建设与移民安置工作提供了方向。1991 年我国第一部水库移民安置专项法规《大中型水利水电工程建设征地补偿和移民安置条例》正式颁布,从而为水库移民工作提供了法律保障。1993 年,为安置长江三峡工程移民工作的需

---

[1] 王茂福:《水库移民返迁:水库移民稳定问题研究》,第 8 页。
[2] 王应政:《中国水利水电工程移民问题研究》,中国水利水电出版社 2010 年版,第 80 页。
[3] 同上书,第 81 页。
[4] 王茂福:《水库移民返迁:水库移民稳定问题研究》,第 36 页。

要,国务院颁布了《长江三峡工程建设移民条例》,该条例明确规定"国家在三峡工程建设中实行开发性移民方针"。1998年,电力工业部印发了《水库移民补偿经费管理办法(试行)》[1]。

这一时期水库移民的特点如下:

(1) 逐步建立健全移民机构,探索水库移民政策法规的制定工作并逐步完善,水库移民工作"走上法制化轨道"[2]。同时,针对长江三峡这样的特大型水利水电工程还专门制定了移民条例。

(2) 加强和规范了水库移民前期工作。1984—1986年,水利水电部先后制定和颁布了《水利水电工程水库淹没处理设计规范》《水利水电工程淹没实物指标调查细则》和《水库库底清理办法》,全面规范了水库淹没处理,更有效地保障了移民权益,有力地推动了下一步的移民安置工作[3]。

(3) 提出了开发性移民方针。水库移民安置工作的思路从传统的单纯安置补偿转变为鼓励其积极创业,变救济为扶持,把移民安置与经济开发有机结合起来。水库移民中数量最多的农村移民安置改变了过去单一的种植业安置方式,开拓了大农业、加工业、农工贸等多个安置途径,拓宽了移民安置的门路[4]。

(4) 移民的实施与管理开始与国际接轨。从20世纪80年代中期开始,中国在大型水利水电工程建设方面开始引进外资,利用世界银行贷款进行工程建设和移民,福建水口、四川二滩、广东大广坝、湖南江垭等工程利用了国际金融组织的贷款,小浪底利用了世界银行专项移民贷款[5]。

---

1 王应政:《中国水利水电工程移民问题研究》,第81—83页;傅秀堂、李世荣:《我国水库移民政策的回顾与思考》,《人民长江》2007年第12期。
2 李丹、郭万侦等著:《中国西部水库移民研究》,四川大学出版社2010年版,第105页。
3 王应政:《中国水利水电工程移民问题研究》,第83页。
4 王茂福:《水库移民返迁:水库移民稳定问题研究》,第9页。
5 同上书,第10页。

第八章

知识青年"上山下乡"运动与移民

20世纪后半期,与剧烈的社会变动相呼应,各种类似或疑似移民运动的人口变动事件层出不穷,而知识青年"上山下乡"运动无疑是其中最为重要的事件之一。自20世纪50年代中期起,该运动在全国范围内掀起了一场城镇知识青年向农村和边疆地区的人口迁移大潮,兴衰跌宕20余年,直至70年代末80年代初又形成了震荡全国的返城风潮。知识青年"上山下乡"具有迁移人口、控制城市人口、开发边疆、解决就业等多重含义,其持续时间之久、涉及人数之多、波及范围之大,前所未有,对当代中国社会产生了不可估量的影响[1]。

---

[1]《把两千万青年的历史再现给社会》,载火木:《光荣与梦想:中国知青二十五年史》,成都出版社1992年版。

第一节

知识青年"上山下乡"运动的兴起与终结

所谓"上山下乡",顾名思义,即迁入农村及山区等边远地区。中国知识青年"上山下乡"始于20世纪50年代中期,前期通称"下乡上山",1957年10月中共中央发布的《一九五六年到一九六七年全国农业发展纲要(修正草案)》第一次明确提出这一概念并且沿用多年。但1967年7月9日《人民日报》发表题为《坚持知识青年上山下乡的正确方向》社论后,全国开始通用"上山下乡"这一提法[1]。

中华人民共和国成立之初,由于社会经济结构的重新改组,部分工厂停业和基建项目停建、缓建,再加上一些高小、初中毕业生不能升学、就业,城镇失业群体已经很庞大。针对此种情况,中央人民政府将组织城镇居民还乡生产作为解决失业问题的一条重要途径,由此首开城镇居民到农村去的先河,可视为其后城镇知识青年"上山下乡"的序曲[2]。

对于中小学毕业生,1954年4—5月份,青年团中央和中共中央宣传部先后发出了《关于组织不能升学的高小和初中毕业生参加或准备参加劳动生产的指示》《关于高小和初中毕业生从事劳动生产的宣传提纲》。8月,教育部、劳动部又发出联合通知,要求各地有计划地组织城市未能升学的初、高中毕业生从事农业生产和其他工作。1955年8月11日,《人民日报》发表了题为《必须做好动员和组织中小学毕业生从事生产劳动的工作》的社论,其中首次公开提出城镇中小学毕业生到农村去参加生产劳动的问题[3]。

1955年9月,面对农业合作化运动的急速发展,毛泽东在为河南

---

1 阎志峰:《从"下乡上山"到"上山下乡"的历史转变》,《党史博采(纪实)》2010年第9期。
2 顾洪章主编:《中国知识青年上山下乡始末》,人民日报出版社2009年版,第3、4页。
3 同上书,第6页。

省郏县大李庄乡《在一个乡里进行合作化规划的经验》一文所写按语中指出"一切可以到农村中去工作的这样的知识分子，应当高兴地到那里去。农村是一个广阔的天地，在那里是可以大有作为的。"这一按语标志着知识青年"上山下乡"在全国范围内启动，而且成为此后20多年各地政府组织动员知识青年"上山下乡"的指导思想[1]。

自1955年至1981年知识青年大返城，中国知识青年"上山下乡"运动大致经历了以下四个阶段[2]。

一　1955年至1962年，知识青年"上山下乡"的初始阶段

20世纪50年代中期，团中央向全国青年发出"向荒山、荒地、荒滩进军"的呼吁，从而掀起了一场大规模的青年志愿垦荒运动。1955年，北京、天津、上海、浙江等10多个省市的团委共组织了50多批共计3.7万余人参加的青年远征志愿者垦荒队。1956年，全国参加垦荒的青年增加到20万名。从青年志愿垦荒队动员的初衷、参加者成分以及务农支边后的工作性质等方面看，都与后来的"上山下乡"运动基本一致。因此，这可以看作是知识青年"上山下乡"的试点和探索[3]。这一阶段下乡人数最多的是上海。据共青团上海市委1964年5月15日《关于组织知识青年下乡上山工作的总结报告》可知，从1955年至1961年，上海市共动员组织41 822人下乡[4]。

中国知识青年"上山下乡"的初级阶段是在中华人民共和国成立初期以失业工人为主体的城镇居民回乡参加农业生产的基础上发展起来，以移民垦荒、加强农业为主要特征，鼓励青年自愿到农村和边疆，但真正到农村去的城镇知识青年还不多。其中，参加边疆开发与建设、支援少数民族地区的移民垦荒占较大比重，一般采用集体编队的形式，或建立青年集体农庄、国营农场、垦殖场的形式。从管理角度来看，

---

[1] 顾洪章主编：《中国知识青年上山下乡始末》，人民日报出版社2009年版，第7页。
[2] 知识青年"上山下乡"的阶段划分参见柳建辉：《也谈中国知青史的历史分期》，《中国青年研究》1996年第1期；顾洪章主编：《中国知识青年上山下乡始末》。
[3] 柳建辉：《也谈中国知青史的历史分期》，《中国青年研究》1996年第1期。
[4] 顾洪章主编：《中国知识青年上山下乡始末》，第14页。

当时从中央到地方并没有专门的机构统筹管理。如劳动部门从解决事业角度抓得多一些,共青团系统从发挥青年作为的角度做了许多具体工作,民政、农垦部门着重于组织移民垦荒、青壮年支边等工作[1]。该阶段重在舆论倡导,其实际意义和影响远远超出下乡人数本身[2]。

二 1962年至1968年,国家有计划地组织知识青年"上山下乡"阶段

1961年6月,中共中央发出了《关于精简职工工作若干问题的通知》。1962年6月,国务院通过了《关于精简职工安置办法的若干规定》。该规定下达后,各级农垦部门和国营农场开始为接收安置精简职工和青年学生做准备,国家农垦部成立了安置办公室,有计划有组织地动员城镇知识青年"上山下乡"由此拉开帷幕[3]。1962年至1966年8月,全国共有城镇知识青年和社会闲散劳动力196.9万人"上山下乡"。其中,知识青年达到129.28万人,占总人数的65.6%。其中,到人民公社插队的有87.06万人,到农场的有42.22万人。1962年至1966年,下乡人员主要安置到农场,插队只占6%。1964年插队比例猛增到61%,1966年达到70%以上[4]。

该阶段的主要特点是确定城镇知识青年"上山下乡"为长远方针,长远规划代替了一般号召,计划指标进一步强化,下乡形式也有变化[5]。1962年10月,国务院农林办公室第一次召开国营农、林、牧、渔场安置大中城市精简职工和青年学生汇报会,此次会议首次把城镇知识青年"上山下乡"纳入国家计划。1963年6月29日至7月10日中央安置工作领导小组召开各大城市精简职工和青年学生安置工作领导小组组长会议,此次会议标志着知识青年"上山下乡"工作新的转折。下乡的主要对象由精简职工转变为不能升学和就业的初高中毕

---

1 顾洪章主编:《中国知识青年上山下乡始末》,第13页。
2 同上书,第1页。
3 同上书,第30页。
4 同上书,第68、69页。
5 柳建辉:《也谈中国知青史的历史分期》,《中国青年研究》1996年第1期。

业生，并且动员范围由大中城市放宽至县镇。同时，以此为中心制定15年的安置工作规划。在安置方向上，从1963年下半年起，尤其是1963年底倡导推广嘉兴插队经验以后，由农场安置转向以插队为主，同时提出向山区进军。1964年初，《关于动员和组织城市知识青年参加农村社会主义建设的决定（草案）》发布，该文件是中共中央、国务院第一次发布指导知识青年下乡的纲领性文件。1965年8月26日至9月14日，中央安置领导小组召开安置工作座谈会，此次会议的中心议题即为研究规划问题[1]。党和国家已经把动员城镇知识青年"上山下乡"看成是城乡劳动力安排的一个重要方面，并纳入城乡劳动力配置的总体规划中，并提出了国家关心、负责到底的原则和政治上关心、经济上支援、文化上提供精神食粮的方针[2]。

三 1968年至1978年，知识青年"上山下乡"运动阶段

知识青年"上山下乡"真正形成运动、掀起高潮，始于1968年12月22日毛泽东关于知识青年"上山下乡""最新指示"的发表。《人民日报》在"编者按语"中转引了毛泽东的最新指示："知识青年到农村去，接受贫下中农的再教育，很有必要。要说服城里干部和其他人，把自己初中、高中、大学毕业的子女，送到乡下去，来一个动员。各地农村的同志应当欢迎他们去。""最新指示"一经发表，便成为最有影响力的动员令。从某种意义上来说，这一指示也是"对城市学生、家长以及农村干部与农民这三部分人所发出的不容置辩的命令"[3]。全国各大城市立即沸腾起来，各级革命委员会也随之开展了声势浩大的宣传动员工作。"上山下乡"立刻变成了一场带强制性的群众运动，"忠不忠，看行动"，"落实毛主席指示不过夜"，任何个人或家庭的困难都无法考虑，"学习班"要办到每一个动员对象报名为止，批斗会要斗到"阶级敌

---

1 顾洪章主编：《中国知识青年上山下乡始末》，第30—41页。
2 柳建辉：《也谈中国知青史的历史分期》，《中国青年研究》1996年第1期。
3 定宜庄：《中国知青史：初澜（1953—1968）》，当代中国出版社2009年版，第31页。

人"(包括出身不好或有"问题"的家长)"投降"(老老实实送子女下乡)[1]。1969年1—2月,仅仅两个月就有155.6万人下乡落户。至1969年底,全国共下乡267.38万人[2]。由于"老三届"初高中毕业生基本安排完毕,部分高中及中专1970年又开始恢复招生,加之国民经济有所恢复,从1970年开始,"上山下乡"开始降温。当年下乡人数下滑至106.4万人,1971年降至74.83万人,1972年再降至67.39万人,仅为1969年的25.1%。但随着国家经济形势的恶化,知识青年"上山下乡"工作又不得不重新重视起来。尤其是毛泽东亲笔复信福建知青家长李庆霖之后,"上山下乡"运动又掀起了新的高潮,直至1975年底[3]。1973年7月,国务院召开全国安置工作会议以后,在知识青年"上山下乡"的安置形式上也做了进一步调整,强调今后知识青年下乡主要采取以下三种形式:(1)插队要适当集中,建立青年点,有条件的也可以回老家落户;(2)以下乡知识青年为主,由带队干部和部分贫下中农参加,在人民公社建立集体所有制的青年队;(3)在土地比较多的地方单独建立以下乡知识青年为主,由带队干部和部分贫下中农参加的集体所有制农场。从1974年开始,各地大力加强青年点的建设。如河北省到1976年秋季全省已建青年点4 151个,集中安置下乡知青13万人。

该阶段最主要的特点是,在"文化大革命"的特殊历史条件下,知识青年"上山下乡"变成了史无前例的政治运动的一个组成部分,其内涵和外延都发生了很大的变化,最终由劳动就业的一项措施演变成一场运动。这可以看作是该阶段知识青年"上山下乡"运动与之前知识青年"上山下乡"的根本区别[4]。

四 1978年至1981年,知识青年"上山下乡"逐步缩小和结束阶段

自20世纪70年代中期起,已有相当数量的知识青年通过招工、

---

1 葛剑雄:《"上山下乡"运动的历史地理考察》,《历史学家茶座》第6辑。
2 顾洪章主编:《中国知识青年上山下乡始末》,第89—90页。
3 同上书,第95—98页。
4 张化:《试论"文化大革命"中知识青年上山下乡运动》,《党史资料通讯》1987年第4期。

当兵、上学等途径相继离开了农村,但呈现的是一种有序撤退。而到1978年底,特别是1979年之后,这种"撤退"几乎被逃亡的形式取代了,知青们的要求非常简单而具体,就是要返城,甚至不考虑返城后的工作和生活。1978年10月全国知青工作会议之后,宣传基调虽然仍在鼓励知识青年留在农村和号召继续走"上山下乡"之路,但政府也意识到"上山下乡"的路子越走越窄,二次就业已不可避免,于是便逐渐打开返城的大门,并以多种形式积极安排就业。从1978年初到1980年1月,全国共安排600万返城知青就业[1]。全国知青工作会议还形成了《国务院关于知识青年上山下乡若干问题的试行规定》,就下乡对象、范围、招工指标、工龄等做出了详细的规定,这也标志着知识青年"上山下乡"政策的基本调整:一方面,"上山下乡"的对象范围缩小,人数大大减少;另一方面,安排重点也由边疆、农村转为城区近郊,以发展集体所有制知青农场为主。此后随着政策的调整,"上山下乡"知青人数逐年减少,返城人员逐年增加,"上山下乡"规模逐步缩小[2]。1979年全国有24.7万人"上山下乡"。1980年,贵州、云南、西藏、宁夏、广东、上海、江苏、浙江、安徽、山东等10个省、市、自治区宣布停止动员下乡。1981年,各地基本上立足于城市自行消化,集中精力把历史遗留下来的96万名插队知青安排好。1981年底,国务院知青办并入国家劳动总局,各省、市、自治区也仿照办理。至此,历经20余年的城镇知识青年"上山下乡"运动宣告结束[3]。从以下三个表可以大致了解知识青年"上山下乡"涉及的区域和人数。

表 8-1 全国知识青年"上山下乡"人数(1962—1979年)

单位:万人

时 间	插 队	集体场队	国营农场	合 计
1962—1966	87.06		42.22	129.28
1967—1968	1 695.96		33.72	199.68
1969	220.44		46.94	267.38

---

[1] 方奕:《论知识青年上山下乡的历史分期》,《中国青年研究》1995年第4期。
[2] 柳建辉:《也谈中国知青史的历史分期》,《中国青年研究》1996年第1期。
[3] 顾洪章主编:《中国知识青年上山下乡始末》,第166页。

续表

时间	插队	集体场队	国营农场	合计
1970	74.99		31.41	106.40
1971	50.21		24.62	74.83
1972	50.26		17.13	67.39
1973	80.64		8.97	89.61
1974	119.19	34.63	18.66	172.48
1975	163.45	49.68	23.73	236.86
1976	122.86	41.51	23.66	188.03
1977	113.79	41.90	15.99	171.68
1978	26.04	18.92	3.13	48.09
1979	7.32	16.44	1.01	24.77
总计	1 282.21	203.08	291.19	1 776.48

说　明："插队"中包括回乡的人数，"集体场队"中包括农副业基地、农工商联合企业的人数，"国营农场"中包括到国营林、牧、渔场的人数。
资料来源：国家统计局社会统计司编：《中国劳动工资统计资料（1949—1985）》，中国统计出版社 1987 年版，第 110 页。

表 8-2　城镇知识青年跨省区下乡人数（1962—1979年）

单位：万人

动员地区—安置地区	插队	国营农场	合计
北京市	12.04	13.17	25.21
去向：黑龙江省	0.37	10.03	10.40
吉林省	1.12		1.12
辽宁省	0.11		0.11
陕西省	2.72		2.72
宁夏回族自治区		0.45	0.45
河北省	1.40		1.40
内蒙古自治区	1.35	2.69	4.04
山西省	4.13		4.13
云南省	0.84		0.84
天津市	17.64	9.51	27.15
去向：黑龙江省	1.62	5.08	6.70

续 表

动员地区—安置地区	插 队	国营农场	合 计
吉林省	1.70	0.09	1.79
辽宁省	0.29		0.29
河北省	11.27	0.60	11.87
内蒙古自治区	1.98	1.49	3.47
山西省	0.73		0.73
甘肃省	0.02	1.17	1.19
宁夏回族自治区	0.03	0.17	0.20
新疆维吾尔自治区		0.91	0.91
上海市	39.91	32.08	71.99
去向：黑龙江省	2.69	14.29	16.98
吉林省	2.38		2.38
辽宁省	0.06		0.06
内蒙古自治区	0.16	0.63	0.79
安徽省	13.70	1.20	14.90
江西省	10.6	1.20	11.80
江苏省	5.10		5.10
浙江省	3.20		3.20
云南省	0.96	4.76	5.72
贵州省	1.06		1.06
新疆维吾尔自治区		10.00	10.00
浙江省	2.53	5.70	8.23
去向：黑龙江省	1.52	4.30	5.82
吉林省	0.83		0.83
内蒙古自治区		0.91	0.91
宁夏回族自治区	0.18		0.18
新疆维吾尔自治区		0.49	0.49
山东省		2.02	2.02
去向：甘肃省		0.72	0.72
青海省		0.74	0.74

续 表

动员地区—安置地区	插 队	国营农场	合 计
内蒙古自治区		0.56	0.56
江苏省	0.12	1.70	1.82
去向：新疆维吾尔自治区		1.70	1.70
内蒙古自治区	0.12		0.12
四川省		4.50	4.50
去向：黑龙江省		0.40	0.40
云南省		4.10	4.10
湖北省		0.80	0.80
去向：新疆维吾尔自治区		0.80	0.80
河北省		0.66	0.66
去向：内蒙古自治区		0.66	0.66
全国总计	72.24	70.14	142.38

资料来源：顾洪章主编：《中国知识青年上山下乡始末》，人民日报出版社2009年版，第261—262页。

表8-3 "上山下乡"知识青年调离农村人数（1962—1979年）

单位：万人

时 间	招 生	征 兵	招 工	病退、困退回城	其 他	合 计
1962—1973	43.35	24.10	249.60	82.70	1.60	401.35
1974	16.98	4.24	28.63	10.20	0.30	60.35
1975	14.93	2.00	105.81	16.24	0.81	139.79
1976	7.30	11.27	99.24	17.03	0.41	135.25
1977	7.90	5.57	69.44	19.78	0.32	103.01
1978	27.09	29.81	130.78	66.64	1.00	255.32
1979	8.91	9.04	228.81	140.66	7.97	395.39
总计	126.46	86.03	912.31	353.25	12.41	1 490.46

说　明："其他"指提干人数和在知青场队的"上山下乡"知识青年就地转为集体所有制的职工人数。

资料来源：国家统计局社会统计司编：《中国劳动工资统计资料（1949—1985）》，中国统计出版社1987年版，第111页。

第二节

"上山下乡"的数量与区域分布

一 华北地区

1. 北京市

1955 年,团中央向全国青年发出"向荒山、荒地、荒滩进军"的呼吁。在共青团北京市委的组织下,第一支青年志愿垦荒队 60 人率先奔赴黑龙江省萝北县。1956 年北京市又组织了第二批青年志愿垦荒队 163 人奔赴黑龙江垦荒。1957—1963 年,以北京市教育部门为主组织动员 1.4 万余名知识青年到北京市郊区农村参加农业劳动,其中 1 000 余人去黑龙江垦荒。1964—1965 年,在北京市人民委员会的领导和部署下,共组织动员 2.3 万余名知识青年"上山下乡"。从知识青年的去向看,"上山下乡"的区域范围已不仅仅局限于北京市郊和黑龙江,开始进一步向山西、海南、宁夏、新疆、西藏、内蒙古和甘肃等省区扩散,但赴外省区的知识青年数量还不多,除黑龙江、山西和内蒙古外,其他省区均在 300 人以下。1968 年 12 月以后,北京市知识青年"上山下乡"掀起高潮,当年便有 9.6 万余名知识青年下乡,1969 年为 15.76 万余人,最多时一个月内就有 70 多个火车专列向外地运送 8.5 万名知识青年下乡,平均每天要开出两三个专列。由此可见当时北京知识青年"上山下乡"规模之大。1966—1969 年北京市共有 26.84 万余名知识青年"上山下乡",是人数最多的时期。其中去外省区的知识青年高达 24.96 万余名,主要去向为黑龙江、山西、内蒙古、陕西和河北等省区。1970—1980 年,北京市共有 35.2 万余名知识青年"上山下乡"。1970 年以后,知识青年"上山下乡"主要是去北京市郊区农村、国营农场和林场,去外省区的仅有 8 700 余人,其中除 1970 年有 4 900 余名知识青年赴内蒙古外,去其他省区的知识青年极少[1]。1980 年底,北京市不再动员知识青年"上山下乡"。

北京市知识青年"上山下乡"主要有插队、插场两种安置形式。(1) 插队,即安置在农村生产队,这种形式安置人数最多,共有 47.32 万余名知识青年插队,占总人数的 71.9%。其中到外省区插队的知识青年有 13.32 万人,主要分布在山西、陕西、内蒙古、河北、吉林和辽宁等省。在北京郊区插队的知识青年有 34 万人。此外,还有少量知识青年回原籍或至郊区农村投亲靠友到相关生产队安置。(2) 插场,即安置到国营农场、林场、军垦农场(人民解放军建设兵团)参加集体劳动,共有 18.51 万多名知识青年插场,占总人数的 28.1%。其中到外省区插场的有 13.74 万余人,在郊区插场的有 4.77 万余人。此外,还有少量知识青年随下放劳动的父母到外地的"五七"干校参加劳动[2]。

据统计,1955—1980 年,北京市共组织动员知识青年 65.84 万人"上山下乡",其中去外省区的共计 27.06 万人,到北京市郊区县的共计 38.78 万人。1969 年以前以去外省区"上山下乡"为主,北京知识青年遍布黑龙江、吉林、山西、河北、宁夏、甘肃、新疆、西藏、内蒙古、云南、海南、辽宁、陕西等 13 个省区[3]。

1955—1980 年北京市"上山下乡"知识青年地区分布情况详见表 8-4。

表 8-4　1955—1980 年北京市"上山下乡"知识青年地区分布情况

单位:人

去　向	人　数	去　向	人　数
本市郊区	387 790	山西	40 038
黑龙江	100 344	宁夏	4 136

1　北京市地方志编纂委员会编:《北京志·综合经济管理卷·劳动志》,北京出版社 1999 年版,第 43—45 页。
2　同上书,第 47 页。
3　同上书,第 46 页。

续表

去　　向	人　数	去　　向	人　数
陕西	27 211	甘肃	149
海南	56	吉林	11 200
新疆	223	辽宁	1 100
西藏	138	云南	8 238
内蒙古	41 500	随父母回原籍或去干部学校	22 068
河北	14 012	合计	658 378

资料来源：北京市地方志编纂委员会编：《北京志·综合经济管理卷·劳动志》，第 46 页。

20 世纪 70 年代后期，北京市作为"上山下乡"知识青年的重要输出地区，大批知识青年又陆续返城。

2. 天津市

20 世纪 50 年代中期，天津市开始动员知识青年赴边疆垦荒和下乡参加农业生产。1955—1956 年，天津市先后组织两批青年志愿垦荒队共 260 余名队员奔赴黑龙江省萝北县垦荒。1957 年，天津市组织了 2 000 余名中小学毕业生下乡参加农业生产[1]。20 世纪 60 年代初，在精减职工和减少城镇人口的同时，也开始动员一部分知识青年到天津郊区和周边地区农场、林场等地从事农业生产。1964 年 4 月 14 日，天津市召开动员知识青年参加农村社会主义建设广播大会[2]，由此开始有计划有组织地动员大批城市知识青年到农村、农场、生产建设兵团等参加农业生产和支援边疆建设，主要去向除天津市郊县外，还有河北、新疆、甘肃、云南、内蒙古等省区。1969 年 1 月 14 日，天津市召开"迅速掀起上山下乡高潮"的电视会，要求在全市迅速掀起一个知识青年和脱离劳动的居民到农村安家落户的新高潮[3]。1966 年至 1970 年，共有 29.5 万余名知识青年"上山下乡"，占同期天津市人口迁出总量的 70%。其中，1969 年达到最高峰，约有

---

1 天津市地方志编修委员会编著：《天津通志·人事志》，天津社会科学院出版社 2001 年版，第 53 页。
2 天津市地方志编修委员会编著：《中国天津通鉴》，中国青年出版社 2005 年版，第 379 页。
3 同上书，第 396 页。

15万人[1]。

据统计,1962年至1978年,天津市"上山下乡"知识青年共有415 000人,分别到内蒙古、甘肃、新疆、山西、黑龙江、河北等省区和天津郊区、郊县的农村、农场、生产建设兵团等地参加劳动[2]。

从1979年开始,天津市不再组织城镇知识青年"上山下乡",大批知识青年陆续返城。至1985年8月,通过调动工作、退休顶替、招工、招生、征兵及按政策因病、因困难回城等途径,天津市共安置返城知识青年34.2万名。在外省区和天津市郊县安置的有7.3万人,其中在外地被选调安置工作的有4.2万人,在外省区、生产建设兵团、农场和农村安置的有1.7万人,在天津市郊县乡镇和农场就地安置的有1.4万人[3]。

3. 河北省

1955年,共青团河北省委在唐山、保定等市动员了一批初、高中毕业生3 000余人奔赴新疆支援边疆建设,主要安置在新疆伊犁地区、喀什地区、石河子等地的生产建设兵团。同年10月,又动员百余名青年组成了河北省第一支赴黑龙江的垦荒队[4]。1957年3月,共青团河北省委召开"河北省建设社会主义新农村知识青年积极分子大会",大会通过了给全省在乡知识青年的一封信,号召广大知识青年积极到农村参加农业生产,大批省内外知识青年到河北各地农村安家落户。如北京市先后有两批1 500多名初高中毕业生到河北茶淀青年农场,唐山市1 041名初中毕业生到郊区农业社参加农业生产[5]。

20世纪60年代初,随着精简职工和城镇人口工作的开展,河北省于1962年、1963年动员了2万余名知识青年下乡,安置到国营农、林、牧、渔场。1964年,河北省开始广泛宣传动员知识青年"上山下乡"运动。1964—1965年,河北动员县以上城镇户口年满16周岁以

---

[1] 李竞能主编:《中国人口(天津分册)》,中国财政经济出版社1987年版,第160页。
[2] 天津市地方志编修委员会编著:《天津通志·人事志》,第145页。
[3] 同上。
[4] 河北省地方志编纂委员会:《河北省志·劳动志》,中国档案出版社1995年版,第99—100页。
[5] 河北省地方志编纂委员会:《河北省志·共青团志》,河北教育出版社2003年版,第380页。

上的初高中毕业生和社会闲散人员下乡、回乡 23 931 人,其中 1965 年有 1 711 名知识青年跨省区赴边疆支援建设。1966 年,除个别知识青年回乡务农外,城镇知识青年"上山下乡"运动基本停止。直至 1968 年 12 月,毛泽东号召"知识青年到农村去,接收贫下中农的再教育",河北省开始了大规模的城镇知识青年"上山下乡"运动。1968—1970 年,全省共有 68 451 名知识青年"上山下乡"。1971—1972 年,因城镇高中毕业生大部分留城就业,仅有 9 055 名知识青年"上山下乡"。1974—1978 年,全省共动员 263 051 名知识青年下乡、回乡。1979 年以后,进一步缩小动员范围,当年仅有 1 910 名知识青年"上山下乡"[1]。1980 年河北省劳动就业工作会议确定,不再动员城镇中小学毕业生"上山下乡"。1980 年底,全省下乡知识青年大部分都返回原动员城市。

1963—1980 年,河北省共有 402 166 名知识青年下乡[2]。据不完全统计,河北省前后接收外省市知识青年共 72 948 人,其中来自天津市的知识青年最多,共达 42 216 人,占外省市知青总数的 64.73%;北京市下乡知识青年 10 862 人,占 14.89%;其他省市下乡知识青年 14 870 人,占 20.38%。河北省的知识青年下乡到外省区的共有 12 377 人,多数去黑龙江和内蒙古建设兵团,至 1982 年基本上全部返回原籍[3]。

河北省知识青年下乡人数统计详情见表 8-5。

表 8-5　河北省城镇知识青年下乡人数统计表(1963—1980 年)

单位:人

年　份	人　数	年　份	人　数
1963 年	8 679	1967 年	3 025
1964 年	12 888	1968 年	31 135
1965 年	11 043	1969 年	14 900
1966 年	7 643	1970 年	22 416

1　河北省地方志编纂委员会编:《河北省志·劳动志》,第 100—103 页。
2　同上书,第 104 页。
3　王明远主编:《中国人口(河北分册)》,第 183 页。

续 表

年 份	人 数	年 份	人 数
1971年	3 946	1977年	45 561
1972年	5 109	1978年	8 078
1973年	15 730	1979年	1 910
1974年	60 085	1980年	691
1975年	75 615		
1976年	73 712	合计	402 166

资料来源：河北省地方志编纂委员会编：《河北省志·劳动志》，第104页。

4. 山西省

山西省从1955年就开始动员一部分中学、高小毕业生回乡参加农业生产。1956年，又从太原、榆次、长治、阳泉、大同等地挑选1 000余名知识青年组成志愿垦荒队赴内蒙古河套地区和乌兰察布盟支援边疆建设。1963年，山西省开始动员城市知识青年去农村插队落户，次年规模进一步扩大，同时北京、天津两市知识青年开始来山西插队。1968年起，山西省知识青年"上山下乡"掀起高潮，当年便有43 732名知识青年在山西农村插队落户，其中仅北京知青就有35 676人。1968年至1972年，山西省共安置"上山下乡"知青75 082名，京、津等外地知青占到62％。1973年，山西省所有城镇全面开展动员知识青年"上山下乡"。1976年山西省"上山下乡"知识青年"农业学大寨"积极分子代表会议再次将"上山下乡运动"推向高潮，当年共有5.5万余名应届和往届初、高中毕业生"上山下乡"，这是山西省知识青年"上山下乡"人数最多的一年。据统计，1964年至1979年，山西省共安置城镇"上山下乡"知识青年31万余人。其中，山西省本省"上山下乡"知识青年共26万余人，北京、天津等外省市知识青年来山西落户共5万余人。外地来晋知识青年中以北京为最多，共42 339人，占外省市知识青年来山西插队人数的82.8％。北京、天津知识青年来山西插队落户的高潮出现在1968年至1970年。从1968年起，山西省先后接收了北京近百所中学初、高中毕业生4万余名和天津十几所中学的毕业生6 000余名以及少量外省知青,安置在全省91个县[1]。1981年,山西省动员知识青年"上山下乡"工作结束。1984年,山西省知识青年基本全部返城就业。

1964年至1979年山西省知识青年"上山下乡"情况详见表8-6。

4. 内蒙古自治区

据统计,1957—1979年,内蒙古自治区共动员接收安置"上山下乡"知识青年416 445人。其中,内蒙古自治区内知识青年317 823人,占知识青年总人数的76.3%。接收安置外省市知识青年98 622人,天津、北京知识青年最多,分别为50 080人、25 040人。1968年和1969年是内蒙古自治区安置下乡知识青年最多的两年,也是接收区外城市下乡知识青年最多的两年。两年分别安置下乡知识青年84 543人和123 830人,两年安置人数占安置总人数的40.5%[2]。

二 东北地区

1. 辽宁省

20世纪50年代中期,辽宁省开始动员城市不能升学的青年学生去农村参加农业生产,但当时下乡人数较少。60年代初,辽宁省在大量精简职工和压缩城市人口的同时动员青年学生下乡。至1963年底,全省共有2万余名知识青年下乡。1964年开始,辽宁省把动员组织城市青年学生"上山下乡"作为加强农业战线的战略措施开始在全省范围内广泛动员,当年共有1.89万余名知识青年下乡。1968年以后,辽宁省掀起了更大规模的知识青年"上山下乡"运动,当年下乡知识青年高达45万余人。1974年全省推广湖南省株洲市"厂社挂钩"安置下乡知识青年的经验后,辽宁省连续4年每年下乡人数均超过20万:1974年226 510人,1975年283 748人,1976年278 244人,1977年239 138人。1974年至1977年4年间共下乡知识青年

---

[1] 山西省史志研究院:《山西通志·经济管理志·劳动篇》,中华书局1999年版,第45页。
[2] 《内蒙古自治区志·劳动志》编纂委员会编:《内蒙古自治区志·劳动志》,内蒙古教育出版社2003年版,第162—163页。

表8-6 山西省知识青年"上山下乡"情况统计表（1964—1979年）

单位：人

时间	合计	"上山下乡"情况				安置情况					
		本省下乡	接收外地			插队		分散回乡人数	集体插队		到国营农、林、牧、渔场插队人数	建设兵团
			北京	天津	其他	当年插队人数	当年共有青年点数		当年安置人数	当年共有场队数		
1966年前	20 332	17 824	2 401	107		7 122					11 420	1 790
1967												
1968	43 732	6 023	35 675	2 034		43 732						
1969	15 917	11 632	4 166	119		15 917						
1970	11 296	7 018		4 278		11 296						
1971	860	860				860						
1972	3 277	3 277				3 277						
1973	33 535	33 405	1	2	127	33 535						
1974	36 427	35 960	1	31	435	28 726		2 519	3 258		1 924	
1975	45 256	44 680	17	25	534	32 746	3 031	3 664	5 553	180	3 293	
1976	55 946	55 299	43	64	540	43 565	2 803	3 001	5 711	233	3 669	
1977	32 390	32 066	25	30	269	25 967	2 912	2 232	3 213	255	978	
1978	8 908	8 803	10	12	83	3 384	2 740	838	1 449	296	1 237	
1979	6 319	6 215			104	1 948	2 151		3 156	135	1 215	
总计	314 195	263 062	42 339	6 702	2 092	234 075	13 637	12 254	22 340	1 099	23 736	1 790

资料来源：山西省史志研究院编：《山西通志·经济管理志·劳动篇》，第50—51页。

1 027 640 人,约占全部下乡人数的 50.3%。从 1978 年开始,辽宁省逐渐缩小下乡范围,直至 1980 年不再动员知识青年下乡[1]。

据统计,1955 年至 1980 年,辽宁省共有 2 044 134 名知识青年"上山下乡"。

辽宁省知识青年"上山下乡"人数统计详情见表 8-7。

表 8-7　辽宁省知识青年"上山下乡"人数情况统计表　　单位:人

年　份	人　数	年　份	人　数
1963 年底以前	20 987	1973 年	51 445
1964 年	18 923	1974 年	226 510
1965 年	27 236	1975 年	283 748
1966 年	19 190	1976 年	278 244
1967 年		1977 年	239 138
1968 年	452 837	1978 年	45 133
1969 年	59 767	1979 年	60 393
1970 年	72 551	1980 年	12 854
1971 年	76 153		
1972 年	99 025	合计	2 044 134

说　明:落实政策按下乡知青待遇的 43 541 人不包括在此数之内。
资料来源:辽宁省地方志编纂委员会办公室主编:《辽宁省志·劳动志》,辽宁民族出版社 2004 年版,第 101 页。

辽宁省对下乡知识青年的安置,普遍采取集中安置与分散安置相结合、以集中安置为主的办法。集中安置总人数为 1 996 124 人,占全省总数的 97.65%。集中安置又分为五种形式:插队安置,国营农、林、渔场安置,集体所有制知青场(厂)队安置,农副业生产基地安置和农工商联合企业安置[2]。其中,插队安置为最主要的安置形式,安置人数高达 1 650 937 人,占全省总数的 82.71%。

辽宁省知识青年"上山下乡"安置情况见表 8-8。

---

[1] 辽宁省地方志编纂委员会办公室主编:《辽宁省志·劳动志》,辽宁民族出版社 2004 年版,第 98—100 页。
[2] 同上书,第 101 页。

表 8-8 辽宁省下乡知青安置情况表

安置形式		人数（人）
集中安置	青年点	1 650 937
	国营农林牧渔场	160 206
	集体所有制知青（场）队	172 091
	农副业生产基地	8 208
	农工商联合企业	4 682
	小计	1 996 124
分散安置		48 010
全省下乡知青总数		2 044 134

资料来源：辽宁省地方志编纂委员会办公室主编：《辽宁省志·劳动志》，辽宁民族出版社2004年版，第103页。

2. 吉林省

20世纪50年代中期，吉林省开始组织青年学生垦荒。1962年，吉林省在进行精简职工和压缩城镇人口的同时，开始有计划、有组织地动员城市未能升学、就业的中学毕业生下乡参加农村建设。1962年至1966年6月，吉林省共动员41 474名城市中学毕业生下乡。1968年12月后，全省大规模地开展城镇知识青年"上山下乡"运动并迅速掀起高潮，当年共有19万余名知识青年下乡。1969年，城镇中学毕业生全部"上山下乡"。1968—1977年，全省共有97万余名城镇知识青年下乡。1978年，吉林省开始缩小动员下乡范围。1978—1980年，全省共有6.9万余名知识青年下乡。1981年，吉林省不再动员城市青年"上山下乡"。

此外，吉林省从1968年开始接收安置外省市下乡知识青年，1968—1969年共有5.4万余名知识青年到吉林"上山下乡"。至1976年，吉林省共接收北京、天津、上海市和浙江省下乡知识青年60 400人。其中，上海、天津人数最多，分别为23 769人、20 939人。上海知识青年安置在延边和四平地区，北京、天津、浙江知识青年主要安置在白城和哲里木盟地区[1]。

---

[1] 吉林省地方志编纂委员会编纂：《吉林省志·经济综合管理志·劳动》，吉林人民出版社1998年版，第81—82页。

据统计,1962年至1980年,吉林省动员安置"上山下乡"知识青年1 081 464人,其中大部分到农村插队,人数高达933 412人,占全部下乡知识青年的86.3%[1]。

1968年至1976年吉林省接收京、津、沪、浙知识青年人数及安置地区详情见表8-9。

表8-9 吉林省接收京、津、沪、浙知识青年人数(1968—1976年)

单位:人

省 市	合计	1968	1969	1972	1974	1976	接收安置区			
							四平	白城	延边	哲盟
北京市	11 237	6 098	5 139					6 358		4 879
天津市	20 939	11 882	7 497		1 523	37		6 206		14 733
上海市	23 760		23 510	259			6 081		17 679	9
浙江省	4 455		348	4 107				3 775		680
全省总计	60 400	17 980	36 494	4 366	1 523	37	6 081	16 339	17 679	

资料来源:吉林省地方志编纂委员会编纂:《吉林省志·经济综合管理志·劳动》,第82页。

从1970年开始,吉林省"上山下乡"知识青年绝大部分通过招生、征兵和招工等途径逐渐调离农村。

3. 黑龙江省

1963—1978年,黑龙江省共动员城镇知识青年"上山下乡"182万余人。其中,1968—1969年、1974—1975年是全省知识青年"上山下乡"的两个高峰期。1968年动员知识青年29.04万人下乡,1969年高达33.2万人,为历史之最,1968—1969年成为全省知识青年下乡的第一个高峰期。1974年、1975年分别动员知青20.14万人、24.94万人下乡,共计45.08万人,成为全省知识青年下乡的第二个高峰期。1968—1978年,黑龙江省共动员城镇知青178.22万人下乡,平均每年16.2万人[2]。

黑龙江省所接收的外省市知识青年"上山下乡"主要来自北京、天

---

[1] 吉林省地方志编纂委员会编纂:《吉林省志·经济综合管理志·劳动》,第74页。
[2] 黑龙江省地方志编纂委员会编:《黑龙江省志·劳动志》,黑龙江人民出版社1995年版,第126—127页。

津、上海和浙江、四川等5个省市。从20世纪60年代中期起至1979年,共有40.3万人到黑龙江国营农场和农村插队,以国营农场安置为主。其中,上海知识青年最多,高达16.98万人;北京知识青年10.4万人;天津知识青年6.7万人;浙江知识青年5.82万人;四川知识青年0.4万人。外省市知识青年大批"上山下乡",主要集中在1968—1970年间。从20世纪70年代起,大批下乡知识青年开始返城。据1979年统计,北京知识青年返回9.8万,留在黑龙江省国营农场落户的有6 000人;天津知识青年返回6.2万,留在黑龙江的不到5 000人;上海知识青年返回15.9万人,留在黑龙江的还有1.09万人;四川省知识青年返回的有1 000多人,还有3 000余人留在黑龙江省[1]。

黑龙江省知识青年"上山下乡"详情见表8-10。

表8-10 黑龙江省城镇知识青年"上山下乡"情况表(1963—1978年)

单位:万人

时间	安置形式				合计
	插队	国营农、林、牧、渔场	建设兵团	集体所有制知青场队	
1963		0.53			0.53
1964	2.24				2.24
1965	1.58				1.58
1968	9.82	6.98	12.24		29.04
1969	11.58	7.76	13.86		33.20
1970	2.13	4.09	5.24		11.46
1971	0.42	1.67			2.09
1972	2.78	3.57			6.35
1973	10.09	0.86			10.95
1974	8.97	2.25		8.92	20.14
1975	13.87	2.40		8.67	24.94
1976	7.18	4.54		5.47	17.19

---

[1] 熊映梧主编:《中国人口(黑龙江分册)》,中国财政经济出版社1989年版,第157页。

续 表

时 间	安置形式				合 计
	插 队	国营农、林、牧、渔场	建设兵团	集体所有制知青场队	
1977	5.49	1.58		6.27	13.34
1978	0.81	0.37		8.34	9.52
合计	76.96	36.60	31.34	37.67	182.57

说　明：(1) 1966年、1967年因"文化大革命"未动员知青"上山下乡"。(2) 插队人数，1971年以后国营农、林、牧、渔场人数中，分别包括知青回原籍农村人数、去建设兵团人数。(3) 1968年以后知青人数中含接收京、津、沪、浙四省市"上山下乡"知青40.3万人。

资料来源：黑龙江省地方志编纂委员会编：《黑龙江省志·劳动志》，黑龙江人民出版社1995年版，第142页。

三　华东地区

1. 上海市

上海市知识青年"上山下乡"始于20世纪50年代中期。1955年10月，共青团上海市委组织动员了800多名青年，组成"上海青年支援垦荒队"，分批奔赴江西省德安县，这是上海青年"上山下乡"的第一支队伍。以后陆续有大批青年分别去江西、安徽、湖北、新疆等地，以及上海郊区农村参加农业生产劳动。1955年至1966年上半年，上海市"上山下乡"的知识青年共有16.4万人，前期以前往江西农场为主，后期以前往新疆屯垦戍边为主，二者约占91.96%[1]。这一期间知识青年"上山下乡"的人数及去向详见表8-11。

表8-11　1955—1966年上海市知识青年"上山下乡"人数及去向表

单位：人

去　向	合　计	1955	1957	1958	1961	1962	1963	1964	1965	1966
总计	164 015	935	3 468	13 609	18 751	18 413	20 879	36 086	22 980	28 894
江西	14 117	935	—	3 728	9 454					

---

[1] 《上海青年志》编纂委员会编：《上海青年志》，上海社会科学院出版社2002年版，第176页。

续表

去向	合计	1955	1957	1958	1961	1962	1963	1964	1965	1966
安徽	2 227	—	—	1 904	—	—	—	—	323	—
湖北	7 977	—	—	7 977	—	—	—	—	—	—
新疆	85 155	—	—	—	2 500	458	19 730	31 216	14 357	16 894
浙江	271	—	—	—	271	—	—	—	—	—
上海市郊	54 268	—	3 468	—	6 526	17 955	1 149	4 870	8 300	12 000

资料来源：《上海劳动志》编纂委员会编：《上海劳动志》，上海社会科学院出版社1998年版，第113页。

1968年，上海对中学毕业生分配实行面向农村、面向边疆、面向工矿、面向基层的"四个面向"的办法，当年有22万余名青年"上山下乡"。1968年12月，中共上海市委和市革命委员会决定，对1968年、1969年两届中学毕业生加上前两届余留的共50.7万人全部动员"上山下乡"。1970届以后的中学毕业生分配又恢复"四个面向"的办法，仍以动员"上山下乡"为主。1968年至1978年，全市先后动员中学（包括中专、技校、半工半读学校）毕业的知识青年共111.3万人"上山下乡"[1]。其中，迁往外省和上海市郊县的知识青年人数分别为615 517人、497 435人。上海知识青年迁往外省"上山下乡"的高峰年份为1969年和1970年，两年间共迁出知识青年48.06万人，占迁出知识青年总量的79.89%。1970年以后，上海知识青年主要迁往本市郊县农场，迁往外省的人数迅速下降；至1976年和1977年时，上海市区每年迁往外省的知识青年仅200名至300名[2]。

1968—1978年上海市知识青年"上山下乡"的人数及分布详见表8-12。

上海市知识青年"上山下乡"的安置形式，主要有农村插队和农场安置两大类。其中，农村插队安置共有52.5万余人；农场安置，包括各地生产建设兵团、国营农场等单位接收安置的上海知识青年达75.6万余人。1968年至1978年，外地生产建设兵团和农场安置

[1]《上海劳动志》编纂委员会编：《上海劳动志》，上海社会科学院出版社1998年版，第111页。
[2] 胡焕庸主编：《中国人口（上海分册）》，第146页。

表 8-12 1968—1978 年上海市知识青年"上山下乡"人数及分布表

单位：人

去向		"上山下乡"总人数	其中	
			插队人数	建设兵团，农、林场人数
跨省（区）下乡		615 517	401 147	214 370
其中	黑龙江	165 186	27 046	138 140
	江西	118 805	106 856	11 949
	安徽	149 421	137 374	12 047
	云南	55 944	10 065	45 879
	贵州	10 491	10 491	—
	吉林	23 815	23 815	—
	内蒙古	7 963	1 608	6 355
	辽宁	594	594	—
	江苏	51 200	51 200	—
	浙江	32 098	32 098	—
上海郊县		497 435	112 524	384 911
合计		1 112 952	513 671	599 281

说　　明：上海郊县有 15.6 万（其中 1968 年 9.3 万，1969 年 6.3 万）名农村户口的初、高中毕业生回所在社、队务农，未计入"上山下乡"人数。
资料来源：《上海劳动志》编纂委员会编：《上海劳动志》，第 113 页。

214 370 人，上海市属农场安置 384 911 人[1]。

1979 年初，云南国营农场的知识青年通过请愿、上访等活动开始返沪，新疆上海知青也随之掀起了长达两年多的返沪风潮。至 1983 年，跨省区下乡插队的知识青年经过当地招工、征兵和按政策回沪以后，留在农村的约 5.3 万人，其中已在农村结婚成家的约 4.5 万人。上海市郊下乡插队的知识青年通过招工、招生、征兵、病退等各种办法，也基本都调离农村。此外，针对留在外省区工作的原上海城镇"上山下乡"知识青年子女就读、就业等方面的问题，上海市于 1989 年发布《关于允许在外省区工作的原上海城镇"上山下乡"知识青年子女来沪就读入户问题的通知》，至 1990 年，共有 5 万余名知识青年子女

---

[1] 《上海劳动志》编纂委员会编：《上海劳动志》，第 114 页。

回沪。

2. 江苏省

20世纪50年代中期,江苏省就开始动员一部分未能升学的城镇中小学毕业生去农村参加农业生产,其中尤以1957年夏季至1958年2月最为集中,全省共有4 000余名城镇中小学毕业生奔赴农村。1962—1963年,江苏省又安置1.4万余名大中城市知识青年去国营农场和林场。

1963年7月以后,江苏省开始有计划、有组织地动员和组织城镇知识青年去农村插队劳动。1964年,知识青年"上山下乡"运动扩展到江苏省各个城镇。从1962年下半年至1966年上半年,江苏省"上山下乡"知识青年共计11.14万人,其中插队8.28万人,插场2.86万人。自1968年12月,江苏省知识青年"上山下乡"运动掀起第一个高潮,当年下乡知青人数高达17.04万人,1968—1970年三年共计39.34万人。此外,1963年至1969年,江苏省共有2.3万名知识青年到新疆、陕北和内蒙古等地插队落户[1]。其中,1965年至1966年,江苏根据国家支援边疆建设计划,安置17 221人去新疆维吾尔自治区生产建设兵团,1 200人到内蒙古自治区插队[2]。

由于1970年国家开始恢复招工,1971—1972年仅有2.65万名知识青年"上山下乡"。1973年停止招工后,城镇中学毕业生安置仍以"上山下乡"为主。1975年江苏省招工政策规定,城镇动员下乡的知识青年须下农村满两年才予招工,知识青年"上山下乡"再次掀起高潮。1975—1977年,下乡知识青年共计22.28万人。

据统计,1962年至1979年,江苏省"上山下乡"知识青年总计86.12万人[3]。下乡知识青年中74%被安插在生产队中,21.5%被安插在国营农场,其余则在知青农场[4]。

1978年以后,随着知识青年"上山下乡"政策的调整,江苏省开始

---

[1] 杜闻贞主编:《中国人口(江苏分册)》,中国财政经济出版社1987年版,第146页。
[2] 江苏省地方志编纂委员会编:《江苏省志·劳动管理志》,江苏古籍出版社2000年版,第128页。
[3] 同上书,第126页。
[4] 杜闻贞主编:《中国人口(江苏分册)》,第151页。

分期分批逐步安排下乡插队的知识青年回城就业。至1981年底,绝大部分知识青年均已回城就业。

3. 浙江省

1956年1月,响应时任共青团中央书记处第一书记胡耀邦"组成志愿垦荒队,开发建设大陈岛"的号召,浙江省组织动员温州、台州等地首批227名青年垦荒队员登上大陈岛。1956—1960年,浙江省先后组织5批428名青年志愿者上岛参与垦荒建设[1]。20世纪60年代初,浙江省精简职工和下放城镇居民共30余万人,其中青年约4万人。

1964年,浙江省开始逐步展开有组织、有计划的动员城镇知识青年"上山下乡"。1964—1966年,全省动员下乡、回乡人员共计11.51万人。1968年,全省城镇掀起了知识青年"上山下乡"的高潮,1966届、1967届、1968届初高中毕业生基本上都被动员"上山下乡"。1968—1970年,全省共计有26.93万人支农支边,其中1970年"上山下乡"人数高达13万人。1973年,浙江省不再组织知识青年支边,但仍以动员在省内"上山下乡"为主。1971—1978年,全省共动员城镇知识青年"上山下乡"共计28.46万人[2]。从1979年起,浙江省不再动员知识青年"上山下乡"。1980年后,通过招工、招生、病退等形式,大部分知识青年都已回城就业。

据统计,1964年至1980年,浙江省动员城镇知识青年"上山下乡"共计67.62万人。省内安置59.59万人,占全省"上山下乡"知识青年总数的88.1%,其中农村插队52.92万人,国营农、林、牧、渔场3.63万人,浙江生产建设兵团3.04万人。去省外支边共7.82万人,其中黑龙江省5.79万人,吉林省0.45万人,内蒙古自治区0.91万人,宁夏回族自治区0.18万人,新疆维吾尔自治区0.49万人[3]。

浙江省城镇知识青年"上山下乡"人数详细情况见表8-13。

---

1 邱雪玲:《大陈岛垦荒档案记略》,《浙江档案》2012年第11期。
2 《浙江省劳动保障志》编纂委员会编:《浙江省劳动保障志》,中华书局2004年版,第116页。
3 同上书,第120页。

表8-13 浙江省城镇知识青年"上山下乡"人数情况

单位：万人

年份	合计	支边	省内	其中		
				兵团	农场	插队
1964—1966	12.16	0.66	11.50		0.43	11.07
1968	1.35		1.35		0.13	1.32
1969	12.49	2.47	10.02		0.55	9.47
1970	13.09	3.09	10.00	2.28	0.95	6.77
1971	3.72	0.92	2.80	0.55	0.89	1.36
1972	2.45	0.68	1.77	0.16	0.38	1.23
1973	2.46		2.46	0.05		2.41
1974	3.20		3.15			3.15
1975	4.16		4.10		0.13	3.97
1976	5.17		5.14		0.11	5.03
1977	5.49		5.43		0.12	5.31
1978	1.81		1.80		0.02	1.78
1979	0.06		0.06		0.01	0.05
1980	0.01		0.01		0.01	
总计	67.62	7.82	59.59	3.04	3.63	52.92

说　明：（1）1973年以后不组织支边，但有少量去外省插队，故合计数与省内人数有差异。（2）下乡去集体所有制场队、回乡的人数均包括在插队栏内。
资料来源：《浙江省劳动保障志》编纂委员会编：《浙江省劳动保障志》，第120页。

4. 安徽省

20世纪50年代中期，安徽省就开始动员一部分城镇初、高中毕业生到国营农场，但去农村落户的很少。1963年，安徽省在压缩城市人口、精简职工的同时，又动员城市未能升学、就业的知识青年到农村插队落户。1964年，安徽省开始全面动员城镇知识青年"上山下乡"。至1966年上半年，全省共动员4.2万名知识青年（不包括其他类型下乡人员），这一时期接收外省市知识青年还较少（以上海知识青年为主），仅有557名。1968年8月起，安徽省开始广泛宣传动员知识青年"上山下乡"，由此掀起了"上山下乡"的第一个高潮，尤其是1970年全年共有10万余人"上山下乡"。至1972年底，安徽省下乡回乡知青共计51万余名,其中插队317 676人(包括上海知青141 899人),回乡192 899人。与此同时,通过招工、升学或参军等离开农村的知识青年也有121 128人。1973年后,全省再次掀起"上山下乡"的高潮,知识青年下乡人数逐年增加,1974—1976年三年共计20余万人[1]。从1978年5月起,安徽省调整下放政策,各地可根据实际情况最大限量地将中学毕业生留在城里。1980年底,安徽省不再动员城镇知识青年"上山下乡"。

据统计,1963年至1980年,安徽省共动员和接收72万余名城镇知识青年"上山下乡"。其中1967年至1980年共有68.09万人,占"上山下乡"总人数的94.18%。在1967年以后下乡的知青中,安徽省共计52.98万人,占77.8%;接收外省市知青共计15.11万人,其中主要为上海知青,约15.1万人[2]。

安徽省城镇知识青年"上山下乡"有农村插队、回乡、到农林牧渔场及生产建设兵团三种形式。其中,农村插队是"上山下乡"的主要形式。1967年至1980年,全省城镇知青到农村插队的有57.40万人,占全部"上山下乡"人数的84.3%。回乡、到农林牧渔场及生产建设兵团的城镇知识青年分别为3.81万人、6.87万人,占全部"上山下乡"人数的5.6%、10.1%[3]。

安徽省城镇知识青年"上山下乡"详情见表8-14。

表8-14 1967—1980年安徽省城镇知识青年"上山下乡"人数统计表

单位:人

年 份	"上山下乡"人数			安 置 形 式			
	合 计	安徽省	外省市来安徽	插 队	回 乡	集体所有制场、队	国营农林牧渔场、生产建设兵团
1967	577	577	—	173	404	—	—
1968	87 322	86 885	437	79 343	7 947	—	32

---

1 刘小平:《安徽知识青年上山下乡述评》,《安徽史学》1995年第3期。
2 安徽省地方志编纂委员会编:《安徽省志·劳动志》,方志出版社1998年版,第33页。
3 同上书,第33—34页。

续 表

年 份	"上山下乡"人数			安 置 形 式			
	合 计	安徽省	外省市来安徽	插 队	回 乡	集体所有制场、队	国营农林牧渔场、生产建设兵团
1969	94 963	62 979	31 984	84 559	9 935	23	446
1970	103 793	40 639	63 154	92 349	3 683	61	7 700
1971	44 869	18 429	26 440	38 779	818	484	4 788
1972	34 422	17 225	17 197	27 722	492	1 386	4 822
1973	32 272	27 259	5 013	30 373	379	574	946
1974	61 612	56 581	5 031	50 828	3 451	1 063	6 270
1975	64 859	63 767	1 092	49 550	3 314	1 892	10 103
1976	85 741	85 319	422	64 224	4 636	7 783	9 098
1977	68 101	67 813	288	55 164	3 046	6 098	3 793
1978	1 280	1 252	28	1 005	14	116	145
1979	730	728	2	6	—	724	—
1980	414	414	—			414	
总计	680 955	529 867	151 088	574 075	38 119	20 618	48 143

资料来源：安徽省地方志编纂委员会编：《安徽省志·劳动志》，方志出版社1998年版，第34—35页。

1968年至1982年，通过招工、招生、征兵等多种途径，安徽省知青共有62.93万人回城，占同期下放知青总人数的92.5%。其中，招工回城的占64.08%，大、中专院校招生占7.82%，应征入伍占4.43%，提升为国家干部的占0.59%，因患病、伤残或父母退休退职顶替工作照顾回城的占21.74%，其他情况回城的占1.34%。1982年底，尚留在农村的下放知青仅有1 135人，其中已婚知识青年749人。1990年底，安徽省知青遗留问题基本处理完毕[1]。

5. 福建省

20世纪60年代初，福建省在精简职工和压缩城市人口时即开始

---

1 安徽省地方志编纂委员会编：《安徽省志·劳动志》，第40、42页。

有组织、有计划地组织城镇知识青年"上山下乡"。1962年6月,福州、厦门各有一批知识青年到农村插队落户。1962—1963年,福州又组织一批知识青年到崇安县（今武夷山市）建立3个知青农场。1963—1965年,全省各地国营农场也陆续接收知识青年。据不完全统计,1963—1966年上半年,福建省共有5.7万余名知识青年"上山下乡"。1969年起,福建省知识青年"上山下乡"掀起高潮并延续至1977年,除1973年为1.5万多人外,其他年份均在2.5万人以上。其中,1975—1976年,来自莆田、仙游、漳州、漳平、福州、厦门等地的83位初高中毕业生赴新疆塔城创建知青队[1]。

据统计,1962年至1980年,福建省共动员知识青年329 415人"上山下乡",其中省会福州市人数最多,达87 334人,占"上山下乡"总人数的27%[2],其次为厦门、漳州和泉州。跨省市下乡知识青年大多数是从沿海城镇到内地山区如南平、三明和龙岩等地。

1962—1981年福建省动员城镇知识青年"上山下乡"情况见表8-15。

表8-15　1962—1981年福建省动员城镇知识青年"上山下乡"统计表

单位：人

年　份	动员人数	年　份	动员人数
1962—1966	57 022	1976	25 036
1967—1971	84 733	1977	28 628
1972	37 508	1978	6 317
1973	15 198	1979	3 723
1974	26 035	1980	938
1975	44 237	合计	329 415

资料来源：福建省地方志编纂委员会编：《福建省志·劳动志》，第40页。

福建省知识青年的安置形式主要有四种：（1）插队。以插入农村人民公社生产队为主要安置形式。20世纪60—70年代初,以分散插队为主。1973年后,以自然村或生产队建立知识青年点为主,知识

---

[1] 福建省地方志编纂委员会编：《福建省志·劳动志》，方志出版社1998年版，第39页。
[2] 傅祖德、陈佳源主编：《中国人口（福建分册）》，中国财政经济出版社1990年版，第139页。

青年集中居住、集中学习，分别参加所在生产队的劳动。从知青插队地点的选择来看，除人口密集的福州、厦门、泉州和莆田、仙游等地分别到建阳、龙岩、三明等地跨地区安置外，其余均在本市或县内就地安置。至1977年，全省以插队形式安置知识青年64 437人，占当年年底在队知青总人数的38.92%。（2）回原籍。回原籍插队落户的知识青年相对较少。1968年至1972年，全省回原籍的知识青年仅有3 503人，1973年后，回原籍落户的人数更少。（3）插场。从1963年起，福建省国营农场（林、茶场）开始接收安置城镇下乡青年。1975年，推广"厂社挂钩、集中安置知识青年"的"株洲经验"后，大批下乡青年被安置在社、队办的集体所有制的农、林、茶、果场。（4）创办知青场队。从20世纪60年代初期开始，选择土地较多、生产潜力较大，经过短时间内努力能够实现粮食自给、生活自给的地方，单独建立以下乡青年为主，由带队干部和农业生产技术骨干参加的集体所有制的农、林、茶、果场或由带队干部和部分农民参加的、实行独立核算的生产队[1]。

福建省自1962年开始动员城镇知识青年"上山下乡"后，每年均有一部分知青通过各种渠道离开农村返城安置。20世纪70年代以后，返城知青逐渐增加，尤其是1979—1981年，全省共有13万余名知识青年返城。70年代中期赴新疆塔城务农的知青，大部分也回原动员地区安置。1982年底，福建省城镇知识青年"上山下乡"工作基本结束，在队知青仅余120多人[2]。

6. 江西省

1954—1957年，江西省就有一部分未能升学的高小和初中毕业生回乡务农。20世纪60年代，在精简城市职工和人口的同时，又动员青年学生下乡支援农业。1962年和1963年，江西省共动员下乡的知识青年达7万余人。1964年，江西省开始动员大批城镇知识青年"上山下乡"。1964年9月至1965年9月，共有5.3万余名知识青年下乡。20世纪60年代末70年代初，江西省知识青年"上山下乡"运

---

1 福建省地方志编纂委员会编：《福建省志·劳动志》，第40—41页。
2 同上书，第47页。

动掀起高潮,范围越来越广,规模越来越大。1968—1972年,江西省"上山下乡"知识青年高达39万余人[1]。

据统计,1962年至1979年,江西省知识青年"上山下乡"人数达63.5万人。其中,插队占87.4%,到国营农场(垦殖场)的占12.6%。从时间上看,1962年至1967年下乡知识青年占12.3%,1968年至1976年占86.9%,1976—1982年占7.2%。1968年、1970年是江西省知识青年"上山下乡"的高峰期,两年下乡知青占总人数的40.8%[2]。从知识青年分布地域来看,江西省知识青年"上山下乡"主要安置在省内农村社队和农林牧渔场,极少数异地安置在新疆、吉林、山东等15个省区[3]。

此外,接收安置上海知识青年也是江西省知识青年"上山下乡"运动中的重要事件。20世纪50年代中期,就有上海知识青年赴江西垦荒。20世纪60年代以后,随着知识青年"上山下乡"运动的全面展开,上海知识青年大批涌入江西。据统计,1962—1979年,江西省共接收安置上海知识青年11.8万余人,其中仅1969年就有3.2万人,占当年江西省"上山下乡"知识青年总数的13.09%[4]。

7. 山东省

20世纪50年代,在全国统一组织由内地到黑龙江、吉林、辽宁、内蒙古和青海等边疆省区大规模移民垦荒时,作为重点移民输出地的山东省便开始动员青年支边垦荒。1955年9月,赴黑龙江省集贤县垦荒的山东省青年志愿垦荒建设第一队即由224名青年队员组成[5]。1962年,山东省在压缩城镇人口和精简职工的同时开始有组织地大批动员城市青年"上山下乡"。1962年、1963年,济南、青岛两市组织2 000余名知识青年到省内国营农林牧渔场。1964年,山东省在全省范围内动员城市知识青年"上山下乡"参加农业建设,全省动员县

---

1 《江西省人民政府志》编纂委员会编:《江西省人民政府志》,江西人民出版社2002年版,第1048页。
2 马巨贤、石渊主编:《中国人口(江西分册)》,第152—153页。
3 《江西省人民政府志》编纂委员会编:《江西省人民政府志》,第1048页。
4 江西省地方志编纂委员会编:《江西省人口志》,方志出版社2005年版,第67页。
5 山东省地方史志编纂委员会编:《山东省志·共青团志》,山东人民出版社2002年版,第194—195页。

以上城镇17周岁以上的初高中毕业生分期分批下乡、回乡或支援边区建设。至1966年,山东省共有27 949名知识青年下乡、回乡,此外还有14 304名赴甘肃省和青海省支边。1968年,知识青年"上山下乡"运动掀起高潮。1968—1970年,全省共有52 094名知识青年"上山下乡",另有5 070名到内蒙古生产建设兵团。1971—1973年,城镇初高中毕业生大部分留城就业,另有12 837名知识青年被安置到山东省农业生产建设兵团和国营农、林、牧、渔场。1973年11月后,"上山下乡"知识青年范围扩大。1975年后,"上山下乡"成为城镇绝大多数初高中毕业生的必经之路。1974—1977年这一时期是山东省知识青年"上山下乡"的高峰期,全省共动员319 846名知识青年下乡、回乡,占这一时期中学毕业生的三分之二,平均每年约8万人。1978—1979年,山东省逐渐缩小动员下乡的范围,但两年分别仍有58 951名、13 235名知识青年下乡、回乡。1980年,山东省不再动员城镇知识青年"上山下乡"[1]。

据统计,1964—1979年,山东省共动员知识青年497 960人,其中有95%以上安置在省内,少量安置在外省,同时也安置了一部分来自外省市的知识青年。山东省迁往外省的知识青年共20 345人,由外省迁入的知识青年共13 906人[2]。

山东省"上山下乡"知识青年的安置形式主要有插队、回乡、生产建设兵团安置和农场安置等。(1)集体插队是"上山下乡"的主要形式,占全部下乡知识青年总数的82%。大部分在本地区安置,一部分跨地区安置。从地域看,济南市知识青年主要到德州、聊城、济宁、泰安、临沂地区安置;青岛市知识青年主要到烟台、昌潍地区安置;淄博市主要到临沂、惠民地区安置。1977年后,知识青年不再跨地区安置,由动员地区就近在郊区县安置。(2)回乡。此类城镇知识青年共约3.7万人,除省内回原籍安置的,还有1.1万余人从外省城市回山东省农村,从山东省城市回外省农村的知识青年共970人。(3)生产建设兵团安置。城镇知识青年到生产建设兵团安置主要集中在1965

---

1 山东省地方史志编纂委员会编:《山东省志·劳动志》,山东人民出版社1993年版,第53—57页。
2 吴玉林主编:《中国人口(山东分册)》,第199—200页。

年、1966年两年和70年代初期。其中,外省生产建设兵团共安置山东知识青年19 374人。1965年、1966年两年,济南、青岛、淄博、枣庄、烟台、潍坊、济宁、德州等8个城市的知识青年1.4万余名分别被安置到甘肃两个农业建设师。1970年,济南、青岛两市5 000余名知识青年被安置到内蒙古自治区生产建设兵团。山东省建设兵团从1970年开始接收安置知识青年,至1974年,共安置17 393名。(4)农场安置。1962年,山东省国营农、林、牧、渔场开始接收安置城镇知识青年。至1979年,共有3.6万余名知识青年在农场安置[1]。

山东省知识青年支边详情见表8-16。

表8-16 1965年、1966年、1970年山东知青支边人数 单位:人

年 份	合 计	青海兵团	甘肃兵团	内蒙古兵团
1965	7 231	3 002	4 229	
1966	7 073	4 529	2 544	
1970	5 070			5 070
总计	19 374	7 531	6 773	5 070

资料来源:吴玉林主编:《中国人口(山东分册)》,中国财政经济出版社1989年版,第200页。

1980年底,山东省插队、回乡知识青年大部分已回城,安置在青海、甘肃和内蒙古三省区建设兵团的除少数因结婚、提干等原因留在当地外,大部分均返回山东。

四 华中地区

1. 河南省

1955年,河南省每年都有家居农村的中小学毕业生回乡参加农业生产,也有少量家居城镇的知识青年奔赴农村。但河南省有计划、有组织地动员城镇知识青年"上山下乡"始于1963年12月"河南省安

---

[1] 山东省地方史志编纂委员会编:《山东省志·劳动志》,第56—60页。

置大、中城市精简职工和青年学生领导小组"的成立。1963—1965年,全省动员下乡插场、插队的城镇知识青年 3 万余人[1]。1968 年 12 月以后,全省掀起"上山下乡"的高潮,当年便组织 6.5 万余名初高中毕业生分别到信阳、洛阳、南阳、驻马店、周口、开封、郑州等地农村安家落户。1969—1972 年,河南省共动员 24 万余名知识青年"上山下乡"。1973—1977 年,每年都会动员 6 万名以上的知识青年"上山下乡",其中 1975 年高达 10 万余人。1978 年以后开始缩小下乡范围,下乡人数开始减少,直至 1981 年不再动员知识青年"上山下乡"。

据统计,1963 年至 1981 年,河南省共组织动员知识青年 712 558 人"上山下乡",分布在全省 20 个地、市的 1 961 个人民公社、16 851 个生产大队、55 978 个生产队,分别占全省人民公社、生产大队、生产队的 94%、40% 和 17%[2]。由此可见城镇知识青年"上山下乡"在河南省涉及面之广。

1968—1980 年河南省知识青年"上山下乡"人数详见表 8-17。

表 8-17 1968—1980 年河南省知识青年"上山下乡"人数

年　份	"上山下乡"人数(人)	比　重(%)
1968	65 083	9.69
1969	71 460	10.64
1970	1 210	0.18
1971	80 173	11.94
1972	25 369	3.77
1973	63 376	9.44
1974	69 491	10.35
1975	107 000	15.94
1976	75 892	11.30
1977	61 576	9.17
1978	13 181	1.96
1979	10 400	1.54

---

1 河南省地方史志编纂委员会编纂:《河南省志·劳动人事志》,河南人民出版社 1991 年版,第 101 页。
2 同上书,第 102—103 页。

续表

年 份	下乡人数（人）	比重（%）
1980	27 000	4.02
合计	671 204	100.00

资料来源：貂琦主编：《中国人口（河南分册）》，中国财政经济出版社1989年版，第154页。

河南省城镇知识青年"上山下乡"大部分安置在省内，仅有少部分安置在省外，同时也有外省知识青年到河南农村。据1976—1980年统计，河南省接收外省的城镇知识青年到农村插队或青年队、青年场、国营农场等处安置的有1 445人，河南知识青年到外省的有1 282人[1]。

2. 湖北省

20世纪50年代末，湖北省开始动员青壮年赴新疆支援边疆建设。1959年，黄冈地区迁送5万名青壮年。1960年，武汉、荆州和襄阳等地区4.57万余名青年赴新疆支援建设[2]。20世纪60年代初，在精简城镇职工的同时，也动员一部分知识青年下乡。1963年，湖北省开始有组织有计划地动员知识青年下乡，但规模相对较小。直至1968年，各级政府陆续成立了知识青年"上山下乡"办公室，开始广泛动员城镇青年"上山下乡"。其中"上山下乡"人数最多的年份是1969年，共141 076人；其次为1974年，共134 093人。截至1978年，湖北省共动员867 509人"上山下乡"，其中到农村人民公社的806 009人，到生产建设兵团和农、林、牧、渔场的58 500人[3]。

湖北省知识青年"上山下乡"人数详见表8-18。

表8-18 湖北省城镇知识青年"上山下乡"人数表　　单位：人

时 间	"上山下乡"总人数	其 中	
		到农村人民公社插队	到生产建设兵团和农、林、牧、渔场
1967年以前合计	42 585	31 519	1 106
1968年	66 071	65 428	65

---

1 貂琦主编：《中国人口（河南分册）》，第151页。
2 湖北省地方志编纂委员会编：《湖北省志·大事记》，湖北人民出版社1990年版，第658页。
3 湖北省地方志编纂委员会编：《湖北省志·经济综合管理》，湖北人民出版社2002年版，第467页。

续 表

时　间	"上山下乡"总人数	其　中	
		到农村人民公社插队	到生产建设兵团和农、林、牧、渔场
1969年	141 076	137 972	310
1970年	71 573	71 327	246
1971年	45 675	39 673	600
1972年	46 844	31 924	1 492
1973年	45 972	44 574	139
1974年	134 093	129 289	580
1975年	94 976	89 377	562
1976年	81 002	75 695	530
1977年	75 552	72 306	324
1978年	19 090	17 955	113
总计	864 509	806 009	58 500

资料来源：湖北省地方志编纂委员会编：《湖北省志·经济综合管理》，湖北人民出版社2002年版，第467页。

3. 湖南省

20世纪50年代中期，湖南省开始动员青年学生下乡参加农业生产。据不完全统计，1957年全省共有1 544名城镇青年下乡。其中长沙市有389人，初高中毕业生占下乡人数的71%。20世纪60年代初，在精简职工和减少城镇人口的同时，也动员一部分城镇知识青年到农村参加建设。1963年，全省开始有计划地动员知识青年下乡。据统计，1962—1966年上半年，湖南省共动员7.8万余名知识青年下乡[1]。

1968年12月，毛泽东号召"知识青年到农村去"的指示发表后，湖南省知识青年"上山下乡"运动掀起高潮。仅在指示发表后的20多天里，全省便有12万人"上山下乡"，其中包括城镇知识青年、居民和干部等。1969年又动员11万余名知识青年"上山下乡"，1970年、

---

[1] 湖南省地方志编纂委员会编：《湖南省志·综合经济志·劳动》，湖南人民出版社1998年版，第66—67页。

1971年每年约1万名。1973年后又开始加强知识青年"上山下乡"的动员力度。1973—1977年，共动员近30万名知识青年"上山下乡"，其中1975年高达9万名。

概而言之，1968年以后，湖南省知识青年"上山下乡"运动大致经历了以下三个阶段[1]：

第一阶段，1968—1971年。该阶段主要以知青小组的形式分散插队到益阳、常德、岳阳、零陵、郴州、黔阳、湘西自治州等7个地区的40多个县的农村。尤以到靖县、沅江的人数最多，下到国营农场属少数，此外还有少量回省内外原籍农村投亲靠友。

第二阶段，1971—1973年。该阶段主要以学校为单位成建制地编组，并由市里统一派带队干部下放到君山、钱粮湖、黄盖湖、大通湖、北洲子、千山红、西洞庭、东山峰等农场和网岭、草市等"五七"干校，及省农科院等单位，同时直接派出2 000名知青到湘西修铁路。

第三阶段，1974年以后。该阶段大力推广株洲"厂社挂钩，办知青场队"的经验，主要下放到不远的市郊农村，并改为战线负责、单位包干办知青场队的办法，由此促成了1975年第二次下放高潮的形成。

据统计，1962年至1979年，湖南省城镇知识青年"上山下乡"共计63.58万人[2]。其中，1968年至1980年湖南省知识青年"上山下乡"安置情况详见表8-19。

表8-19　1968—1980年湖南省知青"上山下乡"安置情况表

单位：人

年　份	合　计	国营农林场	集体农林场	插队	"五七"干校	投亲靠友
1968	65 748	5 000	—	53 903	—	6 845
1969	114 244	—	—	95 080	—	19 164
1970	10 195	—	—	8 535	—	19 164
1971	10 494	—	1 133	8 184	—	1 660
1972	46 314	29 414	11 200	3 291	1 594	815

1　毛况生主编：《中国人口（湖南分册）》，中国财政经济出版社1987年版，第183—184页。
2　同上书，第184页。

续 表

年 份	合 计	国营农林场	集体农林场	插队	"五七"干校	投亲靠友
1973	23 988	4 497	10 483	5 894	2 987	127
1974	47 174	546	29 980	14 657	—	1 991
1975	90 740	612	60 999	23 106	—	6 023
1976	65 261	4 498	51 620	6 000	—	3 143
1977	72 112	5 555	58 550	4 541	—	3 466
1978	5 704	327	3 386	1 724	—	267
1979	2 484	1	2 470	13	—	—
1980	1 535	—	1 535	—	—	—
总计	555 993	50 450	231 356	224 928	4 581	44 678

资料来源：湖南省地方志编纂委员会编：《湖南省志·综合经济志·劳动》，湖南人民出版社1998年版，第75页。

湖南省城镇知识青年"上山下乡"运动在全国影响较大的事件为株洲经验的推广，即"厂社挂钩，办知青场队"。1974年以后，集体农林场（队）一跃而成为安置下乡知识青年的主要形式，从而掀起了1975年全省乃至全国新一轮知识青年下放的高潮。仅以湖南省而论，1971年至1973年，集体场（队）共安置下乡知青22 816人，占同期安置知青人数的28.2%；而1974年至1978年，集体场（队）累计安置下乡知青204 365人，则占同期安置知青人数的72.7%[1]。由此也可以窥见株洲经验在知识青年"上山下乡"运动中影响力之大。

此外，值得一提的是，在全国范围内知识青年大量下放的背景下，国家没有组织知识青年跨省迁入湖南，有学者认为，"主要是因湖南人口密度较高之故"。[2]

五　华南地区

1. 广东省（含今海南省）[3]

20世纪50年代，广东省就已经有知识青年下乡，但人数少、规模

---

[1] 湖南省地方志编纂委员会编：《湖南省志·综合经济志·劳动》，第73页。
[2] 毛况生主编：《中国人口（湖南分册）》，第172页。
[3] 1988年4月，海南省设立，之前隶属于广东省。

小。1961年后,开始动员和组织包括城镇知识青年在内的城镇闲散劳动力下乡。1962—1963年,全省动员1.2万余名知识青年到国营农、林、牧、渔场参加生产。1964年,广东省开始大规模地动员知识青年"上山下乡"参加农村建设,动员区域以大中城市为主,知识青年下乡人数开始逐渐增多[1]。

1968年,知识青年"上山下乡"运动掀起高潮,动员范围随之扩大,当年下乡人数高达17.6万人。此外,1968—1971年,仅海南农垦系统就安置广州、湛江、佛山、梅县、韶关、海口等地区及其他省市知识青年8.95万人[2]。1973年至1978年是广东省知识青年"上山下乡"的另外一个高潮阶段,其间全省共有城镇知识青年54.3827万人下乡,平均每年近10万人,1975年更是高达17.18万人。直至1978年,大规模的知识青年"上山下乡"才告一段落[3]。1981年,广东省停止动员知识青年"上山下乡"。

据统计,1961年至1980年,广东省"上山下乡"知识青年共约100万人。广东省知识青年"上山下乡"一般由动员地区自行调整安置,但广州、汕头、湛江等大中城市在本地区仅能安置部分知识青年,无法安置的知识青年由广东省统一安排。如广州市知识青年主要安置到海南、佛山、惠阳和肇庆等地区,汕头地区的知识青年主要安置到海南、惠阳地区。安置形式方面,主要有插队、插场和回乡。1973年以前,主要安置在国营农、林场,安置到社队的多数是分散插队;1973年以后主要以集体插队为主。1961年至1980年,全省插队、插场知识青年总数分别约为45万人、53.8万人[4]。

20世纪70年代末,"上山下乡"的知识青年逐步返城,已在当地结婚安家落户的知识青年则在当地就近招工安置。至1982年,广东省绝大部分知识青年已回城,留在农村的知识青年尚有1.87万余人,其中已婚知青约1.02万人。

---

1 广东省地方史志编纂委员会编:《广东省志·劳动志》,广东人民出版社2003年版,第102页。
2 《海南省志·农垦志》编纂委员会编:《海南省志·农垦志》,海南摄影出版社1996年版,第75页。
3 广东省地方史志编纂委员会编:《广东省志·人口志》,广东人民出版社1995年版,第67—68页。
4 广东省地方史志编纂委员会编:《广东省志·劳动志》,第103页。

广东省知识青年"上山下乡"情况详见表8-20。

表8-20　1962—1979年广东省知识青年"上山下乡"人数统计表

单位：万人

年　份	人　数	年　份	人　数
1962—1966	10.68	1974	6.48
1968	17.60	1975	17.18
1969	8.60	1976	11.50
1970	6.00	1977	9.94
1971	1.60	1978	1.07
1972	2.07	1979	0.37
1973	4.91		

资料来源：广东省地方史志编纂委员会编：《广东省志·人口志》，第67—68页。

2. 广西壮族自治区

20世纪50年代中期，广西城镇知识青年开始下乡参加农业生产。1955—1957年，青年志愿垦荒队首开知识青年下乡的先例，接着开始动员从农村到城市就读的中学毕业生回乡参加农业生产，部分家居城镇的毕业生可自愿下乡。20世纪60年代初，在精简职工和压缩城镇人口的同时，开始动员一部分知识青年下乡。1962—1963年，南宁、柳州、桂林、梧州等市动员5 000余名知识青年到国营农、林、牧、渔场插场[1]。1964年，全自治区开始有组织有计划地动员历届应届初高中毕业生"上山下乡"。1962—1966年，全自治区共动员4.55万余名知识青年"上山下乡"[2]。1968年12月后，自治区"上山下乡"运动掀起高潮，仅1969年便有8.68万名知识青年"上山下乡"。1970—1972年，由于城市招工，"上山下乡"知识青年相对较少。但1973年后，自治区知识青年"上山下乡"再掀高潮，并延续至1977年。1973—1977年，全自治区共动员22.93万名知识青年"上山下乡"，平均每年4.58万名知识青年"上山下乡"，相当于1962—1966年全部下乡的

---

[1] 广西壮族自治区地方志编纂委员会编：《广西通志·共青团志》，广西人民出版社2002年版，第251页。
[2] 广西壮族自治区地方志编纂委员会编：《广西通志·劳动志》，广西人民出版社1996年版，第33页。

知青人数。从1979年开始,广西不再动员城镇知识青年"上山下乡"。

广西城镇知识青年"上山下乡"的安置方式有以下四种:(1)到农、林、渔场;(2)到公社生产队插队;(3)回原籍农村;(4)到生产师。其中,到人民公社插队是知识青年"上山下乡"的主要方式。1962年至1979年,全自治区城镇知识青年插队的共有40.87万人,占"上山下乡"总人数的92.93%[1]。

据统计,1962年至1979年,广西壮族自治区"上山下乡"城镇知识青年共计43.98万人。但至1979年底,"上山下乡"知识青年基本上返回原动员城市安排就业或待业,仅有少数仍留在农村。

广西壮族自治区"上山下乡"城镇知识青年人数及安置情况详见表8-21。

表8-21 1962—1979年广西知识青年"上山下乡"人数

单位:万人

年份	知青"上山下乡"人数合计	安置形式		
		插队	集体场队	国营农、林、渔场
1962—1966	4.55	4.05		0.50
1967—1968	1.78	1.78		
1969	8.68	8.68		
1970	2.66	2.66		
1971	1.98	1.19		0.79
1972	1.33	1.33		
1973	4.07	3.83		0.24
1974	5.38	4.20	0.16	1.02
1975	3.80	3.67	0.08	0.05
1976	5.11	4.98	0.13	
1977	4.57	4.48	0.09	
1978	0.02	0.02		
1979	0.05		0.05	
合计	43.98	40.87	0.51	2.60

说　明:(1)插队含回乡(省内外)2 731人;(2)国营农、林、渔场含生产师11 000人。
资料来源:广西壮族自治区地方志编纂委员会编:《广西通志·劳动志》,广西人民出版社1996年版,第36页。

---

[1] 广西壮族自治区地方志编纂委员会编:《广西通志·劳动志》,广西人民出版社1996年版,第33—34页。

六 西南地区

1. 四川省(含今重庆市)

20世纪50年代中期开始,四川省开始组织城镇青年组建志愿垦荒队到边疆和山区垦荒。1956年,重庆市300名青年组建了四川省第一支志愿垦荒队奔赴阿坝自治州若尔盖草原。之后,成都、江津、泸州等地也相继组织青年垦荒队奔赴山区。20世纪60年代初,结合精简城镇人口工作,四川省也动员和组织一部分青年学生去农村插队参加农业生产。据统计,1957—1963年,全省共有4.7万余名城市知识青年下乡[1]。

1964年,全省开始开展大规模的城市青年"上山下乡"宣传动员工作,成都、重庆等大中城市还分别召开了几百人到几千人的"上山下乡"知识青年代表大会,同时全省各大报刊也开始连续不断的宣传,全省很快形成了"上山下乡"的热潮。4月,成都市首批下乡的3 000余名知识青年陆续出发奔赴西昌、凉山、马边等地农业第一线。重庆也有8 000余名知识青年到郊区和其他地区农村插队。1968年12月,毛泽东发出关于知识青年到农村去的号召,四川省知识青年"上山下乡"运动开始大规模开展,仅1969—1971年就有662 173名知识青年下乡。1972—1976年,共动员682 845名知识青年下乡[2]。

此外,20世纪70年代四川省还有大批知识青年赴云南、黑龙江等省支援边疆建设。1971年,四川城镇知识青年4.1万人迁往云南边疆。其中,成都知识青年1.66万人,重庆知识青年2.44万人。1977年宜宾地区知识青年0.4万人迁往黑龙江省逊克等县国营农场落户。此外成都、重庆、自贡三市100名知识青年迁往西藏农村落户。但1980年前后大部分人员又陆续返回四川[3]。

---

1 四川省地方志编纂委员会编:《四川省志·党派团志》,四川人民出版社2001年版,第990页。
2 四川省地方志编纂委员会编:《四川省志·统计、工商行政管理、劳动志》,方志出版社2000年版,第358页。
3 刘洪康主编:《中国人口(四川分册)》,中国财政经济出版社1988年版,第159页。

据统计，1969年至1981年，四川省参与"上山下乡"运动的城镇知识青年共有143万人。而与此同时，从1970年至1982年，返回城镇的知识青年就有125万人[1]。

四川省知识青年"上山下乡"动员和安置人数详情见表8-22。

表8-22 1969—1980年四川省动员和安置知识青年人数

单位：人

项 目	"文革"以前	1969—1971	1972	1973	1974	1975
历年动员下乡人数	79 755	662 173	143 348	33 287	134 257	230 842
历年本省安置人数	79 755	585 356	151 055	32 915	130 176	229 097

项 目	1976	1977	1978	1979	1980	合 计
历年动员下乡人数	141 111	68 062	3 812	6 873	11 193	1 514 713
历年本省安置人数	139 428	64 076	3 746	8 587	11 193	1 431 384

资料来源：四川省地方志编纂委员会编：《四川省志·统计、工商行政管理、劳动志》，方志出版社2000年版，第359页。

2. 贵州省

贵州省从1964年开始有组织地动员城镇知识青年"上山下乡"。1964年至1965年，贵州省主要城市组织安置城市初高中毕业生和闲散劳动力7 000多人下乡插队，参加农村建设。1968年12月后，全省掀起了知识青年"上山下乡"的高潮。1968—1969年，贵州省共动员组织近8万人"上山下乡"，并有6万多名中小学毕业生回乡参加农业生产。此外，1969年贵州省还接收安置了10 462名上海知识青年，分别安置在黔东南、遵义、铜仁、安顺5个地区插队落户。1970—1972年，贵州省未大量组织动员知识青年"上山下乡"。1973年全省知识青年"上山下乡"工作会议以后，城镇中学生的分配仍以"上山下乡"为

[1] 刘洪康主编：《中国人口（四川分册）》，中国财政经济出版社1988年版，第161页。

主,贵州省知识青年"上山下乡"再掀高潮。1973—1978年,全省共动员组织14万余名知识青年"上山下乡"。加上1973年以前下乡的8万余人,贵州省共有223 445名知识青年"上山下乡"[1]。

贵州省知识青年"上山下乡"的安置形式主要有以下三种:(1)插队;(2)举办集体所有制知青场队;(3)到国营农、林、牧、渔、茶场落户。1973年之前,"上山下乡"知青的主要安置形式是插队,共计80 600人,占全部插队人数的58.45%。1974年开始采用举办集体所有制知青场队的形式安置知青。至1978年底,通过此种方式安置的知识青年共计69 614人,占同期下乡总数的48.85%。1973年以来到国营农、林、牧、渔、茶场落户的知识青年共计15 931人,占同期下乡总人数的10.94%[2]。

1979年,贵州省不再动员城镇知识青年"上山下乡"。经过历年招工、招生、征兵和办理病退、困退回城等,至1981年底,全省"上山下乡"知识青年基本安置完毕。

贵州省知识青年"上山下乡"人数及安置情况见表8-23。

表8-23 贵州省历年知识青年"上山下乡"人数统计表

时　　间	"上山下乡"总人数	安　置　形　式		
		插　队	集体场队	国营农场
1972年以前	80 000	80 000		
1973年	946	600		346
1974年	40 421	18 125	16 803	5 493
1975年	44 164	17 004	22 728	4 432
1976年	17 186	5 906	9 781	1 499
1977年	27 909	11 528	12 523	3 858
1978年	12 819	4 737	7 779	303
合　计	223 445	137 900	69 614	15 931

资料来源:贵州省地方志编纂委员会编:《贵州省志·劳动志》,贵州人民出版社1994年版,第69页。

---

[1] 贵州省地方志编纂委员会编:《贵州省志·劳动志》,贵州人民出版社1994年版,第67—68页。
[2] 同上书,第69—70页。

3. 云南省

云南省从 1955 年开始就动员、组织省内青年志愿垦荒队到边疆少数民族地区垦荒,如 1955 年 12 月昆明市青年志愿垦荒队 2 700 余人到德宏和西双版纳等地军垦农场组建青年集体农庄[1]。20 世纪 60 年代动员少量城镇知识青年到农村插队落户,同时也接收了湖南、四川等地支边青年来云南垦荒,但这时人数较少,规模不大。至 1966 年,到农村插队落户的知青有 1 600 余人[2]。从 1968 年底开始,云南省知识青年"上山下乡"运动掀起高潮,大批知识青年奔赴农村,同时也开始大规模地接收跨省知识青年到云南生产建设兵团和农村插队落户。1973 年,云南省知识青年"上山下乡"运动再次掀起高潮。据统计,1965 年至 1979 年,云南省共组织动员"上山下乡"城镇知识青年 335 497 人,其中省内知识青年 228 932 人,占下乡知青总人数的 68.2%,省外知识青年 106 565 人。下乡知识青年安置到农村的 21.3 万余人,安置到国营农场的 12 万余人,主要安置地区为楚雄、大理、怒江、迪庆、丽江、临沧、保山、德宏、思茅、西双版纳、玉溪、文山、曲靖和昆明 14 个地、州、市和边疆国营农场[3]。

省外知识青年来云南主要集中在 1965 年、1968 年至 1971 年。1965 年,重庆、天津、武汉、上海等大城市先后有数千名初高中尚未毕业的知识青年、社会青年和自愿到云南参加边疆建设的财贸职工迁居云南。重庆赴滇的主要是知识青年和社会青年,共有 1 606 人,大部分安置在西双版纳各农场,少部分安置在德宏州各农场;天津赴滇的约有 2 000 人,主要分配在云南的红河州、文山州、临沧地区和大理州各县;武汉赴滇的 2 000 余人,主要分配在楚雄州、保山地区、丽江州工作[4]。1968 年至 1971 年,上海、北京、四川分别有 57 099 名、8 394 名、41 068 名知识青年到云南,这 10 万余名知识青年大多数安置到国营农场(生产建设兵团),仅有 9 500 余名上海、北京知青分散

---

1 云南省农垦总局编撰:《云南省志·农垦志》,云南人民出版社 1998 年版,第 18 页。
2 中共云南省委党史研究室编:《云南知识青年上山下乡运动》,云南大学出版社 2011 年版,第 3—4 页。
3 云南省劳动厅编撰:《云南省志·劳动志》,云南人民出版社 1993 年版,第 70 页。
4 邹启宇、苗文俊主编:《中国人口(云南分册)》,中国财政经济出版社 1989 年版,第 208 页。

在云南 38 个县插队落户[1]。1968 年至 1971 年云南省接收的省外知识青年人数及安置详情见表 8-24。

表 8-24 1968—1971 年云南省安置的省外知识青年人数

年 份	安置在国营农场			农村插队落户		
	上 海	北 京	四 川	上 海	北 京	小 计
1968	1 078	720				1 798
1969	9 139	7 610	39	9 524	9	25 721
1970	23 526	42				23 568
1971	13 832	13	41 029			54 874
小计	47 575	8 385	41 068	9 524	9	106 561

资料来源：邹启宇、苗文俊主编：《中国人口（云南分册）》，中国财政经济出版社 1989 年版，第 210 页。

由于独特的地理和人文环境，云南省知识青年"上山下乡"运动的区域特色相当明显：（1）云南省在边疆民族地区农场安置大量跨省知识青年，"上山下乡"运动与支援边疆、"屯垦戍边"相结合，主要安置地区为德宏、保山、临沧、思茅、版纳、红河、文山等地。其中西双版纳最多，其次是临沧和德宏。（2）云南省插场知青人数占全省"上山下乡"知青人数的 40%，远远高出全国 17% 的平均水平。（3）云南知识青年请愿、罢工要求回城的风波蔓延全国，加快了全国知识青年"上山下乡"运动的结束[2]。

七　西北地区

1. 陕西省

1962 年，陕西省在精简职工和减少城镇人口的同时，开始动员城镇知识青年"上山下乡"。1962 年至 1965 年 12 月，共有城市知识青年和闲散劳动力 4 万余人"上山下乡"，其中一半以上到农村插队，部

---

[1] 云南省计划生育委员会、云南省统计局编撰：《云南省志·人口志》，云南人民出版社 1998 年版，第 88 页。
[2] 中共云南省委党史研究室编：《云南知识青年上山下乡运动》，第 20—22 页。

分到国营农、林、牧场参加农业生产。1968年12月以后,全省掀起了城镇知识青年"上山下乡"的高潮。到1972年,全省1966届、1967届、1968届三届城镇初高中毕业生11万余人全部"上山下乡"。从1962年到1979年,全省共动员49万余名城镇知识青年"上山下乡"。1979年以后,不再动员城镇中学毕业生"上山下乡"[1]。

陕西省城镇知识青年"上山下乡"的主要安置形式是集体插队,到农村生产队插队的有42.46万人,占总数的87%;国营农、林、牧场和生产建设兵团共安置4.2万人,占"上山下乡"总人数的9%;集体所有制农场和劳动大学共安置2.37万人,占"上山下乡"总数的4.8%。

陕西省城镇知识青年"上山下乡"情况见表8-25。

表8-25 1962—1979年陕西省城镇知识青年"上山下乡"安置情况

单位:万人

年 份	合 计	插 队	国营农场兵团	集体场队劳动大学
1962—1966	1.58	0.45	1.13	
1967—1968	4.53	4.53		
1969	10.01	10.01		
1970	2.09	0.85	1.24	
1971	1.89	0.20	1.69	
1972	0.41	0.36	0.05	
1973	3.01	3.01		
1974	5.83	5.55	0.03	0.25
1975	6.16	5.61	0.02	0.53
1976	5.87	5.11		0.76
1977	5.34	4.81		0.53
1978	1.21	1.03	0.03	0.15
1979	1.10	0.94	0.01	0.15
合计	49.03	42.46	4.20	2.37

说　明:陕西省1962—1979年跨省下乡人数2.72万,全部插队,1979年末在乡人数为0.01万。

资料来源:陕西省地方志编纂委员会编:《陕西省志·劳动志》,第85页。

---

[1] 陕西省地方志编纂委员会编:《陕西省志·劳动志》,陕西人民出版社1994年版,第83—84页。

截至1981年11月,陕西省城镇知识青年全部返城。1968年至1981年底,全省下乡知识青年中,先后有13 749人升学,24 206人参军,400 845人当工人,2 550人被提拔为基层干部。1982年,知识青年回城后的安置工作基本结束[1]。

2. 甘肃省

20世纪60年代初,甘肃省在精简职工和压缩城镇人口的同时开始安置未能升学的初高中毕业生到农村插队或去国营农场,但当时下乡的知识青年人数较少。1964年,甘肃省成立了"安置'上山下乡'领导小组",开始在全省范围内开展动员城市知识青年"上山下乡"参加农业生产。据统计,1962—1966年,甘肃省共有7 954名知识青年下乡。除安置省内知识青年外,1964—1966年,甘肃省还接收安置了山东省和天津、西安两市的城镇知识青年2万余名,其中天津市知识青年有11 671人[2]。

1968年8月,甘肃省革命委员会发出安排1966年、1967年两届初高中毕业生的通知,要求毕业生的安排应贯彻中央提出的面向农村、面向边疆、面向工矿、面向基层的方针,主要去向是"上山下乡"。1968年12月22日,《人民日报》头版头条报道了甘肃省会宁县城镇居民王秀兰主动要求到农村安家落户的事迹,同时发表了毛泽东主席"知识青年到农村去接受贫下中农再教育,很有必要"的指示。1969年1月,甘肃省在会宁县召开现场会,总结推广会宁县动员知识青年和城镇居民到农村安家落户的经验,并要求立即在全省掀起一个"上山下乡"的高潮,"上山下乡"的动员对象也由知识青年扩大到城镇居民、职工家庭等所有城镇无业人员,当年便有32 397名知识青年"上山下乡",但之后陷入停滞。从1973年开始,甘肃省"上山下乡"的知识青年人数又开始大增,1973年达22 573人,1974年、1975年均在4万人以上。1979年开始逐步缩小"上山下乡"范围,1980年全省停止动员知识青年

---

[1] 陕西省地方志编纂委员会编:《陕西省志·劳动志》,第88页。
[2] 甘肃省地方史志编纂委员会、《甘肃省志·劳动志》编纂委员会编纂:《甘肃省志·劳动志》,甘肃文化出版社2008年版,第68—69页。

"上山下乡"。经过招工、参军、升学等途径，1981年底，全省"上山下乡"知识青年基本上安排完毕[1]。

据统计，1968年至1978年，甘肃省共有224 839名知识青年"上山下乡"。其中，1973—1978年是甘肃省知识青年"上山下乡"的高峰，其间共有18万余名知识青年"上山下乡"，是1968—1972年下乡人数的4倍。

1968—1978年甘肃省知识青年"上山下乡"详情见表8-26。

表8-26 1968—1978年甘肃省知识青年"上山下乡"人数统计表

单位：人

年　份	人　数	年　份	人　数
1968	6 694	1974	40 020
1969	32 397	1975	40 174
1970	612	1976	35 069
1971	5 105	1977	29 220
1972	未动员	1978	12 975
1973	22 573	总　计	224 839

资料来源：甘肃省地方史志编纂委员会、《甘肃省志·劳动志》编纂委员会编纂：《甘肃省志·劳动志》，甘肃文化出版社2008年版，第74页。

3. 青海省

青海省知识青年参加农业生产始于20世纪50年代中期。1955年，青海省制定了1956—1964年移民垦荒计划。1955年、1956年，北京、河南、河北、山东、安徽等省市2.7万余名青年到青海参加农垦建设[2]。1958年，河南省以"支援边疆社会主义建设青年突击队"的名义从夏邑、沈丘、项城、淮阳等县动员知识青年7 027人到青海省海南、海西、海北、黄南4个州开荒办场。1959年，又从河南省迁来青年4.5万余人，到牧业区的海西、海南、海北、黄南、玉树、果洛等6个自治州建了29个国营青年农场。1960年河南省又迁来青年3.1万名，丹江口水库移民29 520人，也分别安置到以上各青年农场。1958—1960年

---

[1] 甘肃省地方史志编纂委员会、《甘肃省志·劳动志》编纂委员会编纂：《甘肃省志·劳动志》，甘肃文化出版社2008年版，第70—74页。

[2] 青海省地方志编纂委员会编：《青海省志·农业志》，青海人民出版社1993年版，第215页。

的移民垦荒共迁入青海12万余人。但1961年以后,青年农场陆续解散,大部分河南青年返回原籍。1965年,青海采用新疆建设兵团的办法,在原格尔木农场的基础上组建农建师,从山东省8个城市招收支援边疆知识青年7 204人,实行军垦[1]。综上可知,1955—1965年,这一阶段以外省市知识青年来青海进行大规模的移民垦荒为主要特征。

青海省内知识青年"上山下乡"运动始于1965年,但当时规模较小,1965—1966年仅有1 200余名省内知识青年到格尔木农建师参加军垦建设。1968年以后,"上山下乡"知识青年逐渐增加。据统计,1969年至1980年,青海省共安置4.24万名城镇知识青年"上山下乡"。其中,省会西宁市下放知识青年人数最多,共有39 084人。就下乡时间而言,下乡知识青年较多的年份是1975年、1976年,两年分别为13 109人、10 702人。青海省城镇知识青年"上山下乡"的安置,以农村插队为主,以组织知青集体所有制场队和参加国营农牧场、建设兵团相结合的形式进行[2]。20世纪80年代初,青海省"上山下乡"知识青年基本上全部返回城镇。

青海省知识青年安置情况详见表8-27。

表8-27　1965—1980年青海省知识青年安置情况统计表

单位:人

年份	合计	插队	回乡	集体所有制场队	国营农牧林场建设兵团劳改农场	合计中接收外省市人数	安置到外省市人数
1965—1980	50 972	36 255	84	3 022	11 611	8 091	11
1965—1966	8 600				8 600	7 400	
1968	119	119					
1969	1 824	1 179			645		
1970	513	63			450		
1971	1 383	44			1 339		
1972	261				261		

1　翟松天主编:《中国人口(青海分册)》,第187—189页。
2　青海省地方志编纂委员会编:《青海省志·劳动人事志》,西安出版社2001年版,第78页。

续表

年份	合计	插队	回乡	集体所有制场队	国营农牧林场建设兵团劳改农场	合计中接收外省市人数	安置到外省市人数
1973	855	723	7	119	6		
1974	4 998	3 689	26	1 236	47		
1975	13 109	12 899	21	158	31	22	1
1976	10 702	10 256	16	286	144	568	8
1977	7 752	6 906	14	744	88	58	2
1978	141	127		14		43	
1979	350	250		100			
1980	365			365			

说　明：（1）缺1979年数据，按350人估计，其中插队250人，知青农场100人。
　　　　（2）1965—1966年系农建师知青，其中山东青年7 400人，本省青年1 200人。
资料来源：青海省地方志编纂委员会编：《青海省志·劳动人事志》，第81—82页。

4. 宁夏回族自治区

20世纪60年代初，宁夏在精简职工和压缩城镇人口时，就开始动员一部分青年学生到国营农、牧场参加农业生产。1963年下半年，宁夏制定了以安置城市知识青年为中心的工作规划，由此开始有组织、有计划地动员城市知识青年下乡[1]。1962—1966年，宁夏共有1.12万名知识青年"上山下乡"。1973年春，为了加强城镇知识青年"上山下乡"工作，自治区成立了专门的工作领导小组。1973年后，"上山下乡"知识青年人数大幅增加，安置形式也更为多样。1973—1977年，共有3.79万余名知识青年"上山下乡"，其中1975年人数最多。1979年起，宁夏不再动员城镇知识青年"上山下乡"。

此外，1965—1966年，宁夏回族自治区还接收安置了来自北京、天津、浙江等省市的知识青年。1965年，接收北京市知识青年4 316人、天津市知识青年1 622人，集中安置在生产建设兵团第五师和林建三师[2]。1965年至1966年，接收浙江省杭州市1 739名知识青年，安置在永宁、青铜峡两县的6个公社和1个农场[3]。

---

[1] 《宁夏人事劳动志》编纂委员会编：《宁夏人事劳动志》，方志出版社2002年版，第383页。
[2] 常乃光主编：《中国人口（宁夏分册）》，中国财政经济出版社1988年版，第143页。
[3] 同上书，第140页。

据统计,1962 至 1978 年,宁夏回族自治区"上山下乡"城镇知识青年共计 5.74 万人,其中来自北京、天津、杭州等地的知识青年 8 300 名。从 1974 年起,下乡知识青年陆续以招工、招生、参军的途径返回城镇[1]。

1962—1978 年宁夏回族自治区知识青年安置情况见表 8-28。

表 8-28　1962—1978 年宁夏回族自治区知识青年安置情况统计表

年　份	总　计	插　队	集体场队	国营农、牧、渔场
1962—1966	11 200	4 400		6 800
1967—1968	3 700	3 700		
1969	1 900	1 000		645
1970	1 000	1 000		450
1971	200	200		1 339
1972	300			300
1973	6 300	5 300		1 000
1974	6 000	4 300	1 200	500
1975	10 600	7 400	2 000	1 200
1976	8 700	7 000	1 300	400
1977	6 300	5 000	1 100	200
1978	1 200	1 100		100
总　计	57 400	41 300	5 600	10 500

资料来源:《宁夏人事劳动志》编纂委员会编:《宁夏人事劳动志》,方志出版社 2002 年版,第 386—387 页。

5. 新疆维吾尔自治区

1963 年,国家在全国范围内开始有计划地动员城镇知识青年"上山下乡"和支援边疆。1963—1966 年,新疆共安置上海、北京、天津、武汉和江苏、浙江等省市城镇知识青年 12.67 万余人,其中上海市 9.7 万人,绝大部分被安置在生产建设兵团[2]。1966 年前,主要以外省区知识青年来新疆支援建设为主。

---

[1] 常乃光主编:《中国人口(宁夏分册)》,中国财政经济出版社 1988 年版,第 148 页。
[2] 《新疆通志·劳动志》编纂委员会编:《新疆通志·劳动志》,新疆人民出版社 1996 年版,第 62 页。

1964年,新疆动员了846名知识青年到国营农、牧场和人民公社生产队参加农村建设。直至1968年,新疆才开始广泛动员知识青年"上山下乡"并由此掀起高潮,当年参加"上山下乡"大中专毕业生和初高中毕业生即达10万余人。1968年至1977年底,新疆维吾尔自治区共有25.8万名城镇初高中毕业生"上山下乡",其中到农村分散插队的有10万余人,到国营农、牧场的有10万余人,到各系统各单位建立的知青场队的有5万余人[1]。1966年后参加"上山下乡"的知识青年主要来自新疆区内,从外省区来的较少。

　　1973年后,"上山下乡"知识青年开始返城。至1982年底,自治区对1979年以前下乡插队的城镇知识青年,通过回城和其他安置方式基本上都解决了就业问题[2]。

结　语

　　由于知识青年"上山下乡"与中华人民共和国成立以来的许多重大历史事件密切相关,所以对其做出全面而合理的评价是相当困难的。仅从移民史角度来看,知识青年"上山下乡"毫无疑问是一场规模空前的人口流动或迁移,但由于强烈的政策性干预与时代局限,如此大规模的知识青年向农村的有组织迁移返迁率极高,仅有很少一部分在当地落户。事实上,知识青年不断"上山下乡"的过程,同时也是陆续调离农村的过程[3],故其最终的移民成果极其有限。但是,作为一种特殊类型的人口迁移,这一运动直接参与的人数以千万计,涉及的人数以亿计,从北京、上海等大城市出发的知青几乎遍及东西南北全部边疆,除了极少数边远县的边远地区,全国几乎没有一个乡没有外来知青。如此多的人口从城镇迁入乡村,一般都居留了数年至十余年,少数就此在当地或附近城镇定居,在此期间又不断来往于城乡之

1　《新疆通志·劳动志》编纂委员会编:《新疆通志·劳动志》,新疆人民出版社1996年版,第70页。
2　同上书,第83页。
3　毛况生主编:《中国人口(湖南分册)》,中国财政经济出版社1987年版,第184页。

间,无疑是近代中国罕有的、最广泛深入的文化传播[1]。无论是从参与人数、波及范围还是持续时间看,知识青年"上山下乡"都对中国社会产生了广泛而深远的影响。

知识青年"上山下乡"运动的失败,其原因是相当复杂的。就根本上讲,经济贫瘠、生产力水平低下的广大农村地区本身生存条件艰巨,部分地区甚至环境相当恶劣,根本无力承担大批既无资本又缺少先进技术能力的所谓"知识青年"的迁入乃至长期生活。区域开发与农业经济的转型是需要新的理念、巨大的资本以及高素质的人才的,而这一切条件都不是当时只具有中小学文化知识水平的所谓"知识青年"所具备的。此外,大批外来青年的迁入,往往是在迁入地政府与百姓毫无准备的情况下发生的,这不仅大大增加了迁入地政府与民众的负担,同时,对于大批知识青年来讲,离开熟悉的生活环境,无法继续求学求知,长期从事简单而原始的农业生产劳动,也是他们所难以接受的。正是这些显而易见的弊端与现实问题,在很大程度上导致了这种迁徙活动最终的全面失败[2]。

如果称知识青年为"失落的一代",似乎并不十分妥帖,将之称为"理想破灭的一代",则更为恰当。理想经不住现实的磨砺,大批满怀激情的青年梦想着一个理想的新天地来迎接自己。然而,真正要扎根农村时却又面临各种问题,甚至生活都难以自给自足。由最初的充满热情到直面现实后的困惑和迷茫,最终不得不选择了"撤退"。

经过沉重的回顾与思考,我们可以得出相当明确的启示:在现代和平环境下,人民安居乐业的局面会使"安土重迁"的传统价值观念体现得更为明显,移民的发生需要客观的条件、需求,单凭所谓的"理想"与热情,抑或靠强制性的政治运动和行政手段,都是难以持久的,而且有可能会付出艰巨的代价。

---

1 葛剑雄:《"上山下乡"运动的历史地理考察》,《历史学家茶座》第6辑。
2 葛剑雄、安介生:《20世纪中国移民史的阶段性特征》,《探索与争鸣》2010年第2期。

第九章

中国现代城镇化移民运动[1]

工业化与城镇化是 20 世纪中国社会实现现代化转型发展的两大主题。在整个 20 世纪,中国发展的一个根本任务就是求强求富,要从一个极端贫困落后的农业大国转变为一个富庶与强盛的现代化国度。走向现代化、走向工业化、走向资源集约化利用,均是必然的选择。而对于人口众多、国土面积有限的中国国情而言,更是如此。城镇化对于在较短时间内提高广大人民群众的物质与精神

---

[1] 关于"城镇化移民"的概念,目前相关的名称相当多,如外来人口、暂住人口、寄住人口以及民工、打工仔、农民工、蓝印户口等。但是,在学术研究层面,这些名称大有可商榷之处。这里且不说"盲流""自流人口"等带有人格歧视性的词语,就拿今天最常用的"农民工"一词来讲,本身就是抵牾不通的。"农民"与"工人"本身是代表着两种不同产业与工作性质的两个群体,将其生硬地拼接在一起,实质上反映了现代中国户籍管理制度的直接影响,最直白地体现了中国现有户口管理制度的局限性,即其户籍仍保留在农村,而工作与生活场所却在城市。而在英译上,"农民工"又译为"migrant worker/labor",直译应为"移民工人"。这种定义才是准确的,因为户籍制度从来不是学术意义上判断一个群体是否为移民的唯一标准。此外,目前一些现代人口学者及移民研究者喜欢使用"流动人口"一词。基于移民史研究的基本理念与实际情况,其实,这一名称也缺乏起码的科学性与准确性,不过是古代文献中所谓"流民"的替代词而已。笔者以为:与其称为"流动人口",不如视为处于进行过程中的"准移民",只不过暂时没有确定迁入地而已。我们研究的移民,往往是一种客观发生的结果,而对于移民主体而言,任何一次移民的最终实现,又往往是一个长期而艰难的过程。从学术意义上讲,无论是最终的结局还是艰难的过程,"移民"这一基本事实已经发生,是客观存在的,无论成功与否,移民行动的性质也是无法改变的。将正处于移民过程中的移民径称为所谓"流动人口",是不严肃与不科学的。

生活水平,对于工业发展提供劳动力支撑,对于集约化使用各种自然资源,对于集中提供更好的公共服务体系,对于更好地解决人居环境与可持续性发展之间的矛盾而言,都是更好的选择。因此,工业化与城镇化也是中国社会从传统社会向现代社会转变的两大突出标志。

对于传统中国这样一个农业大国而言,绝大多数人口居住于农村,而要实现工业化,必然需要大量的劳动力资源,事实上,人口是城市经济发展与社会生活的核心要素,仅凭城镇原有的人口,根本无法满足工业化以及城镇化之需求,必然要实现由农业劳动力向工业劳动力的转变。工业集聚地与农业区客观上存在差距,农业劳动力也就不可能就地转变为工业劳动力。由农业劳动力向工业劳动力的转换,不仅是农业人口身份与技能的转换,更需要实现大批农业劳动力居留地的转移。与此同时,工业中心、商业及服务业中心往往与城镇建设同步。所以工业化与城镇化必然促使广大农业劳动力向工商业中心、城市聚集,建设与发展城市都意味着农村地区向城镇区域的大规模人口移动。

然而,工业化与城镇化的实现同样面临着巨大的挑战,特别是在中国这样一个幅员辽阔、人口众多的大国,所面临的问题与困难极为复杂与繁重。大批农业人口向城镇地区聚集,其影响及后果是相当复杂的。首先,农业劳动人口的减少,其规模需要科学而合理的掌控。如果只涉及农业富余劳动力的转移,无疑是利国利民的大好事。但是,如果出现劳动力的过量输出,对于农业地区的发展显然是十分不利的,甚至会引发农村地区不同程度的衰落,会直接影响到城乡之间的均衡发展。其次,大批农业人口移动,必然会冲击原有的社会管理体系。中国传统社会建立起的严密而完善的户籍管理制度,使城乡之间存在很大的差异。其三,大批农业人口进入城市,对城镇地区的人口供养能力提出严峻的考验。大量人口需要足量的物质生活资料供给,以及相关数量的工作岗位的需求。如果缺少粮食与燃料等基本生活资料的供给,大批人口就无法维持基本的日常生存需求,就会发生人道主义灾难。同时,如果大批人口缺乏工作岗位及谋生手段,那么,人口的长期留居也是不可想象的事,不可避免地会引发社会动荡。因此,我们可以看到,在20世纪相当长的时间里,中国在工业化与城镇化道路上走得相当艰难,不乏反复与踌躇,甚至曾为此付出了惨重的代价。

有研究者指出,以农村劳动力转移为主线,新中国成立以来城镇化移民运动显示出明显的阶段性特点:(1)稳步转移阶段(1949—1957年);(2)逆转回流阶段(1958—1963年);(3)缓慢增长阶段(1964—1978年);(4)逐步增长阶段(1978—1988年);(5)回流停滞阶段(1989—1991年);(6)快速递增阶段(1992—2000年)[1]。这种分期应该说是现代人口研究者们取得的一个重要成果,基本上反映了中国现代城镇化移民的阶段性特征。但是,我们也同时看到,中国地域广大,城市分布并不均衡,各个城市发展也不相同,例如东部城市向西部城市的人口迁移、边远城市向中心城市的迁移等问题,无法在这种分期中得到明确的反映。况且,迁出与迁入、顺流与逆流,往往又是相对的,各个城市人口迁徙的趋势也不尽相同,研究者需要注意区域与城市间的差异。

笔者以为,总体来讲,工业化与城镇化是一场影响深远的社会变革运动,是中国现代化进程的组成部分,与政治、社会、经济变革息息相关。因此,从1949年新中国成立一直到2000年为止,20世纪后五十年中国经济发展与城镇化移民运动的发展,大致以1978年中国共产党第十一届三中全会为分界点,可以分为前、后两个阶段。其主要线索有:一是中央或官方移民政策与相关制度的变化;二是城乡之间迁徙的主要方向;三是人口迁移所呈现的外在形式,即政府主导或自由迁徙;四是城乡间人口迁移的规模与水平。

---

[1] 参见段平忠:《中国省际人口迁移与地区经济增长差距》第三章第三节,第82—86页。

第一节

改革开放之前中国城镇化移民运动概况

一 新中国成立初期城镇化移民运动的序曲

1949年中华人民共和国建立之后,中国政治、经济与社会发展的一个重要的外在表现形态,就是城市核心地位的确定、城市数量的增加、城市外在规模的拓展以及城市人口的增长等,即所谓"城镇化"的发展。

从理论上讲,在中国现代化进程中,"城市"或"城镇"往往是凝聚核心的代名词,而"乡村"与"农村"却逐步走向边缘化。1949年中华人民共和国的建立,正是中国共产党所领导的政治力量通过夺取核心城市来完成的,最终政治核心(即中央及各级地方政府)均设置于城镇之中。通俗地讲,20世纪前50年中国现代民主主义革命的道路,在空间特征而言,就是"农村包围城市"的模式,即中国共产党依靠广大农民群众,以广大农村地区为根据地,向盘踞在城镇之内的旧政权持续发动攻势,而在掌握政权之后,又将自己的权力机关逐步迁入城镇地区,最终在全国范围内建立新政权与新体制。就地理空间而言,1949年之后,不可避免地把建设的重点转入了城镇地区。因为城市不仅是政治管理中心,还是经济建设及人口聚集中心,故而在中国现当代政治与经济结构中占据着核心位置。

首先,自1949年中华人民共和国成立之后,大批革命领导者及其支持者进入城市并定居下来,在实际上形成了有一定规模的人口迁移,同时开始了向城镇化的实质性转变。在首都北京及各省首府,迁入性的迁移更为明显,其余一些次级中心城市同样有着类似情况,因此,在新中国成立初期,大批政治性的人口群体涌入各级城市之中,实际上形成了一种特殊类型的城镇化移民。

以首都北京为例。作为新中国的首都及最重要的政治、文化中心城市,北京及周边地区的城镇移民问题极具代表性,在中国现当代城市发展史上占有首屈一指的地位。就其人口迁移发展的脉络而言,有研究者指出:"人口迁移现象本质上并不是迁移者的个人行为,而是由一定的社会和经济因素决定的。建国(即 1949 年)以来,北京省际人口迁移的变动趋势,与同期首都各个阶段的社会经济的变化,呈现出明显的同步性。"[1]笔者以为,对于首都北京地区的人口迁移而言,政治影响因素似乎应该摆在头等重要的位置。新中国成立初期的 1950 年至 1957 年的数年间,被认为是北京城市人口发展的第一个重要阶段。作为新政权的首都,政治、经济、文化及社会建设等各项事业百废待举,由此引发人口的剧烈变动在所难免。"据统计,这一阶段北京人口省际年平均迁移强度,无论是迁入率、迁出率还是净迁移率和总迁移率,均居(统计年份为 1949—1984 年——笔者注)各阶段的首位。……这说明,这一阶段北京人口省际迁移在 35 年间具有最大的迁移强度和很大的迁移规模。"[2]这种认识道出了这一阶段人口迁移的重要地位与影响。

当然,必须指出,城镇化移民运动绝不意味着单向式的、由乡村到城市的迁移运动,迁入与迁出都是城镇化移民运动研究的范畴。具体而言,当时北京地区的人口迁移运动分为两种类型:一种是"集聚式"的迁入型,另一种则是所谓"疏散式"的迁出人口。不难理解,在新中国成立初期的数年间,北京地区迁入类型的移民规模在改革开放之前是最大的。为了适应当时北京政权建设、经济发展及文化生活的需要,从 1950 年至 1957 年,平均年迁入人口达 27.1 万人。如此高的迁入率直接导致了北京地区的人口剧增。据统计,从 1950 年至 1960 年,北京市人口增长数量达 525.4 万人[3]。就北京城镇化移民的出发

---

[1] 李慕真主编:《中国人口(北京分册)》,中国财政经济出版社 1987 年版,第 142 页。
[2] 同上书,第 143—144 页。
[3] 参见同上书第 141 页表 6-1 内容。

地及目的地而言,河北省长期居于首位,在1950年,由河北省进入北京或由北京迁往河北各地的移民,竟占了当时移民群体总数的44%[1]。

与首都北京的迁移趋势存在较大不同,天津市解放初期的人口变动有着自身的独特之处。研究者将天津市1949年至1982年人口迁移的变化过程分为四个阶段:1949—1950年之间为净迁移大幅度减少阶段;1951—1960年为净迁移大幅度增加阶段;1961—1970年为净迁移再度减少阶段;1971—1982年为净迁移再度增加阶段[2]。其中,第一阶段仅有两年,为解放之初的社会调整时期,人口变动较为平缓,自在情理之中。而第二时段值得特别关注,可以称为"大出大入"时期。新中国成立之后,天津市开始承担起中国北方工业与经济重镇的任务,从消费城市向生产城市转变,因此需要大批劳动力参与城市的各项建设,在1951年至1957年形成了第一波经济建设热潮,与此相适应,有数量达百万的农业人口进入天津,事实上形成了一波规模惊人的城乡移民潮。如1951年,天津市在市区、郊区招收职工14.7万人,其中来自农村地区的就有12.7万人。又如1956年,天津市共迁入人口28.9万人,为这一时期迁入人口最多的一年,其中从农村招收的职工就有7.9万人[3]。

与此同时,天津外迁人口也有一定的规模。解放初期,与其他省市相比,天津市具有较为雄厚的工业基础与人才储备。在这一时期,为了支持其他省市的工业建设,天津市共迁出了12.8万余名技术干部与职工,同时还有3万多名随迁家属[4]。

其次,新中国建立以后,工业基础薄弱,百废待兴,城镇实际上承担起当时经济建设与社会发展的主体任务。因此,在很多省份,当时迁入的人口主要是为了工矿业发展以及社会经济文化建设的实际需要。

---

1 《中国人口(北京分册)》,第166页。
2 《中国人口(天津分册)》,第153页。
3 同上书,第156页。
4 同上书,第157页。

以河北省为例,研究者指出:"经济因素是引起人口移动的重要杠杆。新中国成立后,在旧河北落后的经济和薄弱的工业基础上,有计划地进行了大规模的经济建设,先后在唐山、承德、张家口、保定、石家庄、邢台、邯郸、沧州等地兴建了一大批大中型厂矿、企业,吸引了人口的流入,特别是由于经济建设的需要而聘进的大批专业技术人员和技术熟练工人等,构成河北省人口省际迁移变动的重要因素。"可以看出,大型工矿业企业集中于大中城市之内或附近地区,工矿业企业的发展必然引起人口的聚集以及城镇的兴起。以石家庄为例,在新中国第一个"五年计划"期间,国家重点建设石家庄的棉纺业,以满足华北地区棉花产业发展的需要,先后兴建了国棉第一、第二、第三、第四厂和印染厂,分别从天津、上海、青岛等省市调入技术人员与技术工人6 900人,连同随迁家属约10 000余人,构成了规模相当可观的移民流。石家庄也由此逐渐发展成为中国重要的棉纺织业基地。此外,石家庄市的华北制药厂也是在第一个"五年计划"期间国家重点建设的大型企业,兴建之时,也是动员了全国范围的相关技术力量,先后从上海、天津、辽宁、山东等省市调入专业技术人员及技术工人2 000余人,连同随迁家属,共计有3 000余人迁入石家庄。在这些移民的大力协助之下,华北制药厂发展迅速,在中国制药行业举足轻重,甚至被誉为"东亚第一药厂"[1]。

大学在首都及重要城市中的创建与迁移,也会形成影响较大的城镇移民运动。这种类型的移民在河北省也较为突出。如河北省的四所重点院校都是从外省市迁移而来的。如河北师范大学于1956年由天津市迁至石家庄市,河北医学院于1952年由天津迁往保定市,又于1958年迁至石家庄市,河北大学于1970年由天津市迁至河北省保定市。据统计,在上述四所院校的转移过程中,随之而搬迁的人数及其家属达12 000余人,这些院校的教职员工的到来为河北省科技及文化教育事业的发展做出了可贵的贡献[2]。

地处中原地区的河南省在清末乃至民国时期饱受战乱与自然灾

---

1 《中国人口(河北分册)》,第172页。
2 同上书,第179—180页。

害的侵袭,民生凋敝,经济落后。新中国建立之后,国家注重河南城市工业的发展,不少农村人口迁入城镇,满足了当地企业发展之需求。河南为产棉大省,在第一个"五年计划"期间,国家积极在河南投资兴建棉纺企业,同样形成了一批集聚型的人口迁移。1953—1956年,国家先后在郑州市兴建国棉一厂、三厂、四厂、五厂,在新乡市兴建中原棉纺织厂,在三门峡市兴建纺织器材厂等。为了解决企业经营管理与技术力量的不足问题,先后从上海、武汉、济南、青岛、湖南、江苏等地调入技术骨干和熟练工人6 000余人[1]。

又以山东省为例,解放初期的第一个"五年计划"期间,山东省各方面建设进入了一个快速发展时期,建设的核心区域是城镇。因此,有相当规模的农村人口进入城镇,使得城镇人口迅速增加。据统计,仅1956年,城镇地区全民所有制单位就增加职工37万人,其中从农村招来的职工就有30万人。就全省而言,1949年,山东全省的城镇非农业人口为208万人,仅占全省总人口的4.6%,而到1957年,城镇人口数量已增至350万人,占全省总人口的比例也增加到6.5%。数年之间,城镇人口数量增加了150万人左右,其速度是相当可观的,但与当时社会经济的快速发展是相一致的,并没有超出城镇人口正常的增长范围[2]。

新中国建立之后的十年(1950—1960年)同样是山西省经济恢复及发展的时期,省间人口迁移的数量最为繁多。如新中国建立以后,"山西省是全国能源重化工基地之一,煤炭资源的开发,直接影响到山西省人口迁移状况"[3]。据统计,"11年间,净迁入人口达125.94万人,平均年迁入11.45万人"[4]。这种特征同样适用于山西城镇人口的发展状况。1949年新中国建立之初,山西省内仅设置有太原、大同两个直辖市与阳泉、长治两个地属市,至1954年,增设榆次市。城市数量增加有限,但是,山西省城镇人口随着新中国成立初期各项建设

---

[1] 《中国人口(河南分册)》,第149页。
[2] 《中国人口(山东分册)》,第204—205页。
[3] 《中国人口(山西分册)》,第138页。
[4] 同上书,第142页。

的进展而迅速增长,如山西城市人口在1949年合计仅有94万人,而至1957年底,全省城市人口已增长至211万人。研究者认为,造成当时山西城市人口激增的原因,在于山西重工业和采矿业需要大量劳动力,大批农村人口由此迁入城镇。据估计,建国最初的三年恢复期间,太原、大同、阳泉、长治四个市迁入人口就达12万人,又如1956年一年之内,四个城市迁入人口就达22万人[1]。

唐宋以来,长江三角洲地区(即历史文献中所习称的"江南")在全国的经济发展中占据了举足轻重的地位,同时也是社会最为富足、人口最为稠密的区域之一。江苏省地跨长江南北,居于江南地区的核心之地,其人口发展特别引人关注。据统计,到20世纪80年代,江苏省人口密度居于全国各省区之首位[2]。近代以来,江苏省人口迁移的变化也具有相当突出的特点。江苏省是原来国民政府所仰赖的重心区域,新中国建立初期,必然面临如何更新改造的问题。省会南京市作为国民政府的首都,解放伊始,如何妥善解决与安置旧政府以及旧体制所遗留下来的问题及相关人员,便是摆在新兴政权面前的一大难题。江苏省的城镇化人口问题也由此与其他省区存在着很大的差别,城镇人口不仅没有像其他省区所普遍出现的向城镇集聚的高潮,甚至一段时期内存在着停滞与倒退的趋向。研究者指出,新中国建立之后的一段时间里,江苏地区实际上出现了一次大规模的城市人口外迁的高潮。"解放初,对旧社会遗留在城市中的失业人员和一些不正当职业人员(如妓女、迷信职业者——原注),曾动员他们到农村生产自救,估计全省各城市共有数十万人。以南京市为例,在1949年解放时有人口110万,到1953年时仅有人口99.5万,主要就是由此引起的。"[3] 在政治鼎革之际,作为旧政权堡垒的江苏地区出现这种"反城镇化"的倾向,似乎是不可避免的。必须指出,就具体数量而言,这种城镇人口的缩减,是在抵消大批因接管政权而进入城镇地区的军政干部及其家眷之后得到的结果,可以说,实际外迁的城镇人口数量应

---

[1] 《中国人口(山西分册)》,第148—149页。
[2] 杜闻贞主编:《中国人口(江苏分册)》,第106页。
[3] 同上书,第151页。

该更为庞大。与城镇人口变化相关,新中国建立初期,江苏省重要的人口迁移活动有:

(1) 1949年新中国成立之后,数以千计的胶东老解放区的干部调入江苏省各地市县工作,如果加上随迁家眷,这批政治性的人口迁入数量不少,且基本上居住于城镇之中。这些移民为江苏省的政权建设做出了卓越的贡献。

(2) 国民党政府撤离南京之后,主要城镇地区遗留下大量失业人员、流散军人以及因淮河水患而进入南京及周边地区的山东、安徽以及江苏北部的灾民,总数约在30万人以上。1950年,新成立的南京市政府将这些人员进行疏散,大多让其返回故乡,进行安置。其中,遣返到安徽等地的人口数量达17万人。

(3) 解放初,江苏地区的工程技术人员、教师及熟练工人应聘到东北、西北等地支援当地经济建设,还有不少青年应征入伍,加入解放军的队伍之中,合计从城市中迁出的人口应有万余人之多[1]。

浙江地区的城镇化进程,又是中国南方城市发展的一个典型代表。研究者指出:"浙江省的人口城镇化同全国的人口城镇化总进程大致是一致的,但由于浙江省的经济、社会与人口发展的历史基础、地理环境的特点等多种因素的影响,人口城镇化的时空表现形式具有自己的特点。总的来说,1949—1977年本省人口城镇化的速度较慢,波动较大;1978年以后城镇人口增长较快;沿海地区城镇化水平高于中西部,平原地区城镇化水平高于山区半山区。"[2] 又据统计,从1949年至1984年,浙江省市镇非农业人口从232万人增长到467万人,总的增长率仅有101.3%,年平均递增率仅为2.0%,城镇人口增长的速度是相当低的。当然,其中有着阶段性变化。如1949年至1960年最初的十余年间,是迅速发展时期,浙江全省市镇非农业人口从232万迅速增加到431.6万,净增199.6万人,年平均增长率达到了5.8%,

---

[1] 参见《中国人口(江苏分册)》,第145—146页。
[2] 参见王嗣均主编:《中国人口(浙江分册)》,中国财政经济出版社1988年版,第190页。

大大高于改革开放之前数十年间城镇化人口增长的平均水平[1]。这当然与新中国成立初期以及第一个"五年计划"期间浙江省经济快速发展的状况相适应。当然，与其他各省相比较，浙江省这一时期的人口迁移也有自身的特点。研究者指出：浙江省"与'一五'计划相联系的人口迁移有三个特点：其一，五年中全省平均基本建设投资规模相当于恢复时期（即1949—1952年——笔者注）的2.96倍。较大的投资规模产生较多的人口迁移。其二，'一五'的建设规模较大，但50年代浙江处于海防前哨的战略地位，未能成为国家重点建设投资的区域，因此，人口迁移既有增加，又没有像重点投资省、区那样出现明显趋向某些城市或地区的强大迁移流。其三，'一五'计划比较注意国民经济的综合平衡，经济与社会发展比较平稳，人口迁移也比较平稳，没有造成后遗问题"[2]。

上海作为近代中国最重要的工业城市，在中国近现代城镇化移民运动中也占有重要的地位，甚至可以说，上海城市人口的变化，可以视作中国现代城镇化移民运动的一个"风向标"。但另一方面，上海移民与人口的变化也有自己的独特之处。如1950年至1957年，上海市的发展迎来一个人口大规模迁入与迁出的高峰期。据统计，在这八年之中，累计迁入外来人口48.85万人。据研究者分析，当时，迁入上海的移民类型主要分为投亲型与谋生型两大类。首先是投亲型。新中国成立以后，上海工人阶级地位提升，工作与生活的稳定性有了较大的提高，同时，各级政府又出台"关心职工"的相关政策，加之由于当时的城乡差别，不少工人将生活在乡村的亲友接来上海定居，在某些年份，由投亲而来的迁入人口数量相当可观。据调查推算，1954年一年中，就有高达19万以上的外省市人进入上海投亲后定居下来，不再返乡，因此，投亲型的迁入人口是解放初期上海人口迁入高峰期的主体。其次是所谓谋生型的外来移民。这部分迁入人口主要来自上海邻近的江苏、浙江两省。江苏与浙江两省虽地处江南，以"鱼米之乡"驰誉

---

1 参见《中国人口（浙江分册）》，第191页。
2 同上书，第147页。

天下,其实,在繁庶的外表背后,江、浙两省普遍存在着地少人多的困境。在解放初期,农村地区发生"土地改革"等运动,造成人口过剩问题更为突出,在客观上激发了不少农业人口向城市聚集,上海地区便是当时聚集的主要目的地。据统计,仅1954年,外省市进入上海地区谋生的移民数量就达11万余人,其中90%以上的移民来自江苏、浙江两省[1]。

作为中国工商业建设与经济发展的排头兵与最重要的老工业基地,上海还承担着特殊的任务,即用自身的人才优势来支援全国各地的经济。因此,技术人才型移民的大量输出,又成为上海现代移民史的一大特征。不过,由于普遍教育程度低下等问题,这种输出在新中国建立初期并不是很突出。研究者指出:据统计,从1950年到1957年,上海市为支援外省市经济建设,共迁出人口43.52万人。当时迁出人口的主要安置地为辽宁、吉林与黑龙江三省。而这些移民的文化教育程度并不高,没有具备文化技术上的优势[2]。

与上海、天津等沿海城市相比,解放初期,安徽省只是一个相当落后的农业省份,水旱灾害频发、经济落后,原有的工业基础十分薄弱,"外出逃荒要饭"甚至成为安徽"独具特色"的人口迁徙活动。在这种经济极度困难的状况下,安徽省水患防治与工业建设引起中央政府的高度重视,因此,在新中国成立后第一个"五年计划"期间(1953—1957年),安徽省的城乡人口也随着各项建设的需要而发生显著的变化。当时重要的人口迁徙类型有:(1)与治理淮河工程相关的人口迁入。淮河是安徽省境内的一条重要河流,然而,解放以前,连年泛滥,严重威胁当地人民的生存与社会发展。因此,在新中国建立之初,治理淮河就成为国家重要的建设目标之一。当时水利部治淮委员会治淮指挥部设置于蚌埠市,从外地迁来大批党政管理干部与工程技术人员落户到安徽。(2)与重要工矿企业建设相关的移民。在新中国成立以后的第一个"五年计划"期间,一批重点工矿企业如淮南煤矿、马鞍山钢铁企业等相继投资建设,同时,在首府合肥等城市也开办

---

1 《中国人口(上海分册)》,第139—140页。
2 同上书,第140页。

了许多新的工业企业,而这些工矿企业的管理干部与技术工人很多是从外地迁入的[1]。

新中国建立之前,江西省属于较为落后的农业省份,因此,该省也成为新中国建立初期重点建设的南方省份之一。与其相联系,基本建设型人口迁入成为当时江西省人口迁入的主要类型,并形成了一个人口迁移的高峰时期。据统计,1954—1957年,江西人口总迁移量达到614.03万人,年均迁移量达到153.51万人[2]。其中,1956年由工业结构调整而引起的工业、交通运输业的重新布局,对于江西省人口发展影响巨大。大批工交建制单位的搬迁必然引来大批随迁人口。如当时江西省钢铁、有色冶金、飞机制造、电子器材、军工等企业的技术人员与熟练工人大都从老基地调来,各类工业厂家大多由上海迁来。例如新余钢铁公司于1958年组建之时,就从上海、东北、西北等地调集来26 000多名钢铁职工[3]。

湖北地区是新中国建立初期所确定的重点建设的中部省份之一。首先,湖北解放之初,来自北方老革命根据地的干部5万余人进入湖北,充实到省市县各级行政机构之中,这些北方干部及其家属日后大多留居在湖北的城镇之中。其次,在第一个"五年计划"期间,许多大型的工程项目和企业落户湖北。为了支持这些工程项目和企业的建设,不仅需要从外省市调来大批技术骨干,而且促使本省大量农村人口进入城镇地区,引发了湖北省市城镇人口的激增。如十堰市人口原来还不到10万人,只有几个公社和小镇,到后来发展成为拥有30万人口的新型汽车工业城市。葛洲坝水电站的兴建也使得宜昌市人口突增到40多万[4]。

广东省处于中国南部,经济发展水平、地理位置与自然环境都有较为突出的特点,这在很大程度上影响了当地人口迁移的发展变化。作为传统时代重要的对外通商口岸所在地,广东省的城市化水平一

---

1 《中国人口(安徽分册)》,第167—168页。
2 《中国人口(江西分册)》,第139页。
3 同上书,第150页。
4 《中国人口(湖北分册)》,第141页。

直居于全国前列。到1949年新中国建立初期，广东地区的城镇密度高于内地，城镇人口占总人口的比重达13.33%，高于全国10.33%的平均水平[1]。又因广东省面临南海，毗邻香港、澳门两个城市，侨民数量庞大，与海外地区的人口迁移活动频繁且数量较大。解放初期，进入广东城市的外来移民很多是南下干部及随迁家属，数量较为有限，城镇非农业人口增长速度并不快。然而，到第一个"五年计划"期间（1953—1957年），广东省出现了大量乡村人口向城镇迁移的势头。伴随着以城镇为中心的工商业的兴起，城镇人口迅速增加。据统计资料，1949年广东省的城镇人口为400万人，到1952年增长至422万人，而到1957年，已经增加至489万人[2]。除人口的自然增长之外，来自农村地区的移民是城镇人口增长的主要因素之一。

广西壮族自治区是新中国建立以来西南边疆地区城镇化移民发展的一个典型。由于广西地区原有工业基础十分薄弱，因此，中央政府很早就将广西列为内地重点建设地区，由此带来的人口迁移与人口变动是相当显著的。首先，随军南下的干部和广西的地下工作者成为自治区乡以上政权的骨干，形成了鲜明的时代特色。如在区公所以上的人民政府、区县以上的党委会，以及公有制企业单位、事业单位，专署、地委以上的各部门主要领导干部中，绝大多数都是南下解放军指挥员与南下干部。其次，当时的建工部为了支持广西地区建设的需要，将建工部四局所辖六公司搬迁到广西，干部与职工总数达到2 449人，四局所辖五公司也抽调1 078人迁入广西。再加上从上海、山西调来的技术人员，以及复员的解放军干部及战士，建工系统合计就调进4 735人，如果再加上随迁人员，这批移民的数量已相当可观。这些高素质的外来移民为解放初期广西经济的恢复与工业发展做出了重要贡献[3]。由此，广西地区在新中国建立之后的十余年间迎来了城镇化移民的高潮。1949年新中国成立之前，广西的人口城镇化率并不高。如1953年，广西地区的城镇人口仅有180.47万人，占总人口

---

1 《中国人口（广东分册）》，第208页。
2 同上书，第210页。
3 《中国人口（广西分册）》，第143页。

的比重也仅为9%[1]。研究者将新中国建立以来广西城乡间的人口迁移变动历程分为几个阶段,1953—1959年是第一个阶段,这一阶段的特征就是乡村人口大量迁入城镇。"随着国民经济的迅速发展和第一个'五年计划'的实现,(广西)城镇人口1959年比1953年增加了58.18万人。"广西地区人口的城镇化率也由此提高到12%[2]。就地区而言,在1954—1957年第一个"五年计划"时期,首府南宁市是迁徙规模最大的地区,净迁入人口将近6万人。其次是柳州地区,净迁入人口达到4.13万人[3]。

近代以来,地处东北边疆的黑龙江省的人口迁移问题备受关注,这一趋势一直延续到1949年新中国建立之后。研究者指出:"黑龙江省历来是全国人口迁移和流动数量最大的省份,在人口迁移和流动上有许多自己的特点。"[4]据统计,1949—1982年的32年间,净迁入人口数量为733.7万人,年平均净迁入人口22.23万人。很明显,黑龙江地区在新中国建立以来的数十年间,延续了自清代后期开始的移民迁入的趋势,甚至在规模与数量方面有过之而无不及。为此,研究者评论道:"新中国成立后至今(即80年代晚期——笔者注)净迁入高达700多万人(还不包括他们生殖的自然增长人口432.76万人),这在新中国的迁移史上也是从来没有的。"[5]这些评价应该是相当中肯的,如果我们把这种评价放在近代以来"闯关东"移民潮的背景之下,其意义与价值更不可低估,可以说,黑龙江省人口迁移问题的研究价值理应得到国内外学术界的高度重视。

据研究者分析,新中国建立之后的十余年间(即1949—1961年)是黑龙江省人口迁入的一个高峰期。这期间,黑龙江省净迁入人口总计达510.1万人,是新中国建立以来迁入省外人口最多的一个时期[6]。造成新中国成立以来黑龙江省人口迁入迅猛增长的最主要原

---

1 《中国人口(广西分册)》,第144页。
2 同上书,第144—145页。
3 同上书,第147页。
4 《中国人口(黑龙江分册)》,第150页。
5 同上书,第158页。
6 同上书,第151页。

因,是国家对于黑龙江省经济发展的高度重视。在新中国恢复时期以及第一、二个"五年计划"期间,黑龙江省被列为国家重点投资建设的地区,进行了大规模的基建投资。在第一个"五年计划"期间,国家在黑龙江省投资建成了115个大型企业,相当于全国投资总规模的十分之一。为此,从全国各地向黑龙江地区抽调了大批科技人员及熟练工人[1]。这些企业大都集中于城镇地区,因此,这些迁入的人员及其家眷也大都居留于城镇之中。

新中国建立初期,黑龙江省建成的大型企业有齐齐哈尔第一机床厂、齐齐哈尔第二机床厂、齐齐哈尔第一造纸厂、哈尔滨电缆厂、哈尔滨第一工具厂、哈尔滨轴承厂、牡丹江造纸厂、佳木斯纺织厂等。同时,黑龙江省煤炭资源储藏量丰富,新中国成立初期,大型煤矿的兴建也成为促使城镇人口增长的重要因素。在国家第一个"五年计划"期间,黑龙江建成投产了13处矿井;第二个"五年计划"期间,新建了鸡西矿务局方台矿、正阳矿、大通沟矿、鹤岗厂。伴随着煤矿的兴建,大批省外技术干部与工人及家眷、服务业人员陆续迁入,所在城镇人口由此激增。从1954年至1961年,双鸭山市由于人口迁移增长36万人,鸡西市人口也因为人口迁移增长27万人[2]。

与黑龙江省人口迁移的特点相仿,近代以来,吉林省长期是人口净迁入地区。新中国成立以后,吉林省同属于国家重点投资建设的东北重工业基地的一部分,一些重点企业均在吉林省内,由此迁入的外省市人口相当可观。据统计,1953—1954年,位于省会长春市的长春第一汽车制造厂就从外省市招聘工人及各类人员达10 000人左右,这个数量还不包括后来随迁家属的数量[3]。研究者特别指出:"从现有的人口迁移资料来看,由于大规模的经济建设与教育、文化建设,每年全省迁移总人口都在260万以上,因而成为建国30多年吉林省人

---

[1] 《中国人口(黑龙江分册)》,第153页。
[2] 同上书,第156页。
[3] 曹明国主编:《中国人口(吉林分册)》,第133页。

口迁移数量的高峰年代。"[1]就迁移人口的来源看,"吉林省历史上的人口省际迁移,无论是从迁出地或迁入地看,均呈现明显的区域集中性的特点。即基本上是与邻近的关内几个省区(如山东、河北、山西等——原注)之间的人口迁移,其中尤以山东省数量最多"。不过,新中国建立以后的移民来源,覆盖面更为广泛。如长春第一汽车制造厂建厂之时,将近70%左右的工程技术人员与职工来自上海市及华东地区。"除少数边远的经济较为落后省区外,几乎各省区均有一定数量不同专业的人员迁入本省,支持'一汽'建设。"[2]这种人口迁移的特点,与当时全国"一盘棋"的经济布局以及"八方支持"的时代特征有着直接的关联。这些外来人口大多集中于城镇之中,吉林省城镇人口数量猛增,正是大量外来人口迁入的结果。

总体而言,新中国成立初期,中国城镇化移民出现了一个高峰期,有着客观的历史背景与现实需求。因此,研究者们对于这一时期中国城镇人口的较快增长普遍持乐观与支持的态度。这种增长符合国家现代化与工业化的发展趋势,适应了工业发展与政治、经济、文化各项事业建设的需要。

然而,对于这种城镇人口的快速发展必须保持谨慎的态度。大量人口脱离乡村进入城镇,给城镇地区外来人口的安置与生活保障提出了更大、更艰巨的要求。大量人口的到来意味着城镇地区必须要有足量的生活物资的配给,以及房屋与其他生活、生产配套设施。如果没有足量的生活物资的配给以及必要的配套设施,那么,大量人口的到来就会使城镇日常管理陷入失序及混乱状态,不仅会打乱原有城镇地区的生产与生活秩序,也会把新到来的移民推向朝不保夕的境地,严重者可能会引发社会动乱与灾难。

不幸的是,过快过热的城镇化移民的危险在所谓"大跃进"时代成为现实,中国城镇化移民历程由此也进入了一段极为曲折而痛苦的时段。

---

[1] 《中国人口(吉林分册)》,第137页。
[2] 同上书,第134页。

二 "大跃进"时期与"文革"时期城镇化移民运动概况

从20世纪50年代末期到60—70年代前期,中国城镇化人口发展出现了剧烈变动,经历了大起大落(俗称为"大进大出")的变化。当时,引发城镇化移民运动发生重大转变的因素相当复杂,其中最大的推动力莫过于工业"大跃进"运动。

所谓"大跃进"运动的核心目标,就是要以异乎寻常的发展速度,使得中国在最短时间里跻身一流的发达国家行列。新中国建立之后,中国工业技术及经济领域与西方发达国家之间的巨大差距,极大地刺激着新兴政权的领导者们。因此,以最快的速度达到世界经济与文化的先进水平,让中国进入先进国家行列,不仅是亿万中国人民的梦想,更是新兴政权领导阶层急切想要完成的历史重任。在新中国建立最初的数年时间里,在中央政府及各级政府"计划经济"思想的主导之下,以及在亿万中国人民的积极努力下,中国经济与社会发展取得了令人欣喜的成就,全国人民对于中国共产党的领导能力与中国未来的发展充满信心。

然而,新中国建国以来数年间的较快、较平稳的发展,使得部分领导阶层出现了明显的盲目乐观与冒进情绪,因此1958年不切实际地提出了所谓"赶英超美"等经济发展目标,而这些目标中又以"大炼钢铁"为核心,即以盲目追求钢铁产量作为突破口。

就社会与人口发展而言,"大跃进"的目的就是快速完成工业化与现代化。而工业化与现代化最直接的成果便是城镇地区工业企业的高速发展。在这一发展过程中,大量农业人口进入城镇地区,以满足工业发展对于劳动力的需求,便成为必不可少的先决条件。从这个意义上可以说,"大跃进"运动直接地带来了高涨的城镇化移民运动。但是,对于当时中国这样一个经济实力及城市化基础十分薄弱的国家而言,大量乡村人口进入城市生活,无疑是一个巨大的挑战。加之1958年之后,中国遭受到大范围自然灾害的侵袭,国民经济与人民生活陷入巨大的困顿之中,迫使中央及各级地方政府采取果断措施,精简大量城镇居民，事实上形成了乡村人口的回流。因此，从20世纪50年代末期到60年代初期，中国城镇化移民运动的演变经历了两个迥然不同的阶段。

第一个阶段就是从1958年到1960年的大增长时期。从1958年至1960年，在全国范围内，大批农村人口进入城镇，从而形成一个畸形的城镇化移民的高峰期，这也是"大跃进"时期中国人口迁移的阶段性特征。与中国经济过快、过热发展的"大跃进"相呼应，中国城镇化移民也进入了过多、过快增长的"大进"时期。为了支持发展以钢铁业为核心的"大跃进"运动，大批乡村人口作为劳动力资源进入城镇地区，从而引发了中国职工与城镇人口数量的激增。

关于当时职工增长的数量，有几种说法。根据1989年版的《中国统计年鉴》，1957年全国（除台湾及港澳地区）的职工人数为3 101万人，到1958年，增长至5 194万人，一年之间，全国职工人数增加了2 093万人[1]。又何光主编《当代中国的劳动力管理》一书认为1958年全国职工人数增加了2 082万人[2]。柳随年等编《六十年代国民经济调整的回顾》指出，1958年全国职工总数增加了2 081万人，比1957年增长了84.9%[3]。虽然上述几种数字有所差别，但是，总体而言，当时全国职工人数增长了2 000万人以上，应该是有较为充足的理据的。研究者又指出：在这新增加的2 000万余名职工中，从农村招收的人员达到1 104万人，占总数的53%[4]。城镇人口的过快增长，到20世纪50年代末期达到高潮。据统计，1958年至1960年，全国共增加城镇人口近3 000万人，从9 949万人增长至12 900万人[5]。

第二阶段是从1961年至1963年的大调整时期。急躁冒进的"大跃进"带来的是大危机与大倒退。中共中央及各级领导干部为了挽回危机，稳定社会，于1960年开始采取了大幅度的调整措施，其中包括减少城镇人口、增加农村劳动力等。研究者指出："从1960年9月起，

---

[1] 引自罗平汉：《大迁徙：1961～1963年的城镇人口精简》，第32页。
[2] 何光主编：《当代中国的劳动力管理》，中国社会科学出版社1990年版，第130页。
[3] 柳随年等编：《六十年代国民经济调整的回顾》，中国财政经济出版社1982年版，第123页。
[4] 《大迁徙：1961～1963年的城镇人口精简》，第32页。
[5] 同上书，第90页"1957年和1960年全国城乡人口和职工统计表"。

精简职工的工作也开始启动。截至1961年2月底,全国共精简下放职工410.6万人。"[1]1962年2月14日,中共中央又印发了《关于1962年上半年继续减少城镇人口700万人的决定》。其中提到,1961年全国共减少城镇人口1300万人,精简职工950万人[2]。短短的数年间,中国城乡人口发生了天翻地覆般的变化。

以首都北京为例,1958—1960年的三年间同样是北京人口剧烈变动的时期。当时,与普通城市明显不同的是,为了响应中央政府的政策与号召,北京市一方面大规模地从外省区迁入人口,另一方面又将大量人口迁出北京,支持地方建设。总体上,迁入率远高于迁出率,因此,这一时期又被称为北京市人口变迁史上的"大进(迁入)时期"。粗略统计,这一时期北京市净迁入人口数量达到70多万,给北京市的市区人口供给能力带来了巨大的挑战[3]。然而,随着"三年自然灾害"的到来,北京地区同样陷入困难的调整时期,从1961年开始严格控制外省区人口迁入,并精简"大跃进"时期进入北京的职工及其家属。因此,这段时间北京市人口的迁出率远高于迁入率,因而是一个"大出(迁出)"时期,平均每年迁出人口达19.9万人[4]。

天津市于1958—1960年同样开展了"大跃进"与农村人民公社化运动,为了满足城市工业发展的需要,迁入大批劳动力,累计迁入人口46.7万人,其中,来自农村与其他城镇的人口各占一半。不过,为了支援全国各地的经济建设,天津市内也有不少干部、知识分子、技术工人调往其他省市,人数也高达11.5万,这也是天津市现代人口迁移的一个重要特征。1961—1965年,天津市执行党中央的调整政策,一方面严格控制外来人口的迁入,另一方面积极精简1958年以来迁入的农村人口,使之返乡。据统计,1961—1965年,天津市返乡职工人数达到21.6万,其中五分之四以上迁回农村,从事农业生产[5]。

---

1 《大迁徙:1961~1963年的城镇人口精简》,第139页。
2 同上书,第185页。
3 《中国人口(北京分册)》,第145页。
4 同上书,第145—146页。
5 《中国人口(天津分册)》,第158—160页。

"大跃进"时期及以后数年间,河北省的城乡人口变化同样经历了"大进"与"大出"的剧变。1958—1959年"大跃进"时期,河北省大量乡村人口迁入城镇,非农业人口激增,两年之间共增加126.66万人,非农业人口占全省总人口的比重也由9.89%提高到12.91%,平均每年增加63.33万人。而1960年至1962年,河北省响应中央号召,大力精简城镇人口,造成较大规模的返流,每年平均减少50多万人,非农业人口占全省总人口的比重迅速下降,由12.91%下降到8.71%,只相当于1955年的水平[1]。

山西作为国家重点建设的重化工基地之一,在"大跃进"时期同样出现了城镇人口的剧烈膨胀。1958年至1960年,山西省净迁入城市的人口就达45.7万人,仅1958年一年之中,城市净迁入人口即达20.3万人,也是新中国成立以来城镇人口增长最快的一年。然而,时至1961年与1962年,在"三年自然灾害"与国家经济困难的状况下,山西省也采取了大幅精简城镇人口的措施,从而使城镇人口规模迅速下降。1961年,山西各城市净迁出人口15.4万人,占当时城市人口总数的5.49%。1962年,山西各城市又净迁出人口25.4万人,占当时城市总人口数的9.27%[2]。

同北方其他省份相似,山东省的城乡人口在第二个"五年计划"期间也发生了"大起大落"式的变化。如在1958年"大跃进"期间,山东省境内全民所有制单位响应号召,大量招收职工,当时有130多万的农村人口由此进入城镇地区,城镇非农业人口在总人口数中所占比重也上升到9.0%。大量农村人口进入城镇地区,超出了当时城镇地区的承载能力,而大量农村劳动力进城,也极大地削弱了农业生产能力。因此从1961年开始,在中央与地方政府的调整与协调下,大批人口重回乡村,实际上形成了向农村地区的大规模迁徙。据统计,1961年到1963年,山东省各地全民所有制系统单位共精简职工127万人,同时动员返乡的家属有75万人,两三年之间,山东省各地由城镇返回

---

[1]《中国人口(河北分册)》,第197页。
[2]《中国人口(山西分册)》,第149—150页。

农村的人口总数合计约200万人[1]。河南省在50年代同样出现了城市人口增长过快的问题，到60年代后期，遵照国家调整与精简的政策，来自河南农村的临时工人23万多人被陆续动员迁回原籍，参加当地的农业生产建设[2]。

研究者指出：1958年至1965年，也是安徽省在新中国成立以来人口迁移变动最大的时期。这一时期的主要人口迁移类型有：(1)与工矿业以及商业发展相关的移民运动。如在"大跃进"与"大炼钢铁"期间，仅1958年一年之内，马鞍山市就迁入19.4万人；1959年，淮南市迁入17.0万人；1960年，芜湖市迁入16.6万人。这三个重点建设的城市三年之内迁入人口合计达53万人。(2)城乡之间的人口迁移。1958年城乡之间人口"大进大出"达到高峰，但到1962年，安徽各地的农业生产得到较快的恢复与发展，大批农民又返回农村，一年之中，迁入人口数量就达109.01万[3]。

江苏省于1958—1959年同样形成了一个向城市地区移民的高峰期。新中国建立以来，江苏省的城镇人口的发展也经历了不同的阶段。第一个阶段就是1949年至1960年，总体特征是稳定上升。在这11年间，城镇人口从437万人增长至681万人，每年平均增加22万人，年平均增长率达到4.12%。但是，仍然有着前后的增长差异。从1949年至1957年的八年之中，城镇户口从437万人增长到579万人，净增长了142万人，每年平均增长17.75万人。而从1957年到1960年的三年之间，城镇人口从579万人增长至681万人，净增长了102万人，平均每年净增长34万人，几乎是1957年以前增长速度的一倍[4]。正是在工业"大跃进"运动的推动下，江苏省出现了新中国建立以来第一次乡村人口向城市集聚的高潮。据估计，在1958—1959年期间，江苏省由乡村迁入城市内居留的人口数量接近100万[5]。1960年之后，江苏省城镇人口发展同样出现了巨大的逆转，开始了一个城

---

[1]《中国人口(山东分册)》，第205页。
[2]《中国人口(河南分册)》，第153页。
[3]《中国人口(安徽分册)》，第178页。
[4]《中国人口(江苏分册)》，第185页。
[5] 同上书，第149页。

镇人口向乡村地区大量迁徙的阶段。为了度过经济困难时期，江苏全省精简城镇人口。当时从城市下放到农村的人口达到153万人。其中大部分是"大跃进"时期来自农村的新职工（下放人数有83万人），以及部分原来的城镇居民（下放人数有47万人）和老职工（下放人数有23万人）[1]。

1958年至1965年的数年间，浙江省城乡人口的发展同样也经历了"大进大出"的波澜式的曲折历程。据统计，1958—1960年，大约有120多万乡村人口被招进城镇地区。而随着国家经济困难时期的到来，又不得不让大部分新近进城的乡村人口重返故乡，甚至还进一步采取了压缩原有城镇职工与居民规模的措施。因而，1961—1966年，浙江全省有101万城镇职工和居民被精简下放，重新回到农村从事农业生产[2]。

新中国建立以来，上海市城镇人口的发展具有自身独特的轨迹。同样在宏观政策的调整之下，1958年至1965年，上海市人口发生了重要变化，在总体上应该是符合当时"逆城市化"或"向乡村回流"的趋向的。时至1958年，上海市人口进入了一个调整时期。上海市政府一方面对于外省人口的迁入进行严格限制，另一方面采取各种措施精简与疏散市区人口。据研究者总结，当时上海人口外迁具有以下几种类型：

（1）职工支援外地建设型。据统计，1958年至1965年，上海市向外地持续迁出了23.86万名职工及其家属，以支援全国各地的经济建设。1958年至1962年，共迁出20.22万人，迁往的主要目的地是西北的陕西、甘肃、青海三省与华东地区的江西省。1963年至1965年，迁出3.64万人，迁往的目的地除陕西、甘肃、青海三省外，又增加了西南的云南、贵州和四川三省。

（2）精简下放型。为了响应中共中央精简城镇人口的政策，上海市在1961年和1962年的两年间精简本市职工31万人。

（3）青年和中学毕业生支援边疆型。1963年至1965年，为了支

---

[1]《中国人口（江苏分册）》，第151页。
[2]《中国人口（浙江分册）》，第147页。

援西北边疆地区建设,上海市动员了9万余名社会青年和应届中学毕业生前往新疆,加入建设兵团[1]。

江西省于1957—1965年之间人口迁移的变化特征及其原因同样具有很强的代表性。关于其变化的客观背景,研究者指出:"该阶段人口迁移动荡不定的背景是:国民经济比例关系严重失调,农村人民公社经济核算制又挫伤了农民的生产积极性,加上三年'大跃进'出现了劳动力不足的假象,大量招收农业劳动力进城。这些都导致了江西省'二五'期间人口大量迁往城市。1964年党提出了'调整、巩固、充实、提高'八字方针,江西压缩了基本建设规模,调整了失调的比例关系,并通过精简职工和城镇青年'上山下乡',安置了大量过剩的劳动力,还普遍严格了户口管理制度,使得三年调整时期人口迁移量骤减。"[2] 其实,江西省的人口大变动主要集中于1958年、1959年、1961年和1962年等四个年头。前两年是城市人口高迁入年份,而后两年为高迁出年份[3]。如1961年,江西全省就精简职工29.9万人,减少城镇人口42万人,在农村也压缩了32万非农业劳动力到生产的第一线,同时下放干部1.4万人充实基层[4]。总体而言,从1960年之后,江西省的城镇人口即开始进入高迁出及严格控制规模的时段。

关于新中国建立以来四川省人口发展的状况,研究者指出:"新中国成立以来,四川省经历的几次人口迁移高潮,都与国民经济波浪式发展呈对应关系,并且受到党和国家的各个时期的政策影响极大。"而这种变化特征在1958年至1962年间得到最突出的反映。"早在第一个'五年计划'期间,四川省工业建设、铁路建设就已经大规模展开。特别是1958—1960年以'大炼钢铁'为中心的'大跃进',大批城乡劳动者参加国家各种建设,引起了大规模的省内人口迁移活动。1961—1962年经济困难时期,大批建设工程下马,精简部分城镇职工返回农村安家落户,也引起了大规模的人口迁移活动。"[5] 这种盲目的城乡间

---

1 《中国人口(上海分册)》,第142—143页。
2 《中国人口(江西分册)》,第139页。
3 同上书,第146页。
4 同上书,第152页。
5 《中国人口(四川分册)》,第159页。

的大迁徙,显然对于区域社会的稳定和发展是极为不利的。

自新中国建立以来,地处东北的黑龙江得益于国家重点投资与重要建设的政策,进入了人口迁徙的高峰期,人口净迁入量相当可观,其中,大中型企业集中于城镇地区,城镇人口的激增也不可避免。而"大跃进"时期,同样有大量移民进入黑龙江各地,但是,在"三年经济困难"时期,国民经济进入调整阶段,城镇地区大量职工被精简,返回原籍从事农业生产,于是1962年黑龙江人口出现负净迁入54.8万人的情况,这也是黑龙江新中国成立以后第一次人口迁移出现负增长的年份[1]。

地处东北地区的吉林省作为国家重点建设的工业基地,在20世纪50年代出现了迁徙高潮。"从现有的人口迁移资料来看,50年代中期的1954、1955与1956年,由于大规模的经济建设与教育、科学与(及)文化建设,每年全省迁移总人口都在250万人以下,因此成为建国30多年来吉林省人口迁移数量的高峰年代。"[2]而从60年代开始,同样受到自然灾害及经济困难的影响,吉林省城乡之间开始大规模的迁徙。据统计,"60年代初的1962年,城镇人口迁往乡村的数量,远远超过乡村迁入城镇的人口数量。全省乡村迁入城镇的人口为73 980人,占城乡间迁移总人口的13%,占全省迁入总人口的6.2%。而城镇迁往乡村的人口总计为500 262人,超过乡村迁入城镇的人口的近5倍"[3]。

"大跃进"期间,地处岭南地区的广东省同样没有逃脱城镇人口异常变动的局面。研究者认为:"广东省的人口省内迁移中,城乡间的迁移规模最大,但对流现象十分明显。"[4]而这种对流现象在"大跃进"时期以及后来数年间表现最为突出。"大跃进"时期,广东省城镇人口同样陷入盲目增长的状况。从1958年至1960年,广东省城镇人口从489万人增长至606万人,人口城镇化水平也提高到16.01%。然而,

---

1 《中国人口(黑龙江分册)》,第156页。
2 《中国人口(吉林分册)》,第137页。
3 同上书,第145页。
4 《中国人口(广东分册)》,第163页。

随着自然灾害与国家经济困难时期的到来,大批非农业人口被迫精简,重返农村。到1964年,城镇非农业人口由606万人缩减到528万人,人口城镇化水平也下降到12.85%,甚至低于1949年以前的城镇化水平[1]。

广西在新中国建立以后的十余年间,同样存在着城镇人口增长过快、过猛的问题,因此,从1960年开始,广西各地的城镇人口开始大量迁往乡村。1960年至1962年三年之间,广西城镇人口就减少了2.38万人,非农业人口的比重比1959年降低了2.67%[2]。

福建省在新中国成立初期人口增长速度并不突出,直到国家第一个"五年计划"期间,为了适应建设的需要,不少农村人口开始进入城镇地区。这种势头到1958年"大跃进"时期达到高峰。在"大跃进"与农村人民公社化运动的推动下,大批农业人口进入城镇,充实到工业企业之中,福建省的城镇人口数量迅猛增长。1950年福建省城镇人口数仅为136.8万,到1960年增长到325.56万,净增长人口数达到188.76万,其中大部分是从农村地区迁入城镇的。而到60年代前期,随着国家政策的调整,福建省同样采取了缩减城镇人口、精简职工的措施,1958年以来迁入城镇的人口大部分又返回农村[3]。

小　结

"城镇化人口"的对立面,应该是所谓"乡村化人口"。两种类型的人口演变,表面上看来,只是居住地的变化,其实最直观地反映了社会历史的变迁,是由农村社会向工业化社会、集约化社会乃至现代化社会演变的直观体现。城镇化与工业化发展,对于劳动力存在巨大的需求,这是促使大批具有劳动力的农村人口进入城镇并长期居留下来最根本的动力。

乡村人口向城镇的聚集,意味着城镇的外拓与发展,而乡村人口

---

1 《中国人口(广东分册)》,第210页。
2 同上书,第145页。
3 傅祖德、陈佳源主编:《中国人口(福建分册)》,中国财政经济出版社1990年版,第138—139页。

向城镇人口的转变,其实质在很大程度上是农业劳动力向工业劳动力的转变,是自给自足的乡村居民向集约化生产与消费、服务的城镇居民的转变。

1949年以来中国城镇化人口的变迁过程,是反映中国现代工业化运动影响及成果的一个缩影。研究者曾经对新中国建立以来到改革开放之初中国城市人口变化的情况做了简要的总结:

(1)1949—1957年为中国经济恢复与发展时期,城市人口从5 765万增至9 949万,占总人口的比重由10.6%增至15.4%。这个时期,城市人口比重增长较快,年均增长0.6%,甚至高于同期美国的增长率0.544%和苏联的增长率0.54%。

(2)1958—1965年为中国经济所谓"大跃进时期"以及调整时期。"大跃进"之后,就是"大倒退"。在畸形的向城镇大迁徙的高峰期过后,在全国范围内又出现了"大迁出""大疏散"以及"大调整"的高峰期。全国城市人口从10 721万人降至100 170万人,占总人口的比重由16.2%降至14%。这是经济困难和行政压缩城市人口出现的城市人口下降时期。

(3)1966—1976年为"文革"动乱时期,中国内地城市人口由9 965万增至11 342万。

(4)1977—1982年是"文革"后恢复时期。中国城市人口由11 495万人增长至14 467万人,占总人口的比重由12.2%增长至14.4%。城市人口随着经济的恢复发展逐步恢复上升态势[1]。

应该承认,城镇化与工业化是传统中国数千年来从未有的剧变。对于一个拥有数亿人口以及数千年历史的农业大国而言,城镇化与工业化的实现不存在一条宽广而平坦的大路,其发展道路注定是曲折与不平坦的。

在20世纪的现代中国社会,在经过了封建王朝没落与帝国主义半殖民地经济掠夺与压迫之后,加上长期的国内动乱与外国侵略战争的残酷破坏,农村地区的落后与贫困是触目惊心的,很难找到"田园

---

[1] 田方、张东亮编:《中国人口迁移新探》,第279页。

牧歌式"的、美满无忧的"世外桃源",这也从根本上激发了人们对于城市生活的向往。然而,人们的热切向往与现实可能的承载力之间存在着巨大的不对称性。因此,20世纪后50年中,中国城镇化移民运动发展并不顺利,甚至可以说,经历了几次重大的挫折与反复。例如20世纪60—70年代出现的所谓"干部下放劳动"与"知识青年上山下乡"运动,在很大程度上可以说是城镇化移民运动的"反动"或"逆流",或可称为"反城镇化人口运动"。

一段时间内,全国范围内大规模"反城镇化人口运动"的出现,当然是与新中国成立初期"全国一盘棋"的行政治理体制与计划经济制度直接相关。

计划经济时代"全国一盘棋"的政治与经济体制,可以说是将一个落后的农业国迅速发展成为一个先进的现代化国家的道路选择。新中国建立初期,中央及各级人民政府得到全国人民的高度认可与支持,大大增强了执政党的自信心,这也是"全国一盘棋"的管理机制富有成效的根本保证。各地的配合与协调,以及亿万人民的理解与牺牲,都是影响其最后成效的关键。关于新中国成立以来中国各省区城镇化人口发展与全国城镇化人口发展之间的关系及其特征、影响因素等问题,有研究者提出了十分精辟的见解。如就江苏省而言,"城市人口的增长,既与经济及社会发展直接相关,也与各个时期的经济、社会发展的方针、政策以及计划是否合乎实际有密切关系。城市人口随上述各方面的因素的变化而变化。同时,由于江苏又是我们伟大社会主义祖国的一部分,城市发展与其他事业发展一样,要受全国的状况的制约,而不是一个省的闭锁平衡。为此,城市人口增长的速度,城市化的发展水平,不能都仅就本省范围内考虑"[1]。

"成也萧何,败也萧何。"这种"从大处着眼"的中央统筹的发展道路在取得巨大成就的同时,也付出了一定的代价。"计划经济"时期,全国人口迁移活动也不免带有浓厚的主观色彩与行政干预的成分。中央的计划与导向一旦发生严重偏差,便会造成极为严重的恶果。20

---

[1]《中国人口(江苏分册)》,第196页。

世纪50年代到80年代中国城镇化移民运动所经历的重大挫折,凸显了城镇化可能面临的挑战与危险。

当然,"逆城镇化"或"反城镇化"现象的出现,并不能简单归罪于政府或个别领导的决策失误,而是有着复杂的社会历史背景以及现实需要。城镇化运动的顺利完成,以及城镇化建设的稳定,不仅需要相当成熟的主客观条件,更需要人们对此有着明确而理智的认知与把握,并非可以简单地一蹴而就。而认知水平的提高更需要一个痛苦的过程。对于城市化这场巨变而言,年轻的共和国的领导人们显然没有做好充分的准备。

另一方面,历史经验同样证明,对于出现的灾难与问题,理性应对与及时纠正是完全必要的,然而,由此而出现的矫枉过正,也会带来难以逆料的不良后果。户籍管理制度在1958年之后得到重视与全面实施,显然与这段时期城镇化人口问题有着高度的关联。为了保持社会稳定及满足人民基本的生活需要,20世纪50年代至80年代初期,户籍制度与配额物资供给制度出现并长期延续,不可避免地形成了城乡二元社会结构,极大地阻隔了城镇与乡村之间的人口与劳动力的转移与变动,因此,新中国建立以来的城镇化与城镇化移民运动的发展,都离不开户籍管理政策这一主要线索。

第二节

改革开放以来城镇化移民浪潮

众所周知,自1978年12月中国共产党第十一届三中全会召开以后,中共中央及中国各级政府所推行的改革开放政策,开辟了中国政治改革、经济建设以及社会文化发展的新时代。历史将会证明:这场具有划时代意义的改革,是中国历史上最具影响的社会发展的"伟大革命",彻底改变了中国社会的面貌,无论是外在的社会景观形态,还是内在的民众精神世界。而与经济腾飞、社会进步、城市文化突飞猛进相伴随或相呼应的是全国范围的人口迁移活动的极大活跃,特别是城乡之间一浪高过一浪的人口迁移运动,也成为这个新时代的一大外在特征。城镇化移民运动的高涨,成为这一伟大时代的"强音"。

一般来说,一个社会的进步发展程度,往往与这个社会成员迁移的活跃程度呈正比关系。无法想象在一个现代化的社会中,人口管理与移动陷入与传统时代相类似的、极为僵化与停滞的状态。工业及经济的发展,需要技术与劳动力的支撑,而工业技术、投资方位与经济发展所产生的劳动力需求,与自然劳动力的空间分布,又不是天然的、对称的完美结合。以人口为载体的劳动力资源的空间调整与重新分配是必不可少的。较大规模的人口及劳动力的空间调整与再分布,就会构成令人瞩目的移民潮。

中国民间俗语有云:"树挪死,人挪活。"改革开放所释放的巨大能量,正是亿万中国人个人智慧与能力充分展现的结果。迁移活动正是一个重新选择与寻找展示个人才能与潜力的机会。社会需求与个人发展需要适当的结合点,而这种结合点是固守故土者所无法得到的。离开故乡,身入异地,虽然会有种种不测的风险与不便,却能开启一个发挥个人能力与潜力的广阔天地。然而,迁徙活动往往又不是完全由个人意愿所决定的,个人自由迁徙权的实现,必然会受客观社会状况的限制。即使是在中共中央及各级政府确定改革开放政策之后,中国基层社会却仍然一时无法跨越长久以来形成的城乡之间的"鸿沟"。对于城乡之间迁徙活动的限制,是客观历史与现实困难的多重结合的选择,想要突破,也并非一朝一夕所能实现。因此,改革开放以来,中国城乡之间的人口迁移的发展并非一帆风顺,而是举步维艰、充满坎坷。

首先,传统社会与现代社会的一个重大区别,就是政府与官方对于自由迁徙的态度。在中国当代城镇化移民进程中,客观存在着人为设置的、制度上的"瓶颈",即户籍管理制度的局限。当然,新中国建立之后所实施的户籍管理制度从产生伊始,就与粮食配给制等社会保障措施相联系,不能简单地理解为一种政治控制手段。但是,"农业户口"与"非农业户口"的区分,各种迁徙及入籍条件的提出,在客观上限制了人们在城乡间的自由迁徙与居留的权益。因此,户籍管理制度的改革与适应,保障普通民众在城乡之间自由迁徙的权益,是当代城镇化移民运动发展的必然诉求。

其次,城镇化移民的妥善安置与长期稳定问题更是一个棘手的工作。大量外来人口的涌入,势必给各地城镇的人口承载力与社会接纳能力带来严峻的考验。而一个城市的人口承载力与接纳能力取决于当地的经济发展水平、城市辐射空间、城市交通状况以及外来投资规模等,又非一两日就可以完全改观。因此,大量外来人口的到来及居留,必然与不相称的城镇接纳能力在较长时间内形成诸多难以调和的矛盾与问题。而数量庞大的外来移民进入城镇地区,在短时间内更会对城镇的管理与发展、基层社会的稳定等带来十分严峻的冲击。

其三,劳动力资源在城乡之间的大规模转移,其影响是复杂的。一方面,移民为城镇发展提供了可贵的劳动力资源,然而,大批移民进入城镇长期定居下来,成为城镇居民的一部分,也为城镇接纳能力及基层社区管理带来了巨大的压力。而在另一方面,大批农村人口进入城镇地区之后,同时也会对农村地区的发展带来十分严重的问题。特别是在乡村人口大批、大比重迁出之后,农村发展与现代化问题同样会面临人才、劳动力以及资金匮乏的局面,也会出现夫妻两地分居、留守儿童等种种社会问题,特别值得关注。发展城镇地区,不能以放弃乡村为代价,没有广大农村地区的现代化,中国社会现代化之路必然是"跛足"的、难以巩固的。

改革开放以来,城镇化移民的发展过程存在着明显的阶段性变化。关于改革开放以来移民运动的分期问题,不少研究者已经提出了一些有价值的观点。如阎蓓提出改革开放以来中国人口迁移活动大致可分为三个阶段:(1)人口迁移的补偿高峰期(1979年至1981年);(2)人口迁移的平稳调整期(1982年至1984年);(3)人口迁移流动的活跃期(1985年至目前)[1]。王桂新等人虽也提出三个分期的

---

[1] 阎蓓:《新时期中国人口迁移》,第140—144页。

说法,但与阎蓓的分期有着明显的不同,没有了"补偿高峰期",特别增加了一个"高度活跃期"。这三个时期分别是:(1)平稳发展期(1978—1983年);(2)渐趋增强期(1984—1994年);(3)高度活跃期(1995—2000年)[1]。

笔者以为,改革开放以来,城镇化移民,即主要由乡村向城镇地区的单向式的人口迁移,是中国移民运动的无可置疑的主流,其中也包括了"十年动乱"之后的人口调整。因此,移民历史的分期与中国当代城市发展以及城镇化进程紧密相关。当然,就20世纪中国移民史整体进程而言,新时期的移民运动分期也不宜过细。简而言之,从20世纪70年代末期改革开放开始,至20世纪结束,中国大陆地区城镇化移民运动的历程大致可分为前、后两个时期或阶段:

第一个时期是从70年代末到80年代末,可谓"酝酿时期"。随着中国经济改革的深入,经济与城市发展的推动,对于外来劳动力的需求是逐步增长的。而中国农业长期低投入与低效益化的直接恶果,是农村地区大量过剩劳动力的出现。中国城镇化移民运动在经历了多年动荡之后,进入了真正调整与酝酿阶段。农村地区实现包产到户、大力支持乡镇企业的发展等政策,似乎在一段时间内阻止了城乡之间劳动力的快速转移。与此同时,户籍制度的改革与创新也势在必行。而户籍制度的改革直接影响到城镇化移民的进程,到1985年之后,"民工潮"已逐渐形成相当大的规模。

第二个时期为整个90年代,可谓"爆发时期"。尽管有些曲折与徘徊,中国改革开放政策的深化、中国经济突飞猛进的发展,已呈势不可挡的态势,为中国城市化建设注入了强劲的动能。社会管理制度的进一步放宽,经济发展与城市建设对劳动力的巨大需求被充分释放,吸引了亿万农村人口进入城镇地区,由此见证了城镇化移民高潮期的真正降临。

工业化与城镇化是中国现代化发展的必经之路,这一势头也反映了世界历史的发展潮流,无法逆转。与此相伴随着的人口迁徙大

---

[1] 王桂新等:《迁移与发展——中国改革开放以来的实证》,第35—41页。

潮,也是今天乃至未来社会发展洪流中的一部分。然而,改革与前进都是逆水行舟的艰难过程。在这一过程中,城镇化移民大潮带来的种种问题与困难,也是改革时代所必须付出的代价。如能妥善解决这些问题与困难,必然会迎来亿万中国人民美好的未来。否则,中国社会也许又会陷入一轮又一轮的社会发展的困局之中。

一 改革开放初期户籍制度改革及20世纪80年代城镇化移民的发展与特征

(一)新中国户籍管理制度与城乡"二元结构"的形成

在中国现代城镇化移民研究中,必须强调与重视户籍管理制度的问题。户籍管理制度在中国起源甚早,历史悠久,是传统中国基层社会最重要的制度之一。明清时期,中国基层社会所实施的户籍管理制度趋于严密与完善。中国传统户籍管理制度的最大特征是"人户以籍为定",亿万庶民被登记,编入户籍册中,无故不能离开自己户籍所在之地,即"无故脱籍有罪"。例如《明会典》规定:"人户以籍为定。凡军、民、驿、灶、医、卜、工、乐诸色人户,并以籍为定。若诈、冒、脱、免、避重就轻者,杖八十。其官司妄准脱免及变乱板(版)籍者,罪同。"钦定的《大清律例》几乎一字不改地照搬了这一条,且规定更为细密严苛:"沿边、沿海地方军民人等,躲避差役,逃入土夷、峒寨、海岛潜住,究问情实,俱发边远卫分充军。"在这种法律环境下,无论是内地民户还是沿边沿海居民,脱离户籍制度的管束,放弃赋役的义务,就缺乏官方法律的保障,成为事实上的"违法"群体,顺理成章地成为各地官兵与官吏可以依法追杀的对象。禁止广大百姓自由迁徙权的根本缘由并不复杂,就是为了保障朝廷赋役的征收,以及避免对现有社会秩序的扰动,或可归结为"王朝安全"。

1949年新中国建立以来,中央及各级地方政府非常关注城市户口的管理问题。可以说,20世纪50年代密集出台的一系列户籍管理方案的政策法规,正好反映了当时中央政府对于户籍问题的高度关注,而这一系列政策法规也基本奠定了新中国户籍制度的特有体系,其特征与中国传统社会户籍制度的差异也非常显著(参见表9-1)。如研究者指出:"1949年以后的中国户籍制度,最先在城市管理中得到酝酿,然后逐步形成比较系统的、普遍的制度。"[1] 新中国的户籍制度首先从城市开始建立并完善,这种"先城市而后农村"的行政举措,正与新中国建立之后,中共中央及各级政府的工作重心已从农村转移到城市的趋势直接相对应。1950年公安部制定的《城市户口管理暂行条例》与《关于特种人口管理的暂行办法》奠定了现行户籍制度的基础[2]。直到1955年,国务院颁布《关于建立经常户口登记制度的指示》,才正式将户口登记和迁移管理的户籍扩展至农村地区[3]。这可以说是现代户籍制度的一大特征。

表9-1 20世纪50年代制定的户籍制度相关法规政策简表

时间	法 规 制 度	核 心 内 容
1950年	《关于特种人口管理的暂行办法》	特殊人口管理
	《城市户口管理暂行条例》	城市常住人口的登记与管理
1953年	《全国人口调查登记办法》(政务院)	常住人口的六项调查与登记
	《中共中央关于粮食统购统销的决议》	规定粮食收购和计划供应的范围
1954年	《内政部、公安部和国家统计局联合通告》	普遍建立农村户口登记制度
1955年	(国务院)《关于建立经常户口登记制度的指示》	人口和户口变动登记和管理
	《市镇粮食定量供应暂行办法》	粮食供应、粮票和粮油转移管理
	《关于城乡划分标准的规定》	"农业户口"与"非农业人口"的划分
1956年	首次全国户口工作会议的三个文件	确立户口管理的三个任务
1958年	《中华人民共和国户口登记条例》	第一个户籍登记制度的全国性法规

资料来源:《户籍制度——控制与社会差别》,第122页"表3-4"。笔者在内容上略有增补。

更需指出的是,中国现代户籍制度,就根本上讲注重人员管理与

---

[1] 陆益龙:《户籍制度——控制与社会差别》,商务印书馆2003年版,第112页。
[2] 《中国户口、人口和计划生育政策与法律实务应用工具箱》第一章"户口",法律出版社2010年版,第1页。
[3] 李强等主编:《城镇化与国内移民——理论与研究议题》,社会科学文献出版社2015年版,第104页。

物资供给保障,又与传统时代户籍制度关注土地税收、赋役承担的特征迥然不同。如1953年颁布的《全国人口调查登记办法》《中共中央关于粮食统购统销的决议》,以及1954年颁布的《内政部、公安部和国家统计局联合通告》等法律法规与政策,就标志着户口制度开始与社会福利制度挂钩,特别是1955年《市镇粮食定量供应暂行办法》的出台,使"非农业户口"与"农业户口"已经不再只是统计学上的区别,而是成为享受不同社会福利的依据[1]。传统时代的户籍管理制度往往服务于征收赋役的需求,受到人民的抵触而造成户籍不实,很容易理解;而新中国的户籍制度却是与人员就业、粮食供给及社会福利相挂钩的,这无疑又是新中国户籍制度与传统时代的重大区别之一。这种城乡差别化的福利待遇政策,虽然是出于客观条件以及社会管理的需要,然而,其造成的不利影响也是不可忽视的。

更应该承认,中华人民共和国成立之前,旧中国在现代城市管理方面虽有不少的经验与实践,然而并没有形成较为成熟与完善的户口管理体系,因此,如何建立一套行之有效的城市户口管理体系,是摆在当时政府面前的一项艰巨的任务。然而,限于当时客观的历史条件,新中国建立以后的户籍管理制度的一个重要取向或功能,是在保障城乡居民迁徙权的同时,管控与调节城市户口的异常增长。早在1950年10月,中央政府就出台了《城市户口管理暂行条例》,其中开宗明义地强调:"为维护社会治安,保障人民之安全及居住、迁徙自由,特制定本条例。"然而,鉴于建国初期城市经济的不景气与遗留问题的复杂性,当时城市户口管理的重点,在于管理、疏散及重新安置旧社会所遗留在城市中的大量闲散人口,引导他们回到农村从事生产劳动[2]。这种不自愿的迁徙,虽然出现于一个特殊的历史时期,在另一方面也反映了当时城市承载能力的薄弱、城市秩序的不稳定以及社会管理能力的欠缺。

同样出于社会条件的局限性,与户籍制度直接挂钩的城镇居民基本福利制度的出现,事实上使得中央及各级地方政府对于民众迁

---

[1] 《中国户口、人口和计划生育政策与法律实务应用工具箱》第一章"户口",第1页。
[2] 参见陆益龙:《户籍制度——控制与社会差别》,第114—115页。

徙的管理变得更趋严格,甚至形成了国家层面的法律法规。1953年全国人口调查登记工作的完成,为在全国范围内建立经常性的户口登记制度奠定了基础。1955年6月9日,国务院全体会议第十一次会议通过了《关于建立经常性户口登记制度的指示》,并由周恩来总理签发,于当年6月22日正式发布。这项指示实际上为日后户籍管理方面的法规制度指出了方向与要求。如《关于建立经常性户口登记制度的指示》的第二条就特别提到了"迁出(包括婚出)"和"迁入(包括婚入)"两项内容的相关规定:

> 丙,迁出(包括婚出):全户或者个人变动常住所的时候,应由户主或本人在迁出以前按照下列规定办理:在原乡、镇地区以内变动常住所的,报告乡、镇人民委员会,只作住所变更的登记,不办迁出手续;迁出原乡、镇地区但不出县境的,应当向乡、镇人民委员会领取迁移证,并由乡、镇人民委员会登入迁出登记册;迁出县境的,应当向乡、镇人民委员会或者由乡、镇人民委员会介绍到上一级户口主管机关领取迁移证,并由乡、镇人民委员会登入迁出登记册。外出六个月以上的应当办理迁出手续……迁移证由公安部统一印制。
>
> 丁,迁入(包括)婚入:全户或个人迁到新住地的时候,应由户主或本人在到达五天内报告当地乡、镇以下行政组织的负责人,并且交出迁移证或者缴验其他证件。当地乡、镇人民委员会根据行政组织负责人的报告并审查证件后,登入迁入登记册……[1]

据上述条目可知,当时对于"迁出"与"迁入"的规定及手续已然相当繁琐与严格,管理环节趋于复杂化。该《指示》在原则上既没有鼓励迁徙的条款,也没有禁止迁徙的内容,但在本质及客观上形成了"迁徙许可制"或"有条件迁徙制"的特征,即"迁出"与"迁入"都需要乡镇等基层政府的批准以及登记,方可实现。作为"迁徙许可制"与"有条件迁徙制"的重要标志,除了基层政府"人口迁徙登记"之外,迁徙人员必

---

[1] 《中国户口、人口和计划生育政策与法律实务应用工具箱》第一章"户口",第19页。

须持有由公安部统一印制的"迁移证"。"迁移证"的出现,又是新中国在人口迁移管理方面的一个特征与手段。"迁移证"一旦成为民众迁徙行为必需的凭证与要求,必定会大大增加民众迁徙行动的难度,人为地加大及加深乡镇居民之间迁徙转换的"鸿沟"。

1958年1月9日,全国人民代表大会常务委员会通过了《中华人民共和国户口登记条例》。这是迄今为止新中国所制定的唯一的并最具权威性的有关户口登记管理的法律规定[1]。而正是这一《条例》将"迁徙许可制"或"有条件迁徙制"变成了正式制度。该《条例》的多项条款对于迁徙问题做出了严格的规定。表面上看来,这些规定并没有完全禁止民众的自由迁徙权,但是,在实际生活上,对于普通民众而言,脱离了官方的户籍管理体系,也就脱离了最基本的社会保障与权益。

该《条例》第六条规定了中国境内常住人口的"属地唯一性"原则,即传统时代所称的"地籍"原则。不得不承认,正是这条"属地唯一性"原则,在实质上构成了该《条例》限制公民自由迁徙的最重要的理论基础:

> 第六条 公民应当在经常居住的地方登记为常住人口,一个公民只能在一个地方登记为常住人口。

这条"属地唯一性"原则,虽然没有使用强制性的语言与口吻,但是,却无可置疑。这种"属地唯一性"条款,很容易让人联想到传统时代户籍管理中"人户以籍为定"的条款。这里所谓"籍"均有属地性,即"地籍"。中国地域广大,各地之间千差万别,"属地唯一性"原则的制定,出于基层社会管理与人身保障的需要似乎无可厚非。但是,这种"属地唯一性"原则在理论上又恰恰是与自由迁徙权益相对立的。这条"属地唯一性"原则不仅显示了中国户籍管理制度的特有的延续性,同时也显示了原有户籍制度的本质属性。

在确定"属地唯一性"原则之后,民众想要脱离常住地的"迁徙"行为,就必然会受到约束,这种约束的规定,也成为该《条例》规范的重点内容之一。如该《条例》第十条对于居民迁徙的具体手续作出了规定:

---

[1]《中国户口、人口和计划生育政策与法律实务应用工具箱》第一章"户口",第2—4页。

第十条　公民迁出本户口管辖区,由本人或者户主在迁出前向户口登记机关申报迁出登记,领取迁徙证件,注销户口。

公民由农村迁往城市,必须持有城市劳动部门的录用通知,学校的录取证明,或者城市户口登记机关的准予迁入的证明,向常住地户口登记机关申请办理迁出手续。

公民迁往边防地区,必须经过常住地县、市、市辖区公安机关的批准。

这一律条中最值得关注的,正是其所特别规定的"公民由农村迁往城市"与"公民迁往边防地区"等两项内容,条款中使用了"必须"的字眼,显示了强制性的要求,实质上对于城乡之间、内地与边防地区之间的迁徙活动进行了强制性的限制,直接限制了普通民众从农村向城市以及向边防地区自由迁徙的权利。

笔者以为,无论当时的历史条件如何,无论法律制定者的主观愿望如何,上述这些带有强制性的条款,毕竟构成了1958年制定的《中华人民共和国户口登记条例》在人口迁徙方面最大的缺憾与局限性。如该《条例》的第十三条、第十四条、第十五条与第十六条继续对于公民迁徙(第十四条针对"犯人"与"被管制分子")问题进行多项限制与规范,甚至不免有繁琐及苛刻之嫌:

第十三条　公民迁移,从到达迁入地的时候起,城市在三日以内,农村在十日以内,由本人或者户主持迁移证件向户口登记机关申报迁入登记,缴销迁移证件……

第十五条　公民在常住地市、县范围以外的城市暂住三日以上的,以暂住地的户主或者本人在三日以内向户口登记机关申报暂住登记,离开前申报注销;暂住在旅店的,由旅店设置旅客登记簿随时登记……

第十六条　公民因私事离开常住地外出、暂住的时间超过三个月的,应当向户口登记机关申请延长或办理迁移手续;既无理由延长时间又无迁移条件的,应当返回常住地。

不难看出,由于诞生于新中国成立初期那样一个相对特殊的时期,1958年出台的《中华人民共和国户口登记条例》在人口迁徙方面的种种限制与规范,不免带有强烈的时代特征与烙印,反映出当时新兴政权对于户籍管理的关注与要求社会稳定的强烈意愿。然而,以这一《户口登记条例》为代表,20世纪50年代以来,随着中国大陆地区城镇居民福利制度、迁徙许可制度等一系列法律政策的出现,在客观上以及在政策、法律规定上强化了"农业户口"与"非农业户口(即城镇户口)"之间的差异,人为制造了城乡居民相互转化的"鸿沟",在实质上扩大了城镇居民的社会福利优势,这使得在1949年前后一段时间内不太明显的城乡之间的差距逐渐变得十分明显,甚至有逐步扩大的趋势。

正是在这种背景之下,在新中国户籍登记制度体系基本建立之后,限制或禁止农村人口在短时间内过度流入城镇地区,成为全国各地户籍管理工作的重点内容。1962年12月,公安部三局发出《关于加强户口管理工作的意见》,其中提出:"对农村迁往城市的,必须严格控制;城市迁往农村的,应一律准予落户,不要控制;城市之间必要的正常迁移,应当准许,但中、小城市迁往大城市的,特别是迁往北京、上海、天津、武汉、广州等五大城市的,要适当控制。"1964年8月11日,国务院又批转了公安部《关于户口迁移政策规定》,对迁入城市的人口实行了严格控制,从而使城乡有别的户口管理制度最终成型[1]。

研究者又指出:"这一政策对人口迁移的限制和管控在1977年达到顶峰,其代表性的政策便是1977年11月国务院批转的公安部《关于处理户口迁移的规定》,其中强调:'由农业人口转为非农业人口,从其他市迁往北京、上海、天津三市的,要严格控制。从镇迁往市,从小市迁往大市……应适当控制。'"[2] 很明显,从"严格控制"到"适当控制",即使是从字面上理解也可得知,当时户籍管理政策的核心任务便是"控制",控制的主要渠道便是"非农业人口"与"农业人口"之间、大城市与普通城市之间以及城乡之间的转移与转换。

正是在这一系列政策的影响之下,从20世纪50年代末期开始,

---

[1] 引自邱国盛:《城市化进程中的上海外来人口管理和历史演进(1840—2000)》,中国社会科学出版社2010年版,第163—164页。
[2] 参见李强等主编:《城镇化与国内移民——理论与研究议题》,第104页。

北京、上海、天津、武汉、广州等大城市对于外来人口管理最为严格。以上海为例,研究者指出:"《中华人民共和国户口登记条例》公布之后,上海市的户口控制便不断严格。""在国家已颁布严格控制向大城市迁入户口的情况下,上海市的户口控制也按中央的要求形成了前所未有的严格局面。"1959 年 4 月,上海市委还特别要求公安部门"严格执行户口管理制度"。1969 年,上海市甚至建立了更为严格的三级户口审批制度。类似的种种严格控制措施在实践中也取得了明显的成效。据统计数据,从 1963 年至 1977 年,上海市的人口迁入率一直被控制在 20‰ 以下[1]。这种严格控制向大城市迁徙的政策,虽然在一段时间里延缓了大城市的过度膨胀,然而对于中国城市经济发展以及城市化进程产生了极为不利的影响。

研究者已经指出:制约中国早期城镇化发展的"瓶颈"之一,其实是城镇地区的商品商业粮供给情况。这也是中央及各级地方政府严格控制城镇人口的主要原因。早在 1961 年,主管经济工作的陈云同志分析新中国成立后 4 次供粮紧张的原因时说:"在这 4 次当中,有 3 次是由于城市人口增加过多产生的。也就是说,城市人口的增加,超过了当时商品粮负担的可能。"1958—1960 年间的城市人口失控即是一个典型的例子。由此可以得出的结论是:"农村能有多少剩余产品拿到城市,工业建设及城市规模才能搞多大,其中的关键是粮食。"[2] 且不说这种单纯以农村生产粮食数量来决定城市化及工业建设规模的逻辑是否科学,这种思想代表了当时政府层面的最大关切,同时也在很大程度上决定了当时城镇化政策的导向。很显然,城镇化发展的进程与城乡人口迁徙的实现,需要具有客观的条件与基础,不是行政命令或人为意愿所能够判断的。

(二) 20 世纪 80 年代户籍制度的变革与"二元结构"之松弛

20 世纪 70 年代末至 80 年代初期,中国改革开放初期的核心工

---

[1] 参见邱国盛:《城市化进程中的上海外来人口管理和历史演进(1840—2000)》,第 163—164 页。
[2] 引自吴明伟、吴晓等:《我国城市化背景下的流动人口聚居形态研究——以江苏省为例》,东南大学出版社 2005 年版,第 46 页。

作之一便是解放思想,发展生产力,改变中国"一穷二白"的落后面貌,使中国从一个落后的农业国家向工商业发达的国度迈进。因此,中国改革开放的首要任务,就是摆脱政治观念的束缚,调动一切积极的因素发展经济。改革开放初期,在全国范围内推行以"家庭联产承包责任制"为核心的农村生产与经营体系的改革,以所谓"大包干"为特征,其目的在于充分调动以家庭为核心的农业人口高度的劳动热情与创造力。家庭联产承包责任制的推广,在一段时间内确实有力地调动起广大农民的生产热情,有效地推动了农业经济与农村社会的发展,显著地改善了农村地区停滞不前的状况。但是,事实证明,家庭联产承包制的实施以及农村地区经济的初步发展,不但无法带来农村地区永久性的富足与稳定,而且根本无法解决农村地区劳动力剩余与农业收益低下的问题。特别是一些地少人多的省份出现了大批的农村剩余劳动力,需要异地或跨行业安置,农村地区无法提供更多的就业机会。而大批农村劳动力的向外转移,势必引发大规模的城镇化的人口迁徙。

但是,古语云:"牵一发而动全身。"如前所述,"迁徙许可制"与"迁移证"的实施是新中国户籍管理制度的又一大特征。长期以来,由农村地区向城镇地区特别是大城市地区的人口迁移,受到严格控制。城乡之间迁移的实现,需要十分特定的条件与理由。这已经上升到法律与法规层面。与此同时,改革开放政策实施之初,中央及各级政府着力于农村地区经济的发展,并没有改变原有户籍管理制度的思想准备,因此,这一时期农村经济较为顺利的发展,也并没有立即带来城镇化人口迁移政策的松动。相反,在改革开放初期,由于原有户籍制度的禁锢以及力求政治稳定的思维惯性,实际上在人口迁移问题中出现了一个停滞与初期酝酿时期。

然而,在1976年"拨乱反正"之后及至改革开放之初,"文革"遗留问题的处置是当务之急,这同样涉及城乡人口迁徙问题。一些落实政策的下放干部及家眷,以及大批"上山下乡"的知识青年重新回到了原来居住的城镇地区,事实上形成了相当大规模的、向城镇地区迁移的一个"小高峰"时期,给迁入城市地区(特别是像上海、北京这样的特大城市)带来人员安置等一系列复杂的问题,甚至在一段时间内,不少城镇地区出现了安置外来移民的困难局面。这种状况不可避免地引发了中央及地方各级政府的高度关注与忧虑。1977年11月,国务院批转了《公安部关于处理户口迁移的规定》,重申了坚持户口管理制度与管控重要城市迁移的基本方向:"从农村迁往市镇(矿、林区),由农村人口转为非农业人口,从其他市迁往北京、上海、天津三市的,要严格控制。从镇迁往市,从小市迁往大市……要适当控制。"其后,又出台了"农转非"的控制指标,即规定各市镇每年批准迁入市镇和转为非农业户口的人数,不得超过该市镇非农业人口数的1.5‰。可以说,改革开放初期,户籍管理制度并没有马上朝着宽松与自由的方向转变,而是在一定程度上变得更为严格了[1]。

原有的产生于一个特定的历史时代的户籍管理政策,势必与经济及社会发展所产生的需求不相适应,甚至会产生相当严重的矛盾与冲突。经过一段时间的调整与恢复后,改革开放的实效显现出来,中国城市地区工业与经济发展的潜力在被长期压抑之后重新释放出来,对于劳动力产生了巨大的需求,原有户籍管理政策的缺憾与局限性由此暴露出来。正如研究者所指出的:"1958年的《户口登记条例》隐含了政府决策的一种逻辑悖论:一方面,国家极力希望更快地发展工业,而在另一方面,户口政策又试图限制工业劳动力的增长;国家重视农业的增长,可是又忽视了农村和农民的外向发展。"[2] 可以说,1958年制定的《户口登记条例》直接切断了农业劳动力的转移之路,这对于农村劳动力的转移以及城市化及工业经济对于劳动力的大量需求,都会产生极为不利的阻碍作用。换言之,中国城市化与工业现代化最终还是以城镇地区为重心,而原来的城镇人口不可能满足工业化与经济发展的需求,必须得到广大农村地区劳动力的补给,由此而发生的城乡间人口迁徙不可避免,这是世界经济发展的大势所趋,并非中国所独有的特色。

改革开放初期,尽管城市化的趋势为人心所向,难以阻挡,但是,

---

1 参见陆益龙:《户籍制度——控制与社会差别》,第144页。
2 同上书,第129页。

中国城乡之间人口迁移的步伐却举步维艰。据统计,至1978年,全国市镇人口占总人口数的比例为17.9%,1979年为19.0%,1980年为19.4%[1]。在原有政策及法规的作用下,大批农村人口依然被挡在了城市之外,城乡二元格局表现得相当稳定。从这一角度来看,数十年来国家对于城乡之间人口迁移的控制是非常成功的[2]。

其实,如果从更深层次分析,这种人口迁移的迟滞局面的出现,有着更为深刻而广泛的社会历史背景。因为从历史实际出发,户籍管理制度的转变,与其他一系列社会管理制度的演变是紧密相关的。除物资配给制度之外,农村人口进入市镇之后如何安置与管理、如何就业、如何做到居有定所等问题,对于各级政府及地方经济发展能力而言,本身又是一项巨大的挑战。笔者以为,尽管直接受到粮食供给等问题的制约,中国现代城镇化所面临的最突出的挑战之一,还是来自对于原有社会主义制度与社会主义思想认识上的制约。改革开放之前,由于普遍公有制的体制以及对于社会主义制度理解的局限,农业劳动力转移或农业人口进入城镇地区,通常都是纳入国有制的企事业单位,享受市民粮食配给制的福利。之所以对城乡人口转移长期实施严控措施,就是因为当时原有城市国有制或公有制工矿企业根本无法接纳大批来自农村的剩余劳动力,并实施社会全员粮食配给制。1958年"大跃进"时代企事业职工的迅猛增加,带来了城镇地区无法承受的负担,是诱发"三年经济困难"的主要祸首之一,教训十分惨痛,也直接成为原来户籍管理制度出台并长期延续的重要缘由。

另一方面,如果脱离或冲破原有公有制体制的限制,大量的农村务工人口进入城市,势必与当地企事业单位形成新型务工或雇佣关系。而按照"一大二公"公有制的社会思想与原有户籍管理制度思维模式的局限,非公有制企业单位雇用原来的农业劳动力,仍然是一个很大的政治禁区。突破这一禁区,涉及面极广,是相当困难的。因此,在一个相当长的时间段里,从中央到地方各级政府,对于农业人口进

---

[1] 参见《中国统计年鉴(1993年)》,中国统计出版社1993年版;并见陆益龙:《户籍制度——控制与社会差别》,第145页。
[2] 陆益龙:《户籍制度——控制与社会差别》,第145页。

入城镇地区都抱持着相当谨慎的态度。

1979年至1981年三年,被研究者认为是改革开放以后中国人口迁徙的第一个"补偿高峰"时期。"长期被压抑的人口迁移势能在改革开放的大潮下一齐迸发出来:首先是知识青年和下放干部回城引起的大迁移,这种迁出地在农村而迁入地在城镇的上向迁移。"[1]然而,当时出现的城乡之间人口迁徙来势迅猛的苗头,并没有得到应有的鼓励与支持,相反地却引发了政府部门的深切担忧。因此,1981年,国务院就发出了《关于严格控制农村劳动力迁向城市和农业户口转为非农业户口的通知》,十分明确地反映出当时各级政府对农村自发性的劳动力转移问题的关切与忧虑。该《通知》的主要内容有:

第一,在城市地区严格禁止雇佣农村劳动力;

第二,万不得已必须雇佣来自农村的劳动力时,须得到国务院批准;

第三,在国家计划中需要增加人员的情况下,要首先雇佣城市的待业青年;这样还不足时需得到各级人民政府的批准。

第四,城市临时雇佣的农村劳动力必须全部迁回农村,以强化户籍与粮食的管理。[2]

该项《通知》十分典型地反映出改革开放之初中央与各级政府部门对于户籍管理问题进退维谷的矛盾态度。首先,雇佣关系是一种典型的劳资关系,这是当时社会主义制度模式与意识形态下十分敏感的话题,即所谓"姓资"与"姓社"的问题,而想要突破这一点,直接涉及整个社会,特别是领导阶层在制度设计与意识形态上对于社会主义商品经济关系的重新认知。其次,由于中国长期处于落后的传统农业社会之中,近代以来,整个社会的发展与变化主要发生于城市之中,尽管经济发展的水平不高,但是,城乡之间的差距还是相当明显的。而在当时城市经济的发展,尚无法保障城市本地人口的充分就业,那么,大批农业劳动力的到来,必然挤压了城镇固有人口的就业空间,由此

---

[1] 阎蓓:《新时期中国人口迁移》,第140页。
[2] 参见王桂新等:《迁移与发展——中国改革开放以来的实证》,第36—37页。

也会引发社会矛盾。其三,依然是物资供给问题。如果无法突破原有的物资配给供应体系,农村劳动力进入城市地区,吃饭都成了问题。而农村地区也有劳动力的需求,以保障农业生产。可以说,城乡人口之间的迁移问题,实质上涉及整个社会的制度变化与转型发展。

但历史前进的步伐难以阻挡。中国现代化发展的重心,最终还是不可避免地落在了城镇地区,而中国经济的高速发展与城镇化的进步,都对劳动力产生了非常强劲而持久的需求。为了顺应这一需求,有必要对原有户籍管理与物资配给制度进行较为全面的改革。1984年至1985年是中国当代移民潮涌现的较为关键的年份,究其原因,这段时间户籍管理制度方面的改革应该是重要的因素。

中国幅员辽阔,地域差异相当明显。就城镇而言,同样存在层次与规模的巨大差异。原有的户籍管理制度将"城镇"作为一个统一体进行规范,显然是不合理的。改革开放之后,乡镇企业的发展得到鼓励与支持,农业户口到乡镇一级的落户问题便成为亟待解决的迫切问题。1984年10月13日,国务院发出了《关于农民进入集镇落户问题的通知》,其中提出"凡县城外的各类县镇、乡镇、集镇,包括建制镇和非建制镇,全部对农民开放",打破了农业户口在农村地区与一般乡镇地区之间转移的阻隔,具有十分积极的意义。第一条规定称:

> 凡申请到集镇务工、经商、办服务业的农民和家属,在集镇有固定住所,有经营能力,或在集镇企事业单位长期务工的,公安部门应准予落常住户口,及时办理入户手续,发给《自理口粮户口簿》,统计为非农业户口。粮食部门要做好加价粮油供应工作,可发给《加价粮油供应证》。地方政府要为他们建房、买房、租房提供方便。

农业户口脱离原有农村,直接就有原有土地转移与粮食生产等切身问题。而进入乡镇之后,粮食与住房问题又是必须解决的安居问题。无论如何,这项《通知》意味着原有户籍管理制度的重大变革。在这项《通知》之后,中国户籍管理系统中便出现了一种"农业户口"与

"非农业户口"之间的特别户口类别——"自理口粮户"。这类户口虽然籍隶乡镇之中,却没有享受原有的粮食供给政策[1]。对于这项《通知》的作用与影响,当代移民问题研究者给予了十分积极的评价:"这项新政策,放宽了农民迁移进镇的标准,为农村剩余劳动力迁移进镇创造了一定的条件,是新中国成立以来对户籍制度及农业就业政策的首次重大改革。"[2]而事实上,这项政策在很短时间内也取得了良好的效果。据统计,至1986年底,全国范围内办理自理口粮的户口数量达到163万多户,合计人口达454万多人[3]。

俗语云:"时势比人强。"中国改革开放形势的发展,对于户籍管理制度的改革提出了更高的要求。1985年7月13日,《公安部关于城镇暂住人口管理的暂行规定》发布并开始实施[4]。从此,"城镇暂住人口"成为中国当代户籍制度改革的一个特殊成果,与所谓"自理口粮户"相比又是一个进步。该《规定》解释道:"随着我国经济体制改革和对外开放、对内搞活方针的贯彻实施,商品生产迅速发展,商品流通越来越活,地区之间、城乡之间的人口流动量越来越多。为了适应形势发展需要,方便群众生活,保障暂住人口的合法权益,维护社会秩序,现依照《中华人民共和国户口登记条例》规定的精神,对城镇暂住人口的管理暂作如下规定。"可见,对于暂住人口的管理,还是在原户口登记条例之下的改革措施。其内容主要包括"健全城市暂住人口管理制度"与"建立集镇暂住人口登记管理制度"两项。在城镇地区"暂住时间拟超过三个月的十六周岁以上的人,须申领《暂住证》。对外来从事开店、办厂、从事建筑安装、联营运输、服务行业的暂住时间较长的人,采取雇用单位和常住户口地主管部门相结合的办法,按照户口登记机关的规定登记造册,由所在地公安派出所登记为寄住户口,发给《寄住证》"。该《规定》虽指明"暂住人口"要求领取《暂住证》与《寄住证》,但是,最值得关注的是,该《规定》并没有对"暂住"或"寄住"的最长期

---

1 陆益龙:《户籍制度——控制与社会差别》,第148页。
2 王桂新等:《迁移与发展——中国改革开放以来的实证》,第37页。
3 陆益龙:《户籍制度——控制与社会差别》,第148页。
4 《中国户口、人口和计划生育政策与法律实务应用工具箱》第一章"户口",第81页。

限作出限定,这在实际上承认了这些外来人口具备了在城市与集镇地区长期居住下去的权益。因此,笔者以为,"暂住人口"或"寄住人口"的出现,应该是改革开放以来户籍制度改革方面的一项重要突破。

其实,"自理口粮户"与"暂住人口"的出现,都只能说是原有户籍管理制度自身的较为稳健或保守的推进措施而已,居民身份证制度的出现才是中国现代人口迁徙制度上的一次真正"革命性"的飞跃。《中华人民共和国居民身份证条例》于1985年9月6日第六届全国人大常务委员会第十二次会议上通过,1985年9月6日由《中华人民共和国主席令》第二十九号公布并施行。这是新中国成立以来有关居民身份证制度的最重要的法规,也成为中国实行居民身份证制度的法律依据。根据《中华人民共和国居民身份证条例》第十九条的规定,1986年11月3日,经国务院批准,由公安部公布了《中华人民共和国居民身份证条例实施细则》,于1986年11月28日施行。该《细则》后又经过1991年与1999年两次修改,是实施居民身份证制度的重要法规[1]。

1984年4月6日,中国开始实行居民身份证制度,国务院发布《中华人民共和国居民身份证试行条例》。该《条例》的出台,得到了国内学术界的高度评价。"1985年《中华人民共和国居民身份证条例》的颁布,确立了居民身份证制度,使得我国公民第一次从户口中独立出来,有了属于个人的公民身份,这为人口大量流动打下了人口行政管理基础,一定程度促进了人口大规模流动。"[2] "身份证制度的实行,使由以户为主的管理模式,开始向以人为主的管理模式转化,为人口的证件化管理打下了基础。"[3] 1999年7月29日,经国务院批准第二次修订,当年10月1日由公安部公布施行了《中华人民共和国居民身份证条例实施细则》,这意味着中国居民身份证制度至20世纪末已得到全面的完善与实施。

---

[1] 参见"中国政府网"《国务院公报》"中华人民共和国公安部令第43号",网址:http://www.gov.cn/gongbao/content/2000/content_60208.htm.
[2] 段成荣等:《中国流动人口研究》,第164页。
[3] 《中国户口、人口和计划生育政策与法律实务应用工具箱》第一章"户口",第80页。

笔者以为,在当代中国户籍管理制度的改革中,1985年居民身份证制度的出现以及到1999年的完善与实施,具有十分独特而重大的意义。在某种意义上可以讲,居民身份证制度的出现,在很大程度上是对于上千年来中国传统户籍登记制度的一场"革命",是全面实现公民自由迁徙权益的里程碑式的重大变革。

首先,中国传统时代户籍制度统计的基本单位或对象是"户"或"家庭",其重要目的在于征收赋役。而居民身份证制度的登记单位则转变为个人,没有强制性的赋役等方面的要求与责任,由此表现出公民个人独立的地位与权益,摆脱了家庭及其他社会关系的局限与影响。《中华人民共和国居民身份证条例》第一条指出:"为了证明居民身份,便利公民进行社会活动,维护社会秩序,保障公民的合法权益,制定本条例。"第二条规定:"居住在中华人民共和国境内的年满十六周岁的中国公民应当依照本条例的规定,申请领取中华人民共和国居民身份证。"这两条规定指明了该《条例》的适用范围与目的。该规定面向独立的公民(居民)个人,申请事项中根本没有出现对居民本人的任何社会义务与责任的要求。

其次,与原有户籍登记脱钩,与粮食配给制度脱钩。该《条例》第六条规定:"公民应当向常住户口所在地的户口登记机关申请领取居民身份证,并按照规定履行申请领取手续。"众所周知,中华人民共和国成立以来,限于当时的物资条件,城市户籍制度与粮食配给制度相联系,城市户籍在一定程度上成为城市福利制度的准入证。而正是出于这一原因,各级政府对城市户籍的准入设置了种种条件,目的在于与当地福利制度承担能力相适应。而居民身份证功能强大,保障了公民的各种权益,但是与特定区域福利制度的准入并没有直接关系。如《中华人民共和国居民身份证条例实施细则》第二十条规定:公民在办理下列事务,需要证明身份时,可以出示居民身份证:(1)选民登记;(2)户口登记;(3)兵役登记;(4)婚姻登记;(5)入学、就业;(6)办理公证事务;(7)前往边境管理区;(8)办理申请出境手续;(9)参与诉讼活动;(10)办理机动车、船驾驶证和行驶证,非机动车执照;(11)办理个体营业执照;(12)办理个人信贷事务;(13)参加社会保险,领取社会救济;(14)办理搭乘民航飞机手续;(15)投宿旅店办理登记手续;(16)提取汇款、邮件;(17)寄卖物品;(18)办理其他事务。

其三,该《条例》没有居住地及迁徙方面的强制要求与限制,这也是居民身份证制度对于人口迁移最大的影响所在。如第三条规定:"居民身份证登记项目包括姓名、性别、民族、出生日期、住址。"其中,最值得关注的是,这些登记内容虽然有"地址"的要求,但已经没有了所谓"常住地"的标识。这是一个巨大的转变。传统户籍管理制度的核心,在于"人户以籍为定",不同程度地限制了自由迁徙。该《条例》的种种规定,都旨在纳入统一的管理体制之内,而没有涉及强制的人口迁徙方面的规定与限制。只有脱离种种不必要的规定与限制,才有可能最大限度地保障公民自由迁徙的权益。原有户籍制度在迁徙规定上十分严格且繁琐,而现在居民身份证的登记内容则相对简单。

其四,城乡居民待遇平等是居民身份证制度的又一大特点。在中国传统的农业时代,城乡之间的差异没有得到充分显示,数量有限的城镇被"汪洋大海"般的乡村所包围。而且,农业税为各级政府的重要来源,因此,对于农业地区的重视是较为突出的,而各级官员以"告老还乡"为归宿,同样体现了乡村地位之尊崇。但是,近代工业化进程开始以后,中国农村之衰落是相当惊人的,工业人才的集中与技术优势,让中国城市地位异军突起。中华人民共和国建立以来,同样以"工业化"与"现代化"为最主要的建设目标,而工业化与现代化的建设又集中于城镇之中,无疑又全面凸显了城镇在整个经济建设格局中的比重及重要性。而这些集中于城镇之中的工业化与现代化建设,又吸引了大量来自农村地区的劳动力人口,进而成为城镇化移民浪潮的最大推动力。应该说,居民身份证一方面没有像户籍登记制度那样标明"农村人口"与"非农业人口",标志着城乡之间权益上的平等,另一方面,居民身份证又为农村人口进入城市开了"绿灯"。城乡交融也许不是一个遥远的"梦"。

综上所述,20世纪80年代推出的一系列户籍制度方面的改革,对于人口迁移的影响十分显著,从根本上解放了原有户籍制度对于迁徙活动的限制,动摇了原有户籍制度的基础。研究者指出:"这些初步的改革措施,使人口能够在较大范围内流动起来,打开了农民进城就业的政策口子,促进了城乡经济的发展,支持了城镇化的发展,城镇化的发展速度很快,有力地松动了板结已久的城乡二元结构。"[1]

(三) 20世纪80年代中国城乡移民运动的发展与特征

1. 早期城镇化移民特征与区域性移民模式的出现

20世纪70年代末期与80年代初期,正是中国改革开放的初始阶段,可谓"摸着石头过河",相当艰难。就人口迁徙而言,从农村人口转变为城市居民,从农业劳动力转变为合格的工人,需要一定的条件与一个转变的过程。

改革开放以来,中国经济的强劲发展是推动整个社会前进的最主要的动力。城镇内的工业化及经济建设的发展,必然需要大量劳动力的补充,而仅仅依靠城镇内的劳动人口资源是远远不够的。另一方面,新中国人口的增长,使得农业及农村地区出现大量剩余劳动力,在一些地区,地少人多的现象十分严重,既不利于农民经济收入的提升,又会产生严重的社会管理问题。再者,20世纪后半期中国工业化的发展,不可避免地带有社会主义市场经济"原始积累"的特色,即低成本、低工资、低技术的"三低"特征;而中国城市的管理者对于外来移民管理缺乏经验与准备,排斥与抵触的现象十分普遍,再加上户籍制度的人为限制,大量进入城市工作的农民处于无序的状况之中,并被冠以"盲流"的蔑称。

因此,可以说,新时期,大规模移民浪潮的出现,并非一蹴而就的,需要一群先行者或先觉群体的勇敢引领。这就是时代"弄潮儿"的重大作用。一些省区在这方面做出了表率,如广东、浙江与四川等省在这方面的重要贡献特别值得关注与赞赏。

浙江省地处东南沿海地区,一些地区自古就以富庶著称,特别是北部杭嘉湖与宁绍平原地区在地理格局上属于长江三角洲,经济发

---

[1]《中国户口、人口和计划生育政策与法律实务应用工具箱》第一章"户口",第80—81页。

展迅速,人民生活水平位居全国前列。但是,浙江中南部山多田少,人口众多,农业收入不高,农业剩余劳动力问题显得异常突出。如据统计,1981年,浙江全省的农村人口已由1949年的1 775万人增加到3 387.8万人,其中,农村劳动力数量达到1 786.1万人。来自浙江农业地区的外来移民进入城镇地区的谋生方式主要有两种:一种是组建建筑施工队,充当建筑工人;一种是所谓"三把刀"(即剪刀、菜刀、剃刀),或经营眼镜店、弹棉花等。这种"浙江现象"与"温州模式"在全国产生了极大的影响,也很早就引起了学术界的重视[1]。

四川省所在的成都平原自古以"天府"著称,物产丰富,然而,作为人口大省的四川,仅靠农业生产显然不能安置大批农村劳动力人口。早在20世纪80年代末,四川省已有上亿人口,其中适龄的农村劳动力人口数量就达到4 000余万,超过了西部其他很多省份的总人口。而四川本地农业生产及经济发展所能安置的人口仅有2 000万人,其余2 000万人需要通过外迁来谋生。由此,四川省向周边及其他省份输出了浩浩荡荡的劳动力大军,也成为外迁移民的潜在来源。在80年代后期,四川省进入贵州省的劳动力人口数量就达到了30万—50万,被当地人称为"川军"[2]。

特殊技能人才的大量外出工作,以服务于全国需求,也是改革开放以来人口移动的一个重要动向。如福建省惠安县被称为"建筑之乡",县内具有石工、木工和泥水工技能的居民众多。改革开放以来,建筑工匠人数激增。据统计,1984年,惠安全县从事建筑行业的工匠有12.7万人,他们长期外出,承包了各地的工程项目[3]。

然而,当时中国的城市生活对于外来移民需求还有不稳定的因素影响,对于移民的需求累积还有一个客观的过程。改革开放之初,安徽省率先推行以"大包干"为主要形式的农业生产责任制,全省农业生产获得了较大发展,曾经一度出现了返迁农村的现象[4]。

---

[1] 田方、张东亮编:《中国人口迁移新探》,第41页。
[2] 同上书,第75页。
[3] 《中国人口(福建分册)》,第150—151页。
[4] 《中国人口(安徽分册)》,第177页。

但总体而言,城镇化移民浪潮最终是无法阻挡的。据统计,"六五"期间(即1980年至1985年),中国城镇非农业人口平均每年增加820万人,城镇化速度为5.4%,比前30年2.2%的平均速度高出近1.5倍。到1985年底为止,我国共有城镇非农业人口1.76亿(不包括人约3 000万自带口粮进城落户和谋生的农村非农业人口),城镇化水平为16.92%[1]。

2. 移民规模及数量统计

无论是古代还是现代,人口迁移数量的整理与统计历来是一项极端艰巨而复杂的工作。改革开放以来,中国自发迁移的数量相当庞大,且分布及涉及地区极广,在现有统计体制与技术之下,要得到准确而及时的人口迁移数量几乎是不可能的。这也是现代移民问题研究者必须面对并须努力解决的一大难题。

我们看到,出于研究视角与统计路径的不同,不同研究者所得到的城镇移民数据是不尽相同的。为了统计上的便利,有学者将人口迁移分为"户口迁移"与"非户口迁移"两大门类。据估计,1980年全国发生户口迁移的人口数量就达到450万,1982—1983年,这一数据为362.8万人。但1984—1985年的迁移人口又增长至695.8万人,1985—1990年的年度迁移人口更是高达673.8万人。又如"非户口迁移"的规模,据估计,20世纪80年代初,迁移人口规模将近3 000万人。而到1982年,全国的人口迁移规模略有下降,同样达不到3 000万人。但是,1985年形势发生了重大变化,全国迁移人口总量达到5 000万人,到1988年,更是达到了7 000万人。如果将上述"户口迁移"与"非户口迁移"的数量简单相加,就可以得出1998年全国迁移人口规模在8 000万人以上[2]。

又如不少学者将"流动人口"作为研究目标,而城镇化移民与所谓"流动人口"肯定是分不开的。所谓"流动人口"的统计,同样是一个很大的难题。由于统计口径、方法等存在差异,得出的结果就会有很大的不同(参见表9-2)。

---

[1] 田方、张东亮编:《中国人口迁移新探》,第44页。
[2] 参见段平忠:《中国省际人口迁移与地区经济增长差距》,第128页。

表 9-2　20 世纪 80 年代中国 "流动人口" 数量简表

时　　间	流动人口或暂住人口数量
80 年代初期	流动人口不足 200 万人
1982 年	流动人口接近 650 万人
1985 年	流动人口接近 4 000 万人
1986 年	全国城镇暂住人口为 952 万人
1988 年	全国流动人口达 7 000 万人
1989 年	全国城乡日平均流动人口 5 000 万以上

资料来源：参见段成荣等：《中国流动人口研究》，中国人口出版社 2012 年版，第 7 页。

综上所述，我们可以归纳出 20 世纪 80 年代人口迁徙的一些基本特点。

首先，20 世纪整个 80 年代"流动人口"数量呈现快速上升的势头，规模之浩大，令人惊叹。

其次，人口迁移发展有着阶段性及节点性的变化。不少研究者均将 1985 年视为改革开放之后中国大陆地区人口迁徙的一个重要界点，甚至划定为中国当代"民工潮"开始的时间，应该说是有可靠理据的。研究者指出："1985 年以来，我国的非户籍自发迁移格外活跃，以致形成了近年来的热点问题'民工潮'，这实际上是改革开放大潮在人口迁移方面的'折射'，反映出随着改革开放的深化，人口迁移的发展势头也在高涨。"根据 1987 年 1‰ 的抽样调查资料，1985 年至 1986 年期间省际人口迁移数量为 168.1 万人，省内迁移数量为 622.1 万人。又 1988 年，全国城乡间流动人口总量已达 7 000 万人，而在 1989 年春季就出现了震动天下的"百万民工下珠江"的迁徙大浪[1]。

3. 20 世纪 80 年代人口迁移浪潮的背景分析

20 世纪 80 年代中国城镇化人口迁徙的全面启动与重大发展具有深刻的历史、地理与社会发展背景。

首先，城镇化水平低、户籍登记的城镇人口偏低，是中国城镇化移民潮到来的最重要的背景之一。研究者指出："从我国经济发展情况看，1980 年同 1952 年相比，工业固定资产增长 26 倍，工农业总产值

---

[1] 阎蓓：《新时期中国人口迁移》，第 143 页。

增长 8.1 倍,国民收入增长 4.2 倍,粮食产量增长 0.94 倍。然而,城市人口比重基本没有变化,只是由 1949 年的 10.6% 上升到 1982 年的 14.4%,全国市镇人口的比重 1982 年也只有 20.6%。"[1] 如截至 1985 年,中国城镇非农业人口仅有 1.76 亿人(不包括大约 3 000 万自带口粮进城落户和谋生的农村非农业人口),城镇化水平为 16.92%[2]。与世界各国相比,中国城市化水平处于一个较低的水准,无法适应现代化经济与社会发展的需求。如至 1983 年,中国城市人口占总人口数的比重为 23.5%,而全世界城市化平均水平为 42.2%[3]。

其次,劳动力资源分布的不均衡,以及农村地区劳动力资源的相对过剩,又是促发"民工潮"出现的又一大因素。特别是中国城乡之间以及东、中、西部之间劳动力的不平衡,也成为制约中国经济发展的一个重大"瓶颈"问题。新中国建立以来,重工业而轻农业的政策导向较为突出,对于农村地区的投入长期不足,农业机械化水平低,生产效率与效益低下,再加上农村人口失控式的增加,人均耕地面积少,广大农村地区劳动力相对过剩的现象十分严重。研究者指出:"由于 70 年代以前我国人口增长的失控,特别是农村人口的迅速增加,人均耕地急速下降,已从建国初期的人均 0.19 公顷,陡降为 1970 年的 0.076 公顷,农村劳动力的剩余已不言自明。"[4]

改革开放之后,农村的家庭联产承包责任制,调动了广大农民的生产积极性,提高了生产效率;而在另一方面,联产承包责任制的推广,却又使农村过剩劳动力问题显得更为突出。根据当时农业部门的调查结果,1985 年中国大多数农村都存在剩余劳动力问题,其数量已占农村劳动力总数的 30%—50%,绝对规模在 1 亿人以上,如果再加上被抚养人口,则总数可达 2 亿人[5]。又据有关方面的统计结果,1989 年左右,中国农村劳动力有 3.7 亿人左右,到 2000 年前后,从事

---

[1] 田方、张东亮编:《中国人口迁移新探》,第 279—280 页。
[2] 同上书,第 44 页。
[3] 同上书,第 299 页。
[4] 阎革:《新时期中国人口迁移》,第 129 页。
[5] 王桂新等著:《迁移与发展——中国改革开放以来的实证》,第 36 页。并参见刘铮等:《我国沿海地区小城镇经济发展和人口迁移》,中国展望出版社 1990 年版,第 21 页。

农业劳动的劳动力只需 1.6 亿人左右,剩余劳动力估计将达到 2.1 亿人以上[1]。因此,将农村地区相对剩余的劳动力资源充分利用起来,便是中国经济工作的重要任务,而离开迁徙之路,大量的农村劳动力不可能得到很好的"盘活"与利用。

其三,工农业之间与城乡之间的经济收益之"剪刀差",是引发大规模移民潮的最大推动力。而这一问题曾在中国经济学界引起热烈的讨论[2]。所谓"剪刀差",是指中国历史上形成并遗留下来的工、农产品价格分别高于或低于产品价值的差距,即"比值剪刀差"。研究者指出:"旧中国工农业产品交换剪刀差,是在鸦片战争后约百年左右时间中形成和扩大的,是半封建半殖民地经济的特征之一。""新中国成立后,半封建半殖民的剥削关系迅速废除,但落后的经济基础,特别是这种极其落后的工农劳动力分布结构却基本上原封不动地遗留下来。直至十一届三中全会前,都没有发生显著的变化,1975 年工农总劳动力人数 33 744 万人,其工业分布结构仍为 12.7％与 87.3％之比。"[3] 农业人口众多,却经济效率低下,无疑是造成"剪刀差"问题长期存在的根本原因,而"剪刀差"现象的长期存在,对于广大农民利益的伤害是极其严重的,甚至会在很大程度上制约中国社会的整体发展与进步。而改变"剪刀差"问题的社会生产力基础的关键,便是拓宽农村劳动力的就业渠道,更多地转移农业劳动力,解决三分之二的农业劳动力依附于土地,造成大量劳动时间被闲置的问题[4]。

二 20 世纪 90 年代城镇化移民高潮及其影响

(一) 20 世纪 90 年代城镇化移民高潮

1. 移民潮的规模与特征

90 年代全国范围内人口移动的规模十分可观,影响广泛。20 世

---

1 引自田方、张东亮编,《中国人口迁移新探》,第 7 页。
2 参见傅晨:《90 年代剪刀差研究述评》,《农业经济问题》1999 年第 12 期。
3 金家麟:《必须重视剪刀差矛盾和日益发展的剪刀差强制缩小》,《北京商学院学报》1988 年第 3 期。
4 农业部《农民负担问题综合研究》课题组:《剪刀差政策对农民利益的影响》,《经济研究参考》1993 年第 Z7 期。

纪80年代末,波及全国范围的"民工潮"的出现,已引起了新闻媒介与学术界的高度关注。1989年2月26日,《人民日报》记者舒瑜报道:"我国每20人口就有一个在流动。全国5000万流动大军仍呈不断扩大的趋势。"据来自公安部的消息:"我国23个百万人口以上的大城市日均流动人口已达1000万。其中,上海183万,北京115万,广州110万。西安的每日流动人口已相当于该市建国初期的人口总数。"[1]

20世纪90年代初,改革开放政策的总设计师邓小平发表"南方谈话"之后,中国改革开放的力度加大,进而迎来了东部沿海城市建设的新高潮,同时城镇化类型的人口迁徙也进入了"高度活跃期"[2]。

首先是城镇化移民的规模。根据统计资料与相关研究成果,20世纪90年代,中国城镇化移民潮规模十分庞大。据1990年第四次全国人口普查资料,当时中国大陆城镇地区内离开原户口登记地一年以上的流动人口达2135万人。如果加上一年之内的短期流动人口,当时全国的流动人口总数将超过7000万[3]。

1992年,根据当时国家计划生育委员会38万人抽样调查数据,当时现住人口中无户口的外来人口所占比例为8.1%,据此推算,1991年全国流动人口应有9490.9万人。研究者又指出:"1992年后,农村劳动力跨地区流动数量又大幅增加,仅1992年1年迁入城市的人口就达3500万人,而1993年更是达到了空前的6000万人!"[4]

2. 90年代中国城镇化移民的迁徙模式与涉及范围

关于改革开放以后中国人口迁移的空间特征,有研究者提出了"东、中、西三大地带"问题。所谓"三大地带",大致根据方位区分,如东部地带包括12个省、区,大致与所谓东部沿海地区相对应,中部与西部地带各包括9个省、区,大致与所谓内地及边远地区相对应。根据《中国人口》各省分册整理的材料,从新中国成立至改革开放的前30年,中国三大地带间的人口迁移模式可概括为:东部地区人口净

---

[1] 引自田方、张东亮编:《中国人口迁移新探》,第1页。
[2] 王桂新等:《迁移与发展——中国改革开放以来的实证》,第38页。
[3] 引自段成荣等:《中国流动人口研究》,第7页。
[4] 段平忠:《中国省际人口迁移与地区经济增长差距》,第129页。

迁出,中部和西部地区人口净迁入。在改革开放的形势下,中国三大地带间的人口迁移的空间模式发生了逆转,可概括为:东部地带大量净迁入,西部地带大量净迁出,中部地带少量净迁入[1]。

关于改革开放以后人口迁移的重心及模式,也有学者提出了"三大都市圈"问题。所谓"三大都市圈",即指:(1)"京津唐大都市圈",包括北京、天津两个直辖市及唐山、保定、廊坊三个地级市等;(2)"长三角大都市圈",以上海市为中心,包括江苏、浙江两省15个地级以上城市等;(3)"珠三角大都市圈",以广州市为中心,包括深圳市、珠海市、东莞市等。研究者指出:"三大都市圈是中国的经济、文化和交通中心,在中国占有举足轻重的地位,中国改革开放20多年来人口迁移的主要流向也是三大都市圈。根据笔者计算,三大都市圈迁移流量占总迁移流量的40%以上,所以,就三大都市圈的人口迁移进行研究,对于整个中国的人口迁移研究具有代表性意义。"[2]

(二) 20世纪90年代户籍制度相关的改革与停滞现象

进入20世纪90年代,中央与各级地方政府已经充分意识到,为了适应经济大发展对于劳动力的需要,以及大批农村人口进入城市定居的需要,原来的户籍管理制度的改革势在必行。然而,户籍改革的道路并不平坦,曲折与坎坷是难免的。如20世纪90年代初期,城镇户口的买卖问题曾经成为一时热议的问题。有些地区甚至以集资为由,公开出售"城镇户口",正是利用城镇户口所附带的社会福利成分。这显然是极不公平的。为此,1992年5月,国务院办公厅下发了《关于坚决制止公开出卖非农业户口的错误做法的紧急通知》[3]。

1993年之后,国家粮食统购统销政策的取消,无疑为城镇化移民的大发展创造了新的条件与动力。粮食统购统销政策出现于粮食紧缺时代,国家严格控制粮食的生产与销售,广大农民缺

---

[1] 参见阎蓓:《新时期中国人口迁移》第六章"新时期我国人口迁移的空间分析"。
[2] 参见俞路:《新时期中国国内移民分布研究》,第153—154页。
[3] 参见陆益龙:《户籍制度——控制与社会差别》,第150至151页。

乏自主权，更无法轻易从土地上脱离出来。而统购统销政策的取消，一方面可以根据市场需求调整价格，调动广大农民从事农业生产的积极性，又可以使不愿从事农业生产的农民脱离土地，从事其他行业的工作。这自然为人口在城乡之间的自由迁徙创造了更好的条件与可能性[1]。

制度性的改革往往会大大滞后于现实的需求，20世纪90年代户籍制度方面的改革同样很典型地证明了这一点。大批农村人口离开农村地区，同时也为农村地区户籍管理工作带来了空白、困难与混乱。如任凭这些问题与混乱发展下去，势必会为城镇化进程埋下严重的隐患与不确定性。1997年5月20日，公安部发布了《关于完善农村户籍管理制度的意见》，其中对于城镇化过程中农村地区户籍管理工作出现的问题提出了批评："长期以来，农村户籍管理工作一直比较薄弱，许多地方机构不健全，没有专人管理，户籍登记制度不严密，出生不报、死亡不销等问题十分突出，有些地方甚至出现人口管理失控现象，致使人口统计数据不准确。"[2] 由此可以看出各级地方政府对于原有户籍登记制度优势的肯定与坚持。

然而，面对此起彼伏的城镇化移民浪潮，户籍制度改革工作必须适应需求，这是不言自明的。1997年6月10日，国务院向全国各地批转了公安部《小城镇户籍制度管理制度改革试点方案》与《关于完善农村户籍管理制度的意见》，要求认真执行。该《方案》第一条首先强调了小城镇户籍管理制度改革的目的和意义，可以说代表了中央政府主管部门对于当时户籍制度改革问题的认识与要求，也代表了当时户籍制度改革的主要方向：

> 我国现行的户籍管理制度是新中国成立以后逐步建立起来的，在促进经济和社会发展、保障公民合法权益以及维护社会秩序等方面，发挥了重要作用。但是，改革开放以来，特别是在发展社会主义市场经济的形势下，现行的户籍管理制度已经不能完

---

1 参见陆益龙：《户籍制度——控制与社会差别》，第360页。
2 《中国户口、人口和计划生育政策与法律实务应用工具箱》第一章"户口"，第10—11页。

全适应形势发展的需要。根据党的十四届三中全会确定的关于逐步改革小城镇户籍管理制度,允许农民进入小城镇务工经商、发展农村第三产业,促进农村剩余劳动力转移的精神,应当适时进行户籍管理制度改革,允许已经在小城镇就业、居住并符合一定条件的农村人口在小城镇办理城镇常住户口,以促进农村剩余劳动力就近、有序地向小城镇转移,促进小城镇和农村的全面发展,维护社会稳定。同时,继续严格控制大中城市特别是北京、天津、上海等特大城市人口的机械增长。

这条内容集中表达了中央政府主管部门对于户籍管理制度改革的几层意见:首先是肯定现有户籍管理制度的作用与重要性,完全否认其作用与贡献显然是不可取的。其次,从中央到地方,已经充分意识到原有户籍制度与时代发展脱节。这当然主要是关于城市之间户籍转换的问题。其三,中国共产党第十四届三中全会确定了城乡发展与户籍制度改革的精神,即"逐步改革小城镇户籍管理制度,允许农民进入小城镇务工经商,发展农村第三产业,促进农村剩余劳动力转移",因此,允许已经在小城镇就业、居住并符合一定条件的农村人口办理城镇常住户口。由此可见,集中于小城镇的户籍改革,放开农村户口在小城镇入籍,已在中央层面达成共识。这也被认为是20世纪末中国户籍改革工作所取得的最重要成果之一。

其四,对于大中城市的人口,特别是北京、上海、天津等特大城市人口的机械增长进行严格控制,这也是20世纪末从中央到各级地方政府所达成的另一项重要共识。特大城市的过度膨胀,已经成为中国目前城市化及现代化发展中的一个严峻问题,非常棘手,很难拿出妥善的方案加以解决,如果不进行严格管控,很可能会造成严重的社会问题。因此,对于大中城市进行严格的人口迁入的管控,也是无奈之举。

该《意见》第二条是关于小城镇户籍管理制度改革的实施范围,从中可以看出当时的试点改革是相当谨慎的:"为了保证小城镇户籍管理制度改革积极稳妥、有步骤有秩序地进行,改革的范围限制在县(县级市)城区的建成区和建制镇的建成区。在此范围内,由省、自治区、直辖市人民政府在对已开展户籍管理制度改革的小城镇进行清理整顿的基础上,选择少量经济和社会发展水平较高、财政有盈余、城镇基础设施建设等具有一定基础、在当地具有一定代表性的小城镇,先期进行两年的户籍管理制度改革试点,然后在总结经验的基础上,分期、分批推开。西部地区每个省、自治区、直辖市确定的试点小城镇数量不得超过10个,中部地区的不得超过15个,东部地区的不得超过20个。省级以下地方人民政府无权确定或者扩大试点范围。"中国的小城镇数量相当庞大,如果中、西、东三个地区加起来只有45个,范围未免过于狭小了,也未必能体现其代表性。

该《意见》第三条还特别规定了在小城镇办理城镇常住户口的条件:"下列农村户口的人员,在小城镇已有合法稳定的非农职业或者已有稳定的生活来源,而且在有了合法固定的住所后居住已满两年的,可以办理城镇常住户口:(一)从农村到小城镇务工或者兴办第二产业、第三产业的人员;(二)小城镇的机关、团体、企业、事业单位聘用的管理人员、专业技术人员;(三)在小城镇购买了商品房或者已有合法自建房的居民。上述人员的共同居住的直系亲属,可以随迁办理城镇常住户口。"[1]

20世纪90年代中国户籍改革的重点在于小城镇地区。2001年3月30日,国务院批转并发布了公安部《关于推进小城镇户籍管理改革的意见》,对于数年来小城镇地区户籍改革试点工作进行了总结,并提出了新的目标与原则。其中指出:"小城镇户籍管理制度改革,应当坚持以下原则:(一)既要积极,又要稳妥……(二)总体把握,政策配套……(三)因地制宜,协调发展。"[2]

改革的势头不可阻挡,中国户籍管理制度不应该成为中国改革开放与经济腾飞的阻碍,而应为改革创新保驾护航。当然,改革不可莽撞行事,中国国情与社会主义制度决定了这一牵动亿万人民福祉与未来保障的制度改革必须慎之再慎,稳妥推进,不可重蹈历史

---

[1] 《中国户口、人口和计划生育政策与法律实务应用工具箱》第一章"户口",第8—9页。
[2] 同上书,第13—15页。

之覆辙。

结　语

从一个经济落后的农业大国发展成为一个全新的现代化国家，是中国历史上前所未有的伟大创举，其艰难程度可想而知。20世纪的后50年中，中国社会经历着也许是人类历史上最为宏大的城镇化转变。就中国漫长的历史发展而言，20世纪的最后20余年是相当短暂的，然而，这短暂的20余年却为中国经济与社会发展留下了浓墨重彩的篇章，中国社会的转变速度甚至超过了以往任何一个时代。

必须承认，中华人民共和国建立之后，承继的是一个"一穷二白"的落后的农业国度，城乡之间发展水平的不平衡，各级政府实施的保障性政策的局限与不合理，使中国城乡之间出现了难以逾越的"鸿沟"，即所谓的"二元结构"。在这种状况下，城乡间人口迁徙的完成，并非简单的工种与居住地的变化，而包含着复杂而沉重的社会身份的转型。

20世纪70年代末，改革开放政策的实施对于中国原有经济管理与社会管理体制都产生了巨大的冲击。城镇地区作为经济发展的"主阵地"，出现了对于外来劳动力的巨大需求，而原来计划经济之下的户籍管理制度已经不适应新时期新形势的需求，因此亟须改革原有户籍制度，放松对于农村人口迁移的限制。

中国改革开放为中国社会发展所激发出来的巨大活力，已在城镇化移民浪潮中得到充分的体现，巨大规模的移民潮已改变了中国社会的基本面貌。城镇化与集约化发展也成为中国社会发展的重要模式与方向。

当然，中国现代城镇化道路充满曲折与反复，中国社会发展未来面临的挑战依然是十分艰巨的。一位西方学者警告称："过去30年来，中国追求的是一种掠夺式的城镇化模式，这样可以让其经济快速地实现工业化。此模式一直这样延续下来。所以，中国的城镇在今后的发展过程中所面临的最大挑战,是找到一条实现城市发展的健康道路。"[1]中国数千年的文明史已经向世界昭示了一个伟大民族的神奇之路,相信未来亿万中国人民同样会依靠自己的智慧与力量,将自己的国家建设成为世界人民向往的理想家园。

---

[1] [英]汤姆·米勒著,李雪顺译:《中国十亿城民:人类历史上最大规模人口流动背后的故事》,鹭江出版社2014年版,第6页。

第十章

结语　中外移民法则（规律）研究及其现实警示意义

所谓移民法则（规律）或人口迁移法则，就是研究者对于在为数众多的人口迁移运动中所显现出的规律性现象、趋势与问题的总结与提炼，是人口研究以及人口迁移理论研究中的重要组成部分之一。中外学者很早便对人口迁移理论研究投入了极大的热情与努力，并取得了相当丰硕的成果，其中包括中外学者业已提出的诸多"移民法则（规律）"[1]。在中外学者所提出的人口迁移（移民）的"法则"（规律）中，以英国学者拉文斯坦提出的"移民法则"影响最为深远。这些"移民法则（规律）"对于人们重新认识世界各地的人口迁移历史和现实问

---

[1] 参见林友苏：《人口迁移理论简介》，《人口研究》1987年第2期；成涛：《西方有影响的几种人口迁移理论》，《南方人口》1988年第3期；曹向昀：《西方人口迁移研究的主要流派及观点综述》，《中国人口科学》1995年第1期；赵敏：《国际人口迁移理论评述》，《上海社会科学院学术季刊》1997年第4期；李明欢：《20世纪西方国际移民理论》，《厦门大学学报（哲学社会科学版）》2000年第4期；张晓青：《国际人口迁移理论述评》，《人口学刊》2001年第3期；周聿峨、阮征宇：《当代国际移民理论研究的现状与趋势》，《暨南学报（哲学社会科学版）》2003年第2期；骆新华：《国际人口迁移的基本理论》，《学术论坛（理论月刊）》2005年第1期；傅义强：《当代西方国际移民理论述略》，《世界民族》2007年第3期；李家伟、刘贵山：《当代西方人口迁移与流动的理论、模式与假说述评》，《新学术》2007年第5期；姚华松、许学强：《西方人口迁移研究进展》，《世界地理研究》2008年第1期；朱杰：《人口迁移理论综述及研究进展》，《江苏城市规划》2008年第7期等。

题,以及预测未来人口变化趋势具有重要的参考价值。

中国的移民历史漫长而庞杂,事例繁多,为具有中国特色的人口迁移理论的建立以及移民法则研究提供了极为丰富而独特的珍贵素材。整个20世纪可称为"大移民时代",成千上万的人们不可避免地卷入了移民浪潮之中。无论是实现工业化与现代化,还是完成城镇化,都意味着庞大规模的人口迁移,人口迁徙已经构成了整个社会巨变的核心部分之一。然而,频繁而规模巨大的人口变迁及移民运动并不意味着必然的社会和谐与进步,长期以来,大规模的人口变动对现实政治管理体制与社会发展提出了严峻挑战。笔者以为,重视中外移民法则的指导作用与警示意义,对于应对现实挑战,科学认知与妥善处理今天的移民工作问题,以及较为稳妥地完成中国城镇化与现代化进程都是必不可少的。

在本章中,笔者将在全面梳理与总结目前中外学者关于移民法则(规律)研究成果的基础上,侧重于展示与分析20世纪中国移民运动所反映的重大问题以及经验教训,试图以此强调移民法则(规律)对于当今认识与处理移民及人口变迁问题所具有的重要参考价值与警示意义。

一 中外学术界移民法则研究成果回顾

人口迁移的理论研究很早便受到了西方学术界的关注,其中人口迁移(即移民)法则的提出,应该视为人口迁移理论研究所取得的重要突破性成就之一。中外学术界所公认的人口迁移理论的创始性成果,便是英国统计学家拉文斯坦(Ernest-George Ravenstein,或译为列文斯坦、雷文斯坦)提出的"移民法则"。拉文斯坦根据1881年英国人口普查资料,分别于1885年及1889年在《皇家统计学会会刊》(*Journal of the Royal Statistical Society*)上发表了两篇重要论文,论文篇名均为《迁移法则》(即移民法则)(The Laws of Migration)。

拉文斯坦"迁移法则"的主要内容,后来被学者们总结为"八律"或

"七大定律"等[1],而根据笔者的梳理,拉文斯坦"法则"的主体内容实际上可以分为10大"律则":第一,移民主体距离法则(距离律)。"通常移民们经过长途跋涉,力求迁往一个规模较大的商业与工业中心城市,而在这一过程中,移民的主体只是移动了一个较短的距离。"从空间距离上看,人口迁移是一定数量的人口在迁出地与迁入地之间的移动。这条法则强调空间距离对人口迁移产生的影响,即净迁移率与迁移的距离成反比,移民的总数随着迁移距离的延长而递减,真正最后进入迁入地定居下来的移民,通常只占起初全部迁出移民的少数。导致这种状况出现的原因相当复杂,既有移民回流的因素,也有迁入地对外来移民的抵触作用。第二,阶梯式迁移法则(递补律)。"当一场大规模的人口迁徙运动发生时,通常会出现移民潮:人们总是涌向拥有巨大吸引力的商业与工业中心。……通常迁移又是呈阶梯式地发生:首先是那些生活在这一城市周围的居民会争先恐后地抢先进入这个城市。……而这些移民外迁后留下的空隙区域就会由来自更远地区的人们所占据,就这样,迁移在一个阶梯一个阶梯式地形成,一直至日益增长的城市吸引力影响到王国最偏远的角落。"第三,移民潮与反向移民潮法则(双向律)。对于某一特定区域而言,迁出与迁入总是相对进行的。大多数移民过程都是一种双向运动。"每一次移民潮发生之后,总会有一次反向的、补偿性质的移民潮的出现",尽管两次移民运动在数量上不一定实现对等。第四,城乡移民差异法则(城乡律)。"与乡村居民相比,城镇居民更少移动性",即乡村居民更富有移民的倾向。第五,性别选择法则(性别律)。"妇女们似乎在较短距离的迁移中的数量更占优势",即女性移民在短途迁民中数量更多,然而参与较长距离迁移的妇女数量则不及男子。第六,经济因素主导法则(经济律)。即大多数移民的发生都出于经济方面的因素。"恶劣的、压制性的法律条文、沉重的税务负担、令人生厌的气候、无法适应的社会生活氛围甚至其他强制力……所有这一切已经导致或仍然在促使移民潮的产生,但所有这些因素,都无法与大多

---

[1] 参见胡兆量:《迁移八律与中国人口迁移》,《云南地理环境研究》1994年第1期;朱杰:《人口迁移理论综述及研究成果》,《江苏城市规划》2008年第7期。

数人为改善他们物质生活的强烈欲望所激发出的动力相比拟。"第七,经济发展或技术进步促进法则(技术促进律)。即经济与交通的发展都会刺激移民的增加。拉文斯坦在文中指出:"过去几乎在任何地方我都做过比较,我发现交通工具的增加、制造业与商业的发展都会引发移民的增加。"[1]第八,迁入地选择法则(大城市律)。人口总是朝着大商业与工业中心城市迁移,特别是那些跨越长距离的移民,这种目的特征更为明显。第九,年龄选择法则(年龄律)。大多数移民是年龄在20—35岁之间的成年人。第十,"城市发展与移民法则"。很多大型城镇的发展主要借助移民的推动,而不是依靠它们自身的增长[2]。

拉文斯坦提出的"移民法则",立论于大量的迁移事例统计之上,高度凝练,简明扼要,内容广泛,问世之后,西方学术界给予了高度的评价,公认为是人口迁移理论开创性及奠基性的成果之一。不得不承认,在之后相当长的时间里,研究者们的大多数成果只是在拉文斯坦法则内容基础上进行了局部的阐发与拓展,但是很难全面超越拉文斯坦"移民法则"的地位与影响。如最有影响的后续成果之一,便是美国学者埃弗雷特·李的研究,他在拉文斯坦"移民法则"的基础上进行了新的发展,着重于从"迁移定义""迁移因素""迁移量""迁移流向与反流向""迁移者特征"等几个方面,从多个层面对于人口迁移理论进行了更为细致的梳理与阐发。首先,埃弗雷特·李提出导致迁移决定和迁移过程的因素有四个方面:(1)与迁出地有关的因素;(2)与迁入地有关的因素;(3)各种介入障碍;(4)个人因素。其次,他认为迁移量受到以下几个方面因素的影响:(1)地理范围内的差异程度;(2)人群及族群文化差异;(3)跨越介入障碍的难易度;(4)经济周期性波动;(5)迁移惰性因时衰减性;(6)迁入地状况的差异。其三,埃弗雷特·李同样强调了迁移民流向与反流向问题。他提出其中值得关注的几种特征:(1)人口迁移大多有特定的流向;(2)每一主

---

[1] James L. Newman & Gordon E. Martzke, *Population: Patterns, Dynamics and Prospects*. Englewood Cliffs, N. J.: Prentice-Hall Inc, 1984, pp. 166-167.
[2] Mayhew, Susan, *Oxford Dictionary of Geography*(《牛津地理学词典》),上海外语教育出版社2001年版,第352页。

要迁移的流向往往伴随着反流向。(3)流向比率会因迁入地与迁出地正负因素的影响而变化,影响因素包括政治待遇、迁移政策、经济情况等。其四,迁徙者特征对于迁移的影响问题,如迁徙者的选择对于迁移的完成至关重要,迁移选择同样受到生命周期的影响等[1]。

当然,我们还要看到,人口迁移理论包罗万象,在众多研究者的共同努力下,西方近现代人口迁移理论研究迄今为止已取得了令人瞩目的卓越成就,并形成了不同取向、流派诸多的人口迁移理论,如新古典主义理论、新迁移经济学理论、国际移民理论、迁移生态学理论、马克思主义及新马克思主义人口迁移理论、人口迁移分析模型、移民文化适应理论等[2]。不难发现,中外学者在人口迁移理论的研究实践中,出现了两种主要不同的探索路径:一种是以拉文斯坦、埃弗雷特·李等人为代表的移民规律(或法则)性的总结工作。其可贵之处在于其立足于丰富的实证资料与移民客观事实的统计分析、梳理与总结,着眼于用长时段的视野来总结与反思人口迁徙运动的发展与变化规律。另一种路径便是以美国学者刘易斯(W. A. Lewis)为代表的移民理论研究者,他们更多地从经济学背景出发,将人口迁移作为一种经济行为,并为之构建出一种又一种独特的所谓分析"假说""范式"或"模型",以用于现实社会中移民问题的分析与讨论[3]。笔者着重探究前一种类型(即"法则型")研究成果的价值及其社会应用性。

自20世纪80年代以来,以拉文斯坦"移民法则"为代表的西方人口迁移理论对于中国学术界也产生了重大影响,不少学者主张借鉴西方理论,尝试提出适合于中国国情或具有中国特色的新的理论模式或迁移规律[4]。如中国学者胡兆量教授借鉴拉文斯坦法则,提出了适应于中国国情的新的移民法则,其中有经济律——改善生活是迁

---

1 [美]埃弗雷特·李:《人口迁移理论》,廖莉琼、温应乾摘译,《南方人口》1987年第2期。
2 参见曹当昀:《西方人口迁移研究的主要流派及观点综述》,《中国人口科学》1995年第1期;骆新华:《国际人口迁移的基本理论》,《学术论坛(理论月刊)》2005年第1期;姚华松、许学强:《西方人口迁移研究进展》,《世界地理研究》2008年第1期等。
3 参见骆新华:《国际人口迁移的基本理论》,《学术论坛(理论月刊)》2005年第1期。
4 参见李德辉:《关于人口迁移规律的初探——人口迁移的历史回顾、目前状况及未来趋势》,《人口学刊》1981年第2期;罗晓梅:《对中国特色移民理论建构的方法论思考》,《探索》2002年第6期等。

移的主要原因;城乡律——城市化过程中乡村迁移率较高;性别率——整体男性多,局部女性多;年龄律——独身青年多,举家迁移少;距离率——迁移数量与距离成反比;递补律——人口迁移圈层递补现象;双向律——正向迁移带动软弱的反向迁移;大城市律——大城市迁入人口比重大,吸引迁移距离远[1]。又如蔡昉等学者对于区域性人口流动规律进行了总结,提出了"阶梯式流动"的概念:"迁移会形成一种区域阶梯,即劳动力首先从相对不发达地区农村转移,随后从较发达的农村向城市迁移。"[2] 又如王桂新教授指出,改革开放以来,中国人口迁移的原因与机制发生了重大转变:"这一转变主要表现为影响原因逐步由社会原因为主转变为经济原因为主,发生机制逐步由计划组织为主转变为市场调节占主导地位。"[3] 阎蓓在研究中则特别关注到新时期人口迁移中的性别选择性问题[4]。改革开放以来,三大都市圈的崛起也引起研究者们的高度关注。"三大都市圈"分别为京津唐都市圈、长三角都市圈与珠江三角洲都市圈。就全国而言,"三大都市圈是中国的经济、文化和交通中心,在中国占有举足轻重的地位,中国改革开放20多年来人口迁移的主要流向也是三大都市圈"[5]。这些理论探索虽然不尽完善,但是对于了解中国当代人口迁移的规律而言都是难能可贵的努力。

中国现代学者们在研究中认识到:"与改革开放前的30年迁移人口特征相比,目前(20世纪90年代)迁移人口的特征,更符合一般人口迁移规律。"[6] 这也从一个方面反映出人口规律(法则)研究在当代人口研究中不容忽视的重要价值。为了取得更科学、更切合实际的认识,不少中国学者在研究中注意到研究方法的创新,特别是社会学调查问卷方式被广泛地采用。如顾朝林等人利用2 424份调查问卷,对目前中国流动人口迁徙特征进行了归纳与梳理,认为其主要特征有:

---

[1] 胡兆量:《迁移八律与中国人口迁移》,《云南地理环境研究》1994年第1期。
[2] 参见蔡昉:《转轨时期劳动力迁移的区域性特征》,《当代亚太》1998年第7期;方少勇:《拉文斯坦移民法则与我国人口的梯级迁移》,《当代经济》2009年第1期。
[3] 参见王桂新:《改革开放以来中国人口迁移发展的几个特征》,《人口与经济》2004年第4期。
[4] 阎蓓:《新时期中国人口迁移》,第206—208页。
[5] 俞路:《新时期中国国内移民分布研究》,第154页。
[6] 阎蓓:《新时期中国人口迁移》,第222页。

(1)流动人口向大中城市集聚趋势明显。(2)就城、就富、就近迁移的倾向性突出。(3)家庭式迁徙成为新的流动方式等[1]。2010年6月至9月,北京师范大学社会发展与公共政策学院曾组织人员对北京、东莞、无锡、温州、青岛和沈阳等6个城市的外来人员进行问卷调查,得到1 605份有效答卷。研究者根据这些问卷,对于当前东部城市中的迁移群体的特征及迁徙规律进行了细致的分析与总结。如东部城市内的流动人口以年轻人为主,以农业户籍与农村人口为主,但存在着明显的城市间差异。夫妻一起迁移趋势明显,但是携带小孩举家迁徙的比例低。人口流动显现出就近迁移的特点,但不同城市的吸引范围存在一定差异等[2]。

  移民现象既属于人口学问题(经济学问题),又属于社会学问题,既属于现实问题,也属于历史问题,同时也属于地理学问题,来自不同学科的研究者对于"法则"(规律)探究的取向存在着明显的差别。正如著名法国社会学家杜尔凯姆(又译涂尔干,Émile Durkheim)所云:"哲学和实证科学抽象地研究规律,而历史学的目的则在于展现规律是如何在特定的时间和空间里铺展开的。"[3]拉文斯坦"移民法则(规律)"正是从历史学与统计学的角度提出的。从历史学角度来看,"移民法则"不是所谓移民"研究模型"或"数学公式",而是由大量证明验证得到的经验总结。笔者以为:尽管近现代人口迁移的理论有了很大的发展,但是,以拉文斯坦"移民法则"(包括埃弗雷特·李所做之补充)为核心的迁移规律理论的重要价值之所以被削弱或降低,其根本原因就在于此。因此,注重历史时期人口迁移的研究,对于丰富与完善人口迁移规律的研究是必不可少的。然而,我们看到,出于中西方历史发展客观状况的巨大差异,一些西方学者在总结历史时期人口迁移规律的时候不免出现"先入为主"或"以西方为主"的偏差。最著名的例证之一,便是美国学者泽林斯基(Wilbur Zelinsky)提出的所谓五阶段"人口转变假说",其中强调指出:现代化前的传统社会没有人

---

[1] 顾朝林等:《中国大中城市流动人口迁移规律研究》,《地理学报》1999年第3期。
[2] 田明:《中国东部地区流动人口城市间横向迁移规律》,《地理研究》2013年第8期。
[3] [法]涂尔干《哲学讲稿:1883—1884年桑斯中学课程笔记》,商务印书馆2012年版,第205页。

口迁移[1]。如果检视中国人口史与移民史发展的真实历程，自然会发现这种结论是荒唐可笑的。因此，中国人口史与移民史研究的重要价值也由此可见一斑，中国学者理应下大力气，为世界人口史及移民史的研究做出更大的贡献。

正是基于这种认识，一些国内研究者在中国移民历史的研究中同样致力于迁徙理论与规律性的探讨，对于一些规律性现象和问题提出了不少精到的总结与归纳。如陈孔立教授长期从事闽台移民社会问题的研究，他以台湾移民社会的构建过程为重点，结合大量历史实例，针对国内外成果中一些移民理论著述提出了不少值得修正与商榷的内容。如陈教授特别指出："移民社会是一个过渡社会，它必然要向定居社会转型。"这显然是移民社会研究中的一种颇有价值的理论性突破。对于台湾社会转型问题，陈教授又精辟地指出："在台湾，移民社会结构以祖籍地缘关系为主进行组合，是一个本质特征，这个特征的变化就是社会转型的标志。"[2] 此外，虽然葛剑雄教授对于中国人口史规律性的研究工作一直抱持相当谨慎的态度，但他在所著的一系列论著中（如《中国人口发展史》、多卷本《中国人口史》与《中国移民史》）已经提出了不少带规律性、总结性的观点，十分值得关注[3]。如他指出："综观中国历史上的移民，凡是官方以行政手段强制进行的，大多不是以失败告终，就是成为财政包袱，不得不长期付出巨大的代价。但是自发性的迁移，尽管在开始时得不到官方的支持与资助，甚至受到官方禁止，却往往取得成功，对发展经济与巩固边疆作出重大贡献。"[4] 这种观点是中国长期移民历史经验的精炼总结，具有现实借鉴意义。另外，葛教授高度评价移民运动对于中国历史发展的伟大贡献，他指出："只有认真地加以研究与总结，我们与我们的后人才能了解先民们的光辉业绩，并使之发扬光大。今天，我们中国能拥有

---

1 参见姚华松、许学强：《西方人口迁移研究进展》，《世界地理研究》2008年第1期；李家伟、刘贵山：《当代西方人口迁移与流动的理论、模式和假说述评》，《新学术》2007年第5期。
2 参见陈孔立：《关于移民与移民社会的理论问题》，《厦门大学学报（哲学社会科学版）》2000年第2期，第56页。
3 参见葛剑雄：《对于中国人口史若干规律的新认识》，《学术月刊》2002年第4期。
4 葛剑雄：《中国人口发展史》，福建人民出版社1991年版，第408页。

960万平方公里领土和辽阔领海,拥有56个民族和14亿人口,中国人能在海外拥有数千万后裔,全国各地能得到开发与发展,中国文化的传统能延续数千年而常新,中国文化能在世界上产生巨大的影响,无不与移民的贡献有关。"[1]这些振聋发聩的言论都是发前人所未发,更为众多欧美学者所难以企及,显示了当代中国移民史的研究水平与中国学者的远见卓识。

笔者在从事中国移民史及区域移民的科研与教学过程中,鉴于人口迁移现象的纷繁复杂,非常迫切地感到总结与研究历史时期移民"法则"的必要性与迫切性。因此,在借鉴拉文斯坦"移民法则",并较为全面总结中外学者相关的研究成果的基础上,提出了以下一些在中国移民史上具有典型意义的"法则"(规律):

(1)政治主导法则,其中包括"中心凝聚律""动乱驱散律""强制反弹或强制抵消律"等。与西方学者强调移民运动中的经济因素有所不同,历史时期中国移民运动最主要的动因却源自政治因素与影响,因而与政治相关的迁移规律也就更多、更为复杂。这是中国移民史历程的一大特征。"民为邦本,本固邦宁。"人口对于政治建设的重要价值与影响早已为历代统治阶层所熟知。为此,中国封建王朝很早就建立起了严密的户籍管理制度,其目的就在于限制普通百姓的自由迁移。政治主导法则主要表现在以下几个方面,如首都或首府一般都会迅速发展成为其境内人口最为密集的区域之一。这也就是所谓"中心凝聚律"。在中国著名大都城(如西汉长安、东汉洛阳、北魏洛阳、隋唐长安、北宋汴梁等)的建设发展史上,我们都可以发现大批移民的迁入。其次,王朝变更、政治中心转移以及政治动乱爆发等,都会造成相当长的时间里权力核心的缺失,从而成为激发首都及其附近地区移民浪潮的最主要的动力源。历史时期发生的最著名的三次大规模移民运动("永嘉南渡"、"安史之乱"之后的人口迁移以及"靖康南渡")都是由政治动乱及首都迁移所引发的,是笔者所云"动乱驱散律"的典型体现。

---

1 见本书第一卷。

（2）人口密度及人口承载力决定移民法则，包括"人口密度梯度决定律（包括"真空"吸引律）""人口承载力决定律（包括超载外迁律）"等。"人口密度梯度决定律"与拉文斯坦所提出的"阶梯式迁移法则"颇有相通之处，即一次人口大迁移所造成的区域性人口空隙或所谓"真空"会引发周边人口的迁徙，来弥补或填充空隙与"真空"，从而形成新的移民潮。

（3）灾荒与移民法则，主要是"灾荒驱遣律"或"饥荒驱遣律"等。在自然灾害肆虐及粮食供应极度短缺的情况下，摆在普通百姓面前只有两种选择，要么"死"要么"徙"，不愿等死的人们只有选择外出求食或"就食"。历史上通常将由灾荒引发的、缺乏稳定性的迁移人口称为"流民"。于是，每次严重自然灾害降临之时，也就是又一场流民运动爆发之日。自然灾害的肆虐程度以及饥荒程度，与流民运动的规模及持续时间相对应，同时也与流民转化为长久性移民的比例成正比。因此，在政治因素之外，自然灾害成为引发移民浪潮的又一种重要诱因。这也就是笔者所谓"灾荒驱遣律"或"饥荒驱遣律"。

（4）民族迁移法则，包括"周边民族向心律""汉民趋边律"等。自秦汉以来，周边民族迁移的浪潮势不可挡，其迁徙的主要方向就是内迁，即向中原地区迁移。很多非华夏民族迁入长城以南后，逐渐与汉民族融合起来，从而在历史上消失了。这也就是"周边民族向心律"的主要内容。

（5）移民与文化区特征法则，包括"雅文化从优律""俗文化从众律"等。在中国历史上，汉民族在雅文化方面的成就最为突出，因而产生的影响也最大。从秦汉到明清，各个内迁的非汉民族几乎无一例外地接受了汉族雅文化的成就，因而"汉化"也就成为各个民族文化发展的重要组成部分。周边民族内迁之路，往往就是"汉化之路"[1]。

上述这些法则或规律，是对于中国历史上纷繁复杂的移民典型事例综合性、总结性的梳理与归纳，其目的不仅在于从更宏观、更长远的角度认识历史时期的移民事件，更在于帮助今天的人们更全面、更

---

[1] 参见安介生：《历史时期中国人口迁移若干规律的探讨》，《地理研究》2004年第5期。

清晰地刻画与总结中国移民历史的发展轨迹,并合理地预测未来的移民趋势与移民问题。

总而言之,笔者以为:首先,作为人口理论的核心内容之一,"移民法则(规律)"研究的重大价值是不言而喻的。实现认知突破的一个瓶颈,就是彻底改变整个社会(包括学术界)以往对于"移民"问题的狭隘认识局限。例如现代社会通常所称的所谓"移民",更多地停留于法律层面,习惯以是否拿到国籍(或绿卡)、户籍,或是否取得合法移民身份等为衡量标准。这本身与学术研究上的"移民"概念有着极大的差别[1]。只有真正改变以往对于移民问题的狭隘认知,才能更为深切地理解移民问题对于中国乃至世界发展的重大意义[2]。

其次,人口史研究具有多学科交叉的优势,既属于社会史的范围,也可归为经济史学。而移民史研究不仅关乎历史学、社会学、经济学及人口统计学,还是一种突出的人文地理现象。一场规模可观的迁移运动的发生,往往是多种因素综合作用下的复杂结果,因此,在理论解释上依据单一学科的视角常常会"雾里看花"或"隔靴搔痒",理应坚持多层面、多角度的研究与探索方向。在这种情况下,基于多学科或跨学科的综合研究,将是移民研究的必然取向。

其三,必须承认,"移民法则(规律)"的形成是一个相当漫长的历史过程所积淀的结果,研究者必须有"长时段"视野与实事求是的精神。如果说"迁移模型"可以是一种经济学的假想,而"移民规律"则必须是一种穿越时空的、睿智的、客观的历史学总结。况且,无论是迁移模型也好还是移民法则(规律)也罢,其准确性与真正价值都非常需要长时段的检验。

最后,对于人口史(包括移民史)研究而言,经世致用是我们从事研究的最终归宿,如果我们将移民法则(规律)的研究仅仅停留在学术讨论的层面,那么就会大大削弱这一研究的价值与意义,也会从根本上瓦解其研究发展的动力。大千世界,变幻无穷,"移民法则(规律)"

---

1 关于"移民"概念的讨论,参见葛剑雄:《中国移民史》第一卷,第3—23页。
2 如关于移民问题对于中国民族发展的意义及价值,参见安介生:《民族大迁徙》,江苏人民出版社2011年版,第1—3页。

的总结与研究,理应是一个开放的动态过程,而不应沦为僵死的教条,移民发展的真实过程不仅是移民法则(规律)产生的客观基础与"源头活水",更是移民法则(规律)本身价值的"试金石"。不愿面对客观现实,没有社会责任感的所谓"纯学术"取向,不是搪塞的借口,就是没有勇气的逃避而已。

二 20世纪中国移民运动的成功经验与失败教训

就中国社会历史发展而言,20世纪又是一个大移民的世纪,其移民频率之高、移民规模之大、移民影响之深远,恐怕也是以往历史上任何一个世纪所难以比拟的。一方面,20世纪的人口变迁不仅是社会大动乱、大变革的一部分,而且在大变革、大动乱中起到了更为广泛的影响;另一方面,政治体制的变革以及中国人民自由自主权益意识的觉醒,也极大地激发了整个社会生存与发展的动力,日益频繁的人口迁徙也成为反映社会发展与变革的最重要的动态形式之一。总体而言,20世纪的人口迁徙活动不仅类型繁多,而且具备突出的阶段性发展特征[1]。而回顾20世纪中国移民史的历程,我们可以看到人口迁移"法则(规律)"的积极作用,同样可以看到,更为复杂的人口问题为人口迁移法则的研究及拓展提供了更为丰富的素材。

首先,在20世纪移民运动中,"经济促动律"的作用依然十分活跃,甚至对于某些重大移民事件而言,"经济促动律"起到了主导性的作用。无论是从清代延续到民国前期的"闯关东""走西口""下南洋"的移民浪潮,还是到80年代以后改革开放后的"民工潮",都毫无例外地证明了"经济促动律"的根本性作用,即广大移民的初衷都是为了改善经济生活状况。例如"闯关东"移民潮几乎主导了从清末到民国前期的中国移民大势,被称为世界移民史上的奇迹之一。据粗略统计,至1915年,东三省的人口已达2011万余人,较1907年增加了565万余人。而到1930年,东三省人口又增加到2995万余人,人口增长在

---

[1] 参见葛剑雄、安介生:《20世纪中国移民史的阶段性特征》,《探索与争鸣》2010年第5期。

很大程度上正是依赖于外来移民的加入[1]。"西口"即指山西省右玉县境内的杀虎口,而"走西口"实则是清代以来华北地区向长城以北地区移民潮的代称。移民主要来自山西、陕西两省,尤其以山西中北部居民为多。而正与东三省情形相仿,长期以来向塞北的移民活动受到种种限制,直至20世纪初,清朝才开始实施全面放垦的政策,塞北地区才真正出现了移民高潮。如当时绥远省(治今内蒙古呼和浩特市)是民国前期塞外移民最为活跃的地区。据统计,1912年,绥远省总人口仅为631 000人,而时至1928年,全省人口增长至2 123 768人,年平均增长率高达78.94‰[2]。中国向海外移民的数量也极其庞大,明清以来曾经出现过一波又一波的"下南洋"移民潮。据早期研究者估计,至20世纪30年代抗日战争爆发之前,中国海外移民总数已超过1 000万人,海外华侨人数超过万人的社区已有22处[3]。

20世纪是中国城市高速发展及加速实现城镇化与现代化的100年,而这种巨变集中地释放于20世纪最后的20年。中国进入改革开放的时代之后,国家经济发展的需求与人们改善生活水平的强烈欲望紧密结合,激发出汹涌无比的经济增长的活力。与之相辅相成的是,空前的移民浪潮在全国范围内涌现出来,其主要方向便是从农村向城市移动,从经济欠发达的中西部地区向经济较活跃的东部地区的移民,习惯上称为"民工潮"。据研究者统计,到1995年之后,中国东西移民进入高峰时期,到2000年,中国省际人口迁移人数及迁移率分别达到1 000多万与8‰以上[4]。显然,这些数字里没有包含那些尚未取得正式户籍的民工。而中国东部及中西部各大城市之中,临时居住的民工及家眷数量之庞大,都是相当惊人的,为今天的城市管理与社会改革带来了巨大的挑战与机遇。

其次,我们不得不承认,20世纪的中国没有逃脱"多灾多难"的命运,灾难性的移民运动在20世纪的频繁发生及巨大影响,教训之惨

---

1 参见赵中孚:《近代东三省移民问题之研究》,台北"中研院"《近代史研究所集刊》第四期下册,1974年。
2 闫天灵:《汉族移民与近代内蒙古社会变迁研究》,第40页。
3 陈达:《人口问题》,上海商务印书馆1935年版,第355页。
4 参见王桂新:《改革开放以来中国人口迁移发展的几个特征》,《人口与经济》2004年第4期。

痛,值得永久铭记。灾荒与灾难对于移民运动的巨大影响,在20世纪前50年表现得尤为突出。可以说,从一个侧面看,20世纪前半段的中国历史几乎是一个连续战争、战乱的历史,军阀混战、日本侵华战争、国共内战等接踵而至,由此对中国人口发展产生的影响及创伤难以估量。其中,以日本帝国主义发动的全面侵华战争影响最为剧烈与惨痛。在日本帝国主义军队疯狂进犯的威胁下,当时的国民政府被迫内迁重庆,大批政府机构官员、高校师生以及工商企业职员从之西迁,进而引发了全国范围的难民潮。据调查统计显示,抗日战争时期,除西南、西北数省外,中国东部与中部各省市所出现的难民及流离人民总数就高达9500万。其中,难民及迁移人口最多的省份为河南省,涉及人口达14 533 200人,占全省总人口数的43.49%;其次为湖南省,迁民人数达13 073 209,占全省总人口数的42.73%。如果再加上西部地区的人口迁移,抗战期间中国人口的迁移数量当在1亿以上[1]。若以1936年中国人口数474 625 744而计算,当时的逃难及内迁涉及人数已达总人口的五分之一以上[2]。研究者评价道:"抗战大迁徙,世界上哪个国家有过如此规模的战略大转移?世界上有哪个民族遭受过这等的苦难?"[3]

灾荒性移民(古文献中称为"流民")问题是中国古代移民史研究中的重要课题之一,而20世纪的自然灾害与饥荒的频发,也严重影响到人民的生存生活与社会发展。一些重大自然灾害所造成的人民生命与财产损失不胜枚举,令人触目惊心。如民国六年(1917年),河北、山东、山西三省大水,河北受灾最为严重,全国受灾面积达10 000方里,灾民人数达635万。民国九年(1920年),陕西、河南、河北、山东、山西五省大旱,灾民达2 000万人,占到当时全国总人口的五分之二,死亡人数达50万。民国十年(1921年),河南、江苏、安徽、浙江、陕西、山东、湖北、河北数省发生洪灾,以淮河流域最为严重,受灾面积

---

[1] 参见张根福:《抗战时期的人口迁移——兼论对西部开发的影响》,光明日报出版社2006年版,第39—40页。
[2] 同上书,第21页。
[3] 苏智良等编著:《去大后方——中国抗战内迁实录》,第2页。

达27 000方里,其中,山东、山西、河南三省受灾县数合计为148个,灾民为9 814 332人。民国十一年(1922年),江苏、浙江、安徽三省洪灾,其中浙江灾情最重,三省合计灾民人数为1 200万人。民国十四年(1925年),四川省发生严重饥荒,受灾县数达80多个,饿死者3 000万人,流离失所者不可胜计。民国十七年(1928年),绥远、山西、江西、贵州、湖南、安徽、四川、浙江、云南数省发生洪涝,其他不少省份遭遇旱灾,全年合计受灾地区涉及21个省1 093个县,灾民估计达7 000万人以上[1]。故而有研究者指出:"如果说一部二十四史,几无异于一部中国灾荒史(傅筑夫语),那么,一部中国近代史,特别是38年的民国史,就是中国历史上最频繁、最严重的一段灾荒史。"[2]一些重大自然灾害事件都无一例外地引发了规模相当可观的人口迁徙浪潮。其主要症结就在于中国灾荒形成的连续性与累积性。著名学者邓拓曾经指出:"我国历代各种灾害,连续不断,甚至有同时并发的情形……民国以来的事实,更足以证明连续性是我国历代灾荒的一个重大特点。"又"由于我国灾荒的周期极短,一年一度的巨灾,已成为二千年间的常例。但每次巨灾之后,从没有补救的良术,不仅致病的弱点没有消除,而且每一次巨创之后,元气愈伤,防灾的设备愈废,以致灾荒的周期循环愈速,规模也更加扩大。"[3]回顾20世纪的中国灾荒史,我们不得不佩服这些论断的准确与精到。

其三,政治主导法则在中国移民史上占有显著而独特的地位,而政治性移民运动同样也是20世纪移民史上非常值得关注的主要移民态势之一。20世纪政治主导性移民不仅种类多,而且涉及数量庞大,影响深远。政治性移民运动的类型之一,是由政权变更等重大政治事件所引发的移民。如移民台湾,就是一场由直接政治变动引发的大规模移民运动。1949年,国民党政权在中国大陆的统治陷于全面瓦解,中国共产党领导的军队取得了决定性的胜利,国民党政府的各级机构及其附属人员向台湾等地撤退,形成了席卷全国的移民风潮。就移

---

1 参见邓拓(邓云特):《中国救荒史》,《邓拓文集》第二卷,第34—39页统计资料。
2 夏明方:《民国时期自然灾害与乡村社会》,第5页。
3 邓拓:《中国救荒史》,《邓拓文集》第二卷,第47页。

民运动本身而言,据研究者总结,"当时来台者几乎涵盖大陆各省,来自各种职业及各种阶层。当时来台的重要出海口有上海、广州、青岛、重庆、香港、沿海岛屿(海南、舟山、金门)等,其中以上海、广州到台湾者最多,1949年上半年集中于上海,下半年集中于广州。"[1] 关于迁台人员的数量,历来有多种不同的说法,比较合理的估计是分阶段、分人群的统计数量。如国民党军队人数达到60余万人,而公务员与一般民众估计有120万人,合计应有180万人之多[2]。当然,单凭人数多少,是无法判定这批移民对于台湾以及大陆地区的真正影响的,但毋庸置疑,这场大移民,使得中国政治格局重新陷入分裂分治的局面,其对于现代中国政治及经济、文化的发展所产生的影响是难以估量的。

1949年中华人民共和国建立以来,因经济困窘,"一穷二白",百废待兴,中央及各级政府行政部门为了充分发挥人口对于国家建设的积极作用,用政策引导、社会动员以及户籍管理等各种行政手段来控制人口迁移,便成为一种突出的时代特点。有研究者曾经总结新中国成立30年来人口迁移的特征:(1)"我国人口迁移受国民经济社会计划的制约"。(2)"我国人口迁移受城市发展政策的制约"。(3)"我国人口迁移是在户口登记制度管理下进行的"。(4)"我国人口迁移受政治运动的影响很大"[3]。很明显,无论是计划经济还是户籍制度,都具有强烈的政治或政府主导的色彩。

中国户籍制度对于人口迁移的制约是难以忽略的,甚至可以说从根本上决定了历史时期人口迁徙的基本态势。户籍制度是中国具有十分悠久传统的人口管理制度,其目的主要服从于各级政府了解基层户口构成状况、征收赋役以及维持地方治安等行政需要。"户口与户籍,俗多混称,实则有别。户口者,计每家内所有之人数(口丁),而登诸簿册。户籍者,指家宅所属之地域,载户以簿,而明其土著。故户口簿与户籍簿,实显为二事。"[4] 中国传统户籍制度的核心是"人户

---

[1] 林桶法:《1949大撤退》,第262页。
[2] 同上书,第336页。
[3] 参见田方、张东亮编:《中国人口迁移新探》,第10—12页。
[4] 闻钧天:《中国保甲制度》,台湾商务印书馆1971年版,第225页。

以籍为定",即强调人户与版籍的强制关联性,以立法的方式从根本上剥夺或阻止了普通民户的自由迁徙权利[1]。新中国所建立的户籍管理制度在相当长的时间里是与粮食、物品定额供给制度相联系的。户籍种类大致分为农业户口与非农业户口,其背景是在政府财力及社会物质状况相当贫乏的状况下,自由迁徙所需提供的物质供给需求根本无法满足,只好用行政强制方式来限制人口流动性,维持城乡人口结构的相对稳定,并以有限的物质资源维系千百万城镇居民的基本生活需要。然而,随着国家财力的夯实以及社会生产力的极大提高,以及整个社会物质财富的大幅度增加,放宽户口制度的限制、鼓励自主迁移便是大势所趋。特别是 80 年代以来,经济发展与城镇化建设需要大批劳动力的支援,大批进城务工人员的出现以及身份证制度的实施,实际上已在很大程度上冲破了原来户籍管理制度对于迁徙活动的限制。

20 世纪 50—70 年代,中国大陆地区曾经推出了诸多政治性迁移举措,引发了规模可观的人口波动。由于缺乏谨慎的考虑与论证过程,以及妥善的后续补救措施,人口迁徙问题出现了极其严重的失误与偏差,不仅对于中国政治、经济及社会发展造成了相当惨痛的损失,也给千百万参与其中的迁徙人员及家庭带来了巨大的伤痛。例如 20 世纪 50 年代晚期,为了迅速改变中国贫穷落后的状况,当时出现了严重的急躁冒进情绪,不尊重经济规律,不尊重科学与中国客观现实,急于实现飞跃性的工业化发展,发动了名为"大跃进"的急速工业化运动。为了满足"大跃进"运动对于劳动力的需求,大量农业青壮年及家眷进入城市,造成城镇人口在短时间内的激增。如据统计,从 1958 年至 1960 年,城镇人口共增加近 3 000 万人,职工人数增加 2 580 多万[2]。在一个非常落后的农业国内,大量农业劳动力的流失,必然会严重影响粮食生产;而大量城镇人口的增加,又对城市物资供给能力提出巨大的挑战。不难理解,诸多复杂因素的交织叠加,最终造成了20 世纪 50 年代末至 60 年代初期中国经济与社会发展困难时期的降

---

1 参见《明会典》卷 134 载《明律》条文,《景印文渊阁四库全书》本。
2 参见罗平汉:《大迁徙——1961—1963 年的城镇人口精简》,第 88 页。

临。为了扭转当时的困难局面,回迁城镇人口便势在必行。于是,从1961年下半年开始,中共中央采取各种措施全面压缩城镇人口,精简干部与职工人数。据粗略统计,从1961年至1963年,大陆地区城镇人口减少了2 600万,其中职工人数减少了1 887万[1]。这种人口异常波动,实在是中国城镇化与工业化道路上的巨大挫折,对于今天中国社会发展而言同样具有极其强烈的警示意义。

此外,20世纪后半叶对人口迁移影响较大的政治运动,还有1966年至1976年"文革"期间的所谓知识青年"上山下乡"、机关干部"下放劳动"等。当时,1 000多万青少年学生"上山下乡"插队落户,数百万机关干部、知识分子及其家属下放农村参加劳动。据粗略估计,仅上述两类运动就造成了10年之间1 000多万人在城乡之间的"迁移大往返",这同样是留给今天的人们引以为鉴的惨痛教训[2]。

但是,如果要全面否认政治主导性移民在1949年以后中国建设与发展中的积极作用,显然也是片面的、对历史不负责任的论断。在当代人口及移民史研究中,要特别警惕将政治性移民运动"妖魔化"的倾向,即不分青红皂白,一概否定。就实际效果而言,政治主导性的移民运动应该大致分为"积极性移民"与"消极性移民"两大类。目前学术界对于"消极性移民"的观察与研究已有相对丰富的成果,而对于"积极性"的政治移民活动的考察则颇显不足,这显然是不应该的。就"积极性"的政治主导性移民而言,中华人民共和国建立以来成就巨大,功绩不可抹杀。

20世纪后半段的边疆移民运动,理应属于政治性移民范畴。1949年新中国建立以后,大力推进与实施开发西部边疆地区的移民运动。这是值得高度赞赏的、具有重大战略意义的举措,为西部地区的发展以及边疆稳定做出了巨大的贡献。长期以来,与东部地区比较,中国西部地区自然环境较差,经济落后,地广人稀。然而,西部地区幅员广袤,具有重要的战略意义与经济发展潜力,因此,自20世纪

---

[1] 罗平汉:《大迁徙——1961—1963年的城镇人口精简》,第255—256页。
[2] 参见田方、张东亮编:《中国人口迁移新探》,第11页。

初年开始,"开发西部"成为一种义不容辞的民族复兴使命,为历届政府所重视。而向西部地区移民数量最多、开发效果最为显著的时期,还是在1949年中华人民共和国建立以后。新疆生产建设兵团的创立与发展,是新中国开发边疆、保护边疆的成功举措之一。为了保障北疆地区的安定与稳定,中央政府于1954年决定建立新疆军区生产建设兵团,承担起屯垦戍边的重大使命。数十年来,新疆生产建设兵团为西北边疆地区的稳定、发展与繁荣做出了伟大贡献。而大批来自内地的移民则在兵团建设中发挥了主导作用。如兵团成立时,仅有17.55万人,而2004年时,兵团人口已达256.85万人,平均每年净迁入2.3万人[1]。又如从20世纪60年代开始,中央政府有计划、有步骤地将东部沿海和内地的企业向西北、西南地区转移。而地处西北边地的青海省成为当时重点转移的地区之一,向青海内迁的企业主要是机械工业与重工业,在"三五"及"四五"期间,向青海省迁入的企业职工近5万人,加上随迁家眷,合计达12万人。这些企业与工业移民为青海工业及经济发展做出了重大贡献,他们的功绩值得后人永远敬仰[2]。因此,人口作为国家政治与经济建设中最重要的力量,在移民问题的研究中,随意排斥政治性以及政府主导的倾向是不可取的,带有这种倾向的研究不可能得出尊重史实、公允合理的结论。

其四,水库移民是中国20世纪下半叶出现的一种新的移民类型。中国自古以农业立国,而水利是农业生产的命脉,没有水利,农业生产只能停留于"靠天吃饭"的原始水平。现代水利建设中的最常见、最重要的一种方式,就是兴建水库。但是,因为水库主体往往是一种人工兴建而成的广阔水域,需要占据一定的地域,就必然会涉及原来居住于这些地域的居民的搬迁问题,这种类型的人口迁徙,就是所谓"水库移民"。因此,水库移民从理论上讲无疑是一种"舍小家为大家"的移民方式。新中国建立以来,水利建设取得了前所未有的巨大成就,因之引发的水库移民数量也相当庞大。据初步统计,1949年以来,中国

---

1 参见刘月兰:《新疆生产建设兵团人口迁移研究》,《西北人口》2007年第2期,第111—115页。
2 参见翟松天主编:《中国人口(青海分册)》,第181页。

大陆地区共兴建了 8.6 万座水库,其中大中型水库就达 2 500 多座。截止到 1985 年底,全国共淹没各类土地达 2 000 万亩,涉及移民 1 000 多万人[1]。

大批水库移民的搬迁与安置,需要兼顾个人与集体、地方与全国之间的关系,是一项公认的极其繁重的系统工程。想要稳妥平稳地完成大批量移民的搬迁安置工作,殊非易事。新中国在水利移民问题上的成功经验与失败教训,并不鲜见,往往成为社会关注的焦点问题,影响广泛。如以举世瞩目的长江三峡水库建设为例,按照三峡工程可行性方案,库区淹没涉及四川(含今重庆市部分地区)、湖北两省的 19 个县,2 个县级市、11 个县城、140 个集镇、326 个乡、1 351 个村被全部或部分淹没,规划迁徙人口数量达 113.38 万。截止于 1985 年底,淹没区人口已达 72.55 万人[2]。又如以湖南省为例,自 1949 年至 80 年代,湖南全省共兴建大小水库 12 396 处,占到大陆地区水库总数的七分之一,迁移人口达 102.11 万人[3]。在这方面,值得肯定的是,为了避免移民工作的矛盾与政策随意性,中央政府十分注重水库移民立法工作。从 1993 年 8 月 19 日起,经国务院批准,《长江三峡工程建设移民条例》正式实施。该条例共有 6 章 43 条,不仅对于三峡工程移民安置总的方针与原则进行了高度概括,而且对于涉及移民安置工作的具体细则进行了明确规定,不仅为三峡移民安置工作提供了强有力的法律保障,也为其他水利工程建设所涉及的移民安置工作起到了示范作用[4]。

总之,20 世纪波澜壮阔的人口变迁浪潮,有着广泛的社会历史基础与极其深刻的时代背景。20 世纪初期,中国庞大的人口基数、腐朽无能的官僚管理机制、极其落后的经济社会发展状况,以及人口分布格局极不均衡的特点,都是人们不得不面对的惨淡现实。拥有漫长辉

---

1 参见雷亨顺主编:《中国三峡移民》,第 60 页。
2 李伯宁、殷之铬编著:《库区移民安置》,水利电力出版社 1992 年版,第 1—2 页。
3 田方、张东亮编:《中国人口迁移新探》,第 271 页。
4 参见雷亨顺主编:《中国三峡移民》,第 161—168 页。《长江三峡工程建设移民条例》于 2001 年 2 月 15 日进行了修订,共有 7 章 64 条,内容更为翔实,见《长江三峡工程建设移民条例》,中国法制出版社 2001 年版。

煌历史的古老中国已经跌入发展的最低谷,中华民族面临着大厦将倾般的灭顶之灾。而外国列强肆无忌惮的强权压迫与野蛮掠夺,更直接造成了中华民族异常严峻的生存危机,激发起千千万万中国人民救亡图存的巨大热情,称得上是"置之死地而后生"。20世纪是中国人民摆脱生存危机的100年,也是整个国家致力于经济发展,实现工业化与城镇化的100年。可以毫不夸张地说,如果没有20世纪中国人民破釜沉舟式的浴血奋战,也不可能迎来21世纪中华民族的崛起与腾飞。理解这种时代的特点,对于我们深切理解20世纪中国移民运动是必不可少的,对于克服"碎片化"的研究弊端与虚无刻薄的无聊评议也是大有裨益的。

20世纪的移民浪潮波澜壮阔,与中国国家与民族发展息息相关,与国家及民族命运水乳交融,是中华民族发奋图强伟大事业的重要组成部分之一。在这个大移民的世纪里,不仅有不少成功的经验与成就,也有很多值得认真总结与吸取的失败教训。这一切都为我们今天探索中国移民运动规律,总结有价值的"移民法则"积累了宝贵的资料。

余　论

中国移民运动是世界人口迁移历史的一部分。就迁移距离与迁移规模,以及所产生的影响而言,中国移民的历史与人口变迁历程已超出了单个国家与区域的局限,本身就具备了世界性的意义与影响。

迁移是人类社会存在的一种常见方式或状态,人口的运动与变化频率随着人类文明进展而变得更为快捷与频繁,是不可避免的趋势。然而,并非所有的迁移与变化都是理性的、符合人类持续发展的目的的。因此,有必要对于移民运动与移民政策进行深入的思考与研究。然而,移民"法则(规律)"的探讨绝不应止于学术层面。人口迁徙"法则"(规律)研究的重要价值不仅在于总结业已发生的人口迁移中规律性的现象与问题,而且,更在于提醒人们关注与思考当代人口迁移过程中可能产生的一些问题与趋向,从而为今天移民政策的制定与移民问题的妥善解决提供依据,这也可以说是移民"法则(规律)"更大的作用与价值,即现实警示与指导意义。

毋庸讳言,就中国现状而言,户籍管理制度与自由迁移的愿望往往是矛盾与抵触的。但是,户籍管理制度往往与社会福利保障、社会治安体系等相联系,应该充分尊重其特殊的作用与贡献,简单地予以废止,无异于因噎废食,贻害无穷。没有社会的长治久安,也不可能有亿万人民的富足与幸福。如何在发挥个人的主观能动性与维持社会平稳安定之间找出应对及平衡的良策,将是社会改革与发展的重要课题之一。

为了改善人民生活与提升国家整体实力,工业化与城镇化是必经之路。近百年的中国历史也证明了这一点。但是,无法否认,近百年来中国的工业化与城镇化,在很大程度上造成了今天的城乡差距与农村的发展滞后。这种状况为中国今后的持续与平衡发展提出了严峻的挑战。改革开放以来,单向性的乡村—城镇的移民潮已产生了相当严重的后遗症。尽管中央政府采取了免除农业税及"新农村建设"等重大举措,来促进农村地区的发展,但是,迄今为止,农村"被遗弃"与"被边缘"的趋向没有得到有力扭转,在新型城镇化的改革中,这种状况应该得到高度重视。城镇化不应以"掏空"与放弃乡村为代价。没有城乡之间的平衡与合理发展,就不可能有中国真正的现代化与可持续发展。乡村不应是城镇居民的"禁地",长期的单向型移民趋势并不合理,也是无法持久的,鼓励部分有条件的城镇居民有步骤地向农村地区移居,对于消除城乡差距以及实现城乡一体化发展,肯定是有积极意义的。

此外,国防建设是一个国家建设中的"重中之重"。而中国东西部之间存在的各方面差异也是客观事实,因此,边疆地区的稳定,离开移民的平衡与调剂是不可能的。鉴于目前大部分边疆地区仍处于人口稀少、汉族人口偏少的局面,各级政府应该从战略高度来进行考虑,大力鼓励向边疆及边远地区的移民。世界走向大同,民族间的融合与和谐是历史发展的大趋势,应大力鼓励与支持民族区域间的人口自由流动与迁徙,民族照顾与自治政策绝不应成为民族区域间迁徙与流动的壁垒,更不能成为民族隔离与国民待遇不平等的"温床"。增强"只有一个中华民族"的统一认识,宣扬民族统一的巨大优越性,应该成为今天民族政策的核心主体。

附 录

20世纪中国移民史大事年表

说 明

1. 本表起于1901年,止于2000年。
2. 本表所列,限于移民史实或与此密切相关的内容。
3. 古地名首次出现时,一般均注明今地。县级或以下地名注其驻地或所在地,府、州、郡或以上地名一般仅注治所。
4. 分裂时期或当年不止一个年号时,仅注与内容有关的政权纪年或年号,自1949年起,仅标注公元纪年。
5. 限于篇幅,所记移民过程、迁入和迁出地等往往从略。
6. 移民事件如连续若干年,为保持完整性,一般将该移民事件置于移民初始年条目下。
7. 移民事件如有具体日期,按时间顺序排列于当年无明确日期的移民事件之后。
8. 1901年至1949年大事年表以本书第一卷"大事年表"为基础补充完善而成。

1901 年（光绪二十七年）

于丰镇、张家口、包头等地设垦务机构，负责各蒙古地方的放垦。

1902 年（光绪二十八年）

辽宁大围场地区（今海龙一带）对移民开放。

1903 年（光绪二十九年）

7 月，中东铁路全线通车。中东铁路局在天津、山海关等地设立招工处，招募铁路修筑工人，应募者络绎不绝。

1904 年（光绪三十年）

清廷宣告全面放垦东北各边荒地，公布放荒、免税、补助等法令。设洮南府以加强对移民的管理。

1905 年（光绪三十一年）

木兰围场全面放垦。

1907 年（光绪三十三年）

因移民大量迁入，新县大量设立，建吉林行省。

1908 年（光绪三十四年）

黑龙江巡抚程德全奏准《沿边招垦章程》以后，分别在汉口、上海、天津、烟台、长春等地设立边垦招待处，招民垦荒。

1909 年（宣统元年）

11 月，瑷珲道公署发出布告，招民开垦，不收荒价，每公顷只收经费银 4 钱，垦熟以后给垦户永久管业。有带家属者，如路费不足尚可由官署酌情接济。在沿江设卡伦（哨所）20 处，派官兵保护农民。还派劝业员持招垦布告前往奉天、吉林等地招收垦户。

1910年(宣统二年)

日本占领朝鲜后,许多反日的朝鲜人失败后渡鸭绿江、图们江进入中国境内。

龙江府为安插灾民,在讷谟尔河设立招垦行局,派专员办理所有修房、打井、购买牛马以及移民应需各项事宜。

1911年(宣统三年)

清廷制定东三省移民实边章程。

由于大量放垦,移民涌入,从光绪末年至此时,吉林西南路相继有一批新的州县设立:如濛江州、农安县、长岭县、桦甸县、磐石县、舒兰县、德惠县、双阳县即是。又设汪清县、安图县、和龙县;又设穆棱县、富锦县、依兰县、桦川县、饶河县、方正县,后改属黑龙江省。奉天省(1929年改名辽宁省)设抚松县,后改属吉林省。黑龙江省设立阿城县、拜泉县、汤原县、木兰县、兰西县、青冈县。

1912年(民国元年)

中华民国临时大总统孙中山颁发《大总统令外交部妥筹禁绝贩卖猪仔及保护华侨办法文》和《大总统令广东都督严行禁止贩卖猪仔文》,这是中国官方正式宣布"苦力贸易"的结束。

新疆察哈尔营左翼古勒夏尔苏木40户、柯畏夏尔苏木20户、柯畏塔拉苏木10余户,共300余人在韦拉·鄂依拉的带领下越过库克托木山口经俄国到外蒙古定居。

1914年(民国三年)

公布《黑龙江省招垦规则》和《黑龙江省清丈规则》,并在此基础上制定各种措施广招移民。同时,在齐齐哈尔设立清丈兼招垦分局,规定了嫩江、萝北、呼玛、宝清、瑷珲等12处放荒招垦,即把放荒重点确定在沿边地区。关内及关外吉林、辽宁一带的农民开始向黑龙江省内迁移。

1915 年(民国四年)

察哈尔地区成立垦务总局,并在集宁、宝昌、商都、康保四处设立招垦设治局。由于平绥铁路、包绥公路的相继修筑,内地来察哈尔开垦的移民大量迁入。

1916 年(民国五年)

黑龙江省通河、龙门、拜泉、克山、索伦等地先后招来垦户1.1万余户。

境外哈萨克族为避沙俄暴政,大量迁入中国,有3万余人安置在新疆塔城。

沙俄统治下的纳伦地区有柯尔克孜族人200户1 000多人迁入新疆阿合奇县,该批移民的后裔至今仍分布在该县各乡镇场。

1916—1918 年(民国五年至七年)

惠民公司招募3万名契约华工赴欧。

1917 年(民国六年)

从青岛出发赴欧洲的契约华工有40 172人,另有家属5 517人,共45 689人。

1919 年(民国八年)

俄国有300人迁入新疆阿合奇县,其中除少数人返回外,大部分定居。

1920 年(民国九年)

黄河流域亢旱异常,直、鲁、豫、晋、秦5省发生"四十年未有之奇荒"。东起海岱,西达关陇,南至洛阳,北抵京畿,禾苗枯槁,赤地千里,加之虫蝗为患,饥民多达数千万,流离逃亡者众。

沙俄白卫军将领率1.1万余人窜入新疆塔城,其中难民6 000人,后部分人留居塔城。10月,有白卫军败兵1 000余人窜入,被安置在塔城县锡伯图。

1921 年（民国十年）

黑河道尹提出"特许耕种、宽减赋税、保护治安、厉行奖励，变荒凉为富庶"四项措施，比过去更为实惠、优厚，流往黑龙江的人口日盛一日。

1925 年（民国十四年）

4月，为奖励移垦殖边事业，交通部拟定移民减价票规则，对于前往满蒙殖边之移民及其家属，铁路运费酌减四成或五成，至幼童在十二岁以下者免费，其农用器具及行李之运费则概行免收。10月，交通部再次发布通告，津浦、京奉、京汉、京绥等路发售移民减价票规则永久施行，无时期限制。发售移民减价票站点规定如下：津浦路以临城、滕县、兖州、泰安、济南、禹城、平原、德州、连镇、泊头、沧州等站往京绥路张家口、丰镇、平地泉、绥远、包头者为限；京奉路以由天津东车站军粮城、塘沽往京绥路张家口、丰镇、平地泉、绥远、包头者为限；京汉路以由信阳、郾城、郑州、新乡、彰德、顺德、石家庄、保定、长辛店往京绥路张家口、丰镇、平地泉、绥远、包头者为限；京绥路以由丰台、广安门、西直门往京绥路张家口、丰镇、平地泉、绥远、包头，及由大同往绥远、包头者为限。

1927 年（民国十六年）

成立西宁道属垦务局，计丈放垦，招民垦荒。

中东铁路实行免费输送垦民制度，大大促进了移民的速度和规模。

胶济铁路设移民专列，并根据移民数量的增加而增加车次量。

山东、河北灾情严重，大量灾民流向东三省。1927年至1929年流入人口多达112万人。这时的移民已经不单纯地从事农业垦殖了，部分移民到早已形成的石头河子、一面坡等一些以移民为主体的居住区投亲靠友，到林区、矿区谋生。

1928 年(民国十七年)

《黑龙江省沿边各属荒地抢垦试办章程》公布,规定移民可以免纳三年租赋,当年迁入的移民就达 43.5 万人之多。

国民政府实行"裁兵救国,寓兵于农"的方针,建立兴安垦区。首先以屯垦军步兵第一、二、三团为先导,后成批接收河南省灾民 900 多户移居屯垦,建立了军垦、民垦相结合的屯垦区。

河南灾情奇重,民不聊生,各县难民纷纷外出逃亡。

1929 年(民国十八年)

青海建省,成立青海省垦务总局。甘肃移民纷纷迁入认垦荒地,促使省内荒地大都得以开辟。

河南因灾情严重,河南赈灾会组织灾民移民黑龙江。6—8 月,黑龙江共接收安置河南省灾民 24 968 人,省内 18 个县(局)安置 24 262 人,自投亲友者 446 人,其余 260 人安置在省城慈善会。

1930 年(民国十九年)

河南省向黑龙江移送灾民 6 万余人。

浙江省组织移民前往辽宁,营口、辽中、安东、洮南各 50 户,盘山、新民各 27 户,铁岭 40 户,抚顺 30 户,沈阳 80 户,共计 400 户。

1931 年(民国二十年)

九一八事变后,因受战乱和治安影响以及伪满政府限制,关内向东北的移民大幅度减少。一批知识分子、青年学生和其他阶层民众、军政人员及其家属流亡关内,出现逆向迁移。

1932 年(民国二十一年)

新疆青河县牧民 1 200 余户迁往外蒙古。

1933 年(民国二十二年)

设立宁夏垦务总局,职掌省内垦务改进、土地整理、官荒地的承领与辟殖、移民屯垦及一切有关土地的行政事宜。并拟具计划，吸收移民1.4万户7万余人，开发云亭渠、汉霸堡、白马滩、磴口县等处荒地1.4万顷。该计划因抗战爆发而未顺利完成。

1934年（民国二十三年）

因黄河大水，河南省振务会为救济滑县灾民，特拟就移送灾民赴外就食办法，并请各慈善团体协助办理。移送滑县灾民分赴平汉路邻近各县，北自彰德，南迄郾城为安插就食地点，其各县分别如下：安阳、汤阴、林县、武安、涉县、汲县、辉县、浚县、获嘉、新乡、沁阳、博爱、济源、修武、原武、阳武、淇县、延津、郑县、密县、禹县、许昌、郾城、新郑、临颖、扶沟、鄢陵、尉氏、洧川。至本年5月30日，滑县共移出灾民二万余人。

河南郑县难民200余人因村庄被水淹没，外出觅食，逃至张家口。

豫东扶沟、西华、鄢陵、淮阳等县水患严重，田舍无存，人民颠沛流离，缺衣乏食，河南移民协会组织灾民赴归绥、包头一带屯垦谋生。

因黄河水灾，河北移民协会组织濮阳、长垣两县灾民迁往绥远包头一带开垦。

1935年（民国二十四年）

豫省府呈中央将滑县灾民移垦察、绥、宁夏等省，中央准请后交相关部门会商办法并拟定初步计划。移垦宁夏以五千人为限，垦区设垦殖机关，由宁夏省府主持，经费由两省酌摊，余由中央补助。

1936年（民国二十五年）

3月，冀南数十县民食青黄不接，麦荒严重，粮价飞涨，乡村贫民生计困苦，相继逃亡。

5月，河北长垣连年水灾，村舍为墟，民不聊生，以致大部灾民流离失所。河北移民协会组织长垣、濮阳、滑县灾民前往绥西垦区。

1937年(民国二十六年)

从本年开始,日本实行所谓"产业开发五年计划"和战时经济统制政策,对华北侵略战争进一步扩大,东北劳动力市场出现紧张状况,取消了对华北移民的限制,进入黑龙江地区的华北移民数量增加。1937年和1938年进入黑龙江地区的华北移民数量增加,分别为7.5万人和10.9万人。

1938年(民国二十七年)

国民党政府下令炸开郑县花园口黄河大堤,淹没河南、安徽、江苏三省44个县,河南省民政厅、建设厅在邓县戴岗设立垦荒处,接受中牟、尉氏、鄢陵、扶沟、西华等21个县灾民8000多人,垦荒生产,新建家园。

1938—1939年,苏联中亚地区发生饥荒,上万名饥民涌入新疆,部分被安置在塔城。同时,上万名华侨从苏联回国,在塔城、裕民、额敏、乌苏等县落户。

1941年(民国三十年)

太平洋战争爆发后,日本为增加后方的劳动力,便放弃限制,鼓励华北移民进入东北。大批关内移民进入东北城市和工矿区。

1943年(民国三十二年)

8月,河南120户400余人移民至新疆阜康县从事农业生产。

1944年(民国三十三年)

12月,新疆民丰正式建县。因民丰人口稀少,1946—1948年间,于阗县向民丰县有计划地迁移农牧民2550人。

本年,河南扶沟数千灾民被安置在新疆昌吉地区。

1945年(民国三十四年)

2月,新疆玛纳斯河西的难民3000余人涌入绥来、景化两县,绥来县专门成立了冬令救济委员会以救济难民。

1947年（民国三十六年）

11—12月，哈尔滨市为减轻城市负担,解决城市失业工人和城市贫民的生活问题,将城市人口移往农村从事农业生产。哈尔滨市为此成立移民委员会并制定移民条例。其中,迁移600户至庆安、绥棱、克山、克东等县,迁移1 900余户8 000余人至五常、尚志、苇河、宾县、延寿等县。

1948年（民国三十七年）

2月,哈尔滨市分两期移出人口5 798户22 000人,佳木斯市向合江省各县迁移1 913户7 363人参加农业生产;齐齐哈尔市向泰来县移民13批,共1 052户3 578人。

1949年

8月,北京市成立疏散人口委员会,对全市疏散人口工作进行部署,确定疏散对象主要为:逃亡地主、富农、国民党流散党政军人员、被解放的国民党军官兵、失业的工人、店员和苦力、失业的公教人员、知识分子、无业游民和难民等六大类。在疏散城市人口的同时安置城市无业人员到外地就业生产,至本年12月9日,经审查批准疏散到外地就业生产的共计5 894人。

冬,松江、黑龙江两省接收河北、平原两省灾民14 535人。

本年,国民党政府迁往台湾;1945年以来,大陆迁往台湾的人口约为200万。

秋,因黄河水倒灌入湖导致山东东平湖地区大面积土地被淹,民众生活困难。1950年初,梁山县成立移民委员会组织移民救灾,共迁出灾民4 169户14 674人。其中1 491户6 367人迁往黑龙江垦荒,1 063人迁往黑龙江林场做工,247户1 048人迁往河南省沁阳县从事农业生产,1 368户6 196人迁往山东省菏泽、曹县、定陶三地落户。1950年8月,东平县2 756户12 223人分两批赴沾化、利津垦荒。

1950 年

春,松江、黑龙江两省接收河北、平原两省灾民 5 737 人。

齐齐哈尔市向讷河、克山等县移民 1 750 余人。

北京市政府为解决因本市开通公共汽车而失业的部分三轮车工人和贫民的生活问题,在春、秋两季共组织 7 637 人到绥远省、察哈尔省移民垦荒。

朝鲜战争爆发后,辽宁的电机、机床、轴承、机车、仪表、工具、橡胶、电线等 20 余个较大的企业迁至黑龙江地区,在黑龙江地区兴建了齐齐哈尔第一机床厂、齐齐哈尔第二机床厂、哈尔滨电缆厂、哈尔滨第一工具厂、哈尔滨轴承厂、牡丹江造纸厂及佳木斯纺织厂,还有 10 余个军工企业在哈尔滨、齐齐哈尔等地安家落户。大量工程技术人员、工人、干部及其家属随之迁入。

1951 年

1951—1957 年,北京、上海两市为解决城市无业人员就业问题,共向宁夏移民 32 804 人,大都安置在条件较好的贺兰、永宁、中宁、中卫等县。

1952 年

10 月,松江省接收热河省、辽东省移民 2 258 人,分别安置在桦川、依兰、汤原 3 县,分别插入互助组。黑龙江省接收热河省和沈阳城市移民 2 611 户,分别安置在讷河、铁力、嫩江、德都、通北、林甸、安达、景星等 8 个县。

1953 年

春,辽东、热河两省按东北移民工作会议决议,对 1952 年移往松江省和黑龙江省的移民劳动力家属进行迁出动员工作,到 4 月中旬两省共移出移民家属 2 237 户 6 954 人,占原移民劳动力的 48.4%。为弥补返籍移民的空额,辽东省又移出自愿来黑龙江地区参加农业生产的贫困户 324 户 1 485 人,热河省 598 户 2 281 人,两省共计移民

922 户 3 766 人，分别安置在松江、黑龙江两省。与此同时，松江省接收辽东省宽甸县朝鲜族移民 556 户 3 226 人，集中安置在方正、延寿两县。

春，新疆木垒、奇台等地 500 户牧民迁移至新疆青河县。

1954 年

10 月，中央政府命令驻新疆人民解放军第二、第六军大部，第五军大部，第二十二兵团全部，集体就地转业，脱离国防部队序列，组建"中国人民解放军新疆军区生产建设兵团"，接受新疆军区和中共中央新疆分局双重领导，其使命是劳武结合、屯垦戍边。兵团由此开始正规化国营农牧团场的建设，由原军队自给性生产转为企业化生产，并正式纳入国家计划。当时，兵团总人口 17.55 万。此后，全国各地大批优秀青壮年、复转军人、知识分子、科技人员加入兵团行列，投身新疆建设。

本年，国家农业部决定在黑龙江省北部开垦荒地 300 万公顷，面积相当于黑龙江省当时耕地面积的二分之一，划出 5 个开垦区：嫩江、北安垦区，甘南、龙江垦区，穆棱河流域密山、虎林垦区，松花江下游集贤、富锦、饶河垦区，萝北、绥滨垦区。其后，将大量省际农业移民陆续迁入上述地区垦荒。

本年，黄河、汶水大水，山东省东平、梁山两县被淹，山东省组织东平湖滞洪区和黄河滩区民众移民救灾。至 1955 年底，梁山县迁出 6 257 户 28 879 人到黑龙江、吉林两省，东平县动员移民 701 户 3 341 人组成垦荒团赴黑龙江省林口、绥棱、富锦、呼玛四个县落户。

1955 年

2 月，国民党军队撤离大陈岛时带走岛上 14 416 名居民去台湾。

4 月，31 日至 5 月 17 日，黑龙江省共接收山东省移民 10 085 户 44 919 人。

6 月，中国人民解放军农建二师由山东集体转业至黑龙江省，建立二九○、二九一等军垦农场。

冬,青海省政府成立移民垦荒局,专门负责移民垦荒工作。

本年,北京市向甘肃省移民1 491户6 205人,向青海省移民481户2 311人。前往甘肃省的移民分别被安置在银川市及贺兰、永宁、宁朔、中卫、固原、金积、灵武、同心、磴口等县。前往青海省的移民分别被安置在西宁市和乐都、大通两县。

本年,河北省组织16—20岁城镇青年1 200余人到黑龙江省萝北县垦荒落户,后由于生活困难,多数陆续返回原籍。

本年,内蒙古额尔古纳因苏侨回国定居,境内人口剧减,接收安置山东省移民513户2 398人、内蒙古昭乌达盟移民420户。

本年,黑龙江省共动员城镇无业居民19 412户72 311人下乡从事农业生产。其中哈尔滨市11 808户44 106人,齐齐哈尔市3 291户12 728人,佳木斯市1 618户6 652人,牡丹江市969户3 956人,鹤岗市480户1 714人,鸡西县946户2 068人,伊春县300户1 087人,分别安置在4个市郊区和53个县的农村。各市、县在进行移民的同时,还动员投靠亲友下乡和返回原籍者约1.9万余人。

本年,新安江水库移民试点工作启动,经过大规模移民、移民返迁与自流和调整重迁安置等阶段,至1970年,新安江水库移民共计30万余人。

1956年

全国有组织有计划移民垦荒第一年,共移民70余万人,开垦大量荒地。

河南、河北、山东、安徽、北京、天津等地先后动员14 416户69 728人到青海耕地比较宽裕的东部农业区各县从事农业生产。但由于移民难以适应青海的气候和生产生活方式,大部分移民以后陆续返回原籍。

河北省组织涞水、阜平、蠡县、博野等地居民2 400余户13 000余人到内蒙古和青海落户。其中,800余户、4 000名回民迁往青海省门源回族自治县和化隆回族自治县,由于生产生活条件差,绝大部分陆续迁回;1 200余户6 000余人迁往内蒙古临河、五原、狼山、乌拉特旗等地落户,绝大部分定居当地。

黑龙江省共接收外省移民 200 520 人。其中,山东省 17 648 户 180 165 人,河南省 3 112 户 15 904 人,河北省 1 146 人,辽宁省 658 户 3 305 人。

铁道兵官兵 17 400 余人先后转业到黑龙江省密山、牡丹江等地垦荒。

三门峡水库移民安置工作启动,至 1965 年基本搬迁安置完毕,移民范围涉及陕西、河南、陕西三省。至 1982 年,三门峡水库共移民 40 万余人。

1957 年

4月 8 日,《人民日报》根据刘少奇 3 月 22 日在长沙市中学生代表座谈会上的讲话精神,发表题为《关于中小学毕业生参加农业生产问题》的社论。社论说,今后一个很长的时间内,总的趋势是有更多的小学和中学毕业生不能升学,而城市就业条件有一定限度。从事农业是今后安排中小学毕业生的主要方向,也是他们今后就业的主要途径。

9月,中共八届三中全会通过的《一九五六年到一九六七年全国农业发展纲要(修正草案)》提出:"城市的中、小学毕业的青年,除了能够在城市升学、就业的以外,应当积极响应国家的号召,下乡上山去参加农业生产,参加社会主义农业建设的伟大事业。"这是国家首次提出"下乡上山"的号召。

1958 年

1月 9 日,《中华人民共和国户口登记条例》公布施行。《条例》就户口登记主管单位、设立户口登记簿、户口登记单位、常住人口、出生登记、注销户口、户口迁移、公民变更姓名、户口变动等作出规定。

3月至 5 月,根据中央军委《关于发展军垦农场的意见》和有关指示,近 10 万名解放军转业官兵分批从全国各地到黑龙江省开发"北大荒",兴办国营农场。其中近 6 万名安置在牡丹江农垦局,1.7 万余名分配到合江农垦局,4 500 余名分配到黑龙江省农场管理厅所属农场。

另外，中国人民解放军预备一师、七师（含信阳步校）集体转业到黑龙江省萝北县垦荒。据统计，1955—1958年，共有14万余名官兵转业到黑龙江省开垦荒地。

8月，中共中央政治局北戴河扩大会议作出《关于动员青年前往新疆和少数民族地区参加社会主义建设的决定》。中央决定从1958年到1963年五年内，从内地动员570万青壮年到边疆和少数民族地区参加社会主义开发和建设工作。动员对象，主要是农村青年，必须是本人自愿，身体健康，家庭拖累不大的青年，也要动员一些有生产经验的壮年，男女人数大体相等，各行各业人员要适当配套。这次支边行动，涉及地区之广，动员人数之多，社会影响之大，都是前所未有的。经过两年的努力，17个省、自治区动员和接收安置支边青年以及退伍兵99.7万人（另有随迁家属44.6万人）。其中，从山东去黑龙江23.1万人，去吉林8.4万人，去辽宁7.3万人；从江苏、安徽、湖北三省去新疆25.1万人；从河南去甘肃10.4万人，去青海8.3万人；从浙江去宁夏8.1万人；从湖南去云南2.3万人；统筹安排退伍兵去四川西部0.3万人，去广东海南岛和湛江地区6.5万人。在支边青年中，有49.8万人安置在国营农场，21万人插入农村人民公社，28.9万人进入工矿、交通、文教等企事业单位。1960年，大批已经到达边疆地区的支边人员返回原籍。至1961年底，140多万支边青年和家属，47万余人返回原籍。1962年，去甘肃、青海、宁夏三省、自治区的25万支边人员只剩下9万人。其中河南去青海的8万农民在3000公尺的高原建起32个农场，但最终基本全部返回原籍。

10月25日，宁夏回族自治区正式成立。宁夏回族自治区成立后，中央从全国各地抽调干部、技术人员、教师、医务人员和大批工人、农民支援宁夏建设。

11月，广东新丰江水库移民工作开始，一直持续到1983年基本安置结束。新丰江水库建库时移民涉及河源县（今东源县）、新丰县、连平县，共移民24 787户106 437人。其中河源县移民人数最多，共22 091户94 311人，约占总移民人数的88.6%。新丰县次之，共移民1 891户8 433人，连平县移民805户3 693人。

本年,大兴安岭地区进行第一次开发建设,黑龙江省政府决定开发建设大兴安岭伊勒呼里山以北的呼玛尔河流域和沿江一带的森林资源,从各地调来近万名职工参加开发建设工作。1962年,因国民经济调整,林区开发停止,近万名职工撤离大兴安岭。

本年,河南省以"支援边疆社会主义建设青年突击队"的名义,先后从夏邑、沈丘、项城、淮阳等县动员知识青年7 027人到青海海南、海西、海北、黄南等州移民垦荒。

本年,上海向甘肃移民3.2万余人,移民方式是阖家搬迁,统一安置。具体安置方案为:(1)农业生产安置2.3万人,安置到河西走廊的8个农业县中;(2)刘家峡和兰州工程局安置3 000人,参加工程建设;(3)具有初中文化程度的3 000名学生分配到省内中等专业学校学习;(4)600名年轻工人安置到白银厂、酒泉钢铁公司当学徒;(5)上海新艺针织厂的工人和家属1 200余人安置于白银市;(6)盲人院、养老院和残疾院的1 100余人分别安置到兰州市七里河、西固和东岗区养老。安置到国营农场中的上海移民总数约万人左右,其中有劳动力者4 300人。由于国营农场皆属初建,居住条件和生活条件很差,引起思想波动,回流和重返现象持续发生,安心扎根农场者为数不多。

本年,浙江嘉兴市境内各县有4万余名民工、干部去安吉、长兴等地开矿挖煤、炼铁、修筑铁路和公路,1961年多数返回,部分在当地安家落户。

本年,浙江海宁有千余名农民、干部去宁夏,1960年后陆续返回,少数在当地落户。

本年,浙江省富春江电站水库移民开始迁移安置试点,至1970年底,共计移民7 668户43 525人。其中桐庐县267户1 220人,建德县7 197户41 193人,兰溪县204户1 112人。移民安置地区涉及江西、浙江两省的8个县市。

本年,丹江口水库开始移民,至1978年基本结束,历时20年,共移民436 763人。其中,河南省淅川县共移民204 969人,湖北省共移民231 794人。

河南南阳鸭河口水库开始移民,至 1966 年底,移民工作基本结束,共移民 8 455 户 35 171 人。其中,在本县县内安置 6 292 户 25 977 人,迁往桐柏县安置 1 004 户 4 401 人,迁往方城县安置 666 户 2 791 人,迁往南阳县 335 户 1 534 人,迁往外地外省 158 户 468 人。

河南平顶山白龟山水库开始移民,至 1965 年,移民工作基本结束。水库移民涉及宝丰县滍阳、曹镇、鲁山县滚子营等乡村 7 358 户 56 884 人。其中,5 450 人集体迁往叶县、正阳等县,22 781 人集体或分散迁往平顶山市或本县其他公社(大队),28 613 人安置在库区附近。

1959 年

3 月至 9 月,新疆共接收安置江苏、湖北、安徽 3 省支边青壮年 140 327 人,随迁家属 13 802 人,其中江苏省 64 415 人、湖北省 55 137 人、安徽省 34 577 人。

9 月,山东东平县组织东平湖区域 1 953 户 9 675 人移民前往黑龙江省亚尔赛农场、克山县、泰康自治县、讷河县、齐齐哈尔等地。

1959—1960 年,浙江省共动员 96 739 余名青年及家属赴宁夏支援建设。

浙江金华动员青年 19 058 人和随迁家属 4 319 人赴宁夏支援建设,不久绝大多数返回原籍,仅有千余人在宁夏安家落户。

本年,浙江湖州青年及家属 7 470 人支援宁夏,1961 年后有部分陆续返回。

本年,安徽省组织部分退伍军人及其家属参加海南岛开发建设。至 1960 年止,全省共有 3 798 名复员退伍军人支援广东省湛江和海南岛国营农场建设。

本年,随着兰新铁路的延伸,新疆鄯善县迁入铁路职工 1 万余名。

1960 年

2 月,中央决定派 3 万名转业官兵到大庆参加油田开发建设。从 3 月起,全国石油系统 37 个厂、矿、院校的工人、干部、技术人员、教授、讲师、学生和 13 000 余名转业官兵共 4 万多人自带设备开赴大庆油田。此外,从几个省、市抽调的医务人员组建了工地医院,许多地方相继开设了商业网点。随着油田的开发和建设,职工不断增多,职工家属也陆续迁来安家落户。

2月2日,国务院发布《关于接待和安置归国华侨的指示》,决定成立中华人民共和国接待和安置归国华侨委员会,在回国华侨入境的港口,设立接待机构,负责接待无端遭受东南亚某些国家迫害和所有愿意回国的华侨。《指示》责成广东、福建、广西、云南等省(自治区)的人民委员会负责做好归国华侨的安置工作。

本年,黑龙江省接收安置山东支边移民275 700人。

本年,河南省31 000名青年、丹江口水库库区移民29 520人迁移至青海移民垦荒,分别被安排到青海海南、海西、海北、黄南等州的青年农场。

本年,浙江建德县内部分移民出现倒流或外流他县的情况,至1964年底,累计倒流新安江等地(包括淳安县)的移民共162户779人,散居在新安江水库沿岸。

1961年

4月9日,中共中央转发中央精简干部和安排劳动力五人小组《关于调整农村劳动力和精简下放职工问题的报告》,同意调整精简计划:从9月底到1961年底,将精简指标由原定的528万人调整到800万人左右,其中不带工资回乡务农的400万人,带工资下放农村的400万人。

5月21日至6月12日,中共中央在北京召开工作会议。陈云在会上就精简职工和城市人口下乡问题作了题为《一项关系全局的重要工作》的讲话。会议制定了《关于减少城镇人口和压缩城镇粮食销量的九条办法》,规定在1960年底1.29亿城镇人口的基数上,3年内减少城镇人口2 000万以上,本年内争取至少减1 000万。

1962年

2月14日,中共中央作出《关于一九六二年上半年继续减少城镇人口七百万人的决定》。

2月22日，中共中央批转中央精简小组《关于各级国家机关、党派、人民团体精简的建议》。批示指出，目前各级国家机关、党派人民团体中机构庞杂、人多政繁的现象十分严重，必须彻底实行"精兵简政"，下决心"拆庙"，裁并机构。

5月，7日至11日，中共中央政治局常委在北京举行工作会议，讨论中央财经小组提出的《关于讨论一九六二年调整计划的报告》。会议制定了进一步缩短工业生产建设战线，大量减少职工和减少城镇人口等措施。会后随即迅速贯彻落实以下指标：国营工业企业在1961年减少的基础上，本年减少18 000多个；本年1月至8月，精简职工850万人，减少城镇人口1 000万人。

1962—1966年，上海市共动员知识青年15万余名到新疆生产建设兵团参加屯垦建设。

本年，新疆伊犁、塔城地区先后发生了边民越境事件。根据国家部署，新疆生产建设兵团调遣了1.7万余名干部、职工奔赴当地维护社会治安，施行代耕、代牧、代管，并迅速在新疆伊犁、塔城、阿勒泰、哈密地区和博尔塔拉蒙古自治州等长达2 000多公里的边境沿线建立了纵深10公里到30公里的边境团场带。至1966年底，兵团总人口达到148.54万，拥有农牧团场158个。

1963年

7月31日，中共中央批转中央精简小组《关于精简任务完成情况和结束精简工作的意见的报告》。《报告》指出，从1961年1月到1963年6月，全国职工减少了1 887万人，城镇人口减少了2 600万人，吃商品粮人数减少了2 800万人。《报告》宣布，全国性的精简工作基本结束。

本年7月至1966年10月，新疆生产建设兵团共接收安置北京、上海、天津、武汉4市和江苏、浙江两省支边青壮年126 700人。

1964年

5月15日至6月17日，中共中央在北京举行工作会议。会议期间,毛泽东提出把全国划分为一、二、三线的战略布局,要下决心搞三线建设,首先把攀枝花钢铁基地以及与此相联系的交通、煤、电建设起来。

1965 年

2月26日,中共中央、国务院发布《关于西南三线建设体制问题的决定》。决定成立西南三线建设委员会,以加强对整个西南三线建设的领导。

8月,河南平舆组织复员退伍军人988人到海南岛参加军垦,开发橡胶园。

8月21日,国家建委在北京召开全国搬迁工作会议。会议确定了1966年的搬迁计划和第三个"五年计划"期间的搬迁项目。提出搬迁工作必须立足于帝国主义发动侵略战争;从准备大打、准备早打出发,对搬迁项目要实行大分散、小集中的原则。少数国防尖端项目,要按照"分散、靠山、隐蔽"的原则建设,有的还要进洞。

本年,青海仿效新疆生产建设兵团的做法,以隶属省劳改局的格尔木农场为基础,建立农建四师(后改称农建十二师),从山东省的8个城市招收知识青年7 204人,实行军垦。1980年至1983年,该批知识青年返回山东3 502人,未离开青海的安排到其他行业参加工作。

1966 年

浙江富春江水电站安置移民4.6万余人,涉及浙江建德、兰溪、桐庐3县。其中外迁江西省武宁、永修等县安置1.5万余人,外迁吴兴、长兴等县安置1.3万余人,建德、兰溪、桐庐本县安置或就地后靠1.5万余人。

1968 年

12月22日,《人民日报》传达了毛泽东的指示:"知识青年到农村去,接受贫下中农的再教育,很有必要。"各地立即掀起了知识青年"上山下乡"的热潮。1966年至1977年间,"上山下乡"的知识青年达

1 572 万人，国家财政为安置知识青年"上山下乡"所支出的经费近 50 亿元。

1969 年

1 月，浙江省建德县富春江水库移民 6 340 户 32 741 人外迁至江西省武宁、永修、资溪等县和浙江省湖州地区。

2 月 16 日至 3 月 24 日，中断了两年的全国计划会议以"全国计划座谈会"的形式在北京召开。会议通过《1969 年经济计划纲要（草案）》，要求大力加强国防工业、基础工业和大、小三线建设。从此，三线建设重新大规模、高速度地展开，出现了继 1965 年以来的又一次高潮。

本年，江西省接收安置浙江新安江、富春江两大水电站水库移民 10.2 万人，分别安置在抚州、上饶、九江等三个专区。

1970 年

1970—1974 年，浙江省安吉县建赋石水库，移民 1 642 户，县内安置 1 627 户，县外、省外安置 15 户。

1971 年

葛洲坝水利枢纽工程移民工作正式启动。据 1991 年统计，葛洲坝库区搬迁安置城镇、农村移民和单位职工共计 28 535 人（含自然增长人口）。其中农村移民 18 977 人，机关、企事业单位职工 5 531 人，城镇居民 4 027 人。

浙江省湖南镇（乌溪江）电站水库移民开始动迁，至 1983 年，移民安置工作全部结束，共计移民 23 658 人，其中遂昌县 12 481 人、衢州市 11 177 人。

1973 年

8 月 3 日，湖北省秭归县葛洲坝库区首批外迁移民 59 户 214 人，从茅坪区兰陵公社起航，当天抵达枝江县董市港。

1976 年

华北油田开发建设,调入大批管理干部、技术人员和熟练工人,大多数来自石油系统,其中以黑龙江省大庆油田最多。

1978 年

5 月中旬,河北、甘肃、青海、湖北、四川、江苏等省知青办提出建议,根据国民经济发展的需要和"四个面向"的分配原则,有些县城和小集镇的中学毕业生可以就地安置,不再动员知识青年"上山下乡"。

10 月 31 日至 12 月 10 日,国务院召开全国知识青年"上山下乡"工作会议。12 日,中共中央批转《全国知识青年上山下乡工作会议纪要》和《国务院关于知识青年上山下乡若干问题的试行规定》,提出城市要积极开辟新的领域、新的行业,为更多的城镇中学毕业生创造就业和升学条件,逐步缩小"上山下乡"的范围,有安置条件的城市不再动员下乡。此后,各城市帮助部分知识青年回城。

12 月,云南省西双版纳地区一些国营农场的知识青年罢工请愿,要求回城。

1980 年

9 月 5 日,秭归县葛洲坝库区第一期移民后靠搬迁工作全面展开。

1981 年

1 月 4 日,葛洲坝水利枢纽工程大江截流成功,秭归县库区移民加速搬迁。

本年,浙江省紧水滩电站水库开始移民,至 1988 年全部结束,共计移民 21 700 人。

本年底,国务院知青办并入国家劳动总局,各省、市、自治区仿照办理。至此,历经 20 余年的城镇知识青年"上山下乡"宣告结束。

1985 年

本年度起,三峡工程库区移民搬迁安置试点工作启动,该项工作持续至 1992 年。

新疆富蕴县可可托海矿务局有色工程公司由于企业体制发生变化以及资源枯竭迁到昌吉、阜康、克拉玛依金矿等地,职工随之开始外迁。

1987 年

浙江省石塘电站水库移民开始动迁,至 1990 年,移民安置工作全部结束,共计移民 5 543 人。

1990 年

12 月,雅砻江二滩水库移民正式开始,1997 年底全部迁完,总计移民 32 667 人。

1991 年

黄河小浪底水库开始移民,至 2003 年,河南、山西两省共计移民 18.96 万人,其中河南 14.73 万人、山西 4.23 万人。

新疆吐鲁番—哈密油田会战指挥部在鄯善县成立,1.4 万余名石油工人从玉门、长庆、华北等地来到鄯善。

1992 年

4 月 3 日,第七届全国人大五次会议通过《关于兴建长江三峡工程决议》。据设计方案,三峡工程实行"一级开发,一次建成,分期蓄水,连续移民"。

浙江建德县出现了大批水库移民倒流,县政府下发了《关于紧急制止移民返库倒流的通知》。浙江省民政厅与江西省民政厅签订浙赣两省《关于对江西省新安江、富春江移民倒流建德市库区处理意见的会议纪要》,使移民倒流劝返工作有了政策依据。

1993 年

1 月,国务院三峡工程建设委员会成立,由国务院总理李鹏兼任主任,下设三个机构:办公室、移民开发局和中国长江三峡工程开发总公司。

8 月 19 日,国务院发布《长江三峡工程建设移民条例》。条例规定:国家在三峡工程建设中实行开发性移民方针,使移民的生活水平达到或者超过原有水平,并为三峡库区长远的经济发展和移民生活水平提高创造条件;移民安置工作实行中央统一领导、分省负责、县为基础的管理体制。

本年,三峡库区移民工作正式实施。三峡库区移民总量为 120.88 万人(基础设施规模人口),其中重庆库区 104.16 万人(含中央在渝淹没企业 0.37 万人)。

1994 年

6 月,长江水利委员会编制《长江三峡工程水库淹没处理及移民安置规划大纲》。

12 月 14 日,长江三峡工程正式开工。

1995 年

4 月 10 日,三峡库区一期移民搬迁安置工作全面启动,首批移民大搬迁在坝上库首秭归县向家店村拉开序幕。

1997 年

3 月,第八届全国人大第五次会议批准设立重庆直辖市。这有利于三峡工程建设和库区移民统一规划、安排和管理。

9 月,三峡水库淹没区一线水位移民搬迁基本结束。

11 月 8 日,三峡工程实施大江截流,三峡工程转入二期工程建设。

1998 年

10 月 28 日,三峡库区秭归新县城举行落成庆典,提前 5 年完成了县城整体搬迁的任务。

1999 年

国务院总理、国务院三峡工程建设委员会主任朱镕基主持调整三峡工程移民政策,农村移民外迁安置人数由原规划 8.3 万人增加到 12.5 万人。其中,重庆 7 万人出市外迁安置到全国 11 个省市。

2000 年

8 月 17 日,重庆市云阳县 150 户 639 名农村移民外迁到上海市崇明县落户。这是由政府组织的首批外迁移民。

主要参考文献

一、资料汇编

国民政府赈灾委员会等编:《一年来振务之设施》,1929年铅印本。

河南省赈务会:《河南各县灾情状况》,1929年8月。

河南省政府秘书处编译处:《河南省政府年刊》(1933年、1936年)。

行政院农村复兴委员会:《河南省农村调查》,上海商务印书馆1934年版。

河南省政府秘书处统计室编印:《河南省政府四年来施政统计》(河南省政府成立四十周年纪念专册),1934年10月。

河南省政府秘书处统计室编制:《河南统计月报》第1卷第1期创刊号,1935年1月。

河南省政府秘书处统计室编制:《河南统计月报》第1卷第2、3期合刊,1935年3月。

《河南统计月报》第1卷4—6期、11—12期,第2卷1—12期(1936年),第3卷1—7期(1937年)。

中国经济情报社编:《中国经济年报·第一辑(一九三四年)》,生活书店1935年初版。

四川省政府统计处:《四川省银行业分布之分析》,1943年9月。

中央银行经济研究处编印:《十年来中国金融史略》,1943年10月。

陈庭珍编:《抗战以来妇女问题言论集》,青年出版社1945年版。

江西省政府统计处编印:《江西省抗战损失调查总报告》,1946年4月。

广西省政府统计处编:《广西省抗战损失调查统计》,1946年12月。

广西省政府统计处编:《广西年鉴》(第三回),1948年。

华东军政委员会土地改革委员会编:《安徽省农村调查》,1952年12月。

华东军政委员会土地改革委员会编:《福建省农村调查》,1952年12月。

严中平等编:《中国近代经济史统计资料选辑》,科学出版社1955年版。

李文治编:《中国近代农业史资料(第一辑):1840—1911》,生活·读书·新知三联书店1957年版。

章有义编:《中国近代农业史资料(第二辑):1912—1927》,生活·读书·新知三联书店1957年版。

章有义编:《中国近代农业史资料(第三辑):1927—1937》,生活·读书·新知三联书店1957年版。

国务院知青办编:《真实的故事:上山下乡知识青年先进人物选集》,1981年1月。

陕甘宁边区财政经济史编写组、陕西省档案馆:《抗日战争时期陕甘宁边区财政经济史料摘编》(第九编),陕西人民出版社1981年版。

河南省水文站编:《河南省历代旱涝等水文气候史料》,1981年。

北京市政府、北京经济学院联合调查组:《北京市人口和城市发展问题研究资料汇编之二·保姆调查》,1984年10月。

北京市政府研究室社会处:《北京市人口和城市发展问题研究资料汇编之三·迁出调查》,1984年10月。

中国社会科学院人口研究中心、北京市政府研究室社会处联合调查组:《北京市人口和城市发展问题研究资料汇编之四·千户居民迁移调查(一)》,1984年10月。

中国社会科学院人口研究中心、北京市政府研究室社会处联合调查组:《北京市人口和城市发展问题研究资料汇编之四·千户居民迁移调查(三)》,1984年10月。

《北京市人口问题和对策论文选编》,1984年11月。

浙江省中国国民党历史研究组(筹)编印:《抗日战争时期国民党战场史料选编》(一),1985年4月。

徐学筠等译编:《上海近代社会经济发展概况(1882—1931):〈海关十年报告〉译编》,上海社会科学院出版社1985年版。

陕西省档案馆、陕西省社会科学院合编:《陕甘宁边区政府文件选编》(第一辑),档案出版社1986年版。

《当代中国的水利事业》编辑部编印:《历次全国水利会议报告文件:1949—1957》(内部发行),1987年。

《当代中国的水利事业》编辑部编印:《历次全国水利会议报告文件:1958—1978》(内部发行),1987年。

《当代中国的水利事业》编辑部编印:《历次全国水利会议报告文件:1979—1987》(内部发行),1987年。

《民族问题五种丛书》黑龙江省编辑组:《黑龙江满族、朝鲜族、回族、蒙古族、柯尔克孜族社会历史调查》,黑龙江朝鲜民族出版社1987年版。

云南省档案馆编:《云南省档案史料丛编·近代云南人口史料(1909—1982)》,1987年3月。

国家统计局社会统计司编:《中国劳动工资统计资料:1949—1985》,中国统计出版社1987年版。

李慕真主编:《中国人口(北京分册)》,中国财政经济出版社1987年版。

李竞能主编:《中国人口(天津分册)》,中国财政经济出版社1987年版。

王明远主编:《中国人口(河北分册)》,中国财政经济出版社 1987 年版。

宋乃工主编:《中国人口(内蒙古分册)》,中国财政经济出版社 1987 年版。

毕士林主编:《中国人口(山西分册)》,中国财政经济出版社 1989 年版。

宋则行、刘长新主编:《中国人口(辽宁分册)》,中国财政经济出版社 1987 年版。

曹明国主编:《中国人口(吉林分册)》,中国财政经济出版社 1988 年版。

熊映梧主编:《中国人口(黑龙江分册)》,中国财政经济出版社 1989 年版。

胡焕庸主编:《中国人口(上海分册)》,中国财政经济出版社 1987 年版。

杜闻贞主编:《中国人口(江苏分册)》,中国财政经济出版社 1987 年版。

王嗣均主编:《中国人口(浙江分册)》,中国财政经济出版社 1988 年版。

郑玉林、高本华主编:《中国人口(安徽分册)》,中国财政经济出版社 1987 年版。

傅祖德、陈佳源主编:《中国人口(福建分册)》,中国财政经济出版社 1990 年版。

马巨贤、石渊主编:《中国人口(江西分册)》,中国财政经济出版社 1989 年版。

吴玉林主编:《中国人口(山东分册)》,中国财政经济出版社 1989 年版。

貊琦主编:《中国人口(河南分册)》,中国财政经济出版社 1989 年版。

谭崇台主编:《中国人口(湖北分册)》,中国财政经济出版社 1988 年版。

毛况生主编：《中国人口（湖南分册）》，中国财政经济出版社1987年版。

朱云成主编：《中国人口（广东分册）》，中国财政经济出版社1988年版。

黄贤林、莫大同主编：《中国人口（广西分册）》，中国财政经济出版社1988年版。

詹长智主编：《中国人口（海南分册）》，中国财政经济出版社1993年版。

刘洪康主编：《中国人口（四川分册）》，中国财政经济出版社1988年版。

潘治富主编：《中国人口（贵州分册）》，中国财政经济出版社1988年版。

邹启宇、苗文俊主编：《中国人口（云南分册）》，中国财政经济出版社1989年版。

刘瑞主编：《中国人口（西藏分册）》，中国财政经济出版社1989年版。

朱楚珠主编：《中国人口（陕西分册）》，中国财政经济出版社1988年版。

苏润余主编：《中国人口（甘肃分册）》，中国财政经济出版社1988年版。

翟松天主编：《中国人口（青海分册）》，中国财政经济出版社1989年版。

常乃光主编：《中国人口（宁夏分册）》，中国财政经济出版社1988年版。

周崇经主编：《中国人口（新疆分册）》，中国财政经济出版社1990年版。

中国人民政治协商会议西南地区文史资料协作会议编：《抗战时期内迁西南的高等院校》，贵州民族出版社1988年版。

重庆市沙坪坝区地方志办公室编：《抗战时期的陪都沙磁文化区》，科学技术文献出版社重庆分社1989年版。

中国人民政治协商会议西南地区文史资料协作会议编:《抗战时期内迁西南的工商企业》,云南人民出版社1989年版。

中央档案馆编:《中共中央文件选集》,中共中央党校出版社1989年版。

贵州省遵义地区地方志编纂委员会:《浙江大学在遵义》,浙江大学出版社1990年版。

杭州市档案馆编:《民国时期杭州市政府档案史料汇编(1927～1949年)》,1990年。

李文海、林敦奎、周源、宫明:《近代中国灾荒纪年》,湖南教育出版社1990年版。

李文海、林敦奎、程歗、宫明:《近代中国灾荒纪年续编:1919—1949》,湖南教育出版社1993年版。

重庆市档案馆、重庆市人民银行金融研究所合编:《四联总处史料》(上),档案出版社1993年版。

国家统计局编:《中国统计年鉴1993》,中国统计出版社1993年版。

中国人民政治协商会议西南地区文史资料协作会议编:《抗战时期西南的金融》,西南师范大学出版社1994年版。

中华人民共和国公安部编:《中华人民共和国全国分县市人口统计资料:1993年度》,群众出版社1994年版。

中国人民抗日战争纪念馆、重庆市档案馆合编:《迁都重庆的国民政府》,北京出版社1994年版。

中华人民共和国公安部编:《中华人民共和国全国分县市人口统计资料:1995年度》,中国人民公安大学出版社1996年版。

章伯锋、庄建平主编:《血证:侵华日军暴行纪实日志》,成都出版社1995年版。

浙江省档案馆、中共浙江省委党史研究室编:《日军侵略浙江实录(1937—1945)》,中共党史出版社1995年版。

蔡鸿源主编:《民国法规集成》(全100卷),黄山书社1999年版。

戴鞍钢、黄苇主编:《中国地方志经济资料汇编》,汉语大词典出版社 1999 年版。

沈之奇撰,怀效锋、李俊点校:《大清律辑注》,法律出版社 2000 年版。

李文海主编:《民国时期社会调查丛编·社会保障卷》,福建教育出版社 2004 年版。

李文海主编:《民国时期社会调查丛编·人口卷》,福建教育出版社 2004 年版。

上海市档案馆编:《日本在华中经济掠夺史料(1937—1945)》,上海书店出版社 2005 年版。

《中国水利年鉴》编纂委员会编:《中国水利年鉴 2002》,中国水利水电出版社 2002 年版。

中华人民共和国水利部编:《中国水利统计年鉴 2009》,中国水利水电出版社 2009 年版。

中共黑龙江省委党史研究室、黑龙江省农垦总局编:《开发建设北大荒》(全二册),中共党史出版社 1998 年版。

中共山西省委党史办公室编:《1949:山西干部南下实录》(全 2 册),山西人民出版社 2012 年版。

中共中央文献研究室、中共新疆生产建设兵团委员会编:《新疆生产建设兵团工作文献选编(1949—2014)》,中央文献出版社 2014 年版。

陈夕主编:《中国共产党与三线建设》,中共党史出版社 2014 年版。

保定市地方志编纂委员会办公室编:《保定南下干部纪实》,中国文史出版社 2015 年版。

唐传利主编:《全国水库移民工作典型案例汇编》,中国水利水电出版社 2016 年版。

二、地方志

乾隆《大清一统志》,清文渊阁《四库全书》本。

乾隆《盛京通志》,清文渊阁《四库全书》本。

李桂林撰：《吉林通志》，清光绪十七年（1891年）刻本。

西清撰：《黑龙江外记》，清光绪光雅书局刻本。

雷飞鹏撰：《（宣统）西安县志略》，清宣统三年（1911年）石印本。

管和编修：《新民府志》，宣统元年铅印本。

马俊显编修：《怀仁县志》，清抄本。

贾弘文编修：《（康熙）铁岭县志》，民国《辽海丛书》本。

洪汝冲编修：《昌图府志》，清宣统二年铅印本。

赵炳燊编修：《（宣统）彰武县志》，民国抄本。

孟定恭撰：《布特哈志略》，民国辽海丛书本。

王文藻、陆善格编修：《锦县志（略）》，民国九年（1920年）铅印本。

王恭寅、曾有翼等撰修：《沈阳县志》，民国六年铅印本。

徐维淮、李嘉植等编修：《辽中县志》，民国十九年铅印本。

斐焕星、白永真编撰：《辽阳县志》四编卷二四，民国十七年铅印本。

张鉴唐撰：《锦西县志》，民国十八年铅印本。

苏民等撰：《兴京县志》，民国十四年铅印本。

赵兴德、王鹤龄修撰：《义县志》，民国十九年铅印本。

文镒撰：《绥中县志》，民国十八年铅印本。

陈荫翘编修：《海城县志》，民国二十六年铅印本。

侯锡爵撰：《桓仁县志》，民国十九年石印本。

郭春藻等撰：《盖平县乡土志》，民国九年石印本。

程延恒撰：《复县志略》，民国九年石印本。

关定保编修：《安东县志》，民国二十年铅印本。

马龙潭编修：《凤城县志》，民国十年石印本。

王文璞编修：《北镇县志》，民国二十二年石印本。

陈德懿等纂修：《铁岭县志》，民国二十年铅印本。

萧德润编修：《西丰县志》，民国二十七年铅印本。

张书翰撰：《长春县志》，民国油印本。

金梁：《黑龙江省通志纲要》，民国十四年铅印本。

王永恩撰：《海龙县志》，民国二十六年刊本。

吴录贞撰：《延吉县志》，民国油印本。
刘士纯撰：《农安县志》，民国十六年铅印本。
包文俊撰：《梨树县志》，民国二十三年刊本。
赵亨萃撰：《怀德县志》，民国十八年刊本。
车焕文等编纂：《抚松县志》，民国十九年铅印本。
张拱垣等编纂：《辑安县志》，民国二十年石印本。
吴光国等编纂：《辑安县乡土志》，民国四年铅印本。
陈占甲撰：《镇东县志》，民国十六年刊本。
陈鸿谟撰：《安图县志》，民国十八年铅印本。
李筠山撰：《双山县志》，民国油印本。
张霖如等撰：《拜泉县志》，民国八年石印本。
齐耀珹等撰：《宝清县志》，民国油印本。
徐希廉等纂修：《瑷珲县志》，民国九年铅印本。
廖鹏飞等撰：《呼兰县志》，民国十九年铅印本。
朱衣点等编纂：《桦川县志》，民国十七年铅印本。
《安达县志》，民国抄本。
《盖平县志》，民国十九年铅印本。
《景星县状况》，民国二十四年影印本。
北京市地方志编纂委员会编：《北京志·综合经济管理卷·劳动志》，北京出版社1999年版。
北京市地方志编纂委员会编：《北京志·政务卷·民政志》，北京出版社2003年版。
北京市地方志编纂委员会编著：《北京志·地质矿产水利气象卷·水利志》，北京出版社2000年版。
北京市延庆县水利志编辑委员会：《延庆县水利志》1993年版。
怀来县地方志编纂委员会编：《怀来县志》，中国对外翻译出版公司2001年版。
密云县志编纂委员会编：《密云县志》，北京出版社1998年版。
天津市水利局水利志编纂委员会编：《天津水利志》，天津科学技术出版社2003年版。

天津市地方志编修委员会编著：《天津通志·人事志》，天津社会科学院出版社 2001 年版。

天津市地方志编修委员会编著：《中国天津通鉴》，中国青年出版社 2005 年版。

河北省地方志编纂委员会编：《河北省志·人口志》，河北人民出版社 1991 年版。

河北省地方志编纂委员会编：《河北省志·劳动志》，中国档案出版社 1995 年版。

河北省地方志编纂委员会编：《河北省志·共青团志》，河北教育出版社 2003 年版。

河北省地方志编纂委员会编：《河北省志·水利志》，河北人民出版社 1995 年版。

迁西县地方志编纂委员会编：《迁西县志》，中国科学技术出版社 1991 年版。

山西省史志研究院编：《山西通志·民政志》，中华书局 1996 年版。

山西省史志研究院编：《山西通志·经济管理志·劳动篇》，中华书局 1999 年版。

山西省史志研究院编：《山西通志·水利志》，中华书局 1999 年版。

山西省三门峡库区管理局编：《山西省三门峡库区志》，黄河水利出版社 2007 年版。

垣曲县地方志编纂委员会编：《垣曲县志：1991—2000》，中华书局 2001 年版。

《内蒙古自治区志·劳动志》编纂委员会编：《内蒙古自治区志·劳动志》，内蒙古教育出版社 2003 年版。

辽宁省地方志编纂委员会办公室主编：《辽宁省志·水利志》，辽宁民族出版社 2001 年版。

辽宁省地方志编纂委员会办公室主编：《辽宁省志·劳动志》，辽宁民族出版社 2004 年版。

吉林省地方志编纂委员会编纂：《吉林省志·水利志》，吉林人民出版社1996年版。

吉林省地方志编纂委员会编纂：《吉林省志·经济综合管理志·劳动》，吉林人民出版社1998年版。

黑龙江省地方志编纂委员会编：《黑龙江省志·民政志》，黑龙江人民出版社1993年版。

黑龙江省地方志编纂委员会编：《黑龙江省志·人口志》，黑龙江人民出版社1999年版。

黑龙江省地方志编纂委员会编：《黑龙江省志·劳动志》，黑龙江人民出版社1995年版。

黑龙江省地方志编纂委员会编：《黑龙江省志·水利志》，黑龙江人民出版社1993年版。

《上海劳动志》编纂委员会编：《上海劳动志》，上海社会科学院出版社1998年版。

《上海青年志》编纂委员会编：《上海青年志》，上海社会科学院出版社2002年版。

上海市崇明县县志编纂委员会编：《崇明县志：1985—2004》，方志出版社2013年版。

江苏省地方志编纂委员会编：《江苏省志·人口志》，方志出版社1999年版。

江苏省地方志编纂委员会编：《江苏省志·民政志》，方志出版社2002年版。

江苏省地方志编纂委员会编：《江苏省志·劳动管理志》，江苏古籍出版社2000年版。

江苏省地方志编纂委员会编：《江苏省志·水利志》，江苏古籍出版社2001年版。

浙江省民政厅编：《浙江省民政志》，1992年内部版。

《浙江省劳动保障志》编纂委员会编：《浙江省劳动保障志》，中华书局2004年版。

《新安江水电站志》编辑委员会编：《新安江水电站志》，浙江人民出版社 1993 年版。

《新安江水电站志》编纂委员会编:《新安江水电站志(1989—2005)》,浙江人民出版社 2010 年版。

浙江省电站水库移民志编辑委员会编:《浙江省水库电站移民志》,华艺出版社 1998 年版。

奉化市志编纂委员会编:《奉化市志》,中华书局 1994 年版。

湖州市地方志编纂委员会编:《湖州市志》,昆仑出版社 1999 年版。

《嘉兴市志》编纂委员会编:《嘉兴市志》(上),中国书籍出版社 1997 年版。

《七星镇志》编纂领导小组编:《七星镇志》,方志出版社 2009 年版。

《海宁市志》编纂委员会编:《海宁市志》,汉语大词典出版社 1995 年版。

平湖县志编纂委员会编:《平湖县志》,上海人民出版社 1993 年版。

江山市志编纂委员会编:《江山市志》,浙江人民出版社 1990 年版。

《椒江市志》编纂委员会编:《椒江市志》,浙江人民出版社 1998 年版。

建德县志编纂办公室编:《建德县志》,浙江人民出版社 1986 年版。

富阳市史志办公室编:《富阳市志(1991—2005)》,2009 年 9 月。

《建德市志》编纂委员会编:《建德市志:1978—2005》,浙江人民出版社 2010 年版。

淳安县志编纂委员会编:《淳安县志》,汉语大词典出版社 1990 年版。

金华市地方志编纂委员会编:《金华市志》,浙江人民出版社 1992 年版。

《金华市婺城区志》编纂委员会编:《金华市婺城区志》,方志出版社 2011 年版。

衢州市柯城区志编纂委员会编：《柯城区志》，方志出版社 2005 年版。

兰溪市市志编纂委员会编：《兰溪市志》，浙江人民出版社 1988 年版。

宁波市地方志编纂委员会编：《宁波市志》，中华书局 1995 年版。

安徽省地方志编纂委员会编：《安徽省志·民政志》，安徽人民出版社 1993 年版。

安徽省地方志编纂委员会编：《安徽省志·劳动志》，方志出版社 1998 年版。

安徽省地方志编纂委员会编：《安徽省志·水利志》，方志出版社 1999 年版。

歙县地方志编纂委员会编纂：《歙县志》，黄山书社 2010 年版。

福建省地方志编纂委员会编：《福建省志·劳动志》，方志出版社 1998 年版。

江西省地方志编纂委员会编：《江西省人口志》，方志出版社 2005 年版。

《江西省民政志》编纂委员会编：《江西省民政志》，黄山书社 1999 年版。

《江西省人民政府志》编纂委员会编：《江西省人民政府志》，江西人民出版社 2002 年版。

江西省水利厅编：《江西省水利志》，江西科学技术出版社 1995 年版。

江西省水利厅编：《江西省水利志（1991—2000 年）》，中国水利水电出版社 2005 年版。

山东省地方史志编纂委员会编：《山东省志·人口志》，齐鲁书社 1994 年版。

山东省地方史志编纂委员会编：《山东省志·劳动志》，山东人民出版社 1993 年版。

山东省地方史志编纂委员会编：《山东省志·共青团志》，山东人民出版社2002年版。

山东省水利史志编辑室编:《山东水利志稿》,河海大学出版社1993年版。

山东省地方史志编纂委员会编:《山东省志·水利志》,山东人民出版社1993年版。

山东省水利厅编:《山东水利年鉴》,山东省地图出版社2000年版。

楼建军、李建业编著:《山东的水利建设》,山东人民出版社2006年版。

山东省黄河位山工程局东平湖志编纂委员会编:《东平湖志》,山东大学出版社1993年版。

东平县东平湖移民志编委会编:《东平县东平湖移民志》,中国文化出版社2013年版。

梁山县志编纂委员会编:《梁山县志》,新华出版社1997年版。

黄河三门峡水利枢纽志编纂委员会编:《黄河三门峡水利枢纽志》,中国大百科全书出版社1993年版。

黄河水利委员会黄河志总编辑室编:《河南黄河志》,1986年4月印刷。

黄河志总编辑室编:《黄河河政志》,河南人民出版社1996年版。

河南省地方史志编纂委员会编纂:《河南省志·民政志》,河南人民出版社1993年版。

河南省地方史志编纂委员会编纂:《河南省志·人口志》,河南人民出版社1994年版。

河南省地方史志编纂委员会编纂:《河南省志·劳动人事志》,河南人民出版社1991年版。

河南省地方史志编纂委员会编纂:《河南省志·水利志》,河南人民出版社1994年版。

三门峡市地方史志编纂委员会编:《三门峡市志·第一卷》,中州古籍出版社1991年版。

《淅川县移民志》编纂委员会编纂:《淅川县移民志》,湖北人民出版社 2001 年版。

渑池县地方史志编纂委员会编：《渑池县志：1986—2000》，方志出版社 2006 年版。

《新安县志》编纂委员会编：《新安县志：1986—2000》，中州古籍出版社 2008 年版。

济源市地方史志编纂委员会编：《济源市志：1990—2000》，中州古籍出版社 2011 年版。

孟津县地方史志编纂委员会编：《孟津县志：1986—2000》，方志出版社 2006 年版。

《陕县志》编纂委员会编：《陕县志》，中州古籍出版社 2005 年版。

湖北省地方志编纂委员会编：《湖北省志·民政》，湖北人民出版社 1994 年版。

湖北省地方志编纂委员会编：《湖北省志·大事记》，湖北人民出版社 1990 年版。

湖北省地方志编纂委员会编：《湖北省志·经济综合管理》，湖北人民出版社 2002 年版。

湖北省水利志编纂委员会编：《湖北水利志》，中国水利水电出版社 2000 年版。

武汉地方志编纂委员会主编：《武汉市志·大事记》，武汉大学出版社 1990 年版。

十堰市地方志编纂委员会编：《十堰市志：1866—2008》，中国文史出版社 2014 年版。

湖南省地方志编纂委员会编：《湖南省志·人口志》，湖南人民出版社 1999 年版。

湖南省地方志编纂委员会编：《湖南省志·综合经济志·劳动》，湖南人民出版社 1998 年版。

湖南省地方志编纂委员会编：《湖南省志·农林水利志·水利》，中国文史出版社 1990 年版。

广东省地方史志编纂委员会编：《广东省志·人口志》，广东人民出版社 1995 年版。

广东省地方史志编纂委员会编:《广东省志·劳动志》,广东人民出版社 2003 年版。

广东省地方史志编纂委员会编:《广东省志·水利志》,广东人民出版社 1995 年版。

广东省地方史志编纂委员会编:《广东省志·水利续志》,广东人民出版社 2003 年版。

《广东省志》编纂委员会编:《广东省志(1979—2000)·水利卷、城乡建设卷、人民生活卷》,方志出版社 2014 年版。

河源县地方志编纂委员会编:《河源县志》,广东人民出版社 2000 年版。

河源市省属水库移民志编纂委员会编:《河源市省属水库移民志(1958—2008)》,2010 年版。

广西壮族自治区地方志编纂委员会编:《广西通志·水利志:1991—2005》,广西人民出版社 2011 年版。

广西壮族自治区地方志编纂委员会编:《广西通志·水利志》,广西人民出版社 1998 年版。

广西壮族自治区地方志编纂委员会编:《广西通志·共青团志》,广西人民出版社 2002 年版。

广西壮族自治区地方志编纂委员会编:《广西通志·劳动志》,广西人民出版社 1996 年版。

《海南省志·农垦志》编纂委员会编:《海南省志·农垦志》,海南摄影出版社 1996 年版。

海南省地方志办公室编:《海南省志·水利志》,南海出版公司 2005 年版。

四川省地方志编纂委员会编:《四川省志·党派团志》,四川人民出版社 2001 年版。

四川省地方志编纂委员会编:《四川省志·统计、工商行政管理、劳动志》,方志出版社 2000 年版。

四川省地方志编纂委员会编纂:《四川省志·商业志》,四川科学技术出版社 1996 年版。

重庆三峡移民志编纂委员会编纂:《重庆三峡移民志》,中国三峡出版社2010年版。

重庆市沙坪坝区志编纂委员会编纂:《重庆市沙坪坝区志》,四川人民出版社1995年版。

重庆市沙坪坝区地方志办公室编著:《古镇磁器口》,四川人民出版社2000年版。

贵州省地方志编纂委员会编:《贵州省志·劳动志》,贵州人民出版社1994年版。

贵州省地方志编纂委员会编:《贵州省志·水利志》,方志出版社1997年版。

云南省计划生育委员会、云南省统计局编撰:《云南省志·人口志》,云南人民出版社1998年版。

云南省农垦总局编撰:《云南省志·农垦志》,云南人民出版社1998年版。

云南省劳动厅编撰:《云南省志·劳动志》,云南人民出版社1993年版。

云南省水利水电厅编撰:《云南省志·水利志》,云南人民出版社1998年版。

陕西省地方志编纂委员会编:《陕西省志·水利志》,陕西人民出版社1999年版。

陕西省地方志编纂委员会编:《陕西省志·劳动志》,陕西人民出版社1994年版。

甘肃省地方史志编纂委员会、甘肃省志农垦志编纂小组编纂:《甘肃省志·农垦志》,甘肃人民出版社1993年版。

甘肃省地方史志编纂委员会、甘肃省志水利志编纂委员会编纂:《甘肃省志·水利志》,甘肃文化出版社1998年版。

甘肃省地方史志编纂委员会、《甘肃省志·劳动志》编纂委员会编纂:《甘肃省志·劳动志》,甘肃文化出版社2008年版。

青海省地方志编纂委员会编:《青海省志·人口志》,西安出版社2000年版。

青海省地方志编纂委员会编:《青海省志·劳动人事志》,西安出版社 2001 年版。

青海省地方志编纂委员会编:《青海省志·农业志》,青海人民出版社 1993 年版。

青海省地方志编纂委员会编:《青海省志·水利志》,黄河水利出版社 2001 年版。

青铜峡市志编纂委员会办公室编:《青铜峡市志》,方志出版社 2004 年版。

《龙羊峡水电厂志》编纂委员会编:《龙羊峡水电厂志》,青海人民出版社 2009 年版。

《宁夏人事劳动志》编纂委员会编:《宁夏人事劳动志》,方志出版社 2002 年版。

《宁夏农垦志》编纂委员会编:《宁夏农垦志》,宁夏人民出版社 1995 年版。

《宁夏水利志》编纂委员会编:《宁夏水利志》,宁夏人民出版社 1992 年版。

《宁夏水利新志》编纂委员会编:《宁夏水利新志》,宁夏人民出版社 2004 年版。

宁夏通志编纂委员会编:《宁夏通志·社会卷》,方志出版社 2010 年版。

新疆维吾尔自治区地方志编纂委员会编:《新疆通志·民政志》,新疆人民出版社 1992 年版。

《新疆通志·劳动志》编纂委员会编:《新疆通志·劳动志》,新疆人民出版社 1996 年版。

新疆维吾尔自治区地方志编纂委员会、《新疆通志·水利志》编纂委员会编:《新疆通志·水利志》,新疆人民出版社 1998 年版。

新疆维吾尔自治区地方志编纂委员会编:《新疆通志·人口志》,新疆人民出版社 2008 年版。

阿勒泰地区地方志编纂委员会编:《阿勒泰地区志》,新疆人民出版社 2004 年版。

昌吉回族自治州地方志编纂委员会编：《昌吉回族自治州志》，新疆人民出版社2002年版。

博尔塔拉蒙古自治州地方志编纂委员会编：《博尔塔拉蒙古自治州志》，新疆大学出版社1999年版。

克孜勒苏柯尔克孜自治州史志编纂委员会编：《克孜勒苏柯尔克孜自治州志》，新疆人民出版社2004年版。

塔城地区地方志编纂委员会编：《塔城地区志》，新疆人民出版社1997年版。

新疆维吾尔自治区阿勒泰市党史、地方志编纂委员会编：《阿勒泰市志》，新疆人民出版社2001年版。

阿克苏市史志编纂委员会编：《阿克苏市志》，新华出版社1991年版。

博乐市志编纂委员会编：《博乐市志》，新疆人民出版社1992年版。

昌吉市地方志编纂委员会编：《昌吉市志》，新疆人民出版社2003年版。

农八师石河子市地方志编纂委员会编：《农八师垦区石河子市志》，1994年8月。

库尔勒市史志编纂委员会编：《库尔勒市志》，新疆人民出版社1995年版。

塔城市地方志编纂委员会编：《塔城市志》，新疆人民出版社1995年版。

阿合奇县志编纂委员会编：《阿合奇县志》，新疆大学出版社1993年版。

《阿克陶县志》编委会：《阿克陶县志》，新疆人民出版社1996年版。

《博湖县志》编纂委员会编：《博湖县志》，新疆大学出版社1993年版。

额敏县地方志编纂委员会编：《额敏县志》，新疆人民出版社2000年版。

察布查尔锡伯自治县地方志编纂委员会编:《察布查尔锡伯自治县志》,新疆人民出版社2007年版。

布尔津县地方志编纂委员会编:《布尔津县志》,新疆人民出版社2002年版。

阜康市党史地方志编纂委员会编著:《阜康县志》,新疆人民出版社2001年版。

福海县史志编纂委员会编:《福海县志》,新疆人民出版社2003年版。

富蕴县党史地方志编纂委员会编:《富蕴县志》,新疆人民出版社2003年版。

巩留县地方志编纂委员会编:《巩留县志》,新疆人民出版社2005年版。

哈密市地方志编纂委员会编:《哈密县志》,新疆人民出版社1989年版。

哈巴河县地方志编纂委员会编:《哈巴河县志》,新疆人民出版社2004年版。

和静县史志编纂委员会编:《和静县志》,新疆人民出版社1995年版。

和硕县地方志编纂委员会编:《和硕县志》,新疆人民出版社1999年版。

呼图壁县县志编纂委员会编:《呼图壁县志》,新疆人民出版社1992年版。

《霍城县志》编纂委员会编:《霍城县志》,新疆人民出版社1992年版。

吉木萨尔县史志编纂委员会编:《吉木萨尔县志》,新疆人民出版社2002年版。

吉木乃县地方志编纂委员会编:《吉木乃县志》,新疆人民出版社2005年版。

精河县地方志编纂委员会编:《精河县志》,新疆人民出版社1998年版。

且末县地方志编纂委员会编:《且末县志》,新疆人民出版社 1996年版。

洛浦县志编纂委员会编:《洛浦县志》,新疆美术摄影出版社 2001年版。

玛纳斯县地方志编纂委员会编:《玛纳斯县志》,新疆大学出版社 1993年版。

米泉县地方志编纂委员会编:《米泉县志》,新疆人民出版社 1998年版。

民丰县地方志编纂委员会编:《民丰县志》,新疆人民出版社 2007年版。

墨玉县地方志编纂委员会编:《墨玉县志》,新疆人民出版社 2008年版。

若羌县地方志编纂委员会编:《若羌县志》,新疆大学出版社 1992年版。

木垒哈萨克自治县地方志编纂委员会编:《木垒哈萨克自治县志》,新疆人民出版社 2003年版。

尼勒克县地方志编纂委员会编:《尼勒克县志》,新疆人民出版社 2000年版。

《沙湾县志》编纂委员会编:《沙湾县志》,新疆人民出版社 1999年版。

青河县史志编纂委员会编:《青河县志》,新疆人民出版社 2003年版。

《鄯善县志》编纂委员会编:《鄯善县志》,新疆人民出版社 2001年版。

托里县地方志编纂委员会编:《托里县志》,新疆人民出版社 2002年版。

托克逊县史志编纂委员会编:《托克逊县志》,新疆人民出版社 2005年版。

温宿县志编纂委员会编:《温宿县志》,新疆大学出版社 1993年版。

温泉县地方志编纂委员会编：《温泉县志》，新疆人民出版社 2003 年版。

乌鲁木齐县地方志编纂委员会编：《乌鲁木齐县志》，新疆人民出版社 2000 年版。

尉犁县地方志编纂委员会编：《尉犁县志》，新疆大学出版社 1993 年版。

乌恰县地方志编纂委员会编：《乌恰县志》，新疆人民出版社 1995 年版。

乌苏县党史地方志编纂委员会编：《乌苏县志》，新疆人民出版社 1999 年版。

新源县地方志编纂委员会编：《新源县志》，新疆人民出版社 2007 年版。

三、专著

［美］马罗立（Watler H. Mallory）著，吴鹏飞译：《饥荒的中国》，上海民智书局 1929 年版。

浙江省民政厅：《浙江移民问题》，1930 年。

陈达：《人口问题》，商务印书馆 1935 年版。

千家驹编：《中国农村经济论文集》，中华书局 1936 年版。

邓云特：《中国救荒史》，商务印书馆 1937 年版。

林继庸：《民营厂矿内迁纪略》，1942 年。

孙本文：《现代中国社会问题》，商务印书馆 1943 年版。

周芷颖编：《新成都》，成都复兴书局 1943 年版。

梁占梅编著：《中国妇女奋斗史话》，建中出版社 1943 年版。

薛暮桥：《中国农村经济常识》，大众书店 1946 年版。

宋家泰：《台湾地理》，台北：正中书局 1946 年版。

吴福桢：《中国的飞蝗》（增补本），永祥印书馆 1953 年版。

张正藩：《台湾人口》，台北：幼狮书局 1970 年版。

闻钧天：《中国保甲制度》，台北：台湾商务印书馆股份有限公司 1971 年版。

［美］埃德加·斯诺著,夏翠薇译:《我在旧中国十三年》,生活·读书·新知三联书店1973年版。

刘家驹:《清朝初期的八旗圈地》,台北:文史哲出版社1978年版。

薛暮桥:《旧中国的农村经济》,农业出版社1980年版。

邹依仁:《旧上海人口变迁的研究》,上海人民出版社1980年版。

商立文:《中国历代地方行政制度》,台北:正中书局1981年版。

陈达:《现代中国人口》,天津人民出版社1981年版。

柳随年等编著:《六十年代国民经济调整的回顾》,中国财政经济出版社1982年版。

水利部黄河水利委员会《黄河水利史述要》编写组:《黄河水利史述要》,水利出版社1982年版。

薛暮桥、冯和法编:《〈中国农村〉论文选》(上、下册),人民出版社1983年版。

林富瑞、陈代光:《河南人口地理》,河南人民出版社1983年版。

许可、游仲文编:《重庆古今谈》,重庆出版社1984年版。

陈翰笙:《解放前的地主与农民:华南农村危机研究》,中国社会科学出版社1984年版。

陈翰笙:《陈翰笙文集》,复旦大学出版社1985年版。

山东水利史志编辑室、山东水利学会水利史研究专业委员会编印:《山东水利史志汇刊》第四辑,1985年5月。

刘铮主编:《人口学辞典》,人民出版社1986年版。

田方、陈一筠主编:《中国移民史略》,知识出版社1986年版。

［英］田伯烈著,杨明译:《外人目睹中之日军暴行》,江西人民出版社1986年版。

张公权著,杨志信摘译:《中国通货膨胀史(1937—1949)》,文史资料出版社1986年版。

胡焕庸编著:《中国人口地理简编》,重庆出版社1986年版。

田方、林发棠主编:《中国人口迁移》,知识出版社1986年版。

李德滨、石方:《黑龙江移民概要》,黑龙江人民出版社1987

年版。

谭其骧：《长水集》，人民出版社 1987 年版。

［德］W. 库尔斯博士原著，胡崇庆等编译：《人口地理学导论》，重庆出版社 1987 年版。

［苏］瓦·维·波克希舍夫斯基著，南致善等译：《人口地理学》，北京大学出版社 1987 年版。

［美］白修德、贾安娜著，端纳译：《中国的惊雷》，新华出版社 1988 年版。

四川省中国经济史学会、《中国经济史研究论丛》编辑委员会编：《抗战时期的大后方经济》，四川大学出版社 1989 年版。

胡祖德：《沪谚外编》，上海古籍出版社 1989 年版。

孙健：《中国经济史——近代部分（1840—1949 年）》，中国人民大学出版社 1989 年版。

周勇主编：《重庆：一个内陆城市的崛起》，重庆出版社 1989 年版。

孟昭华、彭传荣编：《中国灾荒辞典》，黑龙江科学技术出版社 1989 年版。

田方、张东亮编：《中国人口迁移新探》，知识出版社 1989 年版。

中华民国史地理志编纂委员会编：《中华民国史地理志（初稿）》，台北："国史馆"1990 年版。

孙德常、周祖常主编：《天津近代经济史》，天津社会科学院出版社 1990 年版。

张水良：《中国灾荒史（1927—1937）》，厦门大学出版社 1990 年版。

中国水力发电工程学会水库经济专业委员会：《水库农村移民补偿费用研究调查和综合报告》，1990 年 6 月。

石方：《中国人口迁移史稿》，黑龙江人民出版社 1990 年版。

何光主编：《当代中国的劳动力管理》，中国社会科学出版社 1990 年版。

刘铮等：《我国沿海地区小城镇经济发展和人口迁移》，中国展望出版社1990年版。

郑洸主编:《中国青年运动六十年(1919—1979)》,中国青年出版社1990年版。

张仲礼主编:《近代上海城市研究》,上海人民出版社1990年版。

中国水力发电工程学会水库经济专业委员会:《水库经济论文集》,1990年12月。

[美]菲尔·比林斯利著,王贤知、江涛等译:《民国时期的土匪》,中国青年出版社1991年版。

葛剑雄:《中国人口发展史》,福建人民出版社1991年版。

孙果达:《民族工业大迁徙:抗日战争时期民营工厂的内迁》,中国文史出版社1991年版。

陆仰渊、方庆秋主编:《民国社会经济史》,中国经济出版社1991年版。

李伯宁、殷之辂编著:《库区移民安置》,水利电力出版社1992年版。

[英]潘琳著,陈定平、陈广鳌译:《炎黄子孙:华人移民史》,生活·读书·新知三联书店上海分店1992年版。

火木:《光荣与梦想:中国知青二十五年史》,成都出版社1992年版。

中华人民共和国水利部编:《水库移民工作手册》,新华出版社1992年版。

杜鸿林:《风潮荡落(1955—1979):中国知识青年上山下乡运动史》,海天出版社1993年版。

[美]托马斯·伯恩斯坦(Thomas P. Bernstein)著,李枫等译:《上山下乡:一个美国人眼中的中国知青运动》,警官教育出版社1993年版。

蔡少卿主编:《民国时期的土匪》,中国人民大学出版社1993年版。

郭德宏:《中国近现代农民土地问题研究》,青岛出版社1993年版。

葛剑雄、吴松弟、曹树基：《简明中国移民史》，福建人民出版社1993年版。

袁林：《西北灾荒史》，甘肃人民出版社1994年版。

林再复：《闽南人》，台北：三民书局1996年版。

朱玉湘：《中国近代农民问题与农村社会》，山东大学出版社1997年版。

陆德阳：《流民史》，上海文艺出版社1997年版。

杨云彦：《中国人口迁移与发展的长期战略》，武汉出版社1994年版。

李文海、程歗、刘仰东、夏明方：《中国近代十大灾荒》，上海人民出版社1994年版。

孙艳魁：《苦难的人流——抗战时期的难民》，广西师范大学出版社1994年版。

徐和森编著：《中国特色的移民之路：水库移民工作研究》，河海大学出版社1995年版。

杨光彦等主编：《重庆国民政府》，重庆出版社1995年版。

孙代兴、吴宝璋主编：《云南抗日战争史（1937—1945年）》，云南大学出版社1995年版。

郑加真：《北大荒移民录：1958年十万官兵拓荒纪实》，作家出版社1995年版。

杜鸿林编著：《魂断梦醒：中国知青上山下乡风云纪实》，宁波出版社1996年版。

［美］迈克尔·M.塞尼著，水库移民经济研究中心编译：《移民与发展：世界银行移民政策与经验研究》，河海大学出版社1996年版。

孙贻让主编：《山东水利》，山东科学技术出版社1997年版。

［美］迈克尔·M.塞尼著，水库移民经济研究中心编译：《移民·重建·发展：世界银行移民政策与经验研究（二）》，河海大学出版社1998年版。

王鸣剑编著：《上山下乡》，光明日报出版社1998年版。

杨继绳：《邓小平时代：中国改革开放二十年纪实》，中央编译出版社 1998 年版。

乔志强主编:《近代华北农村社会变迁》,人民出版社 1998 年版。

徐有威、[英]贝思飞主编:《洋票与绑匪:外国人眼中的民国社会》,上海古籍出版社 1998 年版。

王增如、李向东:《上山下乡:中国 1968》,解放军出版社 1999 年版。

孟昭华编著:《中国灾荒史记》,中国社会出版社 1999 年版。

河南省水利厅水旱灾害专著编辑委员会编著:《河南水旱灾害》,黄河水利出版社 1999 年版。

阎蓓:《新时期中国人口迁移》,湖南教育出版社 1999 年版。

安徽省水利厅编著:《安徽水利 50 年》,中国水利水电出版社 1999 年版。

张宝欣主编:《开发性移民理论与实践》,中国三峡出版社 1999 年版。

赵汝适著,杨博文校释:《诸蕃志校释》,中华书局 2000 年版。

郑宝恒:《民国时期政区沿革》,湖北教育出版社 2000 年版。

夏明方:《民国时期自然灾害与乡村社会》,中华书局 2000 年版。

[美]何炳棣著,葛剑雄译:《明初以降人口及其相关问题:1368—1953》,生活·读书·新知三联书店 2000 年版。

池子华:《中国流民史·近代卷》,安徽人民出版社 2001 年版。

池子华:《流民问题与社会控制》,广西人民出版社 2001 年版。

[英]梅休:《牛津地理学词典》,上海外语教育出版社 2001 年版。

复旦大学历史地理研究中心主编:《自然灾害与中国社会历史结构》,复旦大学出版社 2001 年版。

林士铉:《清季东北移民实边政策之研究》,台北:政治大学历史系 2001 年版。

傅秀堂:《论水库移民》,武汉大学出版社 2001 年版。

李智勇:《陕甘宁边区政权形态与社会发展(1937—1945)》,中国社会科学出版社 2001 年版。

施国庆、陈绍军等:《中国移民政策与实践》,宁夏人民出版社

2001年版。

张根福:《抗战时期浙江省人口迁移与社会影响》,上海三联书店2001年版。

牛敬忠:《近代绥远地区的社会变迁》,内蒙古大学出版社2001年版。

朱力:《中国民工潮》,福建人民出版社2002年版。

周俊旗主编:《民国天津社会生活史》,天津社会科学院出版社2002年版。

葛庆华:《近代苏浙皖交界地区人口迁移研究:1853—1911》,上海社会科学院出版社2002年版。

魏津生、盛朗、陶鹰主编:《中国流动人口研究》,人民出版社2002年版。

唐传利、施国庆主编:《移民与社会发展国际研讨会论文集》,河海大学出版社2002年版。

宋子然主编:《四川水库移民史》,巴蜀书社2002年版。

雷亨顺主编:《中国三峡移民》,重庆大学出版社2002年版。

《垣曲移民》编纂委员会:《垣曲移民》,东方出版社2002年版。

张士尊:《清代东北移民与社会变迁(1644—1911年)》,吉林人民出版社2003年版。

祝穆撰:《方舆胜览》,中华书局2003年版。

湖北省作家协会、湖北省移民局编:《世纪大搬迁》,湖北人民出版社2003年版。

高峻:《新中国治水事业的起步(1949—1957)》,福建教育出版社2003年版。

罗平汉:《大迁徙:1961～1963年的城镇人口精简》,广西人民出版社2003年版。

陆益龙:《户籍制度——控制与社会差别》,商务印书馆2003年版。

刘小萌编:《中国知青口述史》,中国社会科学出版社2004年版。

张善余:《人口地理学概论》,华东师范大学出版社2004年版。

王印焕:《1911—1937年冀鲁豫农民离村问题研究》,中国社会出版社2004年版。

刘拴明、赵世来等:《东平湖水库移民与区域发展》,黄河水利出版社2004年版。

李文海:《历史并不遥远》,中国人民大学出版社2004年版。

孙绍骋:《中国救灾制度研究》,商务印书馆2004年版。

苏新留:《民国时期河南水旱灾害与乡村社会》,黄河水利出版社2004年版。

［美］张信著,岳谦厚、张玮译:《二十世纪初期中国社会之演变:国家与河南地方精英(1900—1937)》,中华书局2004年版。

闫天灵:《汉族移民与近代内蒙古社会变迁研究》,民族出版社2004年版。

左双文:《华南抗战史稿》,广东高等教育出版社2004年版。

葛剑雄:《中国人口史》(第一卷:导论、先秦至南北朝时期),复旦大学出版社2005年版。

侯杨方:《中国人口史》(第六卷:1910—1953年),复旦大学出版社2005年版。

蔡勤禹:《民间组织与灾荒救治:民国华洋义赈会研究》,商务印书馆2005年版。

林国平、邱季端主编:《福建移民史》,方志出版社2005年版。

吴明伟、吴晓等:《我国城市化背景下的流动人口聚居形态研究:以江苏省为例》,东南大学出版社2005年版。

王胜今:《伪满时期中国东北地区移民研究:兼论日本帝国主义实施的移民侵略》,中国社会科学出版社2005年版。

肖立见、张俊良:《转变时期中国人口与社会经济发展》,西南财经大学出版社2005年版。

苏智良、毛剑锋等编著:《去大后方——中国抗战内迁实录》,上海人民出版社2005年版。

谢忠厚主编:《日军侵略华北罪行史稿》,社会科学文献出版社2005年版。

水利部水库移民开发局编:《水库移民理论与实践》,中国水利水电出版社 2005 年版。

翟德贵编:《水库移民》,黄河水利出版社 2005 年版。

王桂新等:《迁移与发展:中国改革开放以来的实证》,科学出版社 2005 年版。

程有为、王天奖主编:《河南通史》第四卷,河南人民出版社 2005 年版。

甘肃省水利厅:《甘肃水库》,2006 年。

王天顺:《河套史》,人民出版社 2006 年版。

廖蔚:《水库移民经济论》,中国财政经济出版社 2006 年版。

曾建生、黄美英、曹建新主编:《广东水库移民理论与实践》,华南理工大学出版社 2006 年版。

风笑天等著:《落地生根:三峡农村移民的社会适应》,华中科技大学出版社 2006 年版。

陈孔立:《清代台湾移民社会研究》,九州出版社 2006 年版。

张根福:《抗战时期的人口迁移:兼论对西部开发的影响》,光明日报出版社 2006 年版。

李文海、夏明方主编:《天有凶年:清代灾荒与中国社会》,生活·读书·新知三联书店 2007 年版。

施祖留:《水利工程移民管理研究》,上海社会科学院出版社 2007 年版。

池子华:《中国近代流民史》(修订版),社会科学文献出版社 2007 年版。

王卫东:《融合与建构:1648—1937 年绥远地区移民社会变迁研究》,华东师范大学出版社 2007 年版。

曹树基主编:《田祖有神:明清以来的自然灾害及其社会应对机制》,上海交通大学出版社 2007 年版。

范立君:《近代关内移民与中国东北社会变迁(1860—1931)》,人民出版社 2007 年版。

中国水力发电工程学会水库经济专业委员会:《水库经济论文

集》,2007 年 12 月。

苏嘉宏:《我们都是外省人——大陆移民渡海来台四百年》,台北:光华书局 2008 年版。

崔广平、周淑清:《水库移民权利保障研究》,河南大学出版社 2008 年版。

姚凯文编著:《水库移民安置研究》,中国水利水电出版社 2008 年版。

高洪:《当代中国人口流动问题研究》,上海人民出版社 2008 年版。

俞路:《新时期中国国内移民分布研究》,上海三联书店 2008 年版。

程维荣:《近代东北铁路附属地》,上海社会科学院出版社 2008 年版。

王茂福:《水库移民返迁:水库移民稳定问题研究》,华中科技大学出版社 2008 年版。

吴忠礼、鲁人勇、吴晓红:《宁夏历史地理变迁》,宁夏人民出版社 2008 年版。

顾洪章主编:《中国知识青年上山下乡始末》,人民日报出版社 2009 年版。

定宜庄:《中国知青史:初澜(1953—1968)》,当代中国出版社 2009 年版。

刘小萌:《中国知青史:大潮(1966—1980)》,当代中国出版社 2009 年版。

木斋:《历史的化石:知青十五年》,东方出版社 2009 年版。

杨琪:《民国时期的减灾研究(1912—1937)》,齐鲁书社 2009 年版。

于珍:《近代上海同乡组织与移民教育》,社会科学文献出版社 2009 年版。

马平安:《近代东北移民研究》,齐鲁书社 2009 年版。

中共中央党史研究室:《中华人民共和国大事记(1949—2009)》,

人民出版社 2009 年版。

张展新、侯亚非:《城市社区中的流动人口:北京等 6 城市调查》,社会科学文献出版社 2009 年版。

金大陆、金光耀主编:《中国知识青年上山下乡研究文集》,上海社会科学院出版社 2009 年版。

[法]潘鸣啸(Michel Bonnin)著,欧阳因(Annie Au-Yeung)译:《失落的一代:中国的上山下乡运动(1968~1980)》,中国大百科全书出版社 2010 年版。

丁龙嘉主编:《南下》,中共党史出版社 2010 年版。

《中国户口、人口与计划生育政策与法律实务应用工具箱》编委会编:《中国户口、人口与计划生育政策与法律实务应用工具箱》,法律出版社 2010 年版。

徐黎丽:《走西口:汉族移民西北边疆及文化变迁研究》,民族出版社 2010 年版。

王应政:《中国水利水电工程移民问题研究》,中国水利水电出版社 2010 年版。

中国工程院三峡工程阶段性评估项目组编著:《三峡工程阶段性评估报告(综合卷)》,中国水利水电出版社 2010 年版。

李丹、郭万侦等:《中国西部水库移民研究》,四川大学出版社 2010 年版。

[英]贝思飞著,徐有威等译:《民国时期的土匪》(修订版),上海人民出版社 2010 年版。

高乐才:《近代中国东北移民研究》,商务印书馆 2010 年版。

邱国盛:《城市化进程中的上海外来人口管理和历史演进(1840—2000)》,中国社会科学出版社 2010 年版。

李壬癸:《台湾南岛民族的族群与迁徙》,台北:前卫出版社 2011 年版。

安介生:《民族大迁徙》,江苏人民出版社 2011 年版。

中共云南省委党史研究室编:《云南知识青年上山下乡运动》,云南大学出版社 2011 年版。

梁福庆:《三峡工程移民问题研究》,华中科技大学出版社 2011 年版。

朱东恺、施国庆:《水利水电移民制度研究:问题分析、制度透视与创新构想》,社会科学文献出版社 2011 年版。

范晓春:《中国大行政区:1949—1954 年》,东方出版中心 2011 年版。

刘德增:《山东移民史》,山东人民出版社 2011 年版。

池子华、李红英等著:《近代河北灾荒研究》,合肥工业大学出版社 2011 年版。

林桶法:《1949 大撤退》,台北:联经出版事业股份有限公司 2009 年版。

段成荣、杨舸、马学阳:《中国流动人口研究》,中国人口出版社 2012 年版。

钱正英主编:《中国水利》,中国水利水电出版社 2012 年版。

蒋建东主编:《三峡工程移民安置规划总结性研究》,长江出版社 2012 年版。

傅秀堂主编:《湖北水电移民》,长江出版社 2013 年版。

段平忠:《中国省际人口迁移与地区经济增长差距》,经济科学出版社 2013 年版。

王瑞芳:《当代中国水利史:1949—2011》,中国社会科学出版社 2014 年版。

[英]汤姆·米勒著,李雪顺译:《中国十亿城民:人类历史上最大规模人口流动背后的故事》,鹭江出版社 2014 年版。

涂山、聂影主编:《浮生——2013 年清华大学"水上环境"论坛话语实录》,中国水利水电出版社 2014 年版。

谢国桢:《清初流人开发东北史》,山西人民出版社 2014 年版。

石钦标编著:《水库移民管理工程》,黄河水利出版社 2015 年版。

施国庆、李文等著:《水库移民城镇化安置与社会管理创新》,社会科学文献出版社 2015 年版。

李强、刘精明、郑路主编:《城镇化与国内移民:理论与研究议题》,社会科学文献出版社 2015 年版。

银川市地方志编纂委员会办公室、银川移民史研究课题组编著:《银川移民史研究》,宁夏人民出版社 2015 年版。

马伟:《日本"北满移民"研究》,中国社会科学出版社 2015 年版。

沈永明主编:《开发性移民研究》,广西人民出版社 2016 年版。

刘晋英编著:《历史如是说：山西省知识青年上山下乡实录》,当代中国出版社 2016 年版。

四、学位论文

覃红霞:《抗日战争时期高校内迁探析》,西南师范大学硕士学位论文,2002 年 4 月。

刘俊凤:《20 世纪三四十年代西北地区社会生活方式的变迁》,西北大学硕士学位论文,2003 年 4 月。

周蕴蓉:《抗战时期广东的灾况和社会救济》,暨南大学硕士学位论文,2004 年 4 月。

吕志鹏:《抗战时期澳门经济发展与社会救亡运动》,暨南大学硕士学位论文,2004 年 4 月。

艾萍:《抗战时期人口内迁与广西社会变迁》,广西师范大学硕士学位论文,2004 年 4 月。

陈静:《上山下乡与福建城市化进程研究》,福建师范大学硕士学位论文,2009 年 4 月。

五、论文

蛤笑:《论移民实边之不可缓》,《东方杂志》1907 年第 4 卷第 7 期。

《直鲁人民移民内蒙》,《西北月刊》1925 年第 23 期。

［美］C. Walter Young 著,冯至海译:《东三省之直鲁移民(一)》,《银行月刊》1928 年第 8 卷第 6—8 号。

蒋定一:《满洲与吾国的移民事业》,《星期评论》1928 年国庆纪念增刊。

吴景超：《中国移民之趋势》，《新月》1928年第1卷第10期。

《黑省订定垦荒实边章程》，《银行月刊》1928年第8卷第10号。

朱偰：《满洲移民的历史和现状》，《东方杂志》1928年第25卷第12号。

[美]马罗立(Watler H. Mallory)：《中国的北部移民》，《河北周刊(北平1928)》1928年第20、21、22期。

[美]马罗立(Watler H. Mallory)著，洪涛译：《中国东北移民概况》，《交通经济汇刊》1929年第2卷第3期。

陈翰笙：《难民的东北流亡》，《国立中央研究院社会科学研究所集刊》第二号，1930年。

施承志：《调查东北移民垦植(殖)报告书》，《警光月刊》1930年第5期。

《东北移民垦荒大纲》，《银行周报》1930年第14卷第6期。

仲铭译：《民国十八年东北移民移动状况》，《中东经济月刊》1930年第6卷第8—12号。

南阳：《垦殖东北与民生国计》，《中东经济月刊》1930年第6卷第9—11号、1931年第7卷第1号。

《东三省移民概况》，《中东经济月刊》1930年第6卷第11号。

南开大学社会经济研究会：《东三省北部将来移民垦殖量之估计》，《工商半月刊》1930年第2卷第12期。

马鹤天：《救济灾民与移民东北》，《新亚细亚》1931年第3卷第1期。

张振之：《人祸天灾下之山东人民与其东北移民》，《新亚细亚》1931年第2卷第3期。

刘谷豪：《移民东北之面面观》，《社会学杂志》1931年第1卷第2期。

平枢：《东三省与内地移民》，《民众周刊(济南)》1931年第3卷第18期。

[美]兰特模(Owen Latitmore，今译拉铁摩尔)著，任美锷译：《汉人移殖东北之研究》，《新亚细亚》1932年第4卷第5期。

王士达:《民政部户口调查及各家估计(一)》,《社会科学杂志(北平)》1932年第3卷第3期。

王士达:《民政部户口调查及各家估计(二)》,《社会科学杂志(北平)》1933年第4卷第1期。

胡志宁:《从中国人口问题说到移民边疆》,《社会月刊》1934年第1卷第2期。

让慈:《中国移民满洲之过去及现在》,《湖南大学期刊》1933年第8期。

吴达中:《九一八前后的东北人口与移民》,《黑白半月刊》1934年第1卷第13期。

邵德厚:《东北在"内地移民"上之价值》,《黑白半月刊》1934年第2卷第10期。

胡焕庸:《我国人口分布与国内移民问题》,《社会科学研究》1935年第1卷第3期。

胡鸣龙:《东北移民的末路》,《新亚细亚》1935年第9卷第4期。

刘选民:《清代东三省与移民开垦》,《史学年报》1938年第2卷第5期。

吴希庸:《近代东北移民史略》,《东北集刊》1941年第2期。

翁文灏:《经济部的战时工业建设》,《资源委员会公报》第1期,1941年7月。

中国农民银行四川省农村经济调查委员会:《乐山县农村经济调查初步报告》,《中农月刊》第3卷第1期,1942年1月30日。

吴文建:《中国工矿业之内迁运动》,《新经济》第7卷第9期,1942年8月1日。

吴之英:《旅行金华战区纪事》,《潮声》第1卷(创刊号),1942年11月15日。

沈鸿烈:《全国之农业建设》,《中农月刊》第4卷第1期,1943年1月30日。

浦熙修:《开发西北声中之西北的妇女》,《现代妇女》第1卷第3期,1943年。

续琨:《中国移民政策之伟略》,《新西北月刊》1943年第6卷第8期。

杨楫:《五十年来日本在东北移民的实况及其将来》,《田家半月报》1943年第10卷第20、21期合刊。

杨楫:《五十年来日本在东北移民的实况及其将来》(续),《田家半月报》1943年第10卷第22、23、24期合刊。

沈鸿烈:《一年来之我国农业建设》,《中农月刊》第5卷第1期,1944年4月30日。

成治田:《战时甘肃省小型农田水利概述》,《中农月刊》第5卷第9、10期合刊,1944年10月。

林琼:《八年来妇女文化出版工作总结》,《现代妇女》第3卷第6期,1945年12月。

A. J. Grajdanzer著,文孚译:《东北的移民问题》,《新中华》1946年复刊第4卷第14期。

王成敬:《东北移民问题》,《东方杂志》1947年第43卷第14号,第11—18页。

凌纯声:《古代闽越人与台湾土著族》,《学术季刊》1952年第1卷第2期。

赵中孚:《一九二〇—三〇年代的东三省移民》,台北"中研院"《近代史研究所集刊》第二期,1971年6月。

赵中孚:《近代东三省移民问题之研究》,台北"中研院"《近代史研究所集刊》第四期(下册),1974年12月。

李德辉:《关于人口迁移规律的初探——人口迁移的历史回顾、目前状况及未来趋势》,《人口学刊》1981年第2期。

石方:《民国时期的黑龙江移民》,《北方论丛》1985年第2期。

林友苏:《人口迁移理论简介》,《人口研究》1987年第2期。

张化:《试论"文化大革命"中知识青年上山下乡运动》,《党史资料通讯》1987年第4期。

方奕:《论知识青年上山下乡的历史分期》,《中国青年研究》1995年第4期。

柳建辉:《也谈中国知青史的历史分期》,《中国青年研究》1996年第1期。

成涛:《西方有影响的几种人口迁移理论》,《南方人口》1988年第3期。

金家麟:《必须重视剪刀差矛盾和日益发展的剪刀差强制缩小》,《北京商学院学报》1988年第3期。

金德群:《抗战时期国民党的土地政策》,《民国档案》1988年第4期。

周岚:《抗战期间国民政府赋税政策述略》,《民国档案》1991年第1期。

赵洪宝:《"南京大屠杀"前后的南京人口问题》,《民国档案》1991年第3期。

黄立人、郑洪泉:《论国民政府迁都重庆的意义与作用》,《民国档案》1996年第2期。

杨斌、张士杰:《试论抗战时期西部地区金融业的发展》,《民国档案》2003年第4期。

张连红:《南京大屠杀前夕南京人口的变化》,《民国档案》2004年第3期。

唐润明:《四川抗日根据地的策定与国民政府迁都重庆》,《档案史料与研究》1992年第4期。

许淑明:《清末吉林省的移民和农业的开发》,《中国边疆史地研究》1992年第4期。

农业部《农民负担问题综合研究》课题组:《剪刀差政策对农民利益的影响》,《经济研究参考》1993年第Z7期。

胡兆量:《迁移八律与中国人口迁移》,《云南地理环境研究》1994年第1期。

侯德础:《抗战时期大后方工业的开发与衰落》,《四川师范大学学报》1994年第4期。

李正华:《湘桂败退与西南难民潮》,《历史教学》1994年第4期。

曹向昀:《西方人口迁移研究的主要流派及观点综述》,《中国人口科学》1995 年第 1 期。

宋钻友：《抗战时期上海会馆、同乡组织的难民工作初探》，《上海党史与党建》1995 年第 1 期。

张国镛：《浅论国民政府择迁重庆的三个问题》，《档案史料与研究》1996 年第 1 期。

李侃：《抗日战争与知识分子》，《抗日战争研究》1993 年第 1 期。

张丽：《抗日战争时期香港的内地难民问题》，《抗日战争研究》1994 年第 4 期。

陈国生：《战时四川的农业改良与农村经济》，《抗日战争研究》1999 年第 4 期。

林建曾：《一次异常的工业化空间传动——抗日战争时期厂矿内迁的客观作用》，《抗日战争研究》1996 年第 3 期。

徐国利：《关于"抗战时期高校内迁"的几个问题》，《抗日战争研究》1998 年第 2 期。

程朝云：《抗战初期的难民内迁》，《抗日战争研究》2000 年第 2 期。

黄菊艳：《抗日战争时期广东损失调查述略》，《抗日战争研究》2001 年第 1 期。

黄立人、张有高：《抗日战争时期中国兵器工业内迁初论》，《历史探索》1991 年第 2 期。

黄立人：《抗日战争时期工厂内迁的考察》，《历史研究》1994 年第 4 期。

赵敏：《国际人口迁移理论评述》，《上海社会科学院学术季刊》1997 年第 4 期。

钟思远：《抗日战争时期国民政府的财政收入与物价》，《天府新论》1998 年第 6 期。

蔡昉：《转轨时期劳动力迁移的区域性特征》，《当代亚太》1998 年第 7 期。

顾朝林等：《中国大中城市流动人口迁移规律研究》，《地理学报》1999 年第 3 期。

潘洵、杨光彦:《论重庆大轰炸》,《西南师范大学学报》1999年第6期。

傅晨:《90年代剪刀差研究述评》,《农业经济问题》1999年第12期。

陈孔立:《关于移民与移民社会的理论问题》,《厦门大学学报(哲学社会科学版)》2000年第2期。

张根福:《抗战时期浙江省人口迁移与地域分布》,《历史研究》2000年第4期。

李明欢:《20世纪西方国际移民理论》,《厦门大学学报(哲学社会科学版)》2000年第4期。

张晓青:《国际人口迁移理论述评》,《人口学刊》2001年第3期。

李祖基:《论清代移民台湾之政策——兼评〈中国移民史〉之"台湾的移民垦殖"》,《历史研究》2001年第3期。

徐旭阳:《论抗日战争时期湖北工业的内迁》,《湖北师范学院学报》1998年第4期。

吴秀霞:《抗战时期国民政府中央银行体制的确立》,《山东师大学报(社会科学版)》2000年第4期。

刘兰昌:《论东三省政府对1927—1928年移民潮的管理吸引措施及其影响》,《烟台师范学院学报(哲学社会科学版)》2000年第3期。

孙冬虎、王均:《八年沦陷期间北平城市地域结构的变化》,《首都师范大学学报》2002年第1期。

葛剑雄:《对于中国人口史若干规律的新认识》,《学术月刊》2002年第4期。

罗晓梅:《对中国特色移民理论建构的方法论思考》,《探索》2002年第6期。

毛磊、项晨光:《抗战时期西南农村经济的矛盾发展》,《档案史料与研究》1998年第1期。

重庆市档案馆整理:《中国妇运之回顾与瞻望》,《档案史料与研究》2002年第1期。

唐润明:《国民政府迁都重庆及其作用考评》,《档案史料与研究》2002 年第 1 期。

王双怀:《我国历史上开发西部的经验教训》,《陕西师范大学学报》2002 年第 3 期。

范立君:《"九一八"事变后东北地区华北移民动态的考察》,《史学月刊》2002 年第 4 期。

张成洁、莫宏伟:《论抗战时期高校内迁对西南地区观念近代化的影响》,《贵州文史丛刊》2002 年第 3 期。

郑祖安:《八一三事变中的租界与中国难民》,《史林》2002 年第 4 期。

王同起:《抗日战争时期难民的迁徙与安置》,《历史教学》2002 年 12 期。

孙语圣:《民国时期安徽的自然灾害及其影响》,《安徽教育学院学报》2003 年第 1 期。

周聿峨、阮征宇:《当代国际移民理论研究的现状与趋势》,《暨南大学学报(哲学社会科学版)》2003 年第 2 期。

李芳:《试论陕甘宁边区的农业开发及对生态环境的影响》,《固原师专学报》2003 年第 2 期。

谢萌明:《由七七事变引起的北平社会动荡》,《中共党史研究》2003 年第 3 期。

艾萍、王荣环:《抗战时期人口内迁与后方社会意识的变动》,《安庆师范学院学报》2004 年第 1 期。

徐杨:《试论抗战时期西南城市民众生活习俗的变迁》,《贵州师范大学学报》2004 年第 3 期。

徐旭阳:《对抗战时期湖北后方国统区赈济救灾工作的评述》,《湖北教育学院学报》2004 年第 3 期。

徐旭阳、汪建武:《抗日战争时期湖北后方国统区人口的数量及其结构考察》,《湖北民族学院学报》2004 年第 3 期。

张丽萍、郭勇:《抗战时期成都华西坝的港澳学子》,《文史杂志》2004 年第 3 期。

申玉山：《侵华日军在华北制造的"无人区"研究》，《东北论坛》2004年第4期。

朱丹彤、徐晓旭：《抗战时期国民政府迁都对重庆市民生活的影响》，《四川师范大学学报》2004年第3期。

王桂新：《改革开放以来中国人口迁移发展的几个特征》，《人口与经济》2004年第4期。

安介生：《历史时期中国人口迁移若干规律的探讨》，《地理研究》2004年第5期。

朱丹彤：《抗战时期重庆的婚姻问题初探》，《西南师范大学学报》2004年第5期。

李云峰、刘俊凤：《抗日时期西北地区社会生活的变迁》，《西北大学学报》2004年第5期。

王禄明、陈乐道：《日军轰炸兰州及甘肃各地实录》，《档案》2005年第2期。

申玉山：《论侵华日军在河北制造的"无人区"》，《河北师范大学学报》2005年第2期。

申玉山、赵志华：《侵华日军在华北制造"无人区"若干史实考辨》，《山西大学学报》2005年第5期。

田苏苏：《日军在中国华北的战争犯罪述论》，《河北师范大学学报》2005年第4期。

龚克、刘言：《曾经的伤痛 难泯的记忆——抗战时期的成都人口疏散情况》，《四川档案》2005年第3期。

刘光舟：《抗战时期的南平》，《闽北纵横》2005年第3期。

杜香芹：《抗战时期省府内迁对后方社会的影响》，《三明论坛》2005年第4期。

潘洵：《论重庆大轰炸对重庆市民社会心理的影响》，《重庆师范大学学报》2005年第4期。

张鹤鸣、刘海：《成都八年抗战的特点及贡献》，《成都大学学报》2005年第4期。

骆新华：《国际人口迁移的基本理论》，《学术论坛（理论月刊）》

2005 年第 1 期。

王远林：《三峡百万大移民》，《红岩春秋》2006 年第 3 期。

田姝：《三线建设内迁大移民》，《红岩春秋》2006 年第 3 期。

傅义强：《当代西方国际移民理论述略》，《世界民族》2007 年第 3 期。

李家伟、刘贵山：《当代西方人口迁移与流动的理论、模式与假说述评》，《新学术》2007 年第 5 期。

夏明方、康沛竹：《饿殍一千万：一九二八年——一九三〇年西北、华北大饥荒》，《中国减灾》2007 年第 11 期。

姚华松、许学强：《西方人口迁移研究进展》，《世界地理研究》2008 年第 1 期。

朱杰：《人口迁移理论综述及研究进展》，《江苏城市规划》2008 年第 7 期。

方少勇：《拉文斯坦移民法则与我国人口的梯级迁移》，《当代经济》2009 年第 1 期。

姜晔：《民国时期东北军阀政府的移民政策述论》，《大连大学学报》2011 年第 1 期。

贾征、张乾元：《水利移民的社会学分析》，《社会学研究》1993 年第 1 期。

王茂福、张明义：《中国水库移民的返迁及原因》，《社会科学》1997 年第 12 期。

张绍山、施国庆：《中国水库移民》，《水利水电科技进展》1998 年第 1 期。

吴宗法、荀厚平：《我国水库移民政策与世界银行移民政策对比分析》，《水利水电科技进展》1998 年 6 月。

施国庆：《水库移民学初探》，《水利水电科技进展》1999 年第 1 期。

水利部水库移民开发局：《探索有中国特色的水库移民之路》，《中国水利》1999 年第 2 期。

李天碧、张绍山：《我国水库移民政策与实践》，《中国水利》2001

年第 5 期。

陈祥建：《我国非自愿移民政策实践：历史回顾、工作检讨与政策改进》，《软科学》2001 年第 3 期。

王新祝：《世界水库移民历史及三峡百万移民特点考察》，《西北水电》2002 年第 1 期。

谈采田、许佳君等：《县内安置水库移民社会整合研究：以山西省垣曲县小浪底水库移民为实证》，《河海大学学报（哲学社会科学版）》2002 年第 2 期。

王骏：《开发性移民方针的提出与移民经济的发展》，《重庆大学学报（社会科学版）》2002 年第 3 期。

许小玲：《上海崇明县三峡移民调查》，《社会》2004 年第 2 期。

晏志勇、张一军：《我国水电开发与移民》，《水力发电》2005 年第 1 期。

黄建明、段跃芳：《水库移民政策研究现状综述与展望》，《重庆三峡学院学报》2006 年第 6 期。

刘小平：《安徽知识青年上山下乡述评》，《安徽史学》1995 年第 3 期。

葛剑雄：《"上山下乡"运动的历史地理考察》，《历史学家茶座》2006 年第 6 辑。

刘月兰：《新疆生产建设兵团人口迁移研究》，《西北人口》2007 年第 2 期。

傅秀堂、李世荣：《我国水库移民政策的回顾与思考》，《人民长江》2007 年第 12 期。

张学兵：《知青返城：所有制结构改革动因》，《瞭望》2008 年第 52 期。

陈晓楠、施国庆、余庆年：《水库移民的历史变迁及实施后期扶持政策研究》，《人民黄河》2009 年第 4 期。

刘应洪、杜通平等：《东平湖水库库区移民城镇化问题研究》，《调研世界》2009 年第 11 期。

葛剑雄、安介生：《20 世纪中国移民史的阶段性特征》，《探索与争鸣》2010年第2期。

阎志峰：《从"下乡上山"到"上山下乡"的历史转变》，《党史博采（纪实）》2010年第9期。

李秀芳：《从"下乡上山"到"上山下乡"：知青运动转变探析》，《上海青年管理干部学院学报》2011年第3期。

马巍、骆辉煌等：《水电工程移民安置方式研究综述》，《中国水能及电气化》2011年第4期。

刘有安：《新中国成立至改革开放前宁夏的人口迁入及其特点》，《西北民族大学学报（哲学社会科学版）》2011年第5期。

邱雪玲：《大陈岛垦荒档案记略》，《浙江档案》2012年第11期。

李加福：《近三十年水库移民及其研究述评》，《重庆三峡学院学报》2012年第2期。

何瑛、邓晓：《重庆三峡库区"三线建设"时期的移民及文化研究》，《三峡大学学报（人文社会科学版）》2012年第3期。

田明：《中国东部地区流动人口城市间横向迁移规律》，《地理研究》2013年第8期。

陈文祥：《新中国新疆移民探析》，《青海师范大学学报（哲学社会科学版）》2014年第2期。

王毅：《三线建设中的重庆军工企业发展与布局》，《军事历史研究》2014年第4期。

李荣珍：《甘肃三线建设研究概况》，《档案》2015年第5期。

孙菱、唐蒙等：《大中型水电工程移民国内研究综述》，《技术与市场》2015年第12期。

陈祥：《东北"新大陆"移民史》，《凤凰周刊》2017年第4期（总第605期）。

后记

笔者对于中国移民史的研究,始于1991年跟随葛剑雄先生攻读研究生。起初,出于对魏收所撰《魏书》的兴趣,笔者开始系统地阅读与研究南北朝时期的史籍,并着重于北魏平城时期人口迁徙问题的研究。1993年,笔者又以《历史时期山西地区人口迁徙问题研究》为题,进行山西地方史与移民史的探讨,并于1996年完成了博士学位论文。作为阶段性成果,笔者于1999年完成并出版了《山西移民史》(山西人民出版社),获得了师友们的肯定。2014年,笔者又在三晋出版社(原山西古籍出版社)推出了《山西移民史》修订版。

毕业留所工作后,笔者继续进行移民史方面的教学与研究工作,长期承担"中国移民史""历史民族地理"等课程的教学工作,并负责指导中国人口史方向的研究生。其间,笔者根据课堂讲义与研究成果,又陆续出版了《四海同根——移民与传统文化》(与恩师葛剑雄先生合著,山西人民出版社2004年版)与《民族大迁徙》(江苏人民出版社2011年版)等著作。

业师葛剑雄先生与吴松弟、曹树基两位教授合著的六卷本《中国移民史》自1997年出版以来,受到了学术界的好评与推重,也赢得了很高的荣誉。然而,葛先生却未曾以此为满足,在日常闲聊中与笔者经常提及修订事宜。大约在2005年之时,先生郑重其事地与我商量,命我承担《中国移民史》第七卷(即20世纪卷)的撰写工作。当时,笔者年轻气盛，心里十分感谢葛先生的信任，并没有多加思索，就不自量力地承担了下来。没有想到，自此开始了一段相当艰辛的研究历程。此前，笔者本人的学术兴趣主要集中于中国古代移民史以及山西地方史等方面的研究，对于近代史的资料与研究内容较少接触，更缺乏系统的认识与造诣。为了完成先生交代的任务，为了理清20世纪人口迁徙活动的线索与面貌，笔者不得不开始花费很大精力进行近现代人口史与移民史资料的探索与系统整理。

20世纪的100年，距离我们今天最近，相关资料也最为丰富，称得上浩如烟海、汗牛充栋，自民国前期以来的相关研究成果也十分繁多。因此，笔者在开始从事资料搜集之时，即深感工作量之艰巨与相关问题之复杂。可以说，从一开始，笔者便已经明白，对于研究成果的过高期望是完全不现实的，只是力所能及地从头做起，完成最基础的研究内容的摸排。其中，在中国移民史的研究中，清末民初东北移民史的研究受到极大的关注，多年来研究成果也最为丰硕，这无疑为笔者的研究与移民史的撰写提出了艰巨的挑战，大大增加了工作难度。笔者意识到，为了在前人研究基础上取得有效的突破与进展，不仅要整理与分析最原始的资料与数据，同时也要关注前辈学者们的研究，更为重要的是，笔者的移民史著述，不应该是其他学者成果的简单总结或复述，这种突破不仅体现在著作体例上，更要体现在研究思路与研究内容上。为了达到这些基本的构想，多年来，笔者试图在以下两个方面进行努力。

首先是全面性。在20世纪移民史的研究过程中，通过阅读学者们先前的研究工作与丰厚成果，笔者明确知道，20世纪移民史的一般性的资料整理与基本问题已经得到了部分较好的解决，只是全面性的通史性著作却没有出现。这恰恰是通史性20世纪移民史所要突破的一大关键。移民问题的学术研究与通史性著作的撰写有着很大的区别，特别是在满足读者需求方面，有着很大的差异。学术研究强调精深扎实，是通史撰述的基础，而其影响力与视野往往难以扩展。普通读者则对于通史性著作有着较高的需求。而全面性在通史性著述中是极为重要的，是其无法取代的特质与优势所在。因此，如何让读者在著作中看到20世纪移民史的全貌,一直是笔者苦苦思考并试图解决的问题。

通过多年的摸索与梳理,笔者认为,在20世纪移民运动中,全面性的问题,主要体现在两个特殊时段。第一个特殊时段是清朝前中期移民与20世纪初期移民历史的衔接上。虽然在《中国移民史》第六卷中,作者曹树基教授对于清代前中期的东北移民问题已有一些论述,然而,为了本卷的完整性与连续性,笔者还是进行了一些重新阐发。笔者以为,在以往移民史的研究中,学者们对于一些特殊种类移民的研究略显不足。例如清代前中期东北地区的军事性移民或准军事性移民,这种移民虽然数量有限,与移民运动有着不少区别。但是,在当时地广人稀的边远地区,这些特殊类型人口的作用与影响是不能低估的。如果将这类特殊移民排斥在外,那么移民史的涉及面就会出现较大空缺。另外,20世纪的中国多灾多难,历经坎坷,灾荒性移民在20世纪的人口迁徙过程中理应得到充分的重视。近年来,随着灾害历史知识的普及,20世纪灾害的影响得到人们越来越多的关注,而对于这些灾害引发的人口变动则需要长时间的研究与总结,目前的研究成果还远远不够。这种研究与总结,对于了解20世纪移民历史的真实状况是极其必要的,同时对于探索中国历史时期人口迁徙的规律也是很有帮助的。因此,尽管笔者在本书中对于灾害性移民史的研究远称不上完备,但希望能引起更广泛的重视。第二个特殊时段是1949年前后移民过程的衔接。当时所发生的重大移民事件,与政治形势变化有着直接关系,如移民台湾与干部南下等,因此,研究这些移民事件,需要对于当时的政治状况进行较为深入的了解。笔者有关这方面的论述希望能为深入研究拉开序幕。

其次是客观性。移民类型繁多,也是20世纪中国移民史所呈现的一大特征。如始于民国前期的西部开发性移民、1949年中华人民共和国成立以来向西部地区的产业性移民,后者包括"三线建设"移民与工业化移民,都是中国移民历史上新出现的移民类型。如何界定与评价这些移民运动,恐怕在当今中国学术界都是新的课题。然而,学术性的谨严,不应成为反映客观性的障碍。例如"上山下乡"引发的人口变动，是20世纪后期移民史上的重大事件，而其是否构成严格意义上的移民，就存在着一个见仁见智的问题。本卷本着实事求是的态度，将已有研究及地方文献所记录的内容平实地展现出来。

个人精力终究有限，个人见识也有很大局限性。为了尽早完成这一工作，笔者联系了好友兼同门张根福教授（现任浙江师范大学副校长）。张根福教授师从葛先生，长期从事抗日战争时期人口迁移的研究，特别是在浙江省的移民研究上用力最深，出版了多部相关的学术专著。因此，笔者将抗战时期移民史的撰写工作委托于张教授。同样出于对于葛先生的崇敬，也出于同门之谊，张教授慨然应允，让笔者深为感动。此外，新中国成立之后的水库移民以及"上山下乡"等政治运动引发的移民运动影响巨大，为此，笔者特别约请陈鹏飞来协助撰写工作。鹏飞曾经是笔者的硕士研究生，从事民国时期河南省的人口迁移研究，他毕业后留在复旦大学图书馆工作。多年来，鹏飞对笔者帮助极大，而在20世纪移民史的撰写中，鹏飞也全力配合，承担了水库移民与"上山下乡"移民章节的撰写，所附移民事件的年表，也是出于他与田毅之手。

在20世纪移民史的撰写过程中，恩师葛剑雄先生始终给予了极大的鼓励与指引。平时对于笔者提出的种种疑难问题，先生均予以耐心的解释与引导，并仔细商讨一些撰写与出版方面的细节问题。更加幸运的是，我们的努力得到复旦大学方面的积极支持。近年来，复旦大学大力发展人文学科，启动实施"传世工程"项目。多卷本《中国移民史》的修订与再版工作有幸列入其中，这种支持恰如旱时甘霖，为著作的最后完成提供了重要的保障。

笔者深切感到：这部学术著作的完成与出版，凝聚了太多朋友的关切与帮助，让笔者感激不尽。复旦大学出版社全力支持多卷本《中国移民史》的再版工作，这不仅出于对葛先生等人学术贡献的赞赏，更在于其对于发展中国学术事业的巨大热情。总编辑王卫东先生时常关心撰写工作，甚至抽空至笔者办公室进行商讨，给予了作者不少鼓励与指导。责任编辑史立丽女士负责全书内容审核与资料查对工作，付出了难以想象的艰辛努力。史女士不厌其烦地核校史料之真伪,帮助梳理文字与章节内容,高度的事业心与责任感让笔者感触极深,也屡屡为自己工作的疏失感到非常愧疚。出版之际,对于这些朋友的支持与帮助,笔者深致谢忱!

安介生

2021 年 7 月于上海杨浦寓舍

图书在版编目(CIP)数据

中国移民史.第七卷,清末至20世纪末/葛剑雄主编;安介生,张根福,陈鹏飞著.—上海:复旦大学出版社,2022.1
ISBN 978-7-309-15227-2

Ⅰ.①中… Ⅱ.①葛…②安…③张…④陈… Ⅲ.①移民-历史-研究-中国-清后期-20世纪 Ⅳ.①D632.4

中国版本图书馆 CIP 数据核字(2021)第 090714 号

中国移民史 第七卷 清末至20世纪末
葛剑雄　主编　安介生　张根福　陈鹏飞　著

出 品 人/严　峰
责任编辑/史立丽
装帧设计/袁银昌

复旦大学出版社有限公司出版发行
上海市国权路579号　邮编:200433
网址:fupnet@fudanpress.com　http://www.fudanpress.com
门市零售:86-21-65102580　团体订购:86-21-65104505
出版部电话:86-21-65642845
上海盛通时代印刷有限公司

开本 890×1240　1/32　印张 24.75　字数 689 千
2022 年 1 月第 1 版第 1 次印刷

ISBN 978-7-309-15227-2/D·1056
定价:138.00 元

如有印装质量问题,请向复旦大学出版社有限公司出版部调换。
版权所有　侵权必究